世界历史百科全书

蔡新苗 / 编著

北京工艺美术出版社

图书在版编目（CIP）数据

世界历史百科全书/蔡新苗编著. — 北京：北京工艺美术出版社，2017.12（2021.5重印）
（第一阅读系列）
ISBN 978-7-5140-1276-7

Ⅰ.①世… Ⅱ.①蔡… Ⅲ.①世界史-通俗读物 Ⅳ.①K109

中国版本图书馆CIP数据核字（2017）第145849号

出 版 人：陈高潮	装帧设计：青蓝工作室
责任编辑：张怀林	责任印制：高 岩

法律顾问：北京恒理律师事务所 丁 玲 张 磊

世界历史百科全书

蔡新苗 编著

出　　版	北京工艺美术出版社
发　　行	北京美联京工图书有限公司
地　　址	北京市朝阳区焦化路甲18号 中国北京出版创意产业基地先导区
邮　　编	100124
电　　话	（010）84255105（总编室） （010）64283627（编辑室） （010）64280045（发　行）
传　　真	（010）64280045/84255105
网　　址	www.gmcbs.cn
经　　销	全国新华书店
印　　刷	金世嘉元（唐山）印务有限公司
开　　本	720毫米×1020毫米 1/16
印　　张	24
版　　次	2017年12月第1版
印　　次	2021年5月第2次印刷
印　　数	5001～55000
书　　号	ISBN 978-7-5140-1276-7
定　　价	59.00元

前　言

　　历史是什么？历史是一种观点，意大利哲学家克罗齐曾说过，"每一段真正的历史都是当代史"，纳入历史的事件不可避免地被主观选择和判断。历史是无数生动的细节，细节的累积和串联影响着历史的走向，抽离细节，历史只剩下苍白的框架和乏味的概念。历史是虚妄的记忆，经过了推测、臆想和篡改，人物和事件早已失去了本来的面目。历史是真实的存在，是过往的印记，是不懈的探索，不管你是否承认、是否知晓，它都发生过并影响着今天的一切。

　　读史使人明智。所罗门说："太阳底下无新事。"历史往往有着惊人的相似，生活中几乎所有事情都能从历史中找到参照。阅读历史，就是在阅读人生。从创世之初起，所有生命的活动共同构筑了历史。历史看起来浩瀚和芜杂，但复杂的局势、难辨的因果，实际上无非是一段段人生的成败得失。阅读历史，就是在阅读人性。血雨腥风、光辉灿烂、忠贞不渝或者奸佞当道，透过文字，我们还原的是人，是生命，是生活。

　　历史没有功与过，不可逆的潮流和偶发的事件构成了必然的历史。文明与文明的冲突，科学与信仰的争斗，专制与自由的妥协……古人如此，今人亦然。

　　历史不仅属于过去，它也活在当下，活在人们心里，是人们丰富自己的财富。读历史，就是读我们的内心，读我们与世界的关系；读历史，就是读我们的命运，在千万的人生中看到自己的方向。对国家而言，历史是经验、教训、明鉴、秉承，是过去的沉积、未来的导向；对个人来说，历史是最好的老师，想要明辨是非，必须以史为鉴。

　　从石器时代的穴居人，到盎格鲁撒克逊人；从文艺复兴的人文风尚，到思想启蒙的理性之光；从工业革命的技术进步，到现代科技的跨越发展，无不演绎着世界历史的波澜壮阔与多姿多彩。世界历史就像一张纵横交错的网，它以对当时及后来人类社会产生重大影响的历史事件为丝，以对人类自身和未来发展起关键作用的历史人物为珠，并通过历史事件与历史人物之间千丝万缕的纵横联系，进而形成人类历史发展的总体脉络。如果我们能对其进行合理的归纳梳理，将大量零散的历史信息有效运用，就能形成条理清晰的知识网络。这一网络的构建，有助于人们了解世界，看清历史的进程，吸纳和借鉴人类优秀文明成果；还可以让人们去理解和接纳不同民族的特性，促进世界的对话和交流。

　　鉴于此，我们编辑出版了这本《世界历史百科全书》。本书按时间顺序，将漫长的人类历史分为文明初曦、帝国的崛起、黑暗时代等十大篇章。根据不同主题，读者能够快速便捷地找到特定信息，同时还能清楚地知道某一历史点与过去和未来的联系。在每一章的开始，都有一幅地图，同时还有以地域为单元对特定历史时期主要事件的概述。本书分别介绍不同时期、不同国家和地区涌现的重要人物，发生的重要事件，还通过"知识链接"与"大事年表"把历史事件串联起来，点面结合，呈现多维历史全貌。在各章的结尾，总结了该时期艺术、建筑和科技三方面取得的成就。这样的布局使该书形成两个坐标轴，读者既可以纵向了解某个国家一路走来的发展路程，又可以横向上对某一时期不同国家的情况进行比较。本书配备了色彩斑斓的照片、画面优美的插图和反映不同时代的地图。这些珍贵资料的展现，拉近了人们与历史的距离，让历史变得可以触摸。

  为了将权威性和趣味性完美地融合起来，在本书编写过程中我们参阅了大量资料，但由于本书所涉及的知识范围较广，书中的缺点和错误在所难免，恳请广大读者批评指正。

目　录

文明初曦
前40000年~前500年

世界概览	10
最早的人类	12
最早的农民	14
苏美尔和阿卡德	15
古埃及	16
巨石时代的欧洲	18
印度河流域	20
克里特岛	22
迈锡尼人	23
中国:商朝	24
赫梯人	26
古巴比伦	27
亚述人	28
希伯来人	30
古埃及：新王国	32
腓尼基人	34
古代非洲	36
古代美洲	38
古印度：雅利安人	39
古罗马的建立	40
古巴比伦的复兴	42
古希腊的"黑暗时代"	44
中国：周朝	45
波斯帝国	46
艺术	48
建筑	50
科技	52

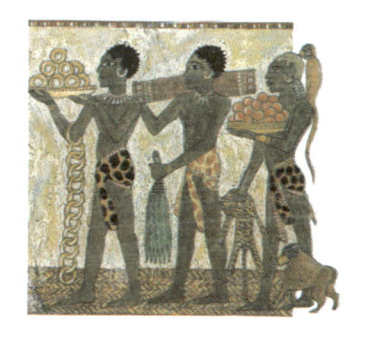

帝国的崛起
公元前499年~公元500年

世界概览	56
古希腊	58
古希腊城邦	60
亚历山大大帝	62
古印度：孔雀帝国	63
中国：秦朝	64
非洲	66
古罗马共和国	67
古罗马帝国	68
凯尔特人	70
中国：汉朝	72
帕提亚王朝和萨珊王朝	74
美洲人	76
笈多王朝	78
古罗马帝国的衰落	80
日本	82
玛雅人	84
波利尼西亚人	86
艺术	88
建筑	90
科技	92

黑暗时代
501年~1100年

世界概览	96
拜占庭帝国	98
中国：隋唐	100
北美洲	102
盎格鲁-撒克逊人	104
神圣罗马帝国	106
法国的卡佩王朝	108

美洲人	110
维京人	112
诺曼人	114
中国：宋朝	116
艺术	118
建筑	120
科技	122

中世纪
1101年~1460年

世界概览	126
骑士	128
爱尔兰	130
幕府将军与武士	132
欧洲的贸易	134
威尼斯	136
宪章和议会	138
中世纪的宗教	140
中国：元朝	142
阿兹特克人和印加人	144
中世纪的探险家们	146
百年战争	148
黑死病	150
中国：明朝	152
君士坦丁堡	154
艺术	156
建筑	158
科技	160

文艺复兴
1461年~1600年

世界概览	164
阿兹特克人	166
印加帝国	168
西班牙的再度征服	170
文艺复兴	172
意大利	174
欧洲探险者	176
都铎王朝的英国	178
葡萄牙人的帝国	180
宗教改革	182
奥斯曼帝国强盛期	184
莫卧儿王朝的强盛	186
哈布斯堡	188
西班牙无敌舰队	189
俄国	190
荷兰的独立	192
北美洲	194
日本和中国	196
艺术	198
建筑	200
科技	202

资本主义
1601年~1707年

世界概览	206
斯图亚特王朝	208
早期的美洲殖民者	210
三十年战争	212
法国及黎塞留	214
西班牙的衰落	216
东印度公司	
荷兰	219
英国内战	220
中国：清朝	222
"太阳王"	224
莫卧儿王朝的衰落	225
奥斯曼帝国衰退期	226
理性时代	228
奴隶和海盗	230
非洲国家	232
俄国的扩张	234
大北方战争	236
西班牙王位继承战争	237
艺术	238
建筑	240
科技	242

革命之风
1708年~1835年

世界概览	246
奥地利和普鲁士	248
苏格兰：二世党人	249
工业：早期革命	250
七年战争	252
北美洲	254
对华贸易	256
非洲	258
探索大洋洲	260
日本及东南亚	262

美国的独立	264
法国革命	266
拿破仑战争	268
美国：西进运动	270
艺术	272
建筑	274
科技	276

统一和殖民
1836年~1913年

世界概览	280
工业革命	282
德克萨斯和墨西哥	284
南非	285
鸦片战争	286
1848：革命之年	288
新西兰	290
克里米亚战争	292
日本	294
美国内战	296
美国内战结束	298
加拿大	299
意大利	300
德国	302

争夺非洲	304
东南亚	306
大英帝国	308
美国：平原战争	310
澳大利亚	312
巴尔干战争	314
艺术	316
建筑	318
科技	320

战乱中的世界
1914年~1949年

世界概览	324
第一次世界大战的开始	326
第一次世界大战	328
俄国	330
第一次世界大战的结束	332
法西斯主义的出现	334
两次世界大战期间的美国	336
经济大萧条	338
魏玛共和国与希特勒	340
西班牙内战	342
日本侵华战争	344
德国的扩张	346
第二次世界大战的开始	347
西线战争	348
太平洋战争	350
太平洋重现和平	352

联合国	353
意大利和巴尔干半岛	354
中国解放战争	355
艺术	356
建筑	358
科技	360

和平与发展
1950年至今

世界概览	364
冷战	366
太空探索	368
世界经济	370
公民权	372
新兴国家	374
科学革命	376
处理器的力量	378
环境	380

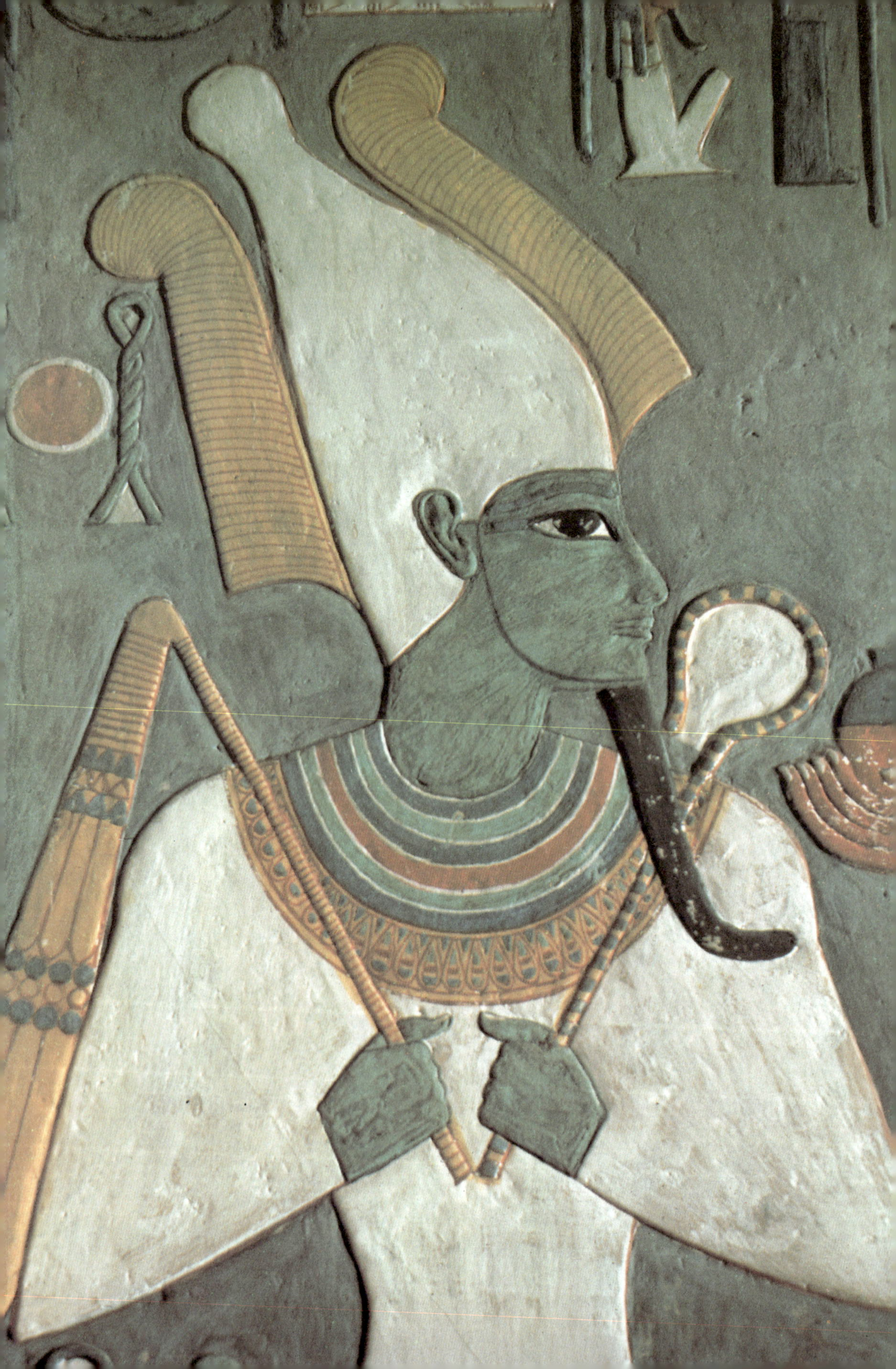

文明初曦
前40000年~前500年

这是人类的最早历史，
包括人类从穴居人到村居农民再到城镇人的整个过程，
同时也是人类文明的第一个进化阶段。
大约在公元前40000年，
人类开始修建自己的家、创作音乐并在墙壁上绘画。
一直到公元前8000年，
第一批农牧和商贸的村落才开始出现。
又过了5000年，
真正重要的人类文明开始在埃及和美索不达米亚地区登上历史舞台。

↑最早的人类居住在洞穴中，并通过弓形器具来生火。具体做法是用弓形器具不停转动一根木棒，使其在另一块木头上摩擦出火星。

←古埃及人相信死后可以重生。他们崇拜诸多神明，包括欧西里斯。欧西里斯是阴府之神，其画像可以在霍伦海布陵墓的一幅绘画作品中找到原型。

世界概览 前40000年~前500年

尽管根据已发掘的化石可以看出,在13万年前就有人类在非洲大陆上出现,但是相比现今,这些人类始祖的生活实在是太简单了。不过到公元前40000年,人类已经学会了使用火,他们用火取暖、烹煮食物并吓走野兽。从采摘者和猎人的角色开始,他们逐渐找到种植庄稼和圈养家畜的秘诀。大约在公元前8000年,人类生活变得越来越纷繁复杂,因为在中东地区的农牧村落已开始日益盛行。不过,在很长一段时间以后,世界上其他地方的人类才开始以同样的方式繁荣发展起来。在接下来的3000年里,人类十分重要的基本活动,比如建筑房屋、耕种土地、制造陶器、加工铜器、缝纫等,才开始逐渐兴起。

到公元前3000年的时候,在古埃及、美索不达米亚以及古中国的河流周边地区,第一批城镇兴建起来。在公元前2600年,大型的建筑物,比如埃及的金字塔、东欧石圈以及秘鲁古庙等,也被建造起来。差不多在同一时期,非洲库什王国的国民开始学习冶金术,而中国的天文学家则第一次观测到日食——文明就这样粉墨登场了。

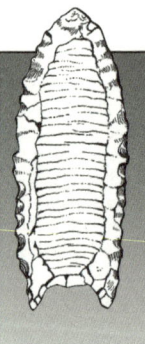

北美洲

在古时候,北美洲人以狩猎和采摘为生,而当时的北美大陆非常荒凉。但是,在这里生活的早期人类依然有着属于自己的历史和信仰,他们使用简单的工具,居住在简陋的住所,并掌握了初步的医药知识。在约公元前700年,生活在森林地区即现今美国俄亥俄州地区的阿德娜人迈出了走向文明的第一步。阿德娜人修建了很多土庙,开始了大规模的村居生活,同时还掌握了制铜技术。

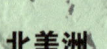

拉丁美洲

早在公元前3000年之前,农业便开始出现在拉丁美洲(墨西哥地区)的大陆上。而在公元前2000年,住在安第斯山脉附近的秘鲁也开始形成农业社会共同体。越来越多的人开始在固定的村落里繁衍生活,在数百年以后,这些村落逐渐演化成更大的人类居住地,最终形成了城镇。在公元前2600年,大型的寺庙开始在秘鲁的海岸线上建起。大约就在同一时期,最早的东欧石圈和古埃及金字塔出现了,与此同时,奥尔梅克文明也开始在墨西哥地区出现。公元前550年,墨西哥的玛雅人开始兴建金字塔。

文明初曦

欧洲

在东南欧地区，农业共同体的萌芽出现在公元前6000年左右。不过，它在西北地区的正式出现是在公元前4000年左右。此时，一股先进的文化出现在大西洋沿海地区，他们使用土、木头和石头建造房屋。在目前发现的这些建筑物当中，最古老的位于爱尔兰的境内，还有一些则分布在英国、苏格兰和法国的布列塔尼半岛地区。虽然当时欧洲最为先进的城镇建筑文明是由古希腊的迈锡尼人和意大利的伊特鲁里亚人一手创造的，但快到公元前500年时，凯尔特人入驻了欧洲大陆。

亚洲

在亚洲，有着四个人类中心点。在印度河流域（位于现在的巴基斯坦境内），一个先进的人类文明群体开始兴盛，时间大约是公元前2600年。虽然从公元前4000年开始，中国北部地区就出现了繁荣一时的农业共同体，但是中国的传统文明实际上是从黄帝时期开始的，大约是在公元前2700年。其他两个中心点则是东南亚的湄公河三角洲地区（开始种植稻米）和新几内亚岛（开始出现农民）。

大洋洲

在所有人类当中，澳大利亚的土著居民可能有着最为前后一贯的历史，他们并没有像其他文化群体一样经历过诸多巨大的变革和事件。大洋洲土著居民在大洋洲大陆的全境内广泛遍布，并度过了数千年采摘和狩猎生活。在玻利尼西亚群岛上，与航海密切相关的拉皮塔文化在公元前3000年出现。拉皮塔人非常喜欢冒险，可以进行长距离航海，并探索了诸多路途遥远的岛屿，时间大约为公元前1500年。

非洲和中东地区

据悉，非洲和中东最早的农业共同体出现在美索不达米亚，这里正是欧洲和亚洲的交汇处。在苏美尔，贸易城镇开始进化为城市，时间约为公元前3400年。在尼罗河沿岸地区，埃及进化成一个先进的人类文明群体，并维持了2500年之久。在非洲的其他地区，人们过着相对简单的生活：他们要么进行游牧，要么以狩猎采集为生。

11

最早的人类 前40000年~前10000年

最早的类人动物大约经历了700万年的进化过程。与我们关系最密切的真正人类祖先，则是在最后的5万年才出现的。

南方古猿　　能人

尼安德特人　　智人

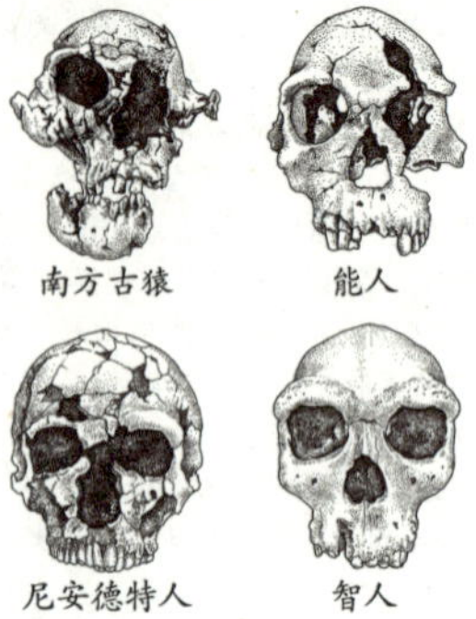

←图中所示的是，从早期的人类祖先到尼安德特人和智人颅腔的大小。后两者脑容量大致相当。

最早的类人动物便是更新纪灵长动物，人们在东部非洲地区发现了很多这种类人动物的骨骼残骸。他们开始直立行走，并会用小鹅卵石来制作简单的工具。但他们并不是真正意义上的人类，因为他们的大脑相对而言依然非常小。

↑最早的人类会利用不同形状的燧石（或打火石）来制作刀具、箭头以及钻孔器等。

原始人

原始人包括很多种类。能人大约出现在200万年前，他们掌握了更多的技巧，是紧接在更新纪灵长动物之后的人类祖先。在原始人中最为先进的当属直立人，其遗体残骸在非洲和亚洲都有发现。由于原始人学会了用火来烹煮食物并取暖，所以他们能够从一个地方搬迁到另一个地方。

尼安德特人

大约在20万年前，智人从直立人进化而成。与此同时，另一个人类物种，即尼安德特人也开始适应冰河时代末期的寒冷气候，并在欧洲和中亚洲都有发现。

冰河时代

冰河时代末期（约公元前1.6万年）的海拔高度，对早期人类的进化方式产生了巨大影响。冰河时代其实有好几个历史时期，其中最近的时期持续了大约230万年。由于大部分水被锁在冰块里，所以那时的海平面要比现在低90米左右。也正因为如此，西伯利亚和阿拉斯加之间尚有一块干燥的陆地，大洋洲和新几内亚之间、不列颠和欧洲之间也都有着这样的干地，这就可以让人类祖先自由迁徙。

亚洲
迁移线路
北极
白令海峡
北美洲

←该地图向人们显示了公元前16000年左右世界大多地区的气候情况。该时期正处于冰河时代。小地图则显示了亚洲和北美洲大陆桥的位置，就在白令海峡入海处。还是通过这个海峡，美洲土著人的祖先四处迁移。

欧洲
撒哈拉沙漠
亚洲
非洲
大洋洲

今天的大陆轮廓
18000年前的海平面

海冰、冰河
苔原、冻土地带
沙漠
草地、灌木
开阔林地
热带雨林

↑在一些地方，比如法国西南部的拉斯科地区，冰河时代的人们绘制过很多石洞壁画，其目的可能是祭奠动物野兽的亡灵。通过狩猎这些动物，他们可以解决衣食两方面的问题。

文明初曦

东地区的大陆上四处扩散，生存下来。这些尼安德特人发明了很多种不同的简单石器工具，不过他们在语言运用方面还是十分有限。这些尼安德特人并没有一直生存到现代社会。据知，最后的尼安德特人在2.8万年前灭绝了，其最后的居住地是西班牙。

克鲁马努人

今天的人类，很有可能是克鲁马努人的后裔。克鲁马努人似乎是从中东地区进入欧洲，并最终取代了尼安德特人的。克鲁马努人采集各种水果、浆果和植物根茎，同时也狩猎野生动物；他们居住在简陋的洞穴之中以遮风避雨。大约在4万年前，克鲁马努人在智力上逐渐变得更加接近现代人，即他们有了更多的思想观念，并掌握了更多的词汇。他们开始制作各种艺术品，其中就包括法国、西班牙以及撒哈拉沙漠地区的石洞壁画遗作。他们也开始制作一些珠宝首饰、小雕像、衣服、各种工具以及狩猎武器，建造住所。

↑这是一幅帐篷野营的图画，地点是在东欧地区，时间约为2.5万年前。这些狩猎者以这种露营的形式扎起他们的大本营，然后开始采集食物，并用兽皮制作衣服和遮蔽体，用兽骨制作工具和装饰品等。这种生活方式要求联合作业，并要求狩猎者之间形成团队合作。

←用一把弓来回转动在木头上的木棍，然后利用摩擦产生的热量取火。这可能需要10~20分钟。

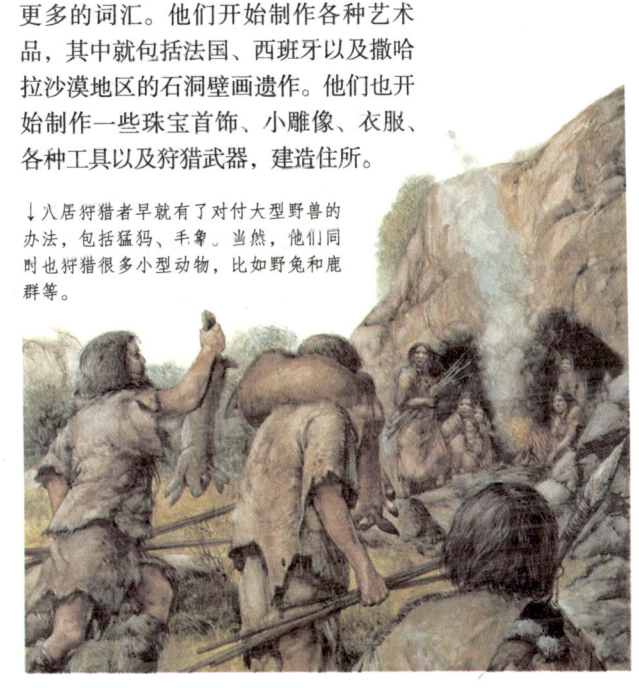

↓穴居狩猎者早就有了对付大型野兽的办法，包括猛犸、羊驼。当然，他们同时也狩猎很多小型动物，比如野兔和鹿群等。

↑克鲁马努人制作珠宝首饰的原材料有石头、骨头、象牙、贝壳等。他们经常会把这些珠宝首饰陪葬在自己的墓穴之中。

最早的农民 前10000年~前4000年

随着农业的发展和兴起，人们的生活发生了极大的变化。逐渐地，他们掌握了饲养家畜的技术，并开始种植农作物。

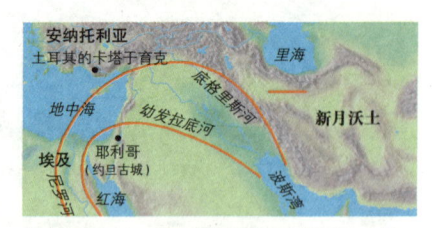

↑中东地区的早期文明均源自于新月沃土一带，该地区是农牧和村落定居生活的理想之地，同时也有利于贸易和后来的城镇建设。

最早的农民，大约在1万年前在中东地区的"新月沃土"定居下来。他们开始种植小麦和大麦，并开始圈养山羊、绵羊、猪和牛等——这些家畜可以提供奶、肉、毛皮，同时还能驮载东西。简单工具在设计上的改进与提高，让当时的人们可以更加快速有效地清理土地、建设村落，并在同一个地方定居下来。农业在很多富饶肥沃地区获得发展，如中国、印度的西北部、伊朗、埃及、欧洲南部以及墨西哥等。

↑人们很早就开始供奉"母亲神"，可以追溯到2.5万年前。当时他们相信，这些神明会像土地神那样，将生命赐予芸芸众生。

↑当时，小麦和大麦与草类植物进行杂交，以获得新的物种。它们主要用于制作面包、麦片粥、馅饼以及蛋糕等食物。

家畜驯养

最早被人类驯养的动物是狗，可追溯到公元前10000年。当时狗的主要作用是协助放牧，并可以守夜。后来，诸如马、山羊以及绵羊等也开始被人类驯养。许多物种随着人类的驯养出现在世界各地，如鸡和雉等，其实它们最早都源自远东地区。与此同时，另一些动物（比如欧洲野牛）则因为人类的狩猎而遭灭绝之灾。

农业灌溉

当时最重要的人类发明之一便是农业灌溉技术。农业灌溉，是一种给耕作土地提供水源的技术系统。在新月沃土以及美洲地区的农民，通过挖掘水道、沟渠的方法将水引导到他们的庄稼地。在蓄水池以及水闸的应用之下，离河道较远的土地也可以变得非常肥沃。在古埃及和古中国，每年发生的各种水灾成为人们可利用的农业灌溉水源。在数代人之后，一些农民开始与邻居或旅行者进行实物交易，这就促进了贸易的兴起，并导致了最早城镇区域以及文明中心的建立。

↑游牧部落跟随野生牧群进行季节性迁移。他们会去采摘资源或者气候条件最佳的地方，也会利用临时性家庭住所以及各种简单工具。当不同部落相遇的时候，他们会进行物品的交易，并会举行一些节庆或者婚礼活动。

←在早期的村落，人们会用茅草来覆盖屋顶，并将驯养的动物放置在围栏和牧场之中，同时也会开辟小块土地来种植蔬菜。他们开始寻找新的技术来保存食物、给土地施肥或制造工具等。

苏美尔和阿卡德 前5000年~前1600年

最早在美索不达米亚地区定居生活下来的是苏美尔人，时间在7千多年前。那时的他们便建起很多独立的城邦，而这些城邦便是最早的文明发源地。

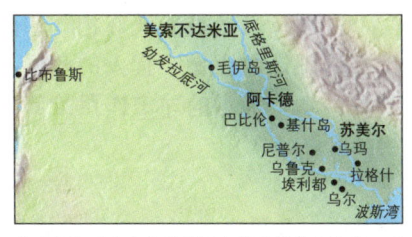

↑公元前2360年，阿卡德人领袖萨尔贡入侵美索不达米亚地区，并开创了世界上第一个帝国。

↑抄写员和记账者在当时非常重要，其工作涉及苏美尔人日常生活的方方面面，包括贸易、法律和宗教等。

↑在砖块使用之前，早期的苏美尔人就住在这样的芦苇房中。直至今日，沼泽阿拉伯人仍然在建造芦苇房。

苏美尔文明由数个城邦组成，这些城邦在当时就是独立的国家，其中一些城邦甚至持续了3000年之久。它们沿着底格里斯河与幼发拉底河流域，坐落在重要的商贸线路上。贸易者可以旅行至古埃及和古印度。

↑富饶肥沃的底格里斯河与幼发拉底河流域，成了贸易城市的诞生地，且其影响力扩散到很远的地方。不过，也正因为此，它成为劫掠成性的入侵者垂涎的目标。

苏美尔城邦

每一个苏美尔城邦都会有相当不错的公共建筑、市场、商店以及供水系统。还有一个皇家宫殿和塔庙，塔庙顶上有神殿，专门供奉该座城市的神明。在公共建筑周围有很多民宅，民宅之外较远处，才是农民的耕地，还有美索不达米亚河流的沼泽地。

阅读和书写

苏美尔人发明了最早的书写方法，即楔形文字。大约从公元前3200年开始，他们便在陶泥板上写字。当时，抄写员的社会地位非常高。大量墓碑证实，苏美尔人生活非常富庶，而且当时的工匠也堪称技艺超群。

内部冲突

大约在公元前2900年，随着城邦人口骤增，曾经被奉为全能的神职人员的权力开始被削弱，商业则逐渐取代宗教的地位，变得越来越重要。不同城邦之间的对抗开始萌发，他们相互之间会发生斗争与杀戮，以取得最高权力。同时，他们也遭到来自波斯、阿拉伯和土耳其地区的部落的侵略。

阿卡德和乌尔城

最终，阿卡德城邦获得主宰地位。由萨尔贡统领整个城邦，并创建了世界上第一个帝国，时间大约为公元前2334年。萨尔贡的统治带来了更多的秩序，但同时也带来了残忍和暴力。在公元前2100年左右，阿卡德人开始沦落，乌尔城则取而代之，并维持了一个世纪之久的鼎盛时期。在乌尔城没落之后，亚述和巴比伦开始统治该地区。

塔庙

塔庙由晒干的泥土砖修建而成，巍然屹立在冲积平原上。建设塔庙，要求高超的建筑技术和工程技艺。塔庙顶上的神殿专门用来供奉城邦之神，就在这里，大祭司主持各种宗教仪式，以求风调雨顺。此外，还可以借此满足神明的各种要求。

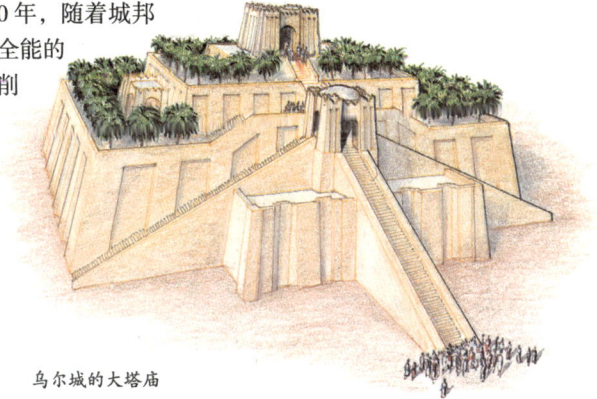

乌尔城的大塔庙

世界历史百科全书

古埃及 前4000～前2000年

古埃及虽然被沙漠环抱，却因为尼罗河的存在而拥有肥沃的土壤、宜人的气候。尼罗河每年都会暴发洪水，洪水的冲击作用给其河岸带来了丰富的粉砂土。

古埃及人在尼罗河沿岸灌溉水田、耕作农田，并将尼罗河作为运输河道。古埃及人种植小麦和大麦，并用其制作面包和啤酒；他们还用亚麻制作衣服，饲养牛载负重物。古埃及人有着较为完善的宗教制度和发达的医学，还掌握了先进的天文学和工程学知识。

↑古埃及人都喜欢穿戴能够带来幸运的护身符，他们最喜欢的东西就是圣甲虫形宝石（雕刻成甲虫形状的宝石）。

↑莎草纸是一种比较硬的纸，由莎草制成。古埃及人将其制成卷轴并将文字刻在上面。

↑古埃及文明紧紧围绕在尼罗河的周围。三角洲冲积平原的富饶肥沃造就了密集的人口和繁盛的城邦，虽然城邦离尼罗河距离很远。对当时的贸易商而言，河船运输是一种非常重要的运输方式。

法老

漫长历史的大部分时期，古埃及人都紧密团结在一个王国之中。在这个社会形态中，法老是头领人物，当然还有他的各位部长和行政长官在协助他。法老死后，陪葬他的有属于他的各种财物，而且墓穴中还装饰着许多绘画和象形文字作品。法老的身体会被制成木乃伊，据说这是为了让他死后直接去往天上的星星。由于法老是神灵面前古埃及的代表人，所以他死后的福利关涉古埃及社会的每一个人。

古埃及社会

在古埃及，多数人是农民。这些人把他们每年收获的农产品的一部分贡献给当地的寺庙，作为税赋。古埃及很少有人识文断字，而且教育只对

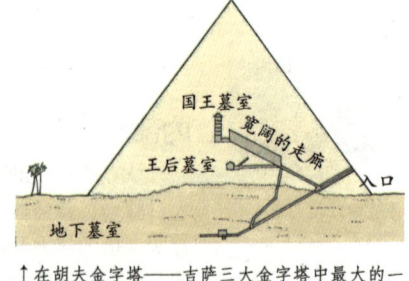

金字塔

大约从公元前2630年开始，古埃及人不断建造了很多金字塔，其中最著名的就是吉萨大金字塔。没有人知道为什么金字塔会是这样的结构，其比例和尺寸暗含着某种天文学、数学以及宗教目的。法老们期望通过如此大型纪念碑式建筑的建造来取悦众神，并给历史留下具有特殊意义的永久性标志。国王陵寝上方的某些长石块，重量甚至会超过6万千克，而如此重的石块总共有230万块。

↑在胡夫金字塔——吉萨三大金字塔中最大的一座——内部，有许多神秘通道和陵寝。

←建造金字塔需要高超的建筑技术，规模最大的胡夫金字塔可能需要30多年的时间才能完成。

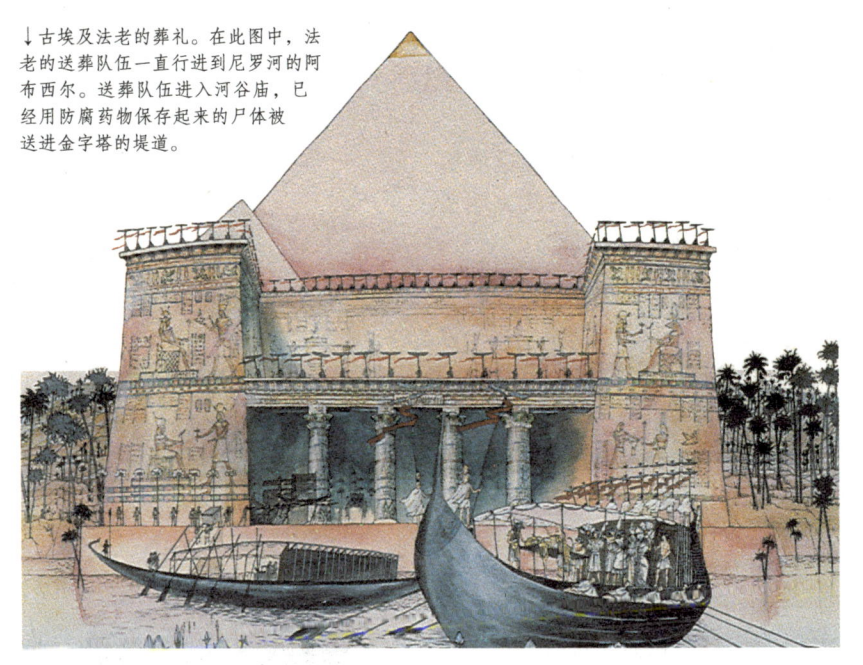

↓古埃及法老的葬礼。在此图中，法老的送葬队伍一直行进到尼罗河的阿布西尔。送葬队伍进入河谷庙，已经用防腐药物保存起来的尸体被送进金字塔的堤道。

古埃及诸神

↑荷鲁斯（Horus）是天空之神，他的灵魂直接进入法老的身体。太阳和月亮都是他的眼睛。

↑布塔（Ptah）是创造之神，他发明了各种艺术。他是首都孟菲斯城的地神。

↑哈托尔（Hathor）是爱神及美神，是她用头角将太阳顶到天空中去的。

↑伊西斯（Isis）是欧西里斯的妹妹兼妻子，同时也是荷鲁斯的母亲。她有着巨大的魔力。

↑雷·赫拉克提（Re-Horakhty）是太阳之神。其与天空之神荷鲁斯紧密结合在一起。

↑欧西里斯（Osiris）是死亡之神。在西方世界，欧西里斯负责对每一个死亡的灵魂进行价值判断。

男孩子开放，这些有文化的男孩子被称为"抄写员"。只有这些人，才有资格晋升为牧师、神父以及政府官员，并获得帮助法老治理国家的机会。但是，古埃及生活的核心部分，其实是跟神灵的交流。

基于这一目的，埃及人雕刻了许多非同寻常的石雕作品，还修建了庞大的金字塔和庙宇。在敬奉神灵这件事情上，古埃及人是不遗余力、不计费用的。敬奉法老也不例外，因为他们认为法老是神灵与凡间联络的使者。古埃及人还发明了一种保存法老遗体的方法，许多建筑的动工，也是为了给法老提供陵墓。

中王国

在第一代法老之后，古埃及曾经出现过一段时间的衰落，且持续了100多年。由于没有强大的统治者，当时的人们觉得自己已经被众神抛弃了。接着，大概在公元前2040年，门图霍特普成为新的法老，开始执掌政令，恢复了古埃及在世界上的原有地位。这个历史时期，就是所谓的中王国统治时期。

法老重新整治全国的统治秩序，并再度建造金字塔——不过再也比不上吉萨金字塔的规模了。许多古埃及艺术和文学的精品，是在中王国时期诞生的。

在这个历史时期，古埃及与世界其他国家和地区隔绝起来。古埃及人并不是伟大的旅行家、航海家或者征服者，但是，伟大的中王国统治者，如阿门内姆哈特一世和森乌塞特三世等，开拓了原有的疆域，并缔造了一支强大的军队。他们甚至入侵过许多国家，比如努比亚（非洲东北部一地区，历史上曾为一古国）。

大事年表

公元前3300年 尼罗河下游城镇兴起，象形文字得到发展
公元前3000年 上埃及与下埃及统一
公元前2920年 第一代法老统治开始
公元前2575年 古王国时期开始，古埃及定都孟菲斯城。这是古埃及文明的鼎盛时期
公元前2550年 大金字塔竣工
公元前2040年 中王国建立。古埃及得到拓展和进一步发展
公元前1550年 新王国建立。古埃及进入疆域最大、最富庶的时期

世界历史百科全书

巨石时代的欧洲 前4500年~前1200年

现今的西班牙、法国、爱尔兰、英国以及瑞典等国家，留存着古代巨石遗迹。这些巨石是古代文明遗留的残迹，主要用来建造大型石庙。

在该历史时期，最令人印象深刻的标志性建筑便是史前巨石柱，其位于英国南部。该史前巨石柱是分三个阶段完成的，从公元前3000年便开始动工。巨石柱以巨大的、打磨成形的、直立的石块为原料，巨石围成了圆形并由横梁连接。科学家认为，这些巨石建筑的功能应该相当于神庙，是研究星座、测算日历的场所。比史前巨石柱更大、更古老的巨石建筑，则是埃夫伯里石圈，它在史前巨石柱北面，仅有数公里之遥。

↑斯托尼·利特尔顿长形古墓，位于英国西南部的巴斯地区。该长形古墓有着数个小型石室，可能曾被用于重大仪式或者古代葬礼等。

↑这是某个位于西班牙境内的巨石建筑，没有人知道这些石室的真正功能。它可能是作为陵墓建造的，也可能是闭关冥休的专门地点。这些巨石建筑建于4000~6000年前不等。

↑史前巨石柱分不同阶段完成，横跨1000年的历史。人们认为，这些石头在安装和排列的时候做了精确的设计，这样才能对每年特定时期太阳与月亮的起、落做出准确的观测。

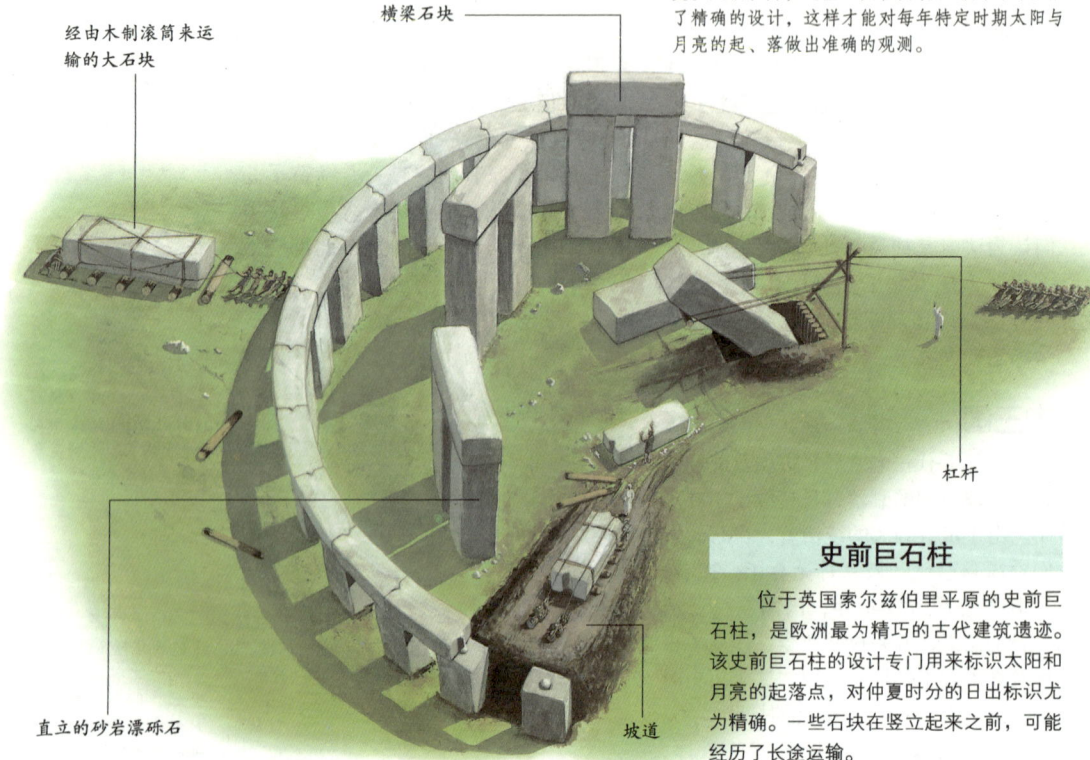

经由木制滚筒来运输的大石块

横梁石块

杠杆

史前巨石柱

位于英国索尔兹伯里平原的史前巨石柱，是欧洲最为精巧的古代建筑遗迹。该史前巨石柱的设计专门用来标识太阳和月亮的起落点，对仲夏时分的日出标识尤为精确。一些石块在竖立起来之前，可能经历了长途运输。

直立的砂岩漂砾石

坡道

文明初曦

大事年表

公元前 4500 年	农业在欧洲西部地区萌芽发展
公元前 4300 年	第一批巨石建筑在布列塔尼和爱尔兰地区建成
公元前 3200 年	石圈建造历史时期开始了
公元前 3000 年	史前巨石柱的建设揭开序幕
公元前 2400 年	铜第一次在欧洲西部地区投入使用
公元前 2000 年	巨石建造的巅峰时期，史前巨石柱也宣告完成

↑在奥地利东部的萨尔茨堡附近，人们在一深矿点采掘铜矿石。这些矿石被运输到地面，并用厚重的石锤击打个粉碎。

埃夫伯里石圈是更大规模的石块环状物，且这些石块并没有被打磨成形。其他石圈建筑还有着不同的形状和尺寸，其中较为有名的有玛丽·梅登斯、隆·麦格以及卡兰尼世巨石群等。

欧洲大陆

在爱尔兰的西部地区也发现了很多石圈，而且其年代要比英国巨石建筑更久远些。在法国西北部布列塔尼半岛的卡那克地区，还有一条风光独特的街道，由3000多块巨石组建而成，绵延数千米。在布列塔尼半岛上，还矗立着很多各自独立的巨石，这就是所谓的"门西尔"竖石纪念碑。从西班牙到爱尔兰、从苏格兰再到瑞典，这样的竖石在欧洲境内有许多。

在很多石室陵寝上面，覆盖着一层土壤，并做成土墩的模样。这些结构可以在法国、爱尔兰等地见到。

另一个值得一提的巨石遗迹位于马耳他。其中一些最古老的建筑，墙体由巨型石块建成，如某些石庙，由打磨成形的石块组成，而且石块上还雕刻着简单的图形。最不同寻常的马耳他巨石遗迹便是海波吉姆神庙，这是一个地下庙宇，岩体深处雕刻着图形，并分三个层次呈现。

←在苏格兰北部奥克尼岛的斯卡拉布雷地区，人们发现了人类巨石住宅的遗迹。这些石头房子被沙土吞没，因此保存了数千年之久。它们可以帮助人们重新建构古时人类生活的画面。

19

印度河流域 前4000年~前1800年

印度次大陆的早期人类生活在恒河和印度河流域，其中最早的文明出现在印度河流域，位于现今的巴基斯坦境内。

大约在公元前2000年，印度河的两大城邦是摩亨佐·达罗和哈拉帕。这两大城邦拥有大约4万人。在当时，它们位列世界上规模最大的城市之中。在这两个城市的中心位置都有一个人造的土墩，在这个土墩之上，矗立着一个大型粮仓。对所在城市的人而言，这个粮仓扮演着某种中央储藏库的角色。在20世纪20年代，这些被人遗忘的城邦遗址才被重新发现。

↑类似这样的印章主要用于在商品货物上做标记。这些物品不但可以在摩亨佐·达罗城中找到，而且可以追溯到苏美尔时代。

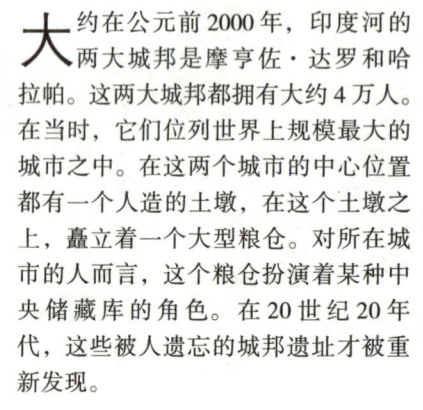

↑像这样用砖块砌成的竖井，在摩亨佐·达罗城的院落里面随处可见。它们可能是水井，也可能是谷物或油类的冷藏库。

↑当时印度河流域的气候要比今天湿润些，河流不但可以用于运输业和贸易，而且可以为周边平地提供灌溉水源。

城邦规划

围绕着城邦中心，其他建筑以一种方格子的样式建造起来，其中包括政府建筑、市场、作坊、储藏库、民宅以及庙宇等。在摩亨佐·达罗的中心，甚至专门配备一个供居民使用的公共浴室。绝大多数民宅有一个院落、一口水井，甚至还修建了卫生间。

这些建筑物主要是由泥砖建成，制作泥砖时需要将泥坯烧硬。

农民和手工艺者

说到庄稼，印度河流域的农民会种植大麦、小麦、棉花、甜瓜以及枣子等。大象和水牛被当时的农民驯服，用来在田间干活儿。该地区还有许多技艺精湛的制陶工人，掌握了非常先进的制陶工艺。哈拉帕城则开始使用

←这些废墟是4000年前摩亨佐·达罗古城的遗迹。

石器工具，并开始制造刀具、武器、铜质碗钵以及铜雕像等。他们有着一套先进的废物处理机制，其中包括暗排水沟和垃圾滑槽的建设等。

一个文明时代的终结

没有人知道生活在印度河流域的人究竟是谁，也没人知道他们究竟从何而来。对于他们的文字，人们也无法理解。该地区的文明与苏美尔文明有着许多类似之处，但也依然存在着很大的区别。该城邦居民曾经与苏美尔城邦发生过商品贸易，他们还曾经与中亚地区的部落有过贸易往来。印度河流域的文明持续了800年之久，但是，还是在3700年前步入没落终结时期。没有人知道其衰败的原因，只能推测一些可能性：如河道洪灾、疾病、贸易中的崩溃、经济或民事方面的强制命令，或者是人口迁移、被雅利安人占领侵略——雅利安人确实曾从中亚地区搬迁到印度。这些城市被埋于沙土之下，一直到20世纪20年代被意外发现。

↑这是摩亨佐·达罗城浴室的遗迹。当时的人们似乎对卫生及与水接触非常重视，他们可能曾把这些浴室作为运动和庆典的主要场所。

↓一名艺术家的直观印象，展示了处于巅峰时期的摩亨佐·达罗城全貌。与苏美尔各城邦不同的是，其是按照某种方格形状建造而成的，这意味着精密的计划和有序的政府管理。公共浴室还有独立的室内井，并有着复杂的储藏和通风系统。

↑位丁城邦中心的这些石房子，对居民而言有着不可估量的价值。它们不但有着重要的实用性，而且还有巨大的宗教意义，因为谷物可能被视为神圣的物品。

克里特岛　前 3000 年～前 1450 年

最早的欧洲文明，肇始于克里特岛，时间大约为 4500 年前。这就是所谓的米诺斯文明，是以传说中的米诺斯国王命名的。

根据传说，国王米诺斯专门建造了一个迷宫将弥诺陶洛斯关起来——弥诺陶洛斯是一个牛头人身的怪物。米诺斯文明的鼎盛时期是在公元前 2200 年～公元前 1450 年。米诺斯人把自己的繁荣昌盛，都归功于他们天生的航海与贸易才能。

↑克里特岛的地理位置特别适合贸易，而这也是米诺斯人走向毁灭的原因之一——迈锡尼人非常嫉妒他们的文明，最终向其发动了侵略战争。

↑这是一座出土于克诺索斯的人像，克里特人对蛇图腾及对母亲女神的崇拜在其身上得到完美的统一。该人像的装束，正是当时米诺斯妇女的典型装束。

米诺斯城

米诺斯人建造了数个大型城市，这些城市由铺好的马路连接起来，每个城市都是一个规模较小的古代城邦。在每座城市的中心位置，都有一个宫殿，宫殿里配备了水供应系统，还有窗户、石凳及各种装饰。在手工艺方面，米诺斯最出名的当属他们的制陶工艺和建筑技能，同时，他们也能制造出精美的金银珠宝饰物。在首都克诺索斯有一座宏伟壮观的宫殿，宫殿金碧辉煌，且内墙都涂上了灰泥，并用华丽的大幅油画装饰起来。

↑米诺斯人是专业级的航船建造者。他们四处航行漫游，甚至抵达古埃及。

一个文明的衰败

大约在公元前 1450 年的时候，在当时堪称先进的米诺斯文明突然神秘终结。首先是其附近锡拉岛火山爆发，将克里特岛大部分吞没。当迈锡尼人侵入克诺索斯，米诺斯文明终于宣告落幕。不过由于迈锡尼人对米诺斯人的成就极为赞赏，所以他们将米诺斯文明带到了整个欧洲大陆。

→克诺索斯的皇家宫殿有数层楼之高，由木材、石头以及泥土共同建造而成。皇宫围绕着一个中央庭院修建而成，公用的房间都在楼上。

→克诺索斯城中高级客房的墙壁都装潢得独具匠心。该幅壁画所展示的是跳牛运动。公牛是力量的神圣象征，撑在牛角上一跃而过的能力则象征着对其力量的征服和掌握。

文明初曦

迈锡尼人　前2000年~前1200年

迈锡尼是古希腊南部半岛上的一座小城。迈锡尼城是第一代希腊文明的中心，迈锡尼文明是在克里特岛米诺斯文明之后发展起来的。

↑这一金面具是考古学家海因里希·施里曼在迈锡尼城的一个墓穴找到的，他认为这应该是阿伽门农（特洛伊战争中古希腊军队的统帅）使用过的面具。不过现代学者则认为，它应该属于比阿伽门农还要早300年的另一个人。

↑这个艳丽的迈锡尼黄金酒杯向人们展示了当时工匠艺人的高超技艺。酒杯展示的是狩猎公牛的场景，这个主题在当时非常流行。

↓这一恢复重建图展示了迈锡尼城的原貌，皇家宫殿倚山而建，且分成不同的层级。

大约在公元前2000年，迈锡尼人（即人们所知的亚该亚人或希腊人）从巴尔干半岛迁移到古希腊地区。在最开始，他们操着古希腊语，居住在小山边的村落群里。到了公元前1650年左右，很多村落演变成设防的城镇，奢华的宫殿和奢侈的商品也已经出现，其体现的技艺完全可以与米诺斯工匠的手艺相媲美。迈锡尼城总共大概由20个城邦组合而成。

迈锡尼陵墓

在迈锡尼人建造城堡以及城市之前，他们就开始将自己的领袖人物埋葬在精心建造的蜂巢墓之中了。这些蜂巢墓由大型巨石块建成，并专门建有圆屋顶。在迈锡尼城中，有一座较为有名的陵墓——阿特雷斯宝库，该陵墓有一个高达6米的门，由此通向13米高、14米宽的陵寝。陵墓富豪奢华，足以显示出皇室、贵族的人力、物力和财力。

丰裕的迈锡尼人非常看重进口自古埃及的黄金。熟练的工匠们制作金

↑迈锡尼城的狮门废墟，大约建于公元前1300年，是城市仅有的几个入口之一，由巨石建成的城门有利于抵御外侮。

杯、金面具、金花卉以及金质珠宝以满足贵族的需要，甚至在他们的剑和盔甲上也要镶上黄金。

扩张与衰败

大约在公元前1450年，迈锡尼人征服了克里特岛，并开始在爱琴海、罗德岛和塞浦路斯周边地区建立诸多殖民地。他们在整个地中海地区开展贸易，特别是跟腓尼基（地中海东岸古国）、古埃及以及意大利等。但是，在公元前1200年左右，迈锡尼遭到四处游击的入侵者即所谓"海上民族"的突袭并被击败。很多迈锡尼人因此离乡背井，逃离到其他国家。

□世界历史百科全书

中国：商朝 前1600年~前1046年

中国，最早的文明可以追溯到公元前3200年，主要是在两大流域——黄河和长江流域——发展、演变而来的。

↑这是一枚青铜材质的商朝古钱币，被铸造成铁锹的形状。之所以制造成这样，是为了便于将其放到特定的容器或护套中去。

早期文化

公元前3000年左右，中国最早的小型城镇出现在北部的黄河流域。根据记载，黄帝打败了炎帝统一了华夏。中国的第一个朝代是夏朝，夏朝约自公元前2070年开始，统治时间长达400多年。夏朝的创建者是禹，大禹治水的故事在中国家喻户晓。

汤和商朝

中国有文字记载的最早朝代是商朝，其创建者是汤。商朝统治了中国北部地区600年之久。商的首都在安阳，安阳城内有着许多林木建成的庞大宫殿和寺庙。公元前1046年，周朝取代了商朝的统治。

商朝人种植黍稷（粟）、小麦和稻米，同时也种植桑树来养蚕，而蚕则可以生产丝绸。他们也饲养牛、猪、绵羊、狗和鸡等，并狩猎野鹿和野猪。商朝的农民利用马帮助犁田、载重。

↑商文明以中国北部的黄河流域为基地，不过，它也影响到中国中部。后来，周朝扩大了其统治范围，拓展了疆域。

他们最初将贝壳作为货币，后来则转为用青铜器。他们青铜器和玉器的制造工艺十分先进，能制造出各种实用、装饰或宗教用品。

汉字

商代文字是迄今为止发现的中国最早的成熟文字。汉字起源于图画，是世界上使用时间最久、空间最广、人数最多的文字之一。

↑这是可以追溯到公元前14世纪的甲骨（中国商朝用来刻写占卜文字的龟甲兽骨）。考古发现了大量甲骨，其上雕刻了中国古代的象形文字。

→据传说，蚕丝是在公元前2690年被嫘祖发现的。她是黄帝的妻子，而正是黄帝给中国带来了文明、医药和文字。嫘祖发现蚕以桑叶为主要食物，所以她开始种植蚕树。蚕丝可以制成精美的纺织品，也正因此，蚕茧甚至曾被当作货币。

文明初曦

大事年表

公元前 3000 年 处于龙山文化时期，第一批中国古代城镇出现

公元前 2070 年 夏朝开始

公元前 1600 年 商朝建立，汤是其缔造者

公元前 1400 年 商朝处于鼎盛时期

公元前 1046 年 周朝取代了商朝

青铜

青铜是铜和锡的混合体，经打磨上光后，会呈现跟黄金一样的外观。商朝的青铜制造业发达，青铜十分坚硬，因此可以制成各种工具、家庭用品、武器，同时它也可以制成各种装饰品或艺术品。

↑古代中国人在烹煮供奉祭品时，会使用类似的大型青铜装饰容器。该类容器有很高的支脚架，这样就可以在下方搁置火堆。

↑在战斗时，商朝的士兵会穿上由竹子和木材制作的笨重盔甲。这些盔甲还会加上布衬垫。古代中国各个部落之间通常会陷入长期的斗争中，中央集权化的国家建立后，比如商朝，则开始停止这种长期混战。

↑这是商朝的青铜盛酒容器，被称为"瓿"。其质量优等、设计错落有致，显示了商朝青铜铸造技术的高度发达。商朝还有其他盛酒容器，如"爵"。这些容器设计有一个较长的倒酒口。

赫梯人 前1600年~前1200年

公元前1650年左右，一部分小型城邦因为争战而结成了联盟，最终导致既富庶又强大的赫梯王国诞生了。

↑ 公元前1300年，赫梯文明达到顶峰。之后，他们分别与埃及人、亚述人以及佛里吉亚人进行交战。赫梯帝国在不到100年的时间里便消失不见了。

↑ 这个源自安纳托利亚（土耳其）的赫梯石碑向人们展示了一名妇女纺纱时的情景。这名妇女边纺纱边和一名抄写员说话，这名抄写员手握笔，似乎正在泥板上书写。

赫梯人其实是由数个部落组成的，他们使用6种语言，哈蒂语就是其中之一——安纳托利亚（亚洲西部半岛小亚细亚的旧称）土著居民的地方性语言。赫梯人是目前所知的最早的铁器制造者。

赫梯帝国

在许多年中，赫梯人掌控着铁金属的供应。这一好战的民族制造了战车，而这让他们的军事优势倍增。在公元前1595年，赫梯人洗劫了古巴比伦，并使古巴比伦人骤然跌入了"黑暗时代"。不过，赫梯人紧接着还是撤回到安纳托利亚。渐渐地，赫梯人征服了安纳托利亚、叙利亚以及黎凡特地区（即黎巴嫩）等，并对亚述人及古埃及人对这些地区的控制构成威胁。

男人在赫梯社会中占主导地位，而且他们相当富裕，并有着丰富的旅行经验。公元前1300年，赫梯王国达到顶峰。但是，更多的外族人开始进入这一地区，赫梯王国虽然在多次风雨飘摇中生存了下来，但最终还是被佛里吉亚人取而代之。这些佛里吉亚人来自巴尔干半岛，一直往北征伐至此。自此，再也没有赫梯人的记载，但是他们对邻近地区和国家产生了久远的影响。

← 赫梯人在许多大石头上雕刻艺术作品，他们只对岩石的一部分进行造型，而维持其他部分的原有形态。这一类似于狮身人面像的雕像，曾经把守位于阿拉加的一个赫梯人定居点。阿拉加位于现在的土耳其境内。

↑ 这一赫梯岩石浮雕来自亚兹利卡亚古城，向人们展示了保护神沙拉姆与女神伊师塔在一起的情景。它大概是在公元前1250年完成的。

古巴比伦 前1900年~前700年

乌尔城在美索不达米亚地区的统治遭到了数次外敌入侵。公元前1894年左右，古巴比伦人取代了他们的原有统治，并建立了新的王朝，而且持续了300多年。

从第六任统治者汉谟拉比起，古巴比伦人开始统治美索不达米亚的南部。汉谟拉比是一位杰出的统治者，其颁布的汉谟拉比法典非常有名。

古巴比伦逐渐成为美索不达米亚地区的中坚力量。古巴比伦的军队堪称纪律严明、训练有素，他们先后征服了伊辛、伊兰和乌鲁克等城邦，还有强大的马里王国。但是，美索不达米亚地区没有清晰的边界，这就使其很容易受到外敌的入侵。这里的贸易和文化持续繁荣了150年之久，但是紧随其后的便是赫梯人将古巴比伦洗劫一空，时间是公元前1595年。

在不同外来统治者当政期间，古巴比伦的城市依然继续存在了100年左右。接下来的500年，古巴比伦在亚述王国的光芒下黯然失色。

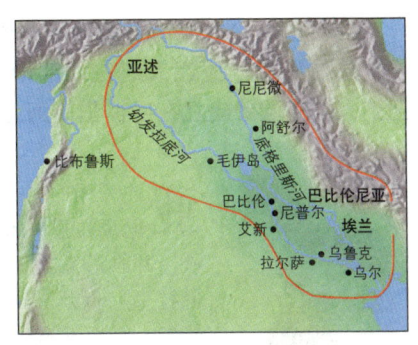

早期科学史

古巴比伦的数学家发明了一种以60为基础的计算系统，正是这一数字系统让人们最终确定了一小时的分钟数和圆周的度数（60乘以6）。古巴比伦的学者开始探索最早的科学和占星术，不过他们是以苏美人的知识为基础的。

↑古巴比伦遗址的界石上雕刻着祈祷者的画面，他们祈求得到神灵的庇佑。

↑在汉谟拉比及其继任者的统治之下，古巴比伦控制了整个美索不达米亚地区。但是，它依然容易受到来自北部和西部地区外敌的入侵。

↑《汉谟拉比法典》非常著名，"以眼还眼，以牙还牙"就出自其中。《汉谟拉比法典》使所有的古巴比伦人都受到同一法律制度的约束。这一法典不但锄强扶弱，而且还对商业和土地所有权进行法制管理。

→这一石碑上方所呈现的是汉谟拉比与正义之神沙玛什的对话场景，下方是《汉谟拉比法典》的铭文。通过这种方式，汉谟拉比晓谕众人：《汉谟拉比法典》是神灵通过自己传授给大家的。

←技艺精湛的弓箭手帮助古巴比伦抵挡亚述人、卡赛人、阿拉姆人、赫梯人等的多次入侵和袭击。古巴比伦的富庶及其处于亚洲通往地中海交汇处的特殊地理位置，使得邻国心生嫉妒、垂涎三尺。

□ 世界历史百科全书

亚述人 前1900年~前612年

当古巴比伦人统治着美索不达米亚南部地区的时候，热血好战的亚述人则在北部地区占据主宰地位。亚述人的王国就建立在底格里斯河上游一带。

↑ 亚述巴尼拔是亚述国最后一位伟大的统治者。虽然他是一名残酷无情的战士，但是他也扶持艺术的发展，并在尼尼微（古代亚述的首都）建造了一个大型图书馆，还在数个大花园中种植来自当时世界各国的不同植物。

亚述王国的第一任强势统治者阿达德尼拉里一世拓展了亚述人的疆域，并自称为"万物之王"。阿达德尼拉里一世及其继任者都是残暴的统治者，根本不容许任何城邦独霸一方。亚述国也通过国内贸易日渐富庶。

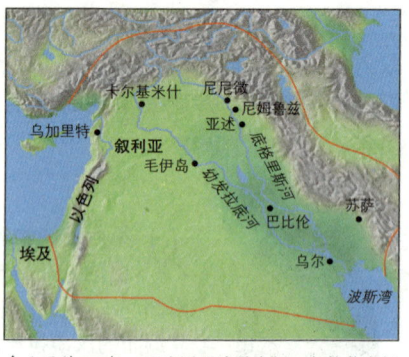

↑ 公元前650年，亚述国疆域最广阔，包括整个新月沃土。在亚述巴尼拔驾崩之后，古埃及和古巴比伦突然发起叛乱，亚述帝国也随之土崩瓦解。

瓦解与复兴

在亚述国疆域不断拓展的同时，被其征服臣民的反抗与叛乱活动也日渐增多。最终，亚述人惨败给胡瑞安人（与赫梯人有亲属关系）。接下来，赫梯人对亚述国进行了250多年的统治。在赫梯人封建君主权得到削弱的同时，亚述人的势力则又一次得到复苏与增强，亚述人的第二次强盛时期持续了300年。在提格拉毗列色一世的统治期间，亚述王国达到了鼎盛时期。提格拉毗列色一世每年都要向周边地区发动惨无人道的劫掠行动。亚述国逐渐主宰整个美索不达米亚地区，古巴比伦也包括在内。

亚述巴尼拔宫殿

亚述国王是绝对的统治者，积极主动参与国家的大小事务。在富丽堂皇的宫殿之中，亚述巴尼拔被智囊团簇拥着。在文化方面，亚述国王保存着自古巴比伦和苏美尔以来所撰写的许多历史文献。此外，还有关于数学、化学以及天文学的原版书。一些文学作品，比如自阿卡德帝国以来的吉尔伽美什史诗以及史前大洪水的故事，都被记录收藏起来。在亚述巴尼拔死后，所有这些文献都遭到了外敌的毁损。不过，仍有部分文献被保存下来。

→ 亚述国王召见朝臣及官员。

↑ 当时的亚述人深信，来自亚述巴尼拔宫殿的飞狮有辟邪的作用。

↓ 在这里，亚述劳动者正在为即将兴建的新宫殿运送建材，他们的国王正在进行巡视。

文明初曦

亚述国的兴盛

大约自公元前1076年起，亚述和古巴比伦都遭到了来自叙利亚的阿拉姆人的入侵。但是在150年之后，亚述纳西帕尔二世及其继任者征服了亚述帝国。亚述首都被搬迁到尼尼微，并开始大兴土木，农田灌溉工程也破土动工。亚述国王开始拓展领土，并对贸易路线加以控制，对不断滋扰生事的邻国也进行镇压。在提格拉毗列色三世的时候，亚述帝国的疆域最为广阔，其领土范围包括了巴比伦、叙利亚、巴勒斯坦、塞浦路斯、阿拉伯北部地区以及埃及等区域。

亚述人的生活场景

亚述人是伟大的建筑师，他们建造了许多宏伟壮观的城市，还有很多庙宇与宫殿。亚述男人一般穿着类似于外套的长衫，并保留胡子。亚述的女人则穿一种有袖子的束腰外衣，并会在肩膀上披一条围巾。人们还知道的是，亚述男人还会将自己的老婆和孩子卖给别人当奴隶，以还清所欠债务。

最后篇章

亚述国的最后一位同时也是最伟大的统治者，是亚述巴尼拔国王。他是一位学者型的国王，在他统治期间，首都尼尼微建造了一座大型图书馆。关于苏美人和阿卡德人的古代文献记录，都被保存到陶泥板上。与其一起的，还有自古以来的文学、历史、数学、天文学方面的文献。公元前627年，亚述巴尼拔国王去世。之后，亚述帝国被巴比伦人和米堤亚人击败。

↑伊师塔被亚述人认为是战争女神。而对巴比伦人而言，伊师塔却是母亲神。

大事年表
公元前2500年　亚述人在底格里斯河的上游地带定居下来
公元前1900年　古亚述王国兴起
公元前1680年　亚述王国被胡瑞安人击败
公元前1300年~公元前1200年　亚述王国扩张
公元前1076年　亚述王国被阿拉姆人打败
公元前730年~公元前630年　亚述王国的疆域达到最广
公元前612年　亚述国遭到巴比伦人和米堤亚人的侵略

↘亚述人是攻城战的个中好手。他们的破城槌能够将敌方的城墙撞出一个个破洞，而他们的云梯和移动箭塔则帮助攻城战士爬上城墙。亚述士兵还会携带大盾保护自己。

29

□世界历史百科全书

希伯来人 前1800年～前587年

在大约4000年前，希伯来人开始在巴勒斯坦地区定居下来。他们是从乌尔城来到巴勒斯坦的。不过，没有人确定，在此之前他们究竟从何而来。

↑所罗门（公元前965年～公元前928年）是历史上较为贤明的君主之一，他的统治带来了秩序与和平，而耶路撒冷也变成了当时最富庶的城市之一。

希伯来人的英文名字"Hebrew"，意思是"来自幼发拉底河另一端的人"。《圣经》也有着关于他们的故事传说。根据《旧约全书》的记载，第一位希伯来人的领袖人物是亚伯拉罕。亚伯拉罕原本是住在乌尔城的一名牧羊人，他携家眷旅行至叙利亚，然后又来到迦南（现在的巴勒斯坦境内），并最终在那里定居下来。

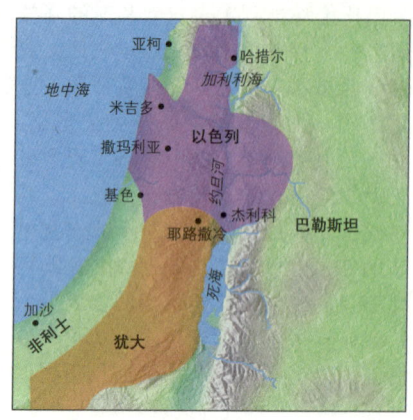

↑在所罗门死后，以色列疆域日渐缩小，并在最后分裂成两个不同的国家，即以色列王国和犹大王国。这便削弱了他们共同抵御外侵的能力，最后也直接导致了其衰败和没落。

十二部落

亚伯拉罕的孙子是雅各布（也叫"以色列"）。雅各布有十二个儿子，据说他们正好是以色列十二个部落的创始者，而"以色列"这个名字就是以他来命名的。在亚伯拉罕去世之后，饥荒袭击了迦南地区，雅各布则带领他的子民来到古埃及的安全地带。后来，他们成了古埃及人的奴隶，一直到摩西帮助他们逃离古埃及，并把他们带回到迦南，那个时候大约是公元前1200年。

所罗门神庙

所罗门在耶路撒冷建造了一座气势磅礴的神庙，当然花销巨大。所罗门神庙专门用来供奉以色列人的神圣宝藏——"摩西方舟"。在摩西方舟之上，珍藏着摩西十诫。该神庙逐渐变成了犹太文化的中心点。

第一个以色列国家

自公元前1020年，以色列人开始在数位继任的国王统治下迎来繁荣昌

文明初曦

↑这就是犹太沙漠，可以给人们带来一种独特的美感。在古代，由于气候比较温和，所以该沙漠应该有着更多的绿色。

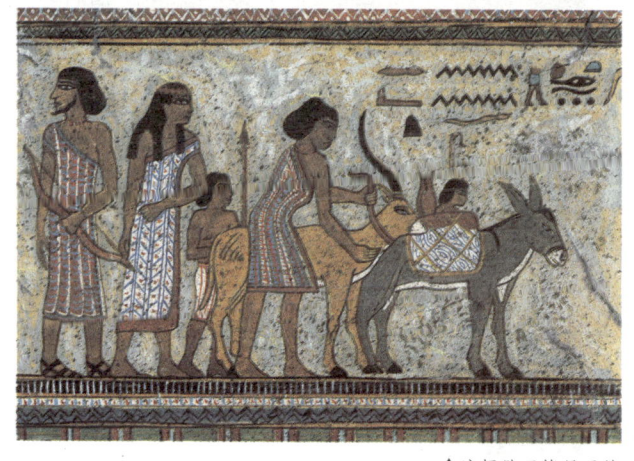

盛。这些国王包括撒乌尔、大卫和所罗门。

撒乌尔是希伯来人的第一任国王，他创建了希伯来国家。大卫则将以色列的各个部落统一起来，联合成一个国家，并拓展了以色列的疆域，同时还将耶路撒冷定为首都。所罗门则大兴土木，建造了许多宏伟壮观的建筑，包括数个城市以及在耶路撒冷地区的著名庙宇。

根据《圣经》的记载，所罗门非常巧妙地施展着他的智慧。据传说，曾经有两名妇女带着一个孩子来到他的面前，都声称是这个孩子的亲生母亲。所罗门的回答竟然是他必须将这个孩子分成两半，这样每个母亲都可以拿到一模一样的部分。其中一个母亲突然泪流满面，并放弃了她的申请。所罗门则在这个时候确定这名妇女才是真正的母亲，并把孩子判给了她。

所罗门的统治标志着以色列鼎盛历史时期的到来。在他死后，他的子民便开始相互争讼，并分裂成两个国家。

叛乱与散居

公元前721年，在以色列人的一次内乱之后，亚述人趁机占领了以色列，并在公元前683年进一步侵占了犹太王国。犹太人从此四处逃难，其中很多人都被带到了亚述国，并沦为奴隶。

巴比伦的尼布甲尼撒皇帝于公元前587年镇压了一次犹太人叛乱，并将多数犹太人转移到古巴比伦。这便是犹太人散居历史的开始，并一直延续到20世纪。

↑这幅壁画拷贝于埃及中部的贝尼哈桑地区。该壁画展示的是群闪族人或亚洲人来到古埃及进行贸易的场景。

←一名犹太男子在吹奏羊角号。羊角号是用公羊的羊角制成的，装上芦苇片之后就可以将声音放大很多倍。羊角号也是世界上最古老的乐器之一，会在犹太人的宗教节日时吹奏。

大事年表

约公元前1800年	亚伯拉罕及其希伯来子民迁徙到迦南地区
约公元前1200年	摩西和乔舒亚将犹太人带到迦南
约公元前1020年	撒乌尔成为希伯来人的国王
约公元前1000年	大卫成为希伯来人的国王
公元前965年~前928年	以色列国王所罗门登基执政
公元前721年	亚述人入侵以色列，使许多犹太人四处散居
公元前587年	巴比伦人洗劫耶路撒冷，并将多数犹太人驱逐到巴比伦地区

古埃及：新王国 前1532年~前1070年

新王国时期，是古埃及历史的第三个重要分界点。这是艺术成就大收获的历史时期，此时的古埃及军事力量强盛、国内经济繁荣、国外声名远播。

在中王国之后，一个既孱弱又分裂的古埃及被来自于迦南的希克索斯王朝统治了100年之久。他们一直统治着北部的下埃及。大约在公元前1550年，上埃及的皇族发动起义和战争，试图将希克索斯人驱逐出去，并能重新统一整个国家。在公元前1532年，古埃及人终于获得最后的成功。雅赫摩斯建立了第十八王朝，并成为新王国的第一代法老。而此时的新王国意味着古埃及黄金时代的到来。

新王国

图塔摩斯一世是古埃及早期法老之一，他征服了巴勒斯坦以及幼发拉底河以西的土地，时间大约是公元前1500年。在阿蒙霍特普三世的统治期间，新王国及其位于底比斯的首都一片富庶、繁荣的景象。虽然农民和其他劳动者生活简单，但是贵族们过着一种极为奢华的生活。根据法律规定，男女一律平等，而且女人也拥有财产权。女人可以从事下列四种职业：牧师、助产士、舞女或者送葬者。除贵族之外，抄写员和牧师在古埃及也拥有非常高的社会地位。

法老阿肯汉那吞

最奇怪的统治者当属阿蒙霍特

↑在古埃及，死者的遗体会被涂上防腐剂，并用布匹紧紧包裹起来，这一过程就是"木乃伊化"。木乃伊会被放置在棺木之中，而且这些棺木通常是经过精心装饰的。

↑这副结实的黄金面具，就摆放在图特卡蒙木乃伊的面部之上。图特卡蒙的陵墓是于1922年在帝王谷被发现的。1925年，该木乃伊及其奢华的面具展现给前来观瞻的观众，可谓令人叹为观止。

↘新王国的皇家宫殿一般会有数个起居室，其中较大的房间会被用来专门处理官方政务。在像这样的一个大厅里面，法老王会例行嘉奖、接待来使并接受贡奉。

↑丰裕富庶的古埃及人，会在死后陪葬珠宝首饰、陶器以及其他模型。这些模型包括烘烤模型、酿酒模型以及捕鱼模型等。这些模型给今天的人们提供了栩栩如生的各种细节，让人们了解古埃及人日常生活的方方面面。

普四世。他将阿托恩定位为古埃及的太阳神，并尝试改变古埃及的宗教信仰，还将古埃及的诸多神灵和繁杂的传统仪式摈弃掉。他将自己的名字改为"阿肯汉那吞"，并在艾尔·阿玛尔纳建立了新的首都，以供奉太阳神阿托恩。他的皇后奈费尔提蒂也并非系出"皇"门，甚至可能都不是古埃及人。在阿肯汉那吞死后，原有诸神的牧师们重新掌权，而对太阳神阿托恩的敬奉则遭到反驳。已故国王的名字也从每一个纪念碑以及文献记录上删去，他新建的城市则被荒废，最后的结果似乎是他从未存在过一样。

↘古埃及医生在治疗病人的时候，会同时使用临床医药和宗教魔法。

图特卡蒙

多数新王国的统治者都风光大葬于帝王谷，安息在岩石深处的皇家陵墓。但是，盗墓者依然闻风而来。到现代，几乎毫发未损的墓穴只有一个了，那就是年轻国王图特卡蒙的陵墓。图特卡蒙是阿肯汉那吞的继任者，他驾崩的时候还不到20周岁。古埃及在一段时期内曾经保持强盛的势头，特别是在塞蒂一世及其儿子第十九王朝拉姆西斯二世执政的时候。但是在后来一连串不够强硬的统治者在位期间，牧师开始操控大权，且频频遭到外来入侵者的侵袭，直至衰败。古希腊人征服并统治了古埃及大约300年。接着，古埃及又被纳入古罗马的领土之中，而古埃及自有的历史和文献则被世人所遗忘。

↑早期的古埃及船舶都是平底的，只适合在河道航行。后来，他们开始制造更大型、更厚重的船舶，并有着更深、弧线形的船底，这样就可以用于海洋航行了。这些船舶极大提高了古埃及的贸易能力，使其与地中海沿岸地区互通往来。

↑哈特谢普苏特是图塔摩斯一世的女儿，同时也是屠弱的图塔摩斯二世的遗孀。在她丈夫死后，哈特谢普苏特获得王位，并以法老的身份开始新的统治。她会穿着男子的服装，甚至特意带上法老专有的假胡了。

←卡洪恩是一个古埃及城镇，由泥砖建造而成。其中的房子都是两层楼，还有一个平顶。人们会在房顶上度过他们大多数的时光。通过某个堤道，金字塔会与卡洪恩城连在一起。

33

□世界历史百科全书

腓尼基人 前1500年~前100年

在古代世界里，腓尼基人是最伟大的航海家。他们就住在地中海最东边黎凡特沿海一带。

腓尼基人是冒险家，他们居住在独立城邦之中，而这些城邦正好都在一些知名港口附近，位于现在的黎巴嫩境内。源起于迦南地区的腓尼基人对土地耕种毫无兴趣，令他们兴奋的有航海、制造业以及贸易等。

↑腓尼基人最早制造透明玻璃，如这个香水瓶。

贸易和手工艺

商贸使腓尼基人日益富庶繁荣，并日渐强盛。他们亲自见证了米诺斯人及迈锡尼人的兴盛与衰落，并积极主动地帮助了古希腊及后来古罗马帝国的兴起。

腓尼基人也是技艺精湛的手工艺者，他们制作各种玻璃器皿、金属器具、珠宝首饰以及衣用布匹等。他们还发明了吹玻璃的技术。提尔港口的著名产物便是提尔紫色染料，这种颜色是富贵的象征，古希腊人和古罗马人都将其视为一种社会地位的象征。

↑腓尼基人在象牙雕刻方面也比较出名，如这个年轻女孩的头部雕像。

↑这是腓尼基人战舰的大致图样。这是一艘带有撞锤的大型划船，撞锤可以用来袭击地方船舰。

腓尼基人的知名港口

在黎凡特地区，知名的腓尼基人港口有乌加里特、西顿、比布鲁斯以及贝利图斯，但其中的主要港口还是提尔港，据传该港口在4750年前便已创建完成。

发迹于塞浦路斯的腓尼基人逐渐向西拓展，并在地中海周边地区建立了很多殖民地。其中最为重要的殖民地是位于北非的迦太基。后来，腓尼基人进一步将加的斯和丹吉尔纳入其殖民体系，并在西非的沿海地区建立了数个贸易站。但在最后，公元前570年左右，他们的本土却遭到了古巴比

↓腓尼基人的本土位于黎凡特的比布鲁斯，腓尼基人的方尖石神殿便是在此发现的。该神殿的使用可以追溯到4000年前，与米诺斯人大致处在同一时代。

伦人的入侵。因此，各处殖民地也开始独立，而迦太基则成为他们的主要港口城市。

探险

在公元前600年左右，古埃及人委托腓尼基人去非洲沿海一带进行航海探险。这次旅行持续了3年之久。公元前200年~公元前100年，腓尼基人走向衰落。当时想极力控制地中海的古罗马帝国向他们发动了战争，并将迦太基港口彻底摧毁。

↑迦太基人最敬仰的神灵便是战神巴力·哈蒙，他同时也是生育之神。这是萨朗波德非祭坛，大约建于公元前700年。在这里，顶礼膜拜者曾用童男童女来祭祀，并将他们埋葬于此。

↑来自腓尼基城邦的勇敢航海者在地中海沿岸建立了很多殖民地。他们在地中海的整个区域进行贸易活动，并在大西洋进行探险，还远航至西非国家和英国。

→腓尼基人在地中海的港口之间来回航行，并将值钱的商品运输出去，销售给其他人。虽然他们并不像其他国家那样控制着很多土地，但是他们的影响仍不可小觑。他们将当时古代世界的各个不同部分联系到一起。

35

□世界历史百科全书

古代非洲 前6000年~前200年

虽然在非洲发现了最早的人类祖先遗迹，但是除古埃及之外，关于这块陆地在公元前1500年之前的历史，至今仍没有太多的线索。

今天，撒哈拉沙漠成了南北非洲的天然屏障，但在公元前6000年，屏障根本就不存在。岩石和石洞壁画显示那时的气候要比现在湿润些，同时也有更多的人可以在撒哈拉地区繁衍生存。大约在公元前3500年，这块土地开始干涸。但是，贸易城市以及贸易线路依然开放，并给北非和中非地区提供了一条联络带。

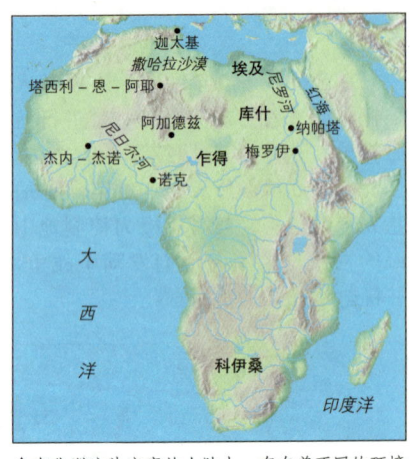

↑这些是近代的马赛（马赛人是肯尼亚和坦桑尼亚的游牧狩猎民族）妇女，来自于现在的肯尼亚。她们身上穿着的是传统的祭祀服饰。

↑在非洲这片广袤的大陆上，存在着不同的环境条件，而截然不同的文化形态也因此形成。在北部非洲，古埃及和地中海文化极为盛行；而在撒哈拉沙漠的南部，人们却过着不受其影响的自在生活。

努比亚和库什

古埃及文化从尼罗河流域开始散播，直至努比亚（现在的苏丹）地区。当时，那里的多数人是黑人。自公元前2000年以来，库什王国开始从努比亚独立出来。

对古埃及而言，库什是一个非常重要的贸易伙伴，并且是黄金的来源地。公元前1500年，古埃及攻克了库什王国，以确保获得那里的黄金宝藏。但是在公元前750年，古埃及又被库什特人征服，库什特人建立了第二十五代法老王朝。库什王国从未经历过铜器时代，而是从石器时代直接迈入铁器时代。其首都也从其宗教中心那帕塔搬迁到门罗，因为门罗周边有着丰富的铁矿石。这也意味着，库什将成为铁器制品的中心点，并给古埃及、古巴比伦、阿拉伯以及埃塞俄比亚等国提供货存。

门罗开始效仿古埃及，并一直保留着古埃及的许多传统及习惯，倒是古埃及自身经历了数次文化变革。埃塞俄比亚也是一个重要的文化聚集地，虽然其有点儿与世隔绝的味道，但是也有着属

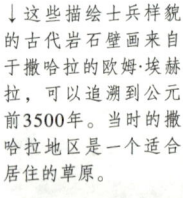

↓这些描绘士兵样貌的古代岩石壁画来自于撒哈拉的欧姆·埃赫拉，可以追溯到公元前3500年。当时的撒哈拉地区是一个适合居住的草原。

36

文明初曦

↑这些荒废遗弃的金字塔就在门罗地区，位于今天苏丹首都喀土穆东面。门罗王国是从更早时期的努比亚发展而来的，而努比亚则曾经受到古埃及的影响。

大事年表

公元前3000年 撒哈拉地区的沙漠开始形成

公元前2750年 农业在西非地区萌芽

公元前700年 库什的努比亚王国进入繁荣时期

公元前600年 诺克文化、尼日利亚文化以及门罗文化都得到发展

公元前200年 第一座非洲城市耶那－耶诺修建完成

↑撒哈拉的很多地方有岩石壁画以及浮雕壁画等。这幅撒哈拉中部塔西利地区的岩石壁画，展现了放牧牛群的场景。该作品的作者甚至将每一头母牛的不同形态进行了精雕细琢。

于自身的独特宗教文化传统。

中非和南非地区

在尼日尔河的周边，居住着数个农牧部落，还有数个商贸城镇。在下游地区，尼日利亚的诺克族人成为制造铁器并以村落为单位定居下来的手工艺人。在其东面，有游牧的牧民，还有村居生活的乍得国百姓。在整个中非地区，班图人从尼日利亚往南迁徙，并带着铁器制造以及农牧技术。在南非地区，不但有狩猎采集者（比如克瓦桑语族人），而且也有随处可见的牧羊人。

→在叟伯克侯特普国王的陵墓中，一幅壁画向人们展示了当时外国人向法老王进贡礼物的场景。一群非洲人带来了诸多从古埃及人那里获得的礼物：从努比亚带来的大圆环形黄金、大块黑檀木、赶苍蝇的毛掸子（由长颈鹿的尾巴做成）、水果、一只小猴子、一只狒狒等。

37

□世界历史百科全书

古代美洲 前1500年~前350年

第一代美洲人来自于冰河时代的亚洲，他们是经过大陆来到北美地区的，那时的海平面要比现在低得多。经过数千年之后，他们在南美洲繁衍出更多的人口。

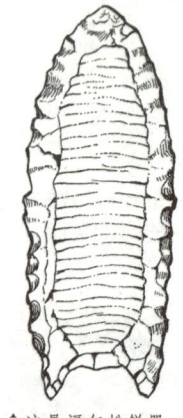

很多早期的美洲人是狩猎者、捕鱼者或者食物采摘者，但是在两个独立的地区新的文明孕育和发展，那就是中美洲（墨西哥）和厄瓜多尔－秘鲁地区。

↑这一精致的石碗说明了查文文化工匠艺人石雕技艺的精湛造诣。这是2500年前某位雕刻者的作品。

墨西哥的奥尔梅克人

在大约9000年前，土著美洲人定居在中美洲地区，并开始种植玉米、豆类以及南瓜等。小型的村落萌芽，村里的人们还会制造陶器，并会纺织。约在公元前1500年，第一代美国文明便从这种文化中诞生了。居住在城市中的奥尔梅克人开始在墨西哥西部的拉文塔建造起属于他们的首都，他们还建造了很多大型的土石金字塔，作为宗教仪式的中心。他们也制作巨大的雕刻品以及精良的玉雕，在他们的雕刻品中，经常将人与类似美洲虎的一种动物混合起来。奥尔梅克人有着自己特有的文字和高度发达的历法。他们的邻居萨波特斯人和玛雅人也开创了属于自己的先进文明。

安第斯山脉的文明

在南美洲，第一批以捕鱼和农耕为生的村落发迹于秘鲁北部。大约在2800年前，一个更加先进的文化出现了，那就是所谓的"查文"文化。查文人会制造陶器、纺织、用石块建造房子，并掌握了精湛的雕刻技术。在他们的首都，最高的建筑有三层楼高，在里面，是一连串的房间、走廊和楼梯。

大事年表

公元前2600年　在秘鲁建造了许多宗教仪式中心
公元前2200年　在墨西哥地区，创建了许多农耕村落
公元前1200年　奥尔梅克城镇及其宗教中心建成
公元前850年　查文文化萌芽
公元前600年　最早的玛雅金字塔建成
公元前350年　奥尔梅克文明衰落

↑这是福尔松锐器，属于箭头的一种。该锐器发现于北美地区的福尔松文化遗迹，可追溯到公元前9000年。

↑这是由玄武岩雕刻的八具头雕之一，是由奥尔梅克人雕刻而成的；其中一些大概有3米高。每一尊雕像都有不同的头饰，它们或者代表着早期统治者，或者代表诸神。

→这一奥尔梅克"祭坛"可追溯到公元前1200年，一个奥尔梅克统治者的雕像安坐在下方的壁龛里面。

文明初曦

古印度：雅利安人   前1500～前500年

大约在3500年前，雅利安人是一群凶悍的战士和牧羊人，他们直接跨过印度库什山脉，逃离到印度次大陆定居下来。

自然灾害（可能是旱灾，也可能是病疫），或者是一场内战，迫使雅利安人从他们在俄罗斯南部的家乡故土逃离。他们迁移到各个地方，比如安纳托利亚、波斯以及印度等地。他们以部落村居的方式生活着，并可能是在木制房子里居住——而非印度河流域文明的砖建筑。

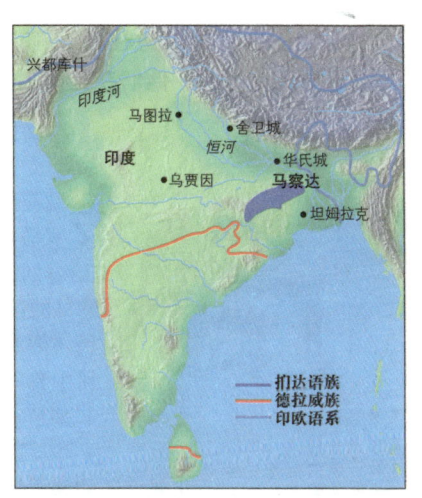

↑佛祖乔达摩·悉达多（约公元前563年～公元前483年）曾是一位王子。他在某天看到人们正承受苦受难之后，便离家出走，去寻找真理。后来，他获得了点化和启迪，变成人们所知的释迦牟尼。

↑在雅利安人入侵印度北部之后，许多土著人（比如德拉威人和蒙达人等）开始搬迁到印度的南部和东部地区。

在印度的雅利安人

对雅利安人来说，个人财富是按牛群和羊群的数量来计算的。他们并没有像古印度人那么先进，但是他们非常强悍。他们是英勇的斗士和赌徒，以牛肉为食、以葡萄酒为饮，而且喜欢音乐、舞蹈以及马车竞赛。逐渐地，他们定居下来，并吸收了很多古印度人的风俗习惯方式，且成为庄稼种植者和铁器制造者。

↑雅利安人引进了社会等级制度，即由婆罗门作为领袖，统治着整个国家。刹帝利是士兵，吠舍是商人和农民，而首陀罗则是仆人和苦役者。这一社会等级制度是无法改变的，而在特定阶层里面的人无法与其他阶层的人通婚。

古印度文化

犁耕与灌溉系统的应用使雅利安人能够种植足够的庄稼，以向大型城镇提供粮食。到公元前500年为止，在北印度地区已经有了16个主要王国，其中最有名的便是摩揭陀王国。摩揭陀是孔雀王朝帝国的诞生地，同时也是两种新兴宗教即耆那教和佛教的发源地。雅利安人并没有形成自己的文字系统。与其他很多古代人类一样，他们通过口耳相传的方式来延续自身的历史和宗教信仰。这些传统习俗，即所谓的"吠陀经"（原意是知识之书，是印度最古老宗教文献和文学作品的总称），在后来被逐渐记载下来。其中，最为古老的便是《梨俱吠陀》，该经集收藏了1000多首以他们自己的语言梵语创作而成的圣歌或赞美诗。人们对雅利安人日常生活的了解，大多来自于这些吠陀经。

→印度的主神之一便是毁灭之神湿婆，他是异变的代表者，同时兼任创造者和毁灭者，堪称变化之神。右图中，湿婆在一个火焰的光环中手舞足蹈。

39

古罗马的建立 前753~前509年

据传，古罗马城是在公元前753年由一群当地的部落族人创建的，他们在当时古罗马的七座小山上安营扎寨。

传说是这样描述的，早期古罗马是由当地的众多国王统治着的，而罗穆卢斯是其中最早的国王。古罗马城的居民主要是萨宾人（古代意大利中部一民族）和拉丁人，他们联合起来形成了一个城镇，并自认为是"罗马人"。他们也受到了来自北部地区的邻居伊特鲁里亚人和来自古希腊、迦太基的商人的影响，后者带来了关于文化和社会的新思潮。

↑根据传说，古罗马是由一对同胞兄弟创建的，他们便是罗穆卢斯和瑞摩斯，国王努米托的外孙。努米托的兄弟阿姆利乌斯阴谋篡位，并将这对刚出生不久的孪生兄弟遗弃在台伯河上，意图让他们溺死。但是，这对兄弟在一头母狼的哺育下活了下来。后来他们建立了古罗马，但是他们俩也起了争执，瑞摩斯被哥哥残杀，罗穆卢斯则成了古罗马的第一任国王。

↑在早期，古罗马曾被伊特鲁里亚人、萨谟奈人以及其他族人包围着。古希腊人和腓尼基人也在意大利及其周边地区有过殖民地。随着古罗马的扩张，他们必须征服和扫除这些敌人。

伊特鲁里亚人

伊特鲁里亚人居住在各城邦之中，而这些城邦大约是在公元前800年建立的。伊特鲁里亚人有农民、金属制造者、航海者以及商人等，他们喜欢音乐、游戏和赌博。他们受到了古希腊人的极大影响，比如说他们全盘接受了古希腊文，并穿着古希腊长袍，甚至信奉古希腊诸神。此外，他们还继承了古希腊人的生活方式并最终选择了希腊式的文化作为表达方式。

古罗马帝王

古罗马的国王都会穿着带有紫色镶边的托加袍（一种宽松长袍）。在出行的时候，走在国王前面的一群开路人举着一种象征权力的束棒（由一捆木棒和斧刃组合在一起），代表着国王对每一个人的统治权。

根据传说，前后相继有七位国王统治着古罗马，并持续了240多年。这些国王并没有绝对的王权，重大决策必须与贵族开会进行协商，而随着时间的推进，后者的影响力越来越大。

→这一伊特鲁里亚人夫妻石棺，大约是在公元前510年雕刻的。与古希腊和古罗马相比，伊特鲁里亚人的妇女有着更高的社会地位。

贵族会议在挑选国王的时候也有发言权，并对国王的权力有限制权，特别是在战争事务上。国王所代表的是旧有的生活方式，而古罗马城则正在经历各种变化。公元前509年，古罗马贵族中的新生代精英终于将原来的君主政体推翻，并宣布古罗马为共和国。而这是世界历史上的第一个共和制国家。古罗马人并没有打算成为一个伟大的帝国，刚开始，他们只是想要做好自我保护，并抵御不断来滋扰生事的邻国敌人。但是，在短短500年间，古罗马变成了西方世界的中心地，并将古希腊人手中的地盘接管了过来。

大事年表

公元前800年	特鲁里亚文明出现
公元前753年	传说古罗马建国的时间
公元前509年	古罗马共和国诞生
公元前400年	特鲁里亚国衰落

↓这是位于塔尔奎尼亚的特鲁里亚豪华陵墓，可追溯到公元前500年。它向人们展示了古希腊艺术对特鲁里亚人的影响力。其实这就是所谓的"预言者之墓"。

↑伊特鲁里亚人留下的文献记录甚少，不过他们的绘画作品倒是栩栩如生。这幅来自陵墓的作品便分别描绘了一名七弦琴演奏者和一名笛子吹奏者。

←束棒是古罗马权力的象征。木制的棍棒是惩罚的象征，而斧子则代表了生和死的两极。

□世界历史百科全书

古巴比伦的复兴 前626年～前539年

公元前1100年左右，来自西部地区的卡尔迪亚部落族人开始迁徙到亚述国和古巴比伦地区。虽然亚述人是他们的最高统治者，但也有数位卡尔迪亚人曾经担任过国王的角色。

↑内布哈德内扎统治古巴比伦43年，在其任内发动了数次军事活动。他曾两次镇压犹太国内的叛乱，并在腓尼基发动暴乱的时候围攻了其主要港口提尔港，而且持续了13年之久。

公元前626年，唤作"那波勃来萨"的卡尔迪亚国王接过王权，宣布古巴比伦独立，摆脱了亚述人的奴役与支配。公元前612年，那波勃来萨又将亚述人彻底镇压。那波勃来萨的儿子内布哈德内扎则将古埃及人驱逐回本土，并占领了叙利亚。

↑该地图展示了内布哈德内扎时代的古巴比伦帝国在最强盛时期的疆域范围。其控制着新月沃土的所有领地。

内布哈德内扎

内布哈德内扎是最著名的古巴比伦国王之一。他是在大约公元前605年登基掌权的。内布哈德内扎占领了亚述人之前曾经统治的领土，包括古巴比伦以西的沙漠地区。他还占领过耶路撒冷，并迫使数以千计的犹太人成为古巴比伦的狱囚，他还将古巴比伦当作新月沃土各个领土中的轴心区。

古巴比伦

内布哈德内扎统治期间，将古巴比伦装扮得更加美丽。他在城市周围建造了巨大的城墙，并将大门命名为女神伊师塔之门。他修建了空中花园，即可以俯瞰城市全境的漫步花园。在幼发拉底河之上，他建造了一座大桥，还有一座金字形神塔，唤作"马杜克神庙"。内布哈德内扎还为自己修建了一座宏伟的宫殿，不过也翻修了其他城市建筑。

内布哈德内扎的统治超过了40年，但据说在统治后期他已经出现精神失常的状况。

衰败与没落

内布哈德内扎死后，古巴比伦王国仅持续了6年。继任还不到3年，内布哈德内扎的儿子阿乌尔·马杜克便遭到暗杀。另外两位国王（其中一位还是个小孩子）也仅仅统治了3年。

↑女神伊师塔戴着一顶月亮角的王冠，左右两侧有狮子和猫头鹰的守护。伊师塔是古巴比伦的主神之一。

→古巴比伦是一个航海国家，位于幼发拉底河流域沿岸。大型的芦苇船最远航行到古印度和东非地区。古巴比伦也是从亚洲向西方旅行的必经之地。

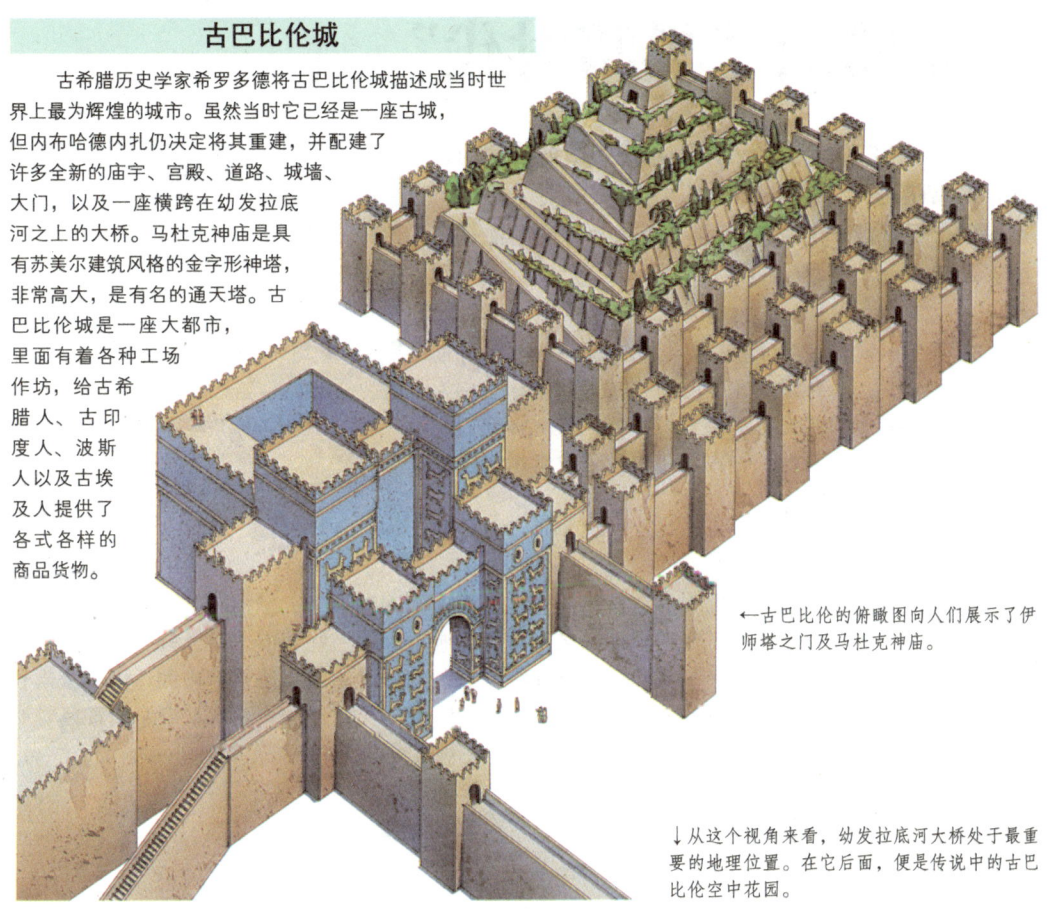

文明初曦

古巴比伦城

古希腊历史学家希罗多德将古巴比伦城描述成当时世界上最为辉煌的城市。虽然当时它已经是一座古城，但内布哈德内扎仍决定将其重建，并配建了许多全新的庙宇、宫殿、道路、城墙、大门，以及一座横跨在幼发拉底河之上的大桥。马杜克神庙是具有苏美尔建筑风格的金字形神塔，非常高大，是有名的通天塔。古巴比伦城是一座大都市，里面有着各种工场作坊，给古希腊人、古印度人、波斯人以及古埃及人提供了各式各样的商品货物。

←古巴比伦的俯瞰图向人们展示了伊师塔之门及马杜克神庙。

↓从这个视角来看，幼发拉底河大桥处于最重要的地理位置。在它后面，便是传说中的古巴比伦空中花园。

接下来，一位叙利亚王子那布尼德获得了古巴比伦的统治权。他尝试说服人们信奉他的神"欣"，而不是马杜克。

公元前557年，在波斯地区，一位新的年轻国王居鲁士二世掌握执政大权。他的野心便是接管美索不达米亚地区，并创建一个波斯大帝国。为了实现这一宏伟目标，居鲁士二世入侵了古巴比伦，并于公元前539年占领了古巴比伦城。那布尼德的王权被废黜，他的儿子也被入侵的军队杀害。

紧接着，古巴比伦开始受到波斯人的统治，并持续了两个世纪之久。不过相对而言，这是一段较为和平稳定的历史时期。这样的统治一直持续到另一位年轻国王的出现，他就是亚历山大大帝。亚历山大大帝不但击败了波斯人，还于公元前331年占领了古巴比伦，并将其作为首都。

大事年表

公元前853年 亚述人开始了对古巴比伦的统治
公元前626年 古巴比伦人针对亚述人进行反抗
公元前612年 尼尼微遭到了古巴比伦人及米堤亚人的洗劫
公元前604年 内布哈德内扎登上王位，古巴比伦的鼎盛时期
公元前539年 古巴比伦被波斯居鲁士大帝征服

□ 世界历史百科全书

古希腊的"黑暗时代" 前1100年~前600年

公元前1200年，当迈锡尼人开始四处逃散的时候，古希腊进入了"黑暗时代"。这便留下了一个时空缺口，正好被一个新的人群所填补，而他们便是多里安人。

↑ 荷马是一位盲人吟游诗人。大约在公元前800年，他创作了《伊利亚特》和《奥德赛》这两首史诗，记录了当时的人和事。荷马几乎搜集了关于迈锡尼人的各种传说，并将其予以复述。

这段历史持续了500多年，但并没有任何文字记载可考。多里安人并没有迈锡尼人那样的文化，他们说着另一种古希腊语，且没有用文字记录历史。

历史传说

多里安人通过口述的历史长诗将迈锡尼人时代的全部记忆生灵活现地保留下来。在他们开始吸收腓尼基人文字时，也写下了属于自己的诗词。荷马的《伊利亚特》和《奥德赛》即是其中的两首，讲述了围攻特洛伊城的故事。在迈锡尼古城发现的陵墓中的各种物品，与荷马史诗中的描述相吻合。

城市生活

在"黑暗时代"，城镇生活被摈弃，居住于部落之中的人们在军阀的统治下生活着。到公元前600年，城市生活再度复兴，海外殖民活动也拉开序幕。贸易、人口以及经济都逐渐兴起。公元前500年，在社会动荡过后，一些城市（如雅典）开始任命改革者重新组建政府内阁，以及法律和贸易秩序等。这便是古希腊古典时期的开始。

↑ 许多原本居住在城市中的迈锡尼人被四处劫掠的突袭者或海上民族驱散，其中依然留在国土之内的人变成了乡村居民。来自巴尔干地区的多里安人也向古希腊发动进军，并自公元前1100年开始统治着该地区。

↑ 古希腊的人们喜爱倾听关于他们神灵和英雄的传说故事。上图，一位多里安吟游诗人正给一群人讲述着史诗般的故事。这些吟游诗人并不仅仅是助兴者，而且也是知识传播者和消息散布者。

↓ 在"黑暗时代"，古希腊的战事不断。全副武装的古希腊步兵被称为"重装步兵军团"，他们在战斗时会排出非常密集的方阵。他们会进行团队战斗，而且会互相掩护。

44

文明初曦

中国：周朝 前1046年~前256年

在中国，周朝的统治长达800多年。他们将中国带入了一个黄金时代，城镇开始兴起，贸易和早期中国文化也得到发展。

周朝的创建者是一群四处游荡的游牧者，他们曾在中国西部的渭河流域定居过。在周武王的带领下，他们推翻了商朝最后的统治者商纣，建立了周朝。周朝实行分封制，对周边国家分封了诸侯国，周王是"天下共主"。周朝掌握了铁器制造技术，并最早用铁器来制造武器、家庭用具以及农具（比如耕犁）等。铁器给农业带来了更大的便利，并使周朝的士兵在战争中处于优势。

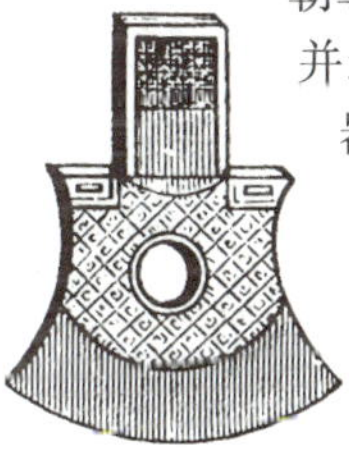

↑周朝的铁制战斧，可以追溯到公元前500年，它们是战国初期的武器制品。

↑该画创作于18世纪，描绘了孔子、老子以及释迦牟尼（年纪尚幼）在一起的情景。他们三位生活在同一个历史时期，但据说只有孔子和老子才有可能真的相见过。

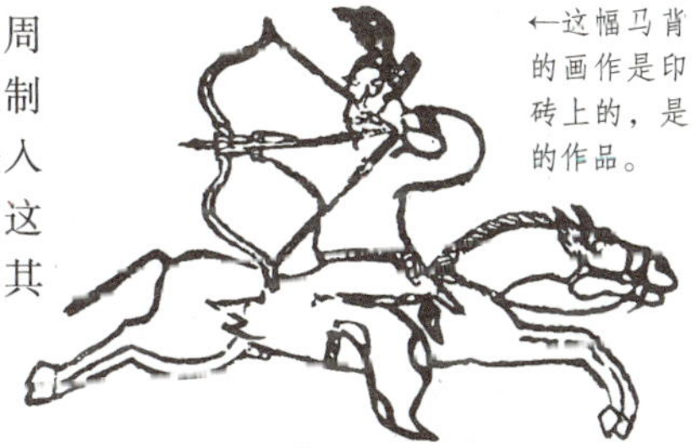

王族的衰落

在数个世纪以后，王族势力开始衰败，而中国则进入了春秋时期。周天子拥有名义上的权力，但经常受制于地方势力强大的诸侯。后来，进入战国时期，各诸侯国连年混战。在这一时期，中国古典思想开始形成，其中最有名的便是孔子和老子。

←这幅马背骑射的画作是印在泥砖上的，是周朝的作品。

→住在中国周朝早期古代村落之中的人们过着一种与世隔绝、自给自足的生活。

45

□世界历史百科全书

波斯帝国 前559年~前331年

伊朗在过去被称为波斯,其国由两大人群组成,一个是米堤亚人,另一个是波斯人。约2800年前,他们从中亚地区迁移到波斯一带。

刚开始,米堤亚人很强盛。接着,大概是在2550年前,波斯人的统治者居鲁士发动叛乱,并获得波斯的控制权。波斯帝国的首都设在丝绸之路之上的埃克巴塔那,该城现今被埋葬在哈马丹的现代城市之下。

↑大流士(公元前548~公元前486年)是一位伟大的将领,他拓展了帝国的东西边界,并将其重新分为20个行政区域。他不但在波斯波利斯建造了一座全新的都城,而且也修建了四通八达的道路。他从安纳托利亚的吕底亚引入了黄金和白银币制,并将其普及波斯国。

四处征战的国王

居鲁士亲自下令成立了一个骑兵部队,还配有训练有素的弓箭手。趁着邻国处于贫弱之中,居鲁士四处征战,创建了一个从地中海延伸到阿富汗地区的大帝国。他的儿子冈比西斯则入侵了埃及。波斯人通过公平的统治秩序来获得子民的拥护和支持。大流士一世最终将帝国的疆域延伸扩展到古印度和古希腊一带。他重新组建了帝国结构,并任命"总督"来对每个行政区进行管治,而这些总督则需要向帝国缴纳税赋。

↑阿帕达纳宫薄石板上的浮雕,这类作品在该宫殿的墙壁和楼梯上随处可见。

古代世界的统一

大流士修建了许多道路和城镇,并引入一种标准币制的方式来鼓励商业贸易。波斯人控制着丝绸之路以西的一端,这里囊括了从印度到地中海一带的所有商业贸易。这一富庶的大帝国将当时大多数古代文明联系到了一起。最后,古希腊人将这个帝国击败,并顺手接管了过来。

←这是波斯军队中的步兵战士。军队的赫赫战功来自于其对战略的灵活运用。

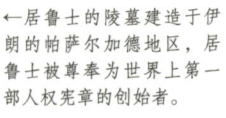

←居鲁士的陵墓建造于伊朗的帕萨尔加德地区,居鲁士被尊奉为世界上第一部人权宪章的创始者。

46

文明初曦

宗教传播

波斯人信奉一位波斯先知的教导，这位先知便是查拉图斯特拉。尽管查拉图斯特拉教义并没有演变成全球性的一个大宗教，但还是影响到了其他许多宗教信仰。

大事年表

约公元前 850 年～前 750 年 米堤亚人和波斯人迁入伊朗地区

约公元前 600 年 查拉图斯特拉开始改革古代波斯人的宗教信仰

公元前 559 年～前 525 年 居鲁士大帝创建了波斯帝国

公元前 521 年～前 486 年 大流士将帝国的疆域扩展到鼎盛时期

公元前 480 年 古希腊在萨拉米斯地区抵挡住了波斯帝国的扩张

公元前 331 年 古波斯帝国被亚历山大大帝击败

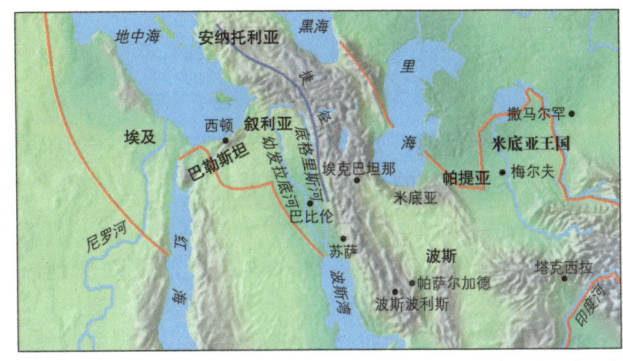

↑该地图显示了波斯帝国在大流士统治下的鼎盛状况。苏萨变成了其行政中心，而波斯波利斯则是国家的中心。"皇家大道"破土兴建，旨在加速各方的交通运输。

←这幅图像来自某个滚印（一种圆筒形印章），在其左方还刻有楔形文字。该图印向人们展示了大流士一世在马车上用一把弓箭来狩猎狮子的生动场面。

↓在波斯的新首都波斯波利斯城，大流士为自己建造了一座宫殿。在该宫殿的楼梯上，雕刻着一队穿着仪式服装的达官贵族。

47

□世界历史百科全书

艺术 前25000年~前500年

自人类出现起,就用各种物品装饰生活,表达思想。这是文化发展的一个重要部分。

约25000年前,住在欧洲地区的早期人类便开始制作女神和动物的小型泥土模型。这些作品被认为是图腾或与宗教信仰有关。一些古代人类还会在洞穴的深处刻画栩栩如生的图像,展示着各种生活场景。

艺术技巧

一旦人们开始过上更加安定的生活,便开始制造陶器以及其他装饰用品。在中国,古代仰韶人给陶器表面绘制上了各式各样的几何图案。在铜器和青铜取代石块制作武器和工具之后,金属制造者的地位变得越来越举足轻重,而他们所制作的工具和器物也开始有了丰富的装饰内容。但是,他们这么做并不仅仅是为了美化,他们深信在工具或武器上雕刻神灵或神圣符号,可以提高它们的使用效果。

随着城镇和城市的发展、国家的进一步富饶强盛,宏伟壮观的庙宇、宫殿以及其他纪念性建筑等都被装饰上各种雕刻或绘画作品。从迈锡尼人的岩石壁画到埃及人的陵墓绘画、从

↑奥尔梅克人的雕像都是在玉石之上雕制而成的。该作品代表了某种美洲虎灵魂,其与特拉洛克有关,而特拉洛克则是雨神和生产之神。

←这座经过精巧雕琢的妇女头像发现于法国,是由象牙制成的。其可能是世界上已知的最早的人物肖像作品,制作时间大约是公元前20000年。

→这是一条来自古埃及新王国时期的鱼,其实是一个瓶子,专门用来装化妆品。它大约是在公元前1200年由彩色玻璃条制作而成的。

→这个精致的游戏板是在苏美尔人所属乌尔城的一座陵墓之中发现的,大约有4500年的历史。可惜的是,这个游戏的规则并没有流传下来。

文明初曦

↑中国人将翡翠玉石视为纯洁无瑕的物品，因此将其雕琢成器。这是一个精致的半圆形翡翠。

↑壁画是一种绘制于潮湿墙壁灰泥之上的绘画作品，这些画深深嵌入墙体之中，可以保存很长时间。这幅壁画展示了携带猎狗狩猎野猪的场景。在迈锡尼，房子和宫殿都会被壁画所装饰。

奥尔梅克人的雕刻艺术作品到古代中国的彩陶，这些古代人类的艺术都可以让人们一窥当时的生活原貌。

书面文字

文字最早是一种艺术作品，由各种图画来表示，同时表达着不同的思想或物体。大约在公元前1000年，腓尼基人发明了世界上最早的字母表，其中包括22个字母。但这些字母全部都是辅音，没有元音。

↓古希腊人对伊特鲁里亚的艺术的影响在这幅绘画作品中可窥一斑。该作品大约是在公元前500年创作的，发现于塔尔奎尼亚地区的"豹墓"。在葬礼上，躺在床上的宴会参加者正向侍者要另一坛酒。

←这幅岩石壁画作品来自位于撒哈拉沙漠的中部塔西利地区。该作品可以追溯到6000年前，当时的撒哈拉还是一片绿洲，并且有一群放牧者生活在那里。

□ 世界历史百科全书

建筑 前40000年~前1500年

人类的祖先居住在洞穴或者其他自然庇护所之中。后来，人类开始为自己修建更加舒服的住宅及其他建筑。他们用的原材料有木材、泥土以及石块等。

↑最早的砖块先由泥土做出形状，然后在炎热的太阳底下晒干变硬。

早期，人类会将兽皮做的帐篷搭在木桩上，制成简易居所。有些地区，还用长毛象的骨头当帐篷的支柱。

泥砖房子

大约在公元前6000年，人们开始用木材和晒干的泥砖来修建住宅。他们在墙壁抹上一层结实的灰泥，并在灰泥上用植物颜料制作各种装饰画。

房顶材料

为了抵御恶劣的天气，早期人类会制作木柱支撑的房顶，并在其上覆盖小树枝、树叶、稻草，或者厚厚的草皮。在炎热的天气中，房顶会做得比较平坦，因为这样才能反射掉太阳光，使房屋保持凉爽——位于耶路撒冷的房子都会有平坦的屋顶。在温和的气候条件下，房顶会做成斜坡面状，这样是为了让雨水能够迅速流下去。大约在公元前4000年，美索不达米亚的苏美尔人开始完全以沼泽地芦苇作为原料建造住宅。他们会使用数层芦苇来做出一个较大的曲线屋顶，但这些屋顶并不能持续使用太长时间，每隔几年就要重新修葺搭建。

石材建筑

约公元前3000年，欧洲人、埃及人、南美洲人、中东人以及中国人等均开始使用石材作为建筑材料。刚开

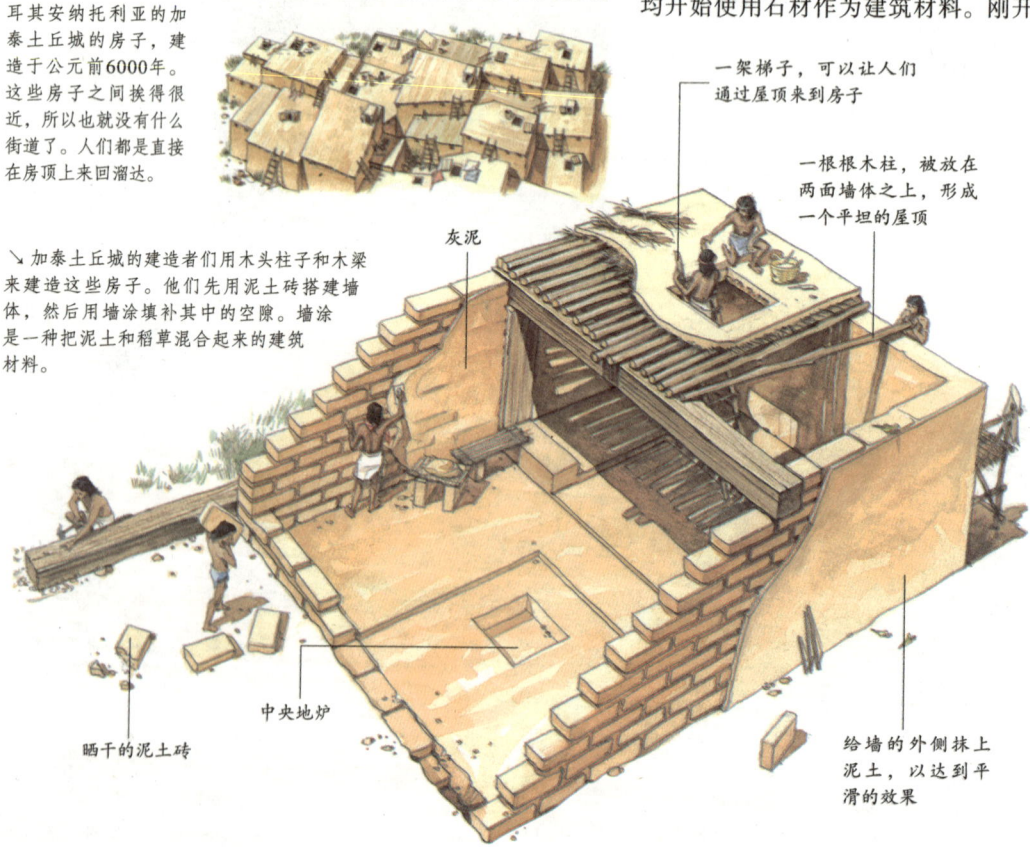

↘这是新石器时代土耳其安纳托利亚的加泰土丘城的房子，建造于公元前6000年。这些房子之间挨得很近，所以也就没有什么街道了。人们都是直接在房顶上来回溜达。

↘加泰土丘城的建造者们用木头柱子和木梁来建造这些房子。他们先用泥土砖搭建墙体，然后用墙涂填补其中的空隙。墙涂是一种把泥土和稻草混合起来的建筑材料。

一架梯子，可以让人们通过屋顶来到房子

一根根木柱，被放在两面墙体之上，形成一个平坦的屋顶

灰泥

晒干的泥土砖

中央地炉

给墙的外侧抹上泥土，以达到平滑的效果

文明初曦

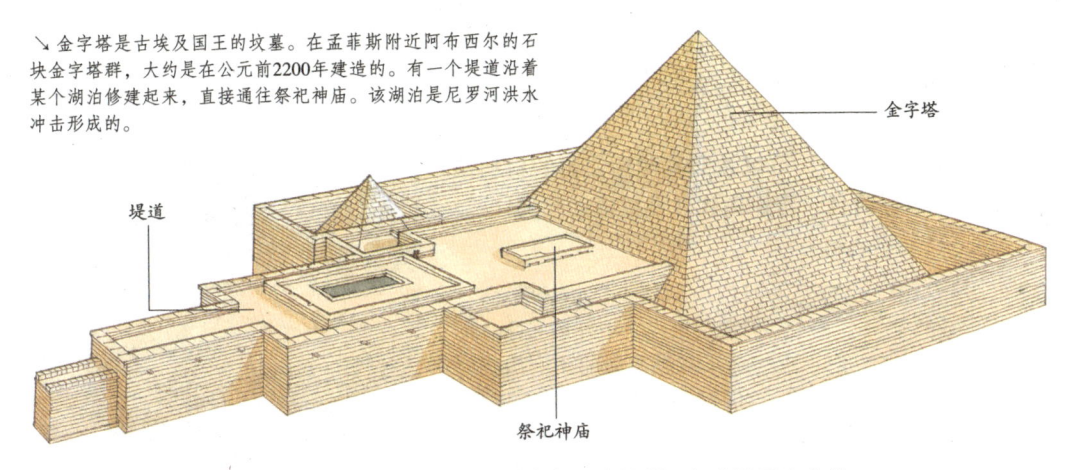

↘金字塔是古埃及国王的坟墓。在孟菲斯附近阿布西尔的石块金字塔群，大约是在公元前2200年建造的。有一个堤道沿着某个湖泊修建起来，直接通往祭祀神庙。该湖泊是尼罗河洪水冲击形成的。

金字塔

堤道

祭祀神庙

始，他们直接使用未经任何雕琢的石头块。后来，随着金属工具的普及发展，他们开始切割石材，并将其雕塑成较大的矩形石板。这些石头块被一个一个叠放在一起。或平坦或倾斜的屋顶横跨在墙体之上。

这些建筑物并不都是用来给人们居住的，其中些是基于宗教目的而建的，还有其他一些则作为死者的陵墓，或者是家畜的庇护所，如古埃及和南美洲地区的金字塔、中东地区的金字形神塔以及英国史前巨石柱。与那些由泥土和木材建造的建筑物不同的是，很多石材建筑物一直保存到今天。

茅草屋顶（由茅草编织而成）

泥土空地

←斯卡拉布雷，位于苏格兰海岸线附近的奥克尼群岛之上。这是一个有着许多石头房子的小型农牧定居地，在其内部，还有许多石头橱柜和床铺。在4500年前的一场风暴之中，沙子将这一定居点整个吞没了。

←约公元前2000年，中国人的住宅出现了木柱和稻草屋顶。

→早期建筑者使用的石头工具。后来，他们有了效率更高的金属工具。

欧洲的乡村生活

最早的欧洲农民用编织而成的树枝篱笆做成房子的围墙，并涂上灰泥，以遮风挡雨。他们还经常用从植物中提取的各色颜料来装饰这些围墙。

51

□世界历史百科全书

科技 前25000年~前500年

世界的早期历史，可以按照其使用工具的材料来命名，比如石器时代、青铜时代以及铁器时代等。

石器时代、青铜时代以及铁器时代不但涉及世界上不同的角落，同时，更代表了人类发展的不同历史时期，而不仅仅只是特定的历史年代。比如位于土耳其的加泰土丘对铜的应用约开始于公元前6200年，而对澳大利亚的土著居民而言，石器时代则几乎一直延续到今天。

各项技术的传播

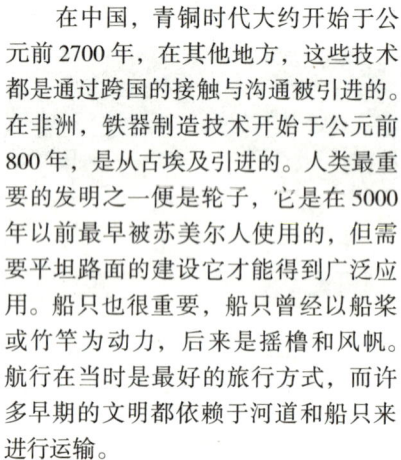

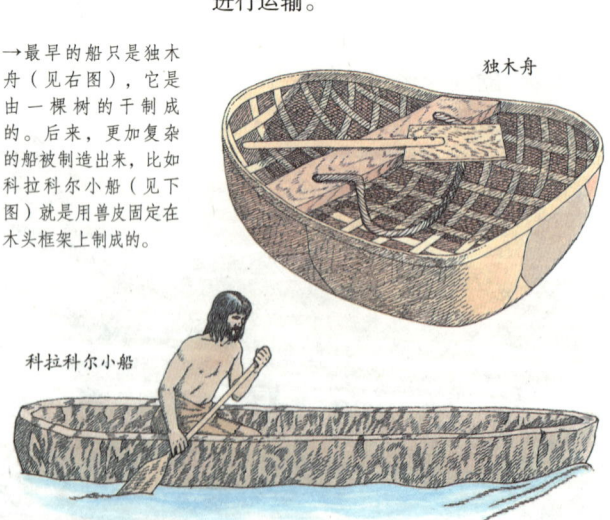

在中国，青铜时代大约开始于公元前2700年，在其他地方，这些技术都是通过跨国的接触与沟通被引进的。在非洲，铁器制造技术开始于公元前800年，是从古埃及引进的。人类最重要的发明之一便是轮子，它是在5000年以前最早被苏美尔人使用的，但需要平坦路面的建设它才能得到广泛应用。船只也很重要，船只曾经以船桨或竹竿为动力，后来是摇橹和风帆。航行在当时是最好的旅行方式，而许多早期的文明都依赖于河道和船只来进行运输。

↑最早的工具是由随处可见的坚硬石头制成的。燧石让人类有了更多的选择，可以制作出更加锋利的边缘。这里展示的分别是刀形的石头刃、钻孔器以及锋利的尖。

→最早的船只是独木舟（见右图），它是由一棵树的干制成的。后来，更加复杂的船被制造出来，比如科拉科尔小船（见下图）就是用兽皮固定在木头框架上制成的。

独木舟

科拉科尔小船

↑大约4万年前，克罗马农人开始使用木制工具、兽骨工具以及石头工具等。他们知道如何将兽皮转变成衣服和建造庇护所的原材料，当然也知道如何将身边的物品加工成可利用的工具。

让生活更加便利

各种农用、家用以及军用工具的发明给人们生活带来了便利，这些器具范围广泛，从针线到食用器具、从陶瓷到家具、从铁锹到锯子、从刀剑到攻城槌。这些器具的发明满足了一代代人的不同需要，其中每一项诸如此类的发明都让人们的生活变得更加便利和美好。这些物品也让城市文明开始萌芽、成形，并日渐昌盛。

↓这是一幅公元前500年左右欧洲铁器时代织布机的复原图。其主要是用来将羊毛线头纺织成布匹。丝线在泥土机锤的重量牵引下向下垂直，并在织布梭来回穿梭之下一前一后有节奏地移动着，最后纺织成布匹。

文明初曦

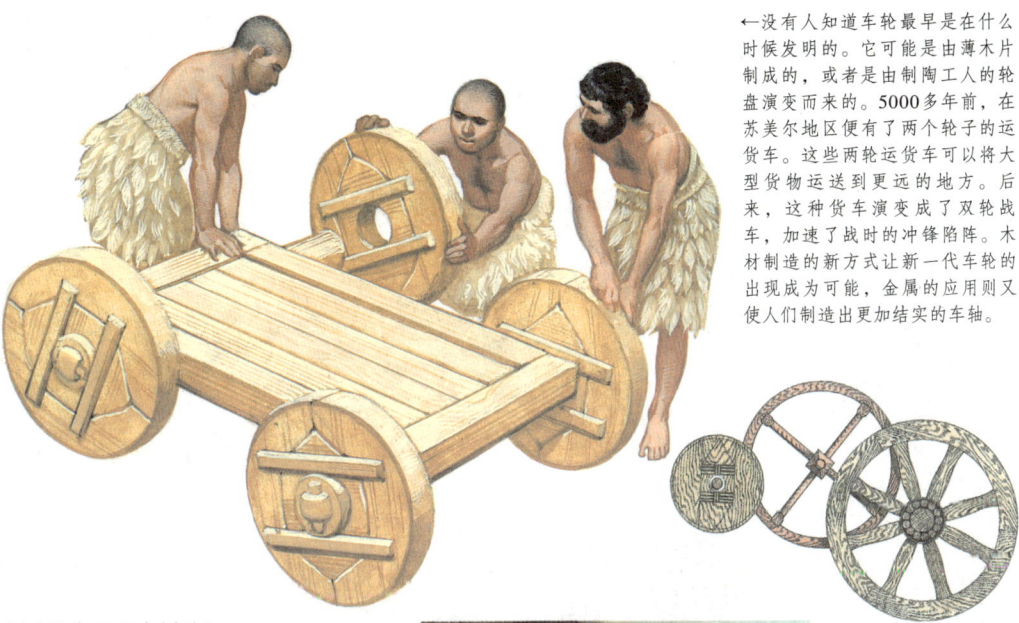

←没有人知道车轮最早是在什么时候发明的。它可能是由薄木片制成的，或者是由制陶工人的轮盘演变而来的。5000多年前，在苏美尔地区便有了两个轮子的运货车。这些两轮运货车可以将大型货物运送到更远的地方。后来，这种货车演变成了双轮战车，加速了战时的冲锋陷阵。木材制造的新方式让新一代车轮的出现成为可能，金属的应用则又使人们制造出更加结实的车轴。

从算盘到计算机

今天使用的所有技术，在以前都可以找到根源。在现代，我们使用计算机算数，而诸如算盘之类的算数系统则在数千年前便已问世。

大事年表

约公元前9000年	最早的箭头在美洲大陆制作而成
约公元前8000年	最早的农业出现在美索不达米亚地区
约公元前3000年	在美索不达米亚，轮子首次应用于马车
约公元前2700年	中国开始制造青铜器开纺织丝绸
约公元前2500年	在印度河流域，砖坯首次应用于建筑
约公元前1500年	中东地区的赫梯人开始提炼铁

↑早期的熔炼工使用风箱来扇旺炉火，把铜类金属熔化成液体，然后将金属液体导入各种模子。待冷却之后，经过磨光和塑型，金属制品便生产出来。后来，铜和锡被混合到一起来制作更加坚硬的金属——青铜。

↑这一青铜材质的桶和制作精良的斧头，大约制造于公元前600年。

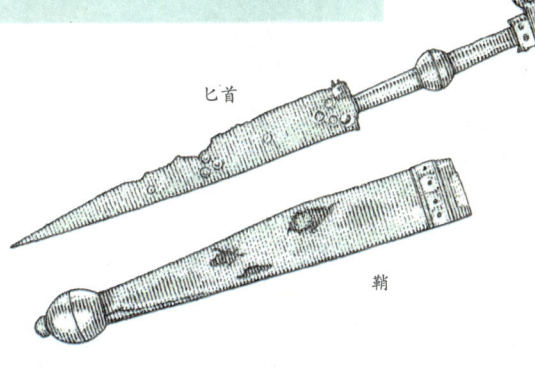

←来自古欧洲的铁匕首及其鞘（见图左），以及来自古罗马的镰刀和铁钉（见图右）。钉子的使用使木工活做起来快捷又方便。

匕首　鞘　铁钉　镰刀

53

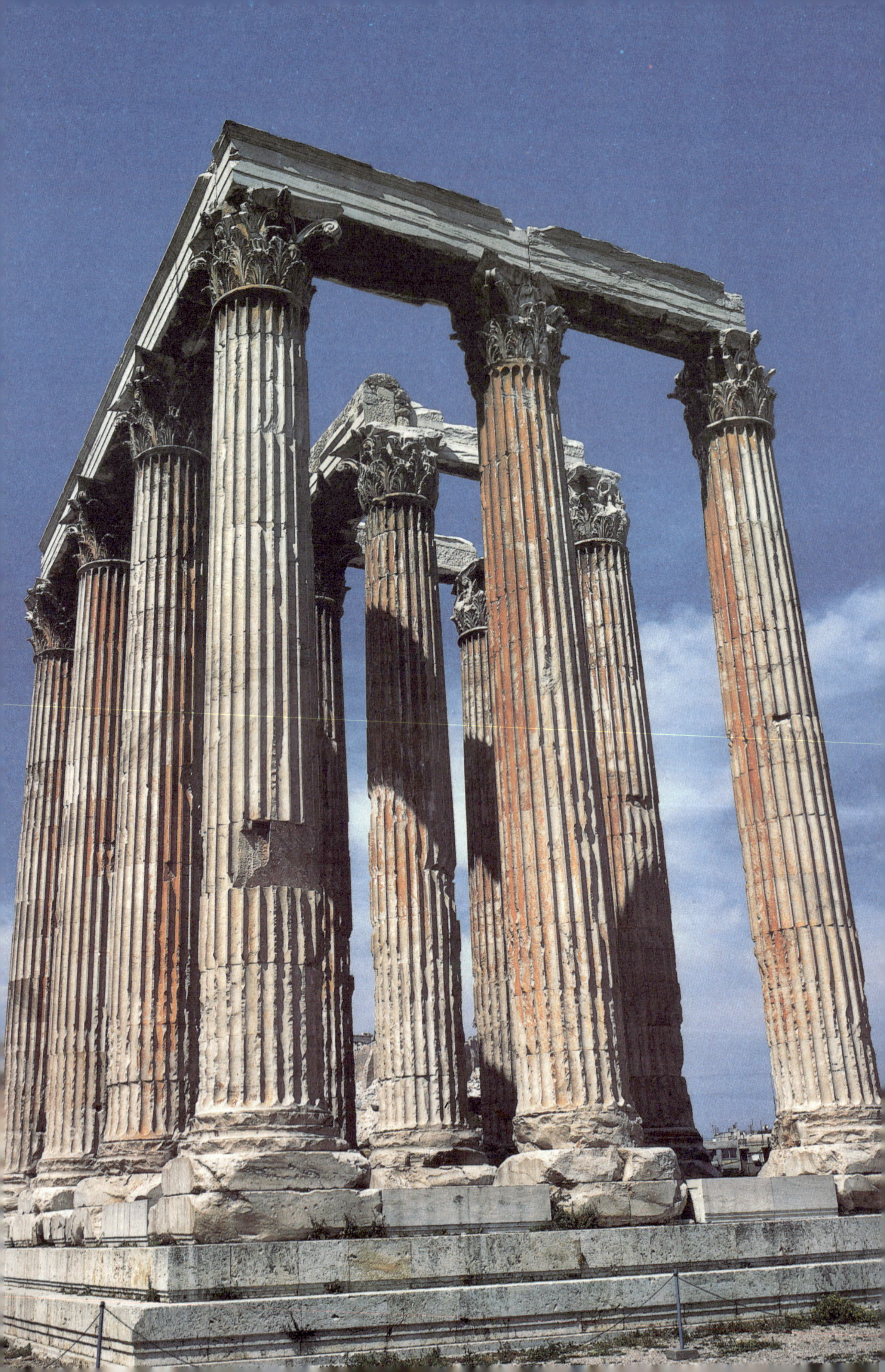

帝国的崛起
公元前499年~公元500年

这是属于古希腊和古罗马的伟大时代。
正是这两种非凡的人类文明，
影响和造就了人们今天所生活的世界。
一直到公元前1世纪，
古代世界主要受到四大帝国的统治。
而古罗马帝国是其中最为强盛的，
其势力范围从欧洲延伸到非洲北部地区。
在远东地区，汉朝几乎控制着如今中国的全部疆域，
而中东地区则受到了萨珊王朝的统治。
在印度，笈多家族大权在握。
但是，大约在公元450年，这四大帝国均已土崩瓦解。

↑ 至圣先师和哲人们的思想代代相传并影响着古代中国的社会，但是在迈向秦朝时，他们的思想遭到了质疑和抨击。

← 这是位于希腊雅典的奥林匹亚宙斯神庙。它始建于公元前6世纪，但一直拖延到公元前2世纪才竣工。

世界概览 前499年~公元500年

许多古典文明都在这个历史时期兴起,并为后来的时代奠定了潮流趋势和发展模式。古希腊人的各项发现,为很多现代学科奠定了基础,包括生物学、数学、物理学、文学、哲学以及政治学等。亚历山大大帝将古希腊思想传播到许多亚洲国家和地区。后来,约在公元100年的时候,古罗马人将古希腊文化进一步传播到欧洲和非洲北部地区。在遥远的东方,汉朝控制着中国的大部分地区,笈多文化则席卷了差不多整个印度地区。

在这些帝国之中,主流的生活方式是在安全之下过着和平日子,并有强大的政府和军队作为后盾。但是,他们在不久之后便遭到了被称为野蛮人的游牧部落的袭击,这些战争的代价非常高昂。大约在公元450年的时候,这些伟大的帝国均逐渐衰败、没落。

大概就在同一时期,中美洲地区的迪奥狄华肯古城也到达鼎盛,其邻居玛雅人则修建了许多城市和道路,并主宰着整个中美洲地区,一直到15世纪。

北美洲

总体来说,北美地区的部落过着相对比较简单的生活,狩猎、采摘果实并在不同环境中发展农业。在俄亥俄地区,和普卫部族开始修建城镇和各种宗教仪式土建筑,这标志着墨西哥北部地区第一批文明的兴起。大约在公元500年,阿纳萨齐文化开始在犹他州、亚利桑那州和新墨西哥州地区萌芽。

北美洲

拉丁美洲

在墨西哥和秘鲁地区,一大批文明开始繁荣起来。他们在1世纪~6世纪之间有了极大的发展。墨西哥的迪奥狄华肯是一座较大的贸易城市,且建有许多金字塔和宫殿。玛雅人也在兴起一种文明,并在发展着文字和天文学。在秘鲁地区,另一座位于安第斯山脉高处、靠近的的喀喀湖的蒂亚瓦纳科城也正在兴起之中。在秘鲁的沿海地带,查文文化、纳斯卡文化以及莫切文化等也逐渐兴起。

拉丁美洲

欧洲

欧洲经历了两大文明的兴起,古希腊文明和古罗马文明。其他文明,比如凯尔特人文明,均被征服或吞并。约在公元前5世纪~公元前4世纪,古希腊文明主宰着地中海地区。但古希腊是由各独立的城邦组成的,相互之间时常会发动战争,而这也是他们最后衰败的直接原因。与此同时,在意大利,古罗马开始吞并古希腊的版图,并日益扩展和壮大。到公元100年的时候,古罗马已经建立了一个庞大的帝国体系,从阿拉伯一直延伸到苏格兰地区。但是,到公元400年,这个伟大的文明国家也难逃分崩离析的结局。

亚洲

公元前221年,秦朝统一了中国。汉朝承继秦朝,创建了一个稳定的儒家皇权统治模式,并一直持续到公元220年。在印度,孔雀王朝创造了令世人瞩目的文化,时间为公元前320年至公元前185年。在公元320年的时候,一个新的印度王朝即笈多王朝在印度北部建立了一个城邦帝国,并一直统治到公元500年。在亚洲的其他地区,如日本、泰国和印度尼西亚等,也有当地文化逐渐兴起和发展。

中东地区

中东地区受到了古希腊和古罗马的极大影响。亚历山大大帝将其首都定在巴比伦,并将现代意味的古希腊文化影响力带进了这个非常古老、传统的地区。后来,古罗马人开始统治叙利亚、巴勒斯坦和埃及等地区。在东方一带,波斯的文化也开始跨足到东、西方世界中去了。

非洲

在非洲,居住着很多不同的部落族人。大约在公元前400年的时候,诺克文化在西非地区逐渐萌芽并繁荣起来。公元350年,阿克苏姆王国彻底征服了库什王国。到公元500年为止,班图人已经散居到非洲南部地区。

大洋洲

在大洋洲,土著居民们过着既简单又平静,且几乎与世隔绝的生活。新西兰地区也有少数定居者。在太平洋地区,波利尼西亚人继续殖民统治着该地区的大多数岛屿。

世界历史百科全书

古希腊 前600年~前337年

古希腊由许多独立的城邦组成，且其中每个城邦都有独特的法律和风俗习惯。在这里，古希腊创造了一种全新的社会形态，并催生了崭新的人类思想。

↑爱琴海是一个特别适合建立海上文明的地方。在其两岸的沿海地带，散布着诸多城市。这里是直接通往地中海的捷径入口处。

↑在丰富多彩的彩陶发展过程中，雅典一直处于领先地位。

每一座城邦都是在平原之上崛起的，而平原周边的群山则给它们提供了天然的界线和防卫墙。市民在城市的周围修建起高大、结实的城墙，并在城墙之内的高处耸立起卫城。每座城邦的中心区都有一个集市，它是一个公共市场，人们也可以在其中集会。

城市和殖民地

古希腊最重要的两大城邦便是雅典和斯巴达。当然也有许多其他的城邦，如科林斯湾、卡尔基斯、米利都、士麦那和爱勒特里亚。这些城邦都有着独特风格的生活、习俗和政府统治模式，且均对外扩张，建立了诸多殖民地，包括黑海北部一带以及北非（利比亚）海岸线上的昔兰尼加、西西里、意大利南部，甚至到达遥远的法国和西班牙南部海岸线地区。

古希腊文化

古希腊人用新思想营造了一个新社会。作为商人、航海者和冒险家的古希腊人，影响着许多遥远的文化。原有的乡村传统在城市统治农村的过程中逐渐消亡，全新的艺术、建筑和科学开始崛起。

→一个古希腊殖民地的拓展故事发生于公元前500年。商人们将船只靠岸，并停泊在沙滩之上，然后便开始做买卖。有城墙的新建城市，除了有房子、作坊和城防设备之外，都会有独立的市场、寺庙、法庭和会议室等。

←约公元前480年萨拉米斯战役打响。380艘古希腊舰船（古希腊时有三层桨座的战船）迎战波斯人的1200艘海上军队。更加灵活矫健的古希腊船队使貌似强大的波斯人乱作一团。波斯人在陆地和海域均战败，这直接导致他们撤出古希腊地区。

帝国的崛起

教育

古希腊自由民家的男孩会被送到学校学习，而女孩则要在家里学习纺织和做家务的技能，并由母亲手把手教导。从六岁或七岁开始，男孩们便要学习读书、写字、舞蹈、音乐以及体育运动等科目。他们会在蜡板上学习写字，所用的"笔"是一种被称为"尖头铁笔"的棒状物。

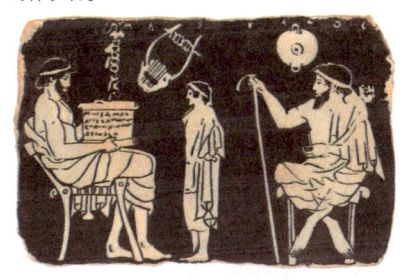

↑古希腊学童需要学习许多科目，他们在同一个班级里面接受老师的教导。

↑这幅画向人们展示的是一名学生正在接受考试的场面。

城邦之间的内战

雅典、斯巴达以及其他城邦联合起来抵御住了波斯人的侵略，并维持了60年之久的共同战线。约公元前80年，在马拉松和萨拉米斯战役中，古希腊人终于取得了最后的胜利。但是，从公元前431年开始，这些城邦之间又陷入了长达25年的相互讨伐，这就是伯罗奔尼撒战争。该战争的直接原因是斯巴达对于日渐强大的雅典力量的惧怕。这些独立的古希腊城邦也因此再也没有变成一个统一的国家。这种不统一的状态最终导致了公元前337年马其顿王国腓力二世（亚历山大大帝的父亲）的入侵。

大事年表

公元前9世纪　第一个城邦在古希腊创建
公元前594年　雅典宪法改革
公元前6世纪40年代　波斯人占领爱奥尼亚（爱琴海东部地区）
公元前480年　波斯人侵略终止
公元前431至404年　伯罗奔尼撒战争爆发
公元前404年　雅典人被斯巴达人击败
公元前371年　斯巴达的衰落，底比斯开始成为当时的主要城邦
公元前337年　马其顿的腓力国王入侵古希腊

↓古希腊的哲学家对历史产生了巨大的影响，雅典城中自由思考的氛围激发了人们对很多不同课题的质问和商讨，希罗多德和修昔底德斯便是著名的古希腊历史学家，而柏拉图、苏格拉底和亚里士多德则是当时的哲学家和科学家。

↑一个银质的四德拉马克"猫头鹰"币，是古希腊社会中最为常见的流通硬币。该银币在雅典发行，其中一面是雅典的智慧女神兼守护神雅典娜的肖像画，而另一面则印有一只衔着一束橄榄枝的猫头鹰，它是雅典娜的象征。

□世界历史百科全书

古希腊城邦　前600年~前337年

古希腊有许多城邦，雅典和斯巴达是其中最有名的。两者之间进行过持久性的相互讨伐，争夺的就是古希腊的统治权。

↑古希腊大剧场可以让每个人都看到舞台，并听清表演者的台词。古希腊戏剧经常会传播一些道德层面的内容，且有许多戏剧作品一直流传到今天。

雅典和斯巴达有着截然不同的信仰和生活方式。雅典是一个繁忙的贸易大都市，实施的是一种公众商讨和决策制度。这里是一个新思想的交流中心，同时也是当时的世界贸易中心。凭借着其繁荣发达和诸多发明，雅典变得越来越强大。斯巴达人则信奉王权，并有着极为严格的统治秩序，从而形成了一个军国主义社会。在训练有素的强大军队支撑下，斯巴达人开始觊觎雅典人的领导地位。雅典是民主的诞生地，这要归功于当时的改革家克里斯提尼（约公元前500年）和伯里克利（约公元前460年）。雅典的投票权由"自由民"享有，不过妇女、外国人和奴隶都没有这项权利。到公元前400年，古希腊的主要城邦开始控制周边的海域，并在海外建立起大量的殖民地。雅典的政治家、士兵、作家、建筑师、哲学家、艺术家以及数学家们，都有着广泛的影响力。科林斯湾、底比斯、萨摩斯岛以及拜占庭等城市，都出现了现在所谓的古典希腊文化。由于这些城邦没有雅典和斯巴达大，所以它们经常不得不联合起来求得生存，有时候甚至会相互交换边界。但对于古希腊文化而言，每一个城邦都做出了自己的特别贡献。

↑这是一位古希腊女神的头雕。古希腊人喜欢将他们的神灵塑造得更加人性化，并将写实主义手法引入他们的艺术作品。

→雅典的政治受到演说家的极大影响。持久的激烈辩论时常发生。这是一种全新的统治模式：民主。

↑如果某位政治人物不再受到欢迎，那么市民可以通过投票来弹劾他或者将其驱逐出境，并在一片破陶瓷上刻下他的名字。这种陶瓷片被称为"贝陶"。

帝国的崛起

↙ 刚开始，雅典卫城是作为堡垒建造的。约在公元前400年的时候，它开始转变为宏伟神殿和寺庙的复合体。

斯巴达

　　斯巴达有一支强大的军队，而斯巴达人的生活则要比雅典人显得野蛮。斯巴达人最为出名的是他们的力量、献身精神和勇气。斯巴达依赖于一大群被称为"希洛人"的奴隶，并由其提供食物。公元前464年，一场奴隶起义爆发了，并持续了20年之久，一直到斯巴达人创建了一支专门的军队来镇压这些奴隶。而这便诞生了专制的"集权国家"。自出生以来，斯巴达人都会过一种吃苦耐劳的生活。如果婴儿身体孱弱或者生病，就会被遗弃在山边任其死去。自7岁开始，男孩会接受艰苦的军事技能训练，并进行体育运动，一直持续到他们20岁正式成为市民。然后，他们便会随军入伍。即使结婚以后，他们依然需要在公共兵营里面吃住，并一直到30岁。

↑ 古希腊城市的房子都围着一个院子建造而成，同时还配备了一个大型厨房。在夏天，平坦的屋顶还可以提供额外的生活空间。

↓ 在这幅古希腊农业场景图中，牧羊人正在看护着他的羊群、猪群。橄榄叶则被压榨出橄榄油，并被贩卖给一位商人。

61

□世界历史百科全书

亚历山大大帝 前336年~前323年

在灾难性的伯罗奔尼撒战争之后，斯巴达人一统天下的时代一去不复返了。到公元前359年，马其顿国王腓力二世掌控了整个希腊地区。

马其顿国王腓力二世入侵古希腊不久，就在公元前336年被人暗杀了。他儿子亚历山大登基为王的时候，才刚刚20岁。不过，亚历山大一上台便开始摧毁波斯人对古希腊的威胁，并立志获得波斯人的财富。公元前334年，他开始了第一次征伐，并获得了小亚细亚的控制权。很快，他接连攻下了叙利亚和古埃及。到公元前331年，波斯已经战败，而亚历山大国王则顺利攻下古巴比伦。接下来，他开始实施另一个宏伟计划，即将古希腊文化和城市建设模式传播到已经攻占下来的各个地方。亚历山大接着还远征到中亚地区和印度。在印度，他的士兵们拒绝再度征讨。他们撤回到亚历山大大帝的首都，古巴比伦。在公元前323年，年仅32岁的亚历山大因患热病突然离世。在他死后，他的将领们为了分享帝国的成果而展开相互的斗争。

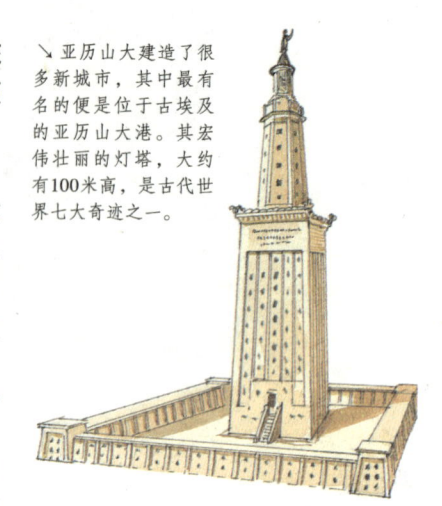

↑亚历山大是历史上最伟大的将军之一。在短短的13年，他将古希腊、埃及和古巴比伦等国统一起来，并将古希腊的思想和风俗传播到世界各地。

↘亚历山大建造了很多新城市，其中最有名的便是位于古埃及的亚历山大港。其宏伟壮丽的灯塔，大约有100米高，是古代世界七大奇迹之一。

→这幅古希腊绘画作品向人们展示了亚历山大大帝在叙利亚伊苏斯战役（公元前333年）中痛击国王大流士的壮观场面。亚历山大大帝最终接管了波斯帝国的全部疆域和领土。

→仅仅数年，亚历山大的部队远征了数千公里，同时还建造了新的城市，并将古希腊人驻扎在其中，还把古希腊的现代化思想和贸易散播到整个帝国。古巴比伦则成为古希腊帝国的新首都。

古印度：孔雀帝国 前321年~前233年

孔雀帝国是由旃陀罗笈多创建的。帝国从孟加拉扩张到印度库什，并将印度北部的所有领土都统一起来。

公元前321年，旃陀罗笈多在摩揭陀地区登基称王。在登基后的10年之内，他已经侵占了印度北部的多数地区。他是一名优秀的组织者，而印度也因此在他的影响之下变得繁荣昌盛。他的儿子宾杜沙罗（公元前293年~公元前268年）则将帝国的疆域进一步扩展到印度南部地区。

↑阿育王说过："所有百姓都是我的子民。"他立志建立起某种意义上的人间天国。

↑为了确保有充足的食物，孔雀王朝在整个印度地区开始实施大型的灌溉和农耕项目。位于印度北部恒河流域的大片稻田便是其中之一。

阿育王

旃陀罗笈多的孙子阿育王（公元前268~公元前233年），是孔雀王朝最伟大的统治者。他进一步拓展了帝国的疆域，而当时在帝国境内居住的人们有着60多种不同的信仰和语言。他在整个印度境内建造起很多石柱，并为他的人民铭刻上道德和宗教的统治方针。

孔雀王朝的生活

阿育王尽量去提高其子民的生活水平，他修建了不少水库和灌溉系统，还挖了不少口水井。此外，阿育王还鼓励各种旅行和贸易，因为这样才能将所有不同的地区纳入同一个统治系统。虽然阿育王不遗余力地去统一帝国，但是在他的统治之下，印度教、佛教以及其他宗教之间的差异性和隔阂在实际上却变得越来越明显。在他死后不久，孔雀帝国便开始衰败，整个印度也分裂成数个小王国。

←鹿野苑遗址的狮子柱头，是阿育王时代建立起来的。该圆柱所耸立的地方，便是当年佛祖传教的原址。

↙印度的桑奇大塔是在孔雀王朝之后建造起来的，这座宏伟壮丽的庙宇是当时由阿育王所发展的丰富佛教文化的一种展示。

中国：秦朝 前221年~前206年

自公元前350年开始，位于中国西部的秦部落便四处征伐周边邻国。到公元前221年的时候，他们已经建立了一个帝国。就是从秦朝开始，中国有了第一个皇帝。

秦王嬴政在短短10年内，就统一了中国的多数疆域，结束了战国的纷争。嬴政称自己为始皇帝（即第一个皇帝的意思）。

↑古代中国人是伟大的发明家，他们在公元前2世纪发明的独轮手推车可以同时用来载运货物和人。而在欧洲，1000年以后才出现了独轮手推车。

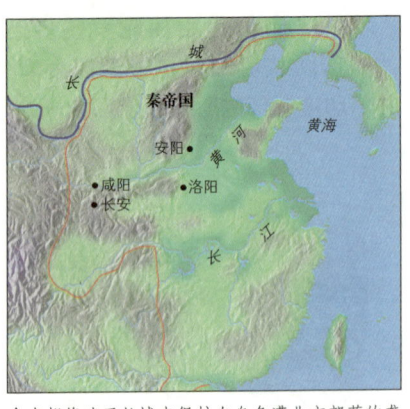

↑秦朝修建了长城来保护自身免遭北方部落的袭击。秦朝首都在咸阳，位于黄河上游，这里也是秦朝最早源起的地方。

秦朝

秦始皇将所有事情都置于中央集权的控制之下。他统一了当时的度量衡和文字，甚至四轮马车的车轮宽度，并制定了法律和各项制度，最后还引进了一种统一的货币。他不但废除了封建贵族的各项特权，而且还派出很多管理者去治理地方区域。他修建了道路和运河，并通过引进灌溉和排水项目来提高农业的生产率。为了不受袭击，他开始修建万里长城，长城的大部分保存至今。秦始皇也创立了很多帝国传统，而这些传统一直在之后的不同朝代传承着，并延续了2000年之久。

←圣贤先哲的思想代代相传，影响着中国的社会和统治秩序，同时也起到了某种宗教意义上的作用。

↓在秦朝某个典型的数千人口城镇中，百姓的生活可谓热闹繁忙。城镇都会有一个市场，同时也有其他建筑和防御设施。

帝国的崛起

大事年表
公元前 315 年　秦国成为强大的诸侯国
公元前 256 年　秦灭周
公元前 230 年　秦王嬴政开始用武力统一中国
公元前 221 年　秦朝统一了中国
公元前 212 年　秦始皇焚书坑儒
公元前 206 年　刘邦正式建立汉朝

秦始皇

秦始皇非常好战，除战车外还喜欢用骑兵。他是一个卓越的政治家，但也狂妄自大，专制暴虐，喜欢用严刑苛法维护统治。

秦朝遗产

秦始皇死于公元前210年。4年之后，秦朝被推翻。但是，统一帝国的思想已深深根植于人们的心中。出身于平民的刘邦建立汉朝，汉朝的统治持续了400多年之久。

←这是一件中国青铜作品，是一种传说中会喷火的怪兽。

←秦始皇陵存放着秦始皇的尸体及陪葬品，其中包括7000个兵马俑。这些兵俑的面部栩栩如生，可能是以真实士兵为模型制造的。

中国万里长城

为抵御北方外族部落的侵袭，秦朝动用了大量的劳役修建长城的主体部分，由泥土和碎石建成。后来，还增加了石块、砖块和灰泥等。

←历史悠久的万里长城，直到今天仍是个颇受欢迎的旅游胜地。它修建的最初目的主要是让秦免受北方部落的攻击。

65

□世界历史百科全书

非洲 前500年~公元500年

非洲的多数地区没有受到外部世界的影响。在非洲西部，新的国家逐渐兴起，而移民活动则在逐渐改变着非洲南部。

公元前100年，骆驼被引进撒哈拉，并给撒哈拉带来了极大的变化。在骆驼的帮助下，贸易商队能载上黄金、象牙、橡胶、辣椒和奴隶等穿越沙漠。贸易城镇也开始在非洲西部如耶那-耶诺、尼亚尼、耶卢瓦和诺克等地建立。这些城镇位于沙漠和热带雨林边缘的河流沿岸，是非洲第一批萌芽国家的首都。

阿克苏姆城

公元前350年，门罗开始衰落，而位于埃塞俄比亚海岸线红海一带的阿克苏姆则日渐繁荣，并开始出口象牙、宝石以及香水等到阿拉伯、希腊和罗马地区。公元350年，阿克苏姆城达到了其鼎盛时期，城市和大型独石碑开始建造。到公元1000年，阿克苏姆城还一直保持着繁荣强盛的状态。

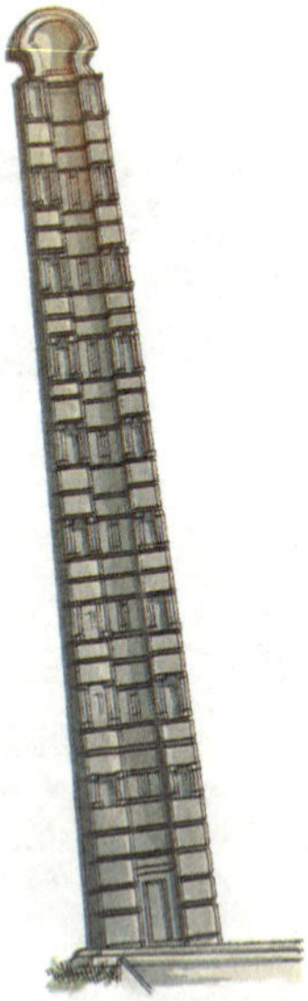

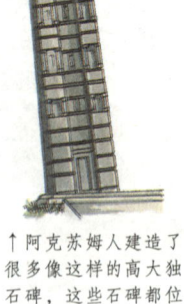

↑这一赤陶头像是诺克人的遗物，是一具较为精美的雕刻作品。公元前400年到公元200年是赤陶制品的旺盛期。

↑阿克苏姆人建造了很多像这样的高大独石碑，这些石碑都位于具有宗教意义或战略意义的地方。

↑非洲地区有着四个主要的文化发展中心：阿克苏姆城（埃塞俄比亚）、北非海岸线附近的柏柏尔人地区、非洲西部地区以及更往南的班图地区。

班图人的扩张

说着班图语的班图人来自于尼日利亚，他们逐渐迁移到非洲南部和东部。到公元500年，他们已经占领了中非地区和南非地区，但把热带雨林地区留给了俾格米人，还把喀拉哈里沙漠留给了克瓦桑语族的丛林居民。在非洲的东部海岸线上，班图人已经开始与古希腊人和古罗马人做买卖了。

←为了顺利熔铁金属，铁矿石被专门放进一个土窑炉。接着，用风箱来提高窑炉温度，然后从矿石中提取金属。

↓在东部非洲的沿海一带，古希腊的贸易团体从说着班图语的部落族人那里购买了许多草药、香枫、珠宝以及黄金。这些班图人住在内陆地区。

帝国的崛起

古罗马共和国　前509年~前27年

直到此时，古罗马都被贵族（即统治阶级）统治着。他们将古罗马的势力范围不断扩大，最早是在意大利，后来是整个地中海地区。

接下来，是一场发生在贵族和平民（即普通老百姓）之间的争斗。这场争斗导致了一部法典的撰写，并增加了平民在政府中的影响力。这也为共和国奠定了坚实的基础。为了免遭外敌入侵，古罗马人发动了一系列的战争。到公元前270年，古罗马已经控制了意大利的大部分地区。不久后，古罗马与迦太基在地中海地区的贸易领域上发生了冲突，布匿战争爆发了，并持续了60年之久。在这期间，迦太基皇帝汉尼拔带领他的军队越过阿尔卑斯山脉，开始入侵意大利。在汉尼拔获得一系列胜利之后，雄才伟略的古罗马将军史奇皮欧突然进发非洲并攻打迦太基。这迫使汉尼拔不得不重返老家施救，而史奇皮欧最终击败了迦太基人。不久之后，古罗马人又建造了许多新城市，并建立起新的秩序和繁荣。只要被征服的人们愿意合作，他们便给其某种古罗马公民的资格。到公元前44年，古罗马人统治着西班牙、法国、欧洲多瑙河南部流域、安纳托利亚以及非洲北部地区。他们主宰着地中海地区，至少持续了200年之久，古罗马人变成西方世界的主控力量。

↑古罗马城镇的中央广场或论坛（公众会议场所）是人们集会的地方。在这里，人们可以发布各种声明和告示或进行商贸。

↑像这类双耳罐的广口瓶，曾经用来存储、运输橄榄油和葡萄酒。

共和国结束

公元前100年，贵族和平民之间的摩擦愈演愈烈。军队向那些失去土地的市民敞开大门，市民可以通过服兵役来获得殖民地土地和社会地位。那些将军之间的权力斗争，在公元前44年的内战中告一段落，恺撒大帝成了终身独裁者。惶恐不已的共和国国民便将恺撒暗杀，不久之后，共和国也宣告结束。

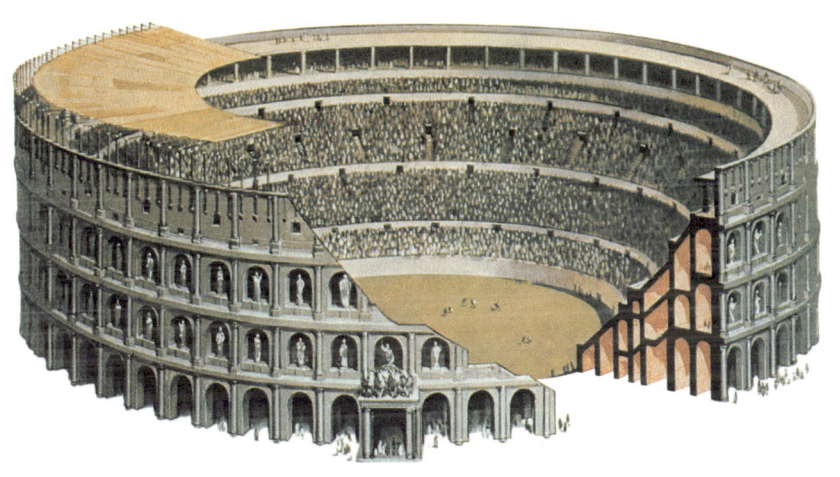

↑汉尼拔是一位聪明绝顶的战略家，同时也十分谦卑。他所实施的各种策略很多人都不以为然，古罗马人要想战胜他必须在战略上与其匹敌。

→古罗马圆形大剧场是一个大型体育场。该剧场曾用于角斗士的竞技和体育运动，还有对动物、俘获敌人和奴隶的血淋淋屠戮。

67

□世界历史百科全书

古罗马帝国　前 27 年～公元 475 年

公元前 44 年，恺撒大帝遇刺身亡，古罗马人只能选择专政来平息当时的混乱局面。恺撒的继任者屋大维逐渐获得控制权。他也成为第一任帝国皇帝。

↑尤利乌斯·恺撒是一位野心勃勃的将军兼政治家。他征服了高卢地区的凯尔特人，并在后来成了古罗马的第一位终身独裁者。但这一名衔招致了共和国国民的愤怒，并直接导致他被暗杀。

屋大维是恺撒的甥孙。他是一位颇富才干的政治家，每年都被选举为执政官。屋大维自任"元首"，而不是普通的国王。在改名为奥古斯都（Augustus，意为"雄才伟略者"）之后，他重组了政府和帝国，并施行和平政策。在他的统治之下，古罗马的贸易拓展到遥远的东非、印度以及中国，古罗马帝国的城镇、道路和疆域范围也得到拓展。

古罗马皇帝

罗马皇帝更依赖于军队的实力，而不是民众的支持。贵族不再享有诸多特权。很多贵族迁居到富庶的乡村庄园或遥远的外省。多数古罗马皇帝都可以自选继任者，不过其中有几位不得人心或颇受争议的皇帝直接被罗马士兵废黜掉了。在公元 68 至公元 69 年这短短的一年时间里，就有四位皇帝被罢免。自公元 100 年开始，古罗马开始由几位强势的皇帝来统治，如

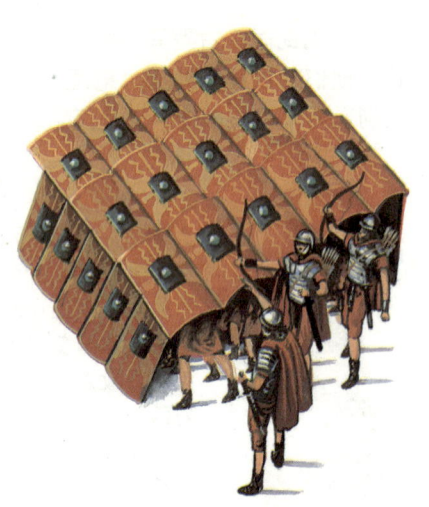

↑在进攻防御阵地的时候，罗马士兵会排出一个类似这样的盾形方阵。这就是龟甲形大盾形阵，该阵形可以在敌方的炮火（包括石头块和弩箭）之下缓慢行进。

图拉真、哈德良、安东尼和马可·奥勒留。不过，这些人中多数并不是真正的罗马人。到公元 117 年，古罗马帝国的疆域范围实在是太大了，而罗马士兵们却不能在征战中获得战利品、奴隶以及土地的犒赏。罗马帝国的负担日益增长。

古罗马军队

士兵们之所以加入军队，是为了获得晋升、土地或其他回报，特别是

→整装待发的罗马军团阵营包括：百夫长（古罗马的军官，因指挥百人而命名）、弩炮（一种弹弩）、军团士兵和一名旗手。

古罗马帝国

在奥古斯都之后的那个世纪中，罗马帝国进行了最后的征战，战场主要在英国、叙利亚、巴勒斯坦和埃及等地区。犹太人和英国人是其中最不好击败的，而帕提亚人则几乎是不可战胜的。但是，他们多数最后都顺从了罗马的统治。高卢、北非、叙利亚、英国和匈牙利的人们，都接受了罗马方式，并将他们自己看作罗马市民。一个庞大帝国的维系和经营是十分困难的，罗马帝国主要是靠经济贸易等来保持统一，而不是靠宗教或道德。各省的地方民众都可以继续他们原来的生活，只要他们愿意遵守罗马人制定的统治规则就行。

帝国的崛起

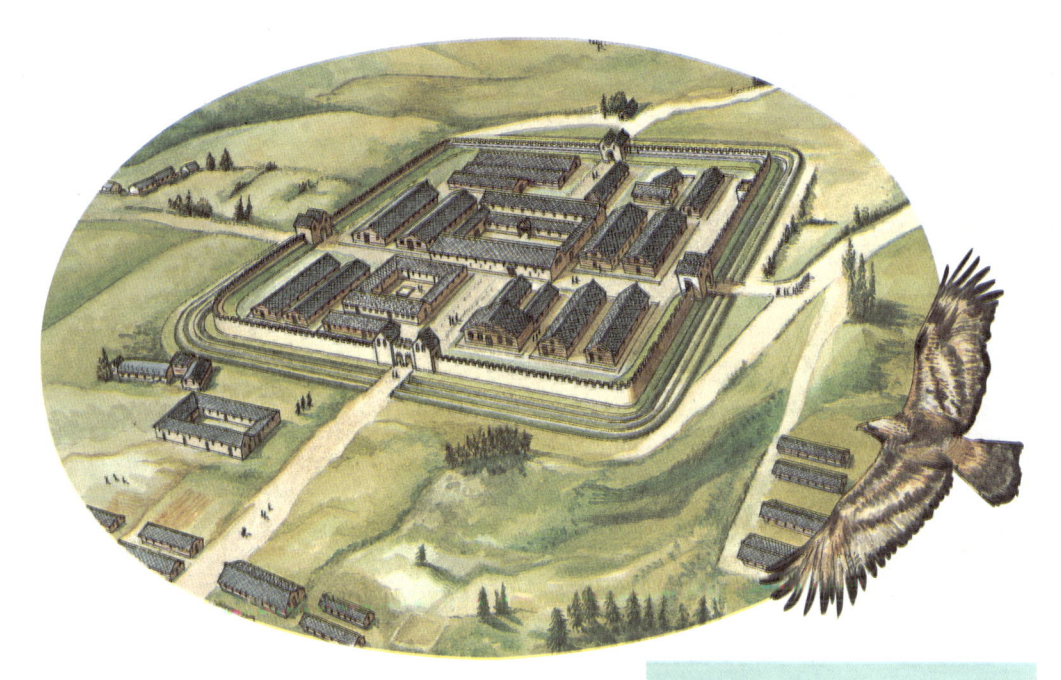

↗永久的罗马军营仿若一座微型城市，其周全的勤务配备足以支持一个军团。毕竟，这些罗马军队是远离家乡来到帝国的另一方水土。这些军事基地人多位于需要长久性防御的特定区域。

在他们自身并不是罗马人的时候更是如此。这便意味着，这些士兵主宰着帝国及其殖民地，因为他们将变成土地所有者和统治阶级。罗马的军队是非常国家化的，并经常招募野蛮人作为雇佣兵。罗马军团曾经在遥远的地方作战，包括苏格兰、摩洛哥和阿拉伯地区。道路、堡垒以及国境边界等都被建造起来，这都是为了维护罗马帝国的安全。

↓亚壁古道是罗马通往东南海岸线的一条主路，建造于公元前312年。它的建成第一次让士兵、贸易商人和旅行者能以较快的速度抵达这些地方。

大事年表

公元前509年 罗马共和国建立
公元前496年 古罗马人在里吉洛斯湖战役中击败拉丁人
公元前493年 古罗马人和拉丁人结盟，对抗伊特鲁里亚人
公元前390年 古罗马被凯尔特人洗劫
公元前306年 古罗马人击败了伊特鲁里亚人
公元前4世纪 古罗马进一步扩张并占领了意大利
公元前264年~公元前202年 布匿战争爆发，迦太基被击败
公元前146年 古罗马占领了古希腊
公元前1世纪50年代 恺撒大帝征服了法国
公元前49年~公元前31年 各位相互倾轧的将军们发动内战
公元前27年 共和国结束，帝国时代开始
公元160年 瘟疫和危机使人口和贸易大幅削减
公元212年 罗马市民的资格被授予所有罗马帝国范围内的居民
公元286年 戴克里先皇帝重新组建罗马帝国
公元324年 君士坦丁堡创建
公元370年 外族人开始攻击罗马帝国
公元410年 西哥特人突然洗劫了罗马
公元476年 最后一位皇帝罗穆卢斯·奥古斯都衰落

凯尔特人

前 500 年~公元 43 年

凯尔特人是一个比较松散的部落，他们大约自公元前 1500 年开始住在德国南部，到罗马帝国时代，凯尔特人主宰着欧洲的大多数地区。

大约在公元前 500 年，凯尔特人是欧洲的主宰力量。他们已经从现在德国南部地区的中心地带扩张出来。他们并不是一个独立的民族，而是数个有着共同文化背景的部落之间的联盟。他们的影响力最终从西班牙延伸到英国、德国和意大利北部地区，甚至到遥远的安纳托利亚中部。

凯尔特人的生活

凯尔特人是部落群居的农民，他们在首领的城堡周边聚居。这些城堡通常是山寨堡垒，其中一些后来则变成了村落或城镇。很多凯尔特人是自耕农或小农，住在不同的部落之中。有时候，这些部落会内部分化，比如其中一个组群会搬迁到另一个地方。凯尔特人是在德鲁伊人的努力之下紧密团结到一起的，而德鲁伊人是学识非常渊博的牧师、法律制定者、诗人和智者。凯尔特人中也有一些是艺术家、音乐家和金属制造者，他们的珠宝、陶器、武器和盛酒容器等经常装饰精致的花样和几何图形。凯尔特人还与罗马、希腊以及其他国家做起了贸易，但是他们并没有受到这些国家文明的太多影响。

权利和法律

每一个凯尔特人都是自由之身，并有着独立的权利。德鲁伊人的司法公正是出了名的，每一个部落内部的忠诚关系也是非常稳定的。首领由部落族人选举产生，而更高权位的国王则由这些部落首领选举产生。如果这些首领或国王不尽忠职守的话，那么可以被废黜。

凯尔特战士

凯尔特人是出了名的凶悍战士，女士兵也不例外。他们早已开始用铁

↑这是制造于公元 100 年的凯尔特人青铜盾。从镶嵌着的数颗宝石来看，它更可能是宗教用品，而非战事武器。

↑维钦托利是一名高卢首领。在公元前 52 年恺撒入侵高卢的时候，他组织了一场成功的起义，但最后他还是被迫缴械投降。

↑这一公牛头像出现在一个巨大的青铜祭锅上，发现于丹麦的刚德斯特鲁普。像这样的动物形象以及其他几何图形设计等，经常出现在凯尔特人精致的金属制品上。它们都曾是当时的流行特色。

↓凯尔特人首领及其部落成员在他们的木制大厅中举办筵席，一边还听着一位游吟诗人的诗词歌赋。法律、历史、故事、新闻和宗教教义等，都会通过德鲁伊诗人之口四处传颂。

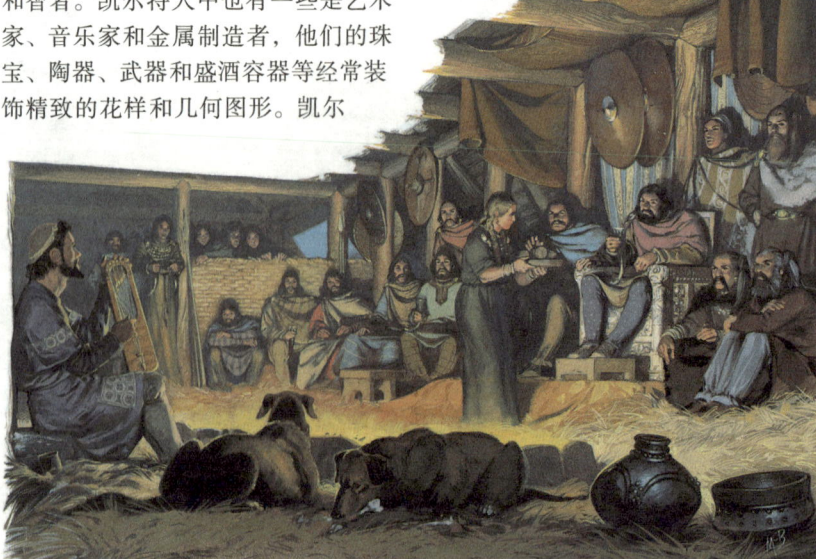

帝国的崛起

↘ 凯尔特人的圆形房屋，是由木头和茅草屋顶修建而成的，还有一道道的抹灰篱笆墙（或者石墙）。浓烟可以通过茅草屋顶漂浮上来，但是雨水不会渗进去。睡觉的地方位于墙壁内侧附近，而厨房和盥洗处则位于中央火炉的旁边。

↑ 约1900年前，凯尔特人的鹿角之神萨那诺斯被一锤锤、一凿凿地雕刻到这个青铜器之上。

器来制造武器和工具。在公元前390年，他们先占领了罗马，然后又突袭了古希腊和安纳托利亚，目的当然是获得战利品。有些时候，他们也会发生内讧。古罗马人征服高卢法国和英国的时候，便利用了凯尔特人的内讧。其他凯尔特人背叛了在英国的凯尔特人领袖卡拉道克，不能团结一致的英国凯尔特人战士在公元43年至公元80年丧失了独立。他们开始接受罗马人的统治规则，后来还和罗马人并肩作战共同抵御野蛮人的进攻。在罗马帝国没落之后，凯尔特人的生活方式只在爱尔兰地区、康沃尔、布列塔尼和威尔士及苏格兰的部分地区保留了下来。

↑ 布迪卡是英格兰东部爱西尼人的皇后。公元60年，她带领着一群起义军奋起反抗罗马人对英国的占领。在此战役中，7万名罗马人被杀死在战场上。但是，这次起义在最后还是被粉碎了，布迪卡最终自杀身亡。

71

中国：汉朝 前206年~公元220年

中国汉朝统治时间较长，是一个繁荣、稳定的朝代。汉朝文明先进发达，影响深远。

在公元前202~公元220年的四个多世纪中，中国处于汉朝的统治之下。汉朝用儒术统治国家，政策相对宽厚，国家处在长时间的稳定之中。

汉朝早期

汉朝由刘邦创建。刘邦出身平民，他变重法为轻法、减免赋税并关心民生。汉朝定都长安，而长安则在100年后成为当时世界上最大的城市。这里是丝绸之路的末端，沿着这条丝绸之路，中国和波斯及罗马等国开展贸易往来。汉朝有着博大的成熟文化，还发明了一套行政管理体系，由那些受过高等教育的官吏来实施。

汉武帝

公元前140年，汉武帝登基，自此统治了汉朝五十多年。武帝在位期间将中亚部分地区、朝鲜以及中国南部的多数地区，纳入了帝国范围之内。

↑这是一件陶瓷兵马作品，制造于公元前80年的中国汉朝。一直到公元300年左右，马镫才被引入中国。

↓中国汉朝的士兵们正在激战之中。在近距离的短兵相接战斗中，由于没有马镫，双方的骑兵都很容易被推落下来，掉在地上。

↑这是一名有钱人乘坐的马车的青铜模型，发现于汉朝官员乌将军的陵墓之中。其制造时间大约为公元100年。

他改进吏治，修建学校、人工运河、城市以及其他建筑，并鼓励与外国接触。

王莽

在接下来的一个世纪中，汉朝开始逐渐衰弱，而贵族的力量则变得越来越强大。汉朝的朝臣王莽发动叛乱，获得王权之后开始了新的统治，时间为公元9年至公元23年。王莽实施了很多新政和变革，还对土地所有权和

司法体系进行变革。最终,贵族推翻了王莽政权,复辟了汉朝。

东汉

汉朝人会生产很多精美的物品,包括木制品、油漆制品和丝绸制品等。他们也将秦朝时被破坏的文字著述予以复原。中国的发明者远远走在世界其他国家的前面,他们发明的纸张在数个世纪之后才流传到西方世界。他们建造的很多城市,不仅宏伟壮观,而且规模庞大。但是,随着人口持续增长,无地、失地者和贫苦农民发动的叛乱此起彼伏、越发频繁。军阀再度接管了军队。公元220年,汉朝最后一位皇帝汉献帝被迫放弃了皇位,汉朝最终土崩瓦解了。

↑在公元25年,光武帝登基。

→皇帝派出的钦差大臣享有巨大的权力,他们代天子巡守时主要依靠驿站提供马匹。

↑在中国汉朝的城市街头,人潮如流。泥土路上到处都是马车、战车和商人。手工艺者、代写书信者、讲故事的人以及占卜师等,也在大街上热热闹闹地支起摊儿招揽顾客。

□世界历史百科全书

帕提亚王朝和萨珊王朝　前238年~公元637年

帕提亚人是亚洲游牧民族，是在公元前1000年时，从亚洲南部迁移到波斯地区的。大约在公元前300年，帕尔尼部落加入他们之中，但后来成了他们的统治者。

帕提亚人和帕尔尼人先是在波斯人的统治下居住在伊朗北部地区，后来又受希腊塞琉古王朝的统治。帕尔尼人的领袖变成了塞琉古王朝的统治者，而他又是一名帕提亚人。在公元前238年，他宣布独立，并册封自己为诸位首领中的至高国王。帕提亚人接受了当地现存的做事方式（指希腊、波斯和巴比伦人等），并没有去自创一套。不过，他们很快就接受了越来越多的波斯人风俗习惯。在通过丝绸之路与中国进行贸易之后，帕提亚王朝变得日益繁荣。

↑公元242年，沙普尔一世成为波斯的沙阿（当时国王的别称）。两年之后，他击败了罗马人。沙普尔统治达30年之久，是萨珊王朝最伟大的沙阿之一。

↑帕提亚人以骑马战斗而著称。他们可以从敌军身边疾驰而过，看似落荒而逃，其实会返回来给追逐他们的人来一个回马枪。这便导致了"帕提亚绝杀"一词的诞生。

帕提亚王朝的兴起与衰落

最伟大的帕提亚领导者是一对兄弟，名字都叫米瑟拉达特。关于帕提亚王朝的事情鲜有人知，不过人们知道的是其征服了巴比伦和大夏国（即阿富汗），但对中国的汉朝十分友好。

他们经常和罗马人发动战争，并阻止了罗马向东一带的进一步扩张。他们的军队十分强悍，并且军纪严明。以擅长在马背上进行战斗而闻名的他们，可以冒着如暴风雨般的弓箭快速进军，并能够以极快的速度击败全副武装的敌军。

萨珊王朝的兴起

帕提亚人与罗马之间的战争，不但付出了沉重的代价，而且是不得人

→大约在公元275年，沙普尔一世建造了一座令人惊奇的宫殿，位置就在巴比伦的泰西奉城。泰西奉城在当时是一座相当富庶的城市，并且是该地区的主要中心地，可以同时与西方和中国进行交流沟通。

帝国的崛起

心的。在波斯过了450年优越生活的他们，终于成了一股精疲力竭的力量。公元225年，一位名叫阿尔达西尔的国王将帕提亚王朝彻底推翻。阿尔达西尔统治的是一个波斯人的王朝，即萨珊王朝。他使拜火教成为波斯国的国教。阿尔达西尔领导波斯人迈入一个全新的伟大强盛时期。

波斯的沙普尔一世

萨珊国的沙阿，热衷于对原波斯王国古老传统的传承。而且，他们也希望能收复大流士曾经统治过的领地。他们在泰西奉城的宫廷开始成为璀璨文明的中心，而这个富庶的帝国也成为罗马的劲敌。

沙普尔一世是一位杰出的萨珊王朝统治者，他与罗马人发动战争，甚至俘获了当时的罗马皇帝瓦勒良，并将其处死。沙普尔还征服了亚美尼亚、叙利亚、大夏和苏格迪亚纳（阿富汗），以及印度河流域一带。在公元480年，波斯国经历了一场宗教起义，还经受了匈奴人的入侵。在这些问题被解决之后，沙阿科斯鲁二世继续征服了埃及和拜占庭。但是，他被意外杀死，内战也接着爆发，波斯国被极大削弱了。公元637年，阿拉伯人征服该地区时，萨珊王朝的波斯国终于被瓦解。

↑帕提亚人和萨珊人的财富主要是通过丝绸之路的贸易获得的。丝绸之路从中国开始，穿过这片土地并通往西方世界。这一赫尔克里的雕塑与真人同样大小，它出现在丝绸之路的沿途，目的是守卫该条线路的安全。

大事年表

公元前238年　帕提亚国的阿萨息斯一世宣布从塞琉古国独立
公元前141年　米瑟拉达特入侵美索不达米亚地区
公元前53年　帕提亚人在叙利亚地区粉碎了罗马军队
公元225年　萨珊人推翻了帕提亚人的统治
公元240年～公元272年　沙普尔一世的萨珊波斯王国达到鼎盛
公元5世纪80年代　匈奴开始入侵波斯东部地区
公元616年　科斯鲁二世征服埃及
公元637年　波斯被阿拉伯人击败

↓公元260年，沙普尔一世在战斗中俘获了罗马皇帝瓦勒良，并迫使其俯首称臣。接着，他却将其残酷杀死。沙普尔希望自己能够成为世界上最伟大的皇帝。他的首都泰西奉城确实是当时最伟大的城市之一。

75

美洲人 前500年~公元500年

在这一期间，美洲地区存在着许多不同的文化群体。到公元100年，迪奥狄华肯人的城邦已经壮大，并主宰着墨西哥地区。

除去4世纪时来自太平洋的波利尼西亚人对秘鲁的造访之外，美洲人一直与外部世界保持着隔绝的状态。就算如此，在其庞大无比的太阳金字塔主宰之下的迪奥狄华肯仍是当时世界上第五大城市，并拥有20万人口。

↑这个鹰爪造型是由一片云母石（一种扁平的类玻璃矿石）切割而成的，制作者是俄亥俄州地区的和普卫部族印第安人，时间大约为公元200年。

北美洲

在这里，存在着数个文化群体。以狩猎美洲野牛为生的平原游牧印第安人盘踞在中西部地区，而森林地带的部落民族则居住在东北部地区。公元500年，在密西西比河流域，学会制造铜器并进行贸易的和普卫部族文化开始走下坡路。在西南部地区，住在农村、种植玉米的霍霍坎和莫戈隆族人正处于兴盛期。在西部海岸线和北部地区，更为朴素的以狩猎、捕鱼及采摘为生的部族，比如玛卡人和因纽特人等，也迎来了繁荣时期。

→在美洲地区，存在着很多种不同的文化群体。他们都聚集在迪奥狄华肯。

大蛇丘

没有人确切知道，究竟是谁建造了大蛇丘这个奇特遗迹。据说可能是阿蒂娜印第安人，他们是和普卫部族印第安人的前辈。大蛇丘建造的位置就在现在的美国俄亥俄州，时间大约在公元前1000年至公元700年。400米长蛇吞食鸡蛋的形象，可能有某种宗教意义。

中美洲

在墨西哥地区，最早的文明来自奥尔梅克人和萨巴特克人。萨巴特克人以他们的学习能力而闻名，并且他们是最早发明文字系统的美洲人（约在公元前800年）。他们还有一种精确的日历计算系统，后来被传授给玛雅

帝国的崛起

←这座石雕像是在迪奥狄华肯古城遗迹中找到的。虽然这座城市令人出奇地不尚武好战，但同样也对邻近的文化群体产生了极大影响，特别是通过其工艺品和其他商品。

人以及迪奥狄华肯人。

迪奥狄华肯

公元100年，在奥尔梅克人和萨巴特克人逐渐衰落的同时，兴起于公元前200年的迪奥狄华肯城邦开始主宰墨西哥地区。在其后来长达600年的强盛时期中，迪奥狄华肯实际上要比古罗马更加强大。其城邦是按照一个计划有序的方格系统修建的，并配建寺庙建筑群和金字塔，还有很多工艺作坊工场、贸易市场和外国居民聚集区。迪奥狄华肯城是当时美洲的最大贸易城市，不但将南、北美洲联系到一起，而且还给南、北美洲提供物产。迪奥狄华肯也影响着墨西哥的其他文化，比如玛雅文化等。迪奥狄华肯被其他城市包围着，却非常和平。公元600年，迪奥狄华肯神秘地衰落了。不过，阿兹特克人将其传统传承了下去。

美洲

厄瓜多尔的莫切城邦，大约在公元300年达到鼎盛。莫切城早就开始制造精美陶器、纺织品和金属制品了。更往南的是蒂亚瓦纳科城，它位于安第斯山脉的的喀喀湖畔，海拔大约是3660米。在蒂亚瓦纳科城内，居住着4万多人，并有着巨大的石庙和宫殿等特色建筑。创建于公元前300年的蒂亚瓦纳科城大约是在公元500年的时候达到黄金时代的。

↑这是玛雅人阶梯金字塔，该金字塔位于危地马拉的蒂卡尔。在阶梯的最上方，矗立着一座庙宇。大约在公元前300年（或者更早的时候），玛雅人开始修建这些巨大的寺庙群。

大事年表

公元前350年 最早的玛雅城开始出现

公元前300年 秘鲁的蒂亚瓦纳科城开始建造（鼎盛期在500年，但在1000年时被荒废）

公元前200年 迪奥狄华肯城建立（鼎盛期在500年）

公元前200年 莫切文化出现在秘鲁海岸线（鼎盛期在300年，但在700年时被征服）

公元前100年 和普卫部族文化出现（鼎盛期在300年，但在800年时没落）

公元300年 玛雅文明古典时期开始（一直到800年）

公元300年 莫戈隆文化在北美洲出现

公元400年 霍霍坎文化在北美洲地区出现（一直延续到1450年）

↑这件贝壳雕塑作品表现的是一名效力于帕伦克的牧师或政府官员。帕伦克是玛雅文明主要宗教仪式中心地之一。

77

笈多王朝 240年~510年

公元320年，笈多家族开始执掌印度北部地区的皇权，并持续掌权200多年。这是一段属于笈多人的历史，笈多王朝的兴起得到了库什族的帮助。

↑ 克利须那神是毗瑟挐（印度教主神之一，译者注）的十大转世化身之一。他是爱和智慧之神，有关他的故事可以在印度两大宗教典籍即《摩诃婆罗多》和《博伽梵歌》中找到。

库什人是受到希腊影响的亚洲游牧民族，位于大夏（现在的塔吉克斯坦）地区。公元25年的时候，他们在那里建立了一个王国，然后向北迁移进入土耳其斯坦，向南进入阿富汗和印度地区，最后在公元100年的时候主宰着印度的北部地区。他们最伟大的国王是迦腻色迦。迦腻色迦是一名佛教徒，他支持社会宽容政策，并扶持艺术的发展。富庶的库什王朝不但控制着横跨亚洲的多数陆地贸易活动，而且给那个地区的贸易活动带来了稳定的保障。但是，大约在公元240年，波斯的沙普尔国王占领了库什王朝的多数土地，库什王朝从此没有再回鼎盛时期。笈多皇族都是年少不经事的王子，并住在摩揭陀地区。旃陀罗笈多一世和摩揭陀的一名公主联姻，并在公元320年的时候登上王位。他开始扶持艺术和宗教领域的笈多独特传统，并促进了印度社会的发展。

↑ 笈多王朝统治着印度的多数地区，并使印度达到了黄金时期。笈多王朝的首府华氏城，是那个时代中最大的城市之一。

笈多大王

旃陀罗笈多一世的儿子沙摩陀罗笈多继续着他父亲已经迈出的脚步。沙摩陀罗笈多的统治自公元335年开始，并持续了45年之久。他通过武力和外交手段扩张了笈多的统治范围，笈多横跨印度北部，并进入印度的东南部地区。沙摩陀罗笈多的儿子旃陀罗笈多二世使笈多王朝达到鼎盛，并成为印度历史上最强大的一个王朝。塞建陀笈多则击退了来自中亚地区匈奴人对印度的一次侵略战争。但是，笈多帝国在地方上安排了松散的拉者（即地方的王），在塞建陀笈多死后，很多地方王国纷纷独立称霸。到公元510年，笈多王朝已经被另一轮匈奴人侵略者的进攻浪潮所击败，而整个印度则被分裂成一个个小王国。这些小王国在公元528年的时候结成联盟，再一次共同击退了匈奴人。在接下来的650年中，印度一直保持着分裂的状态，但戒日王朝（又称曷利沙王朝）统治时

→ 这些席地而坐的庞大石佛像位于阿旃陀庞大石窟群中的第17号岩洞。其中每一尊佛像都有截然不同的表情，而这些佛像的手部姿势至今依然在印度舞蹈中被沿用着。

阿旃陀石窟

阿旃陀石窟是由一群英国官员发现的，是1819年，他们在一次狩猎老虎时的偶得。位于孟买附近的这29个石洞，是由一群佛教僧侣用锤子和凿子雕刻完成的，时间大约是在公元前200年至公元650年。该石窟当时是作为一个佛家隐居处建造的，其墙壁上布满了精美的绘画作品，而且这些作品的故事题材都来自于佛祖的生涯。石窟内还有很多雕刻画作品。这些石洞标志着印度宗教文化的巅峰时期。在其中，瑜伽术和冥想术都得到了充分的发展。在不远处的埃洛拉，其他石洞内也有一些印度的艺术作品。在宽容的笈多王朝时期，佛教和耆那教的宗教传统其乐融融地并行兴盛，互不排斥。

期除外。戒日王是克诺吉（公元606年~公元647年）时期的一个宗教拉者，他成功地将当时的印度北部统一起来，并持续了40年的平稳统治。

笈多文化

笈多大王们之间相互继任，扮演着既优秀又强大统治者的角色。为了仿效阿育王，他们在印度全境纷纷竖立起铭刻有宗教经文的纪念碑。他们还修建新的农村和城镇，并将印度婆罗门置于控制之下。印度人开始迁移到遥远的印度尼西亚，而佛教也被传播到中国。印度文化和佛教文化都得到了发展。印度的两大圣诗作品即《摩诃婆罗多》和《罗摩衍那》也在这一历史时期被创作出来。印度伟大的诗人兼戏剧作家迦梨陀娑也开始对爱情、冒险以及自然之美进行写作。在那兰陀的佛教大学，竟然已经拥有3万名学生。这是印度的黄金时代，同时也是其音乐、舞蹈、雕刻、艺术和文学的古典时代。

大事年表

75年~100年	库什王国入侵印度
100年~130年	迦腻色迦达带领库什王国进入鼎盛时期
320年~335年	旃陀罗笈多一世（笈多帝国的创建者）统治时期
335年~380年	沙摩陀罗笈多（征服印度北部和东部地区）统治时期
380年~414年	旃陀罗笈多二世统治时期（笈多帝国的鼎盛时期）
5世纪70年代	笈多帝国衰落
505年	笈多帝国衰败

↑在阿旃陀，有着雕刻精美的支提堂。这些石窟群最早被用作寺庙和大厅，专门用来冥想和哲学辩论。

↑按照佛家生命轮回的说法，这八个主要轮辐分别代表着存在个体的八种不同状态，其中只有一个是醒着的日间生命。

↓这是一幅来自阿旃陀的壁画作品，显示了乐者和舞者娱乐皇室家族成员的场景。

古罗马帝国的衰落 200年~476年

在公元165年,一场瘟疫席卷了整个古罗马帝国。之后,古罗马的人口数量大幅减少。此后,古罗马的一蹶不振一直持续了300年。

瘟疫所带来的尸横遍野场景,持续了两年。接下来在公元180年,是又一位近似疯狂的康茂德皇帝统治时期,还有就是在非洲和英国此起彼伏的起义,以及一连串很快被推翻的政权和无法胜任的皇帝。古罗马政府日益分崩离析,整个古罗马帝国处于混乱之中。

↑戴克里先发明了一种"四人统治"制度来管理东、西罗马。在四人统治制中,有两名皇帝,他们在另外两名副手助理的帮助下同时治理国事。

↑从公元250年至550年,古罗马人与日耳曼和亚洲人发生了持续的战争。这些亚洲人都期望能够加入罗马帝国,或从其手中获得战利品,或直接将其推翻。

外省的变化

古罗马权力被转移到外省,因为那里的人们都渴望保持他们自身的罗马地位。在东部的帕提亚人和在北部的英国人都制造了不小的麻烦,马科曼尼人、哥特人、法兰克人、阿勒曼尼人等,也都在虎视眈眈。在公元260年至272年,罗马人不得不拱手把匈牙利和巴伐利亚王国让给他们。帝国的另一些部分,如高卢、英国和叙利亚,也处于逐渐分裂之中,而罗马经济也同时在走下坡路。

帝国的分裂

公元284年,皇帝戴克里先做出决定,由于罗马帝国过于庞大而无法治理,因而不得不将其划分成两个国家,一个是说希腊语的东罗马,另一个则是说拉丁语的西罗马。他还任命了一位名叫马克西米利安的共治皇帝来统治西罗马。罗马的军队也开始重组,并扩大到50万人,还增加了专门用于军需的税赋。外省地区被重新划分,以有利于更好的统治。罗马精神通过皇帝神圣权力的强调而得到了进一步提升。

→古罗马帝国日渐强大,故而统治起来也越来越复杂。因此,戴克里先皇帝将其一分为二。这意味着,富庶的东罗马不会主动去帮助容易被敌军围困的西罗马,这样一来,西罗马必然会面临发展上的停滞。

君士坦丁

君士坦丁把自己看作古罗马帝国的救世主。他决定利用基督教日益强大的力量，在帝国内创建一种新的文化。他下令让基督主教们组成数个参议会，并责成他们制定统一宗教教旨，且将宗教组织化。他不但支持基督教徒的活动，而且认为这些基督教徒没有罗马人那么腐化堕落、自私自利。但是，他自己并不是基督教徒，只是在临终之时才转变了信仰。君士坦丁是罗马帝国最后一位伟大的皇帝。但是，在将首府搬迁到君士坦丁堡并建立拜占庭帝国之后，他也削弱了西部帝国的力量，并加速了罗马帝国的最终没落。罗马的天主教教堂继续在西部帝国保持着其作为文化和宗教力量的地位，甚至在罗马帝国陨灭之后仍是如此。

↑在罗马的君士坦丁凯旋门，是为了给罗马找回胜利精神和最高权力而建造的，经历了一个多世纪的衰运，那时罗马的现实成就并不像这个凯旋门那样伟大。

大事年表

- 165年~167年 一场瘟疫席卷整个古罗马帝国
- 167年~180年 抵御第一批外族人的马科曼尼战争爆发
- 250年 在德修皇帝的统治之下，对皇帝的崇拜变成一种强制义务
- 250年~270年 外族人从北部地区进发进攻古罗马帝国
- 276年 塔西佗皇帝被其麾下的军队杀死
- 284年 戴克里先皇帝把罗马帝国一分为二，他自己统治着东罗马；马克西米利安皇帝则统治着西罗马
- 370年 匈奴人抵达欧洲；日耳曼人在罗马帝国寻求避难所
- 370年~415年 西哥特人发动叛乱，并劫掠了罗马帝国
- 406年 罗爱美从英国、高卢和伊比利亚地区撤退
- 410年 西哥特人洗劫罗马城
- 441年 匈奴人击败罗马人
- 476年 最后一任罗马皇帝驾崩

帝国的陨灭

君士坦丁曾尝试过对古罗马帝国的复兴。他支持基督教徒并提高其社会地位，还修建了基督教堂、举行宗教会议，并使基督教变成国教。330年，他将首府迁移到拜占庭，并将其称之为"君士坦丁堡"，这一城市后来变得像罗马那么气势庞大。在外族人的不断袭击之下，西罗马越来越羸弱、贫困，并在罗马城被洗劫之后宣告土崩瓦解。外族人的洗劫分别是在410年和455年。在476年，最后一任皇帝被哥特人废黜。在此之后，西罗马被一堆日耳曼小王国所取代。东罗马帝国，就是人们所知的拜占庭帝国，一直持续到1453年。虽然很多罗马模式被外族人接受，但是罗马帝国还是走到了尽头。

←君士坦丁作为古罗马皇帝的在位时间为312年至337年。

↓君士坦丁凯旋门的一个细节向人们证实，罗马士兵曾于公元312年围攻过维罗纳。这次战役是君士坦丁反对其共治皇帝马克森提乌斯一系列战争中的一部分。该凯旋门是在公元315年特意修建的。

↑这块金币是在公元535年铸造的，为了庆祝贝利撒留将军打败了汪达尔人。

日本 前300年～公元794年

大约自公元前30000年开始，便有人类祖先在日本地区居住生活。古典日本的最早成型期大约是在公元前300年。

在古代，日本地区被阿伊努人盘踞着。阿伊努人是一群独特的人，他们与任何其他部落族人都没有关系。今天的日本人开始搬迁到史前时代的诸多岛屿之上，他们迫使阿伊努人回到日本最北的一座岛屿，即北海道地区。

弥生时代

大约在公元前300年的时候，弥生人正处于上升时期，这也使他们成为日本的主导部落。他们从朝鲜和中国引进了青铜和铁器，同时还有大米和大麦。是他们造就了日本文化和神道教。据传说，第一任日本天皇神武是太阳女神天照的曾孙。

大和人

大约在公元167年，大和部落一名唤作卑弥呼（ひみこ）的年长女祭司成为统治者。她利用她的宗教影响力统一了30多个部落。女王卑弥呼还派遣使者前往中国。就是从那个时候起，中国文化以及后来的佛教文化都对日本产生了影响。在3世纪，大和民族在实力上有所增强。在公元646年之前，日本的多数地区被统一成一个国家。在6世纪，佛教传入，神道教开始受到威胁。大约在公元600年的时候，圣德太子对国家进行改革，并将其按照中国模式进行中央集权化，同时削弱部落地主的权力。许多寺庙和城镇被建造起来，文化也得到了长足的发展和进步。8世纪是日本的黄金时代。神道教和佛教之间的冲突问题被妥善解决，而且两者还融合在一起，形成了一种相互共存的日本宗教文化。

→阿伊努人看上去并不像今天现代的日本人。他们的皮肤更加白皙，而且毛发更加浓密，图中这两名部落老者便是例子。

圣德太子

圣德太子（572年～622年）是从史前历史阴影中走出来的大和早期统治者之一。右图所示的是圣德太子少年时期的雕像。圣德太子被认为是十七条宪法的颁布者，它们强调了中国人有关忠诚、和谐和奉献等原则，被认为是政治生活的理想模式。他还制定了新的贵族等级，即官位十二品，同样取法中国。新的官位制度有助于削弱地方势力，将有才能的人选入政府机构。新的宪法还给予佛教很高的地位，圣德太子曾下令广建佛寺，其中就有奈良的法隆寺，它是日本最古老的佛寺。圣德太子被奉为政治家、圣人和佛教的保护者，他死后，对他的崇拜在日本传播开来。

奈良时期

大约在公元710年，奈良地区建造了一座首都。越来越明显的是，作

帝国的崛起

为诸神意志的代表人物，日本天皇开始成为一种仪式上的形象。政府被那些官员和僧侣控制，而且政治斗争日益严酷。

公元794年，天皇将首都迁到平安（京都）。就在那里，一段新的日本历史开始书写，日本从一个部落领地转变为一个强盛的国家。但是，关于当时普通老百姓的生活鲜有历史记录，因为当时的文献记录只限于皇家宫廷和宗教神庙。

↑在神道教中，微型泥土雕像可以被用作图腾，它可以给各个地方或人死后的灵魂带来好运。

↑这是日本出云地区一座神道教神龛的重建图。神道教的教士会在每年的特定时期举行复兴和净化仪式，以唤醒神灵赐予他们丰收的庄稼，并给人们带来健康和生育能力。

→神道教的教士原本都是些部落巫医。后来，他们的各种传统、服饰都变得更加正式化。

↓这是位于平安地区春日大社神殿的主要大门。大门并不仅仅是通常的入口，也标志着某种能量线路，而神灵就是通过它来到神庙的。

神道教

神道教是古代日本的大自然宗教。神道教的神话传说可以在8世纪的《古事纪》和《日本书纪》中找到。神道信奉者相信自然能量、自然精神或自然之神的力量。神道教的教士都会想尽办法去取悦神灵，以获得神灵的支持和庇佑。按神道教，所有万物都是从一个宇宙巨蛋中诞生的，并在一个原始混沌中塑造成形。这个蛋会分裂开来，并变成诸神。而两位神灵的联姻使地球开始形成，而日本则是他们专有的家庭。太阳女神也源自这次联姻。后来很多佛教的影响进入了神道教的教义，而两大宗教在整个日本历史中和谐共存着，虽然也有过相互敌对的数个时期。

大事年表

公元前300年 弥生文化开始萌芽
239年 卑弥呼女王派遣使者前往中国
300年 大和时期开始，以农业、城镇和铁器制造为标志
366年 日本入侵朝鲜南部（一直到562年）
552年 佛教全盘引进
593年~622年 圣德太子创建了一个效仿中国模式的中央集权化国家
646年 大和时期结束
710年 奈良成为首都（奈良时期）
794年 桓武天皇将其宫廷迁移到平安（京都）

□世界历史百科全书

玛雅人 前300年~公元800年

玛雅人生活在现今的墨西哥南部和危地马拉地区。他们创造了一个新文明，并处于鼎盛时期，而当时的罗马帝国则正在土崩瓦解之中。

↑ 在早期，玛雅人的中心区域从南部搬移到蒂卡尔附近。公元800年后，多数玛雅人生活在尤卡坦的北部地区。

玛雅人的出现可以追溯到公元前2000年。数个世纪以来，他们不断将沼泽地的水排出并建造起灌溉系统，从而成了颇有成就的农民。在早期，即从公元前300年至公元300年，他们在危地马拉、伯利兹城（洪都拉斯首都）和尤卡坦等地区修建了很多城市，并赋予各自独有的特色和艺术风格。他们的城市有着很多神庙金字塔，一座设防的宫殿，数个市场、工场作坊以及生活住宅区等。

↑ 在玛雅遗迹中，可以发现许多类似的浮雕画像。它向人们展示了雍容华贵的玛雅人，比如这位配有华丽头饰的牧师。

玛雅的阶级体系

玛雅人有着一套阶级体系：贵族、牧师、统治者、官员以及他们的仆人都住在城市之中，而平民百姓则在地里干活，只是在集市开放或宗教节日的时候进城。在玛雅人的象形文字中，竟然有着多达800个的字母表，而他们早已开始研究数学、天文学、日历制度。犹如古希腊，玛雅的每座城市都是一个独立的城邦，各个城邦之间可能存在世仇，通常是源于贡物和狱囚的争夺。大约在230年，一次猛烈的火山爆发将南部的

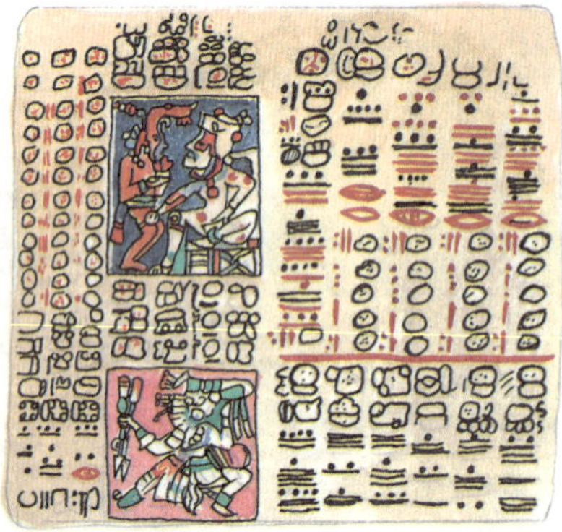

↑ 玛雅人书写的是象形文字，从很多巨大的石碑纪念物或树皮纸书籍上可以找到这些文字。

↓ 玛雅人早就开始玩一种球类游戏，这种游戏最早可能具有某种宗教意义，并与某种神谕有关。在宽大的院子里面，他们用臀部、大腿和肘部将一个结实的橡皮球撞来撞去，并努力将其弄进旁边墙上的一个篮子中去。

帝国的崛起

伊罗班哥山喷了个四分五裂，剩下的全都是火山灰。南部城市不得不被遗弃，而这也标志着玛雅文明的"史前古典"时期终于宣告结束。

玛雅人是技艺精湛的手工艺者，他们会制作石雕、玉雕、陶瓷、油画等。他们修建了道路和运输巷道来促进贸易活动。他们的数字系统是以20为单位的，并使用三种符号：一个横条代表"5"，个圆点代表"1"，而贝壳符号则表示"0"。

人祭

玛雅人早就开始血淋淋的人祭。他们将现世及死后的生活视为同样的世界，因此，基于宗教目的，为了取悦诸神和祖先并带来生产力和繁荣的杀人行为就成为一种自然而然的事情。玛雅人后来野心勃勃的建筑工程意味着农民必须提供越来越多的食物和劳动力，而为俘获人祭受害者而展开的人质掠取战则使人口的数量得到了大幅的削减。农业体系因此而崩溃，接着就是依附于其上的城市。到公元950年，多数玛雅人的中心城市都变成废墟，不过另一个历史阶段也开始了。玛雅人继续居住在中美洲的丘陵高地。

↓玛雅城市的规划都是十分小心谨慎的，不但有很多面积达到数千平方米的神殿和寺庙，而且也有大型的开阔地带、讲坛以及集会场所。

↑这些是处于玛雅社会金字塔顶端的四种人。从右至左分别是：一名官员、一名士兵、一位贵族和一名牧师。

玛雅城市

早期，玛雅最大的城市是埃尔·米拉多尔。它创建于公元前150年，在公元100年的时候拥有8万人。但在公元150年，该城被丢弃。后来，在暴风雨天王统治之下的蒂卡尔变成了当时最大的城市，并在公元450年左右拥有10万人。很多城市被规划成方格形状，建设得宏伟壮观。这些城市是在宗教中心周边建造的，而且大多处于天文事件发生的位置，比如太阳的升起和降落点。玛雅城市的宗教基础以及他们对金字塔的利用都与2000年前古埃及人十分相似。

□世界历史百科全书

波利尼西亚人 公元前2000年~公元1000年

波利尼西亚人是太平洋群岛中一个比较独特的种族。他们是不同寻常的航海家，曾前往遥远的太平洋进行探险，以寻找新的国土。

大事年表

公元前2000年 拉皮塔文化在美拉尼西亚地区萌芽并发展
公元前1300年 在斐济附近波利尼西亚大三角的移民活动拉开序幕
公元前200年 开始向塔希提岛和马克萨斯群岛移民
300年 开始向复活岛移民
400年 开始向夏威夷群岛移民
850年 占领"长白云之乡"，这里是毛利文化的诞生地

在波利尼西亚人的神话传说中，他们认为自己通过一片神秘的陆地，从天堂来到太平洋群岛。波利尼西亚人通常把夏威夷当作这片神性陆地。历史学家和语言学家认为，他们最早可能发迹于中国的台湾地区，大约是在公元前3000年的时候坐着简陋的独木舟迁移到菲律宾，接着又在公元前2000年继续迁移到离新几内亚不远处的俾斯麦群岛。他们还随身携带着猪、狗和鸡等牲畜，此外还有水果和蔬菜（椰子、芋头、山药、面包果和香蕉等）。就是在这些人身上演化出一种拉皮塔文化，该文化的人民利用贝壳来制造工具，同时制造陶瓷，并能做出复杂多变的美丽图形。

↑这是海神汤格娄的雕像。海神汤格娄是波利尼西亚人最主要的神灵。波利尼西亚人认为，是海神汤格娄创造了世界，并将他们从天国带到人间。

↓这些是波利尼西亚人航海用独木舟的两大主要造型。左边的是有着载物架子的边桨艇，可以用来越过岛屿；右边的则是带有遮蔽物，载物量较大的双体船，非常适合远距离的海上航行。

波利尼西亚人的远行

波利尼西亚人发明了较大的航海独木舟，可以通过风帆或船桨达到较快的速度。他们利用风向和洋流来帮助他们顺利航行。这些船只非常平稳，在建造时配备了舷外浮木或者双倍的木筏，因此能经受住太平洋上的大风大浪。在这些船只的帮助下，波利尼西亚人能够在太平洋的岛屿群之间来回穿行。

移民

波利尼西亚人开始着手计划有序的发现之旅。他们是伟大的航海家，并掌握了关于星象、洋流、风向和野生动植物的先进知识。大约在公元前1300至公元前1000年，波利尼西亚人迁移到新喀里多尼亚岛、瓦努阿图、斐济、萨摩亚群岛和汤加等地区，接着又于公元前200年继续移民至塔希提岛、马克萨斯群岛。到公元300年，他们已经抵达了复活节岛；而在公元400年又到达了夏威夷群岛。其中一些人还于公元850年的时候移民到"长

帝国的崛起

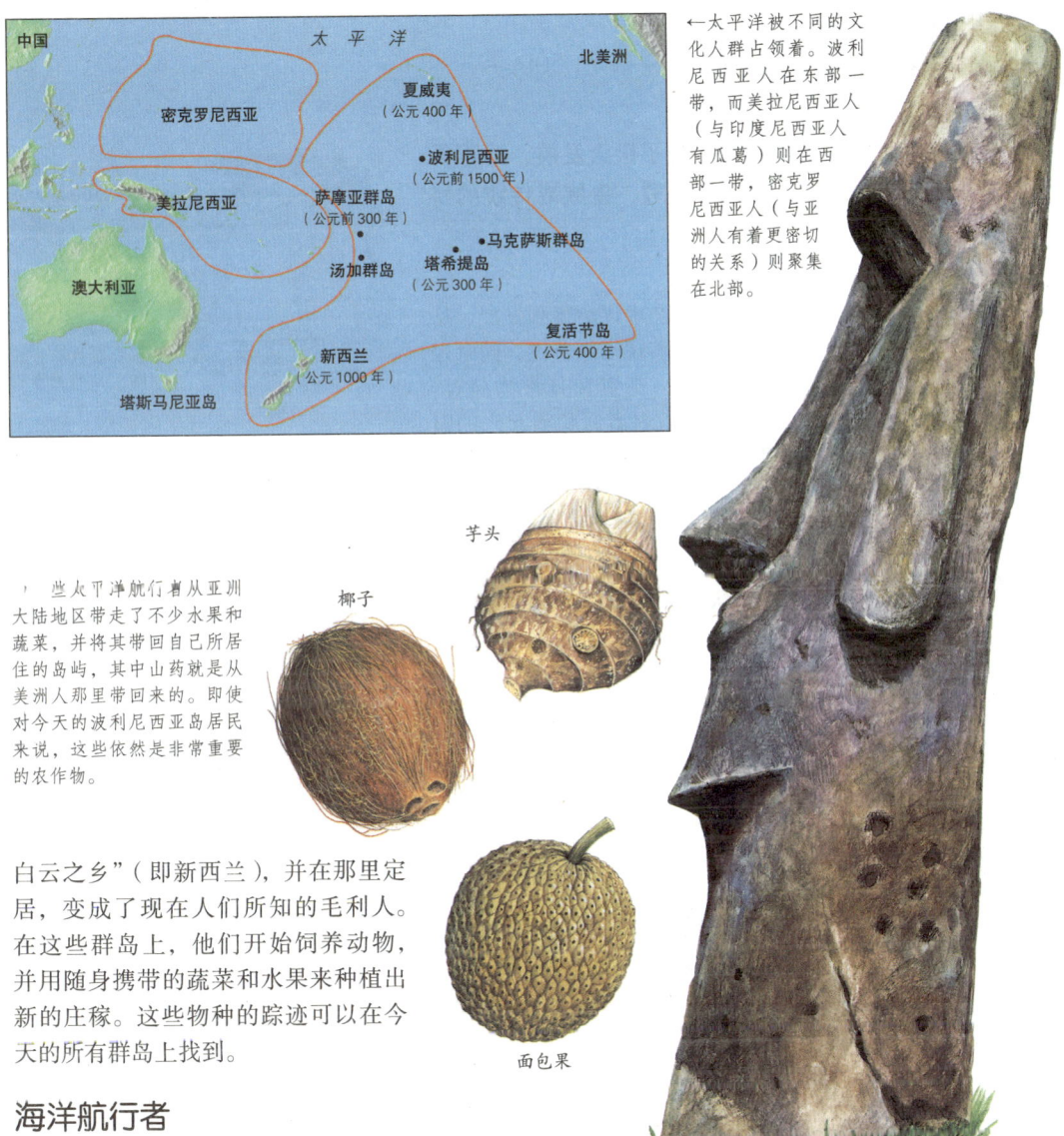

中国　太平洋　北美洲
密克罗尼西亚
夏威夷（公元 400 年）
美拉尼西亚
萨摩亚群岛（公元前 300 年）
波利尼西亚（公元前 1500 年）
澳大利亚
汤加群岛　塔希提岛（公元 300 年）
马克萨斯群岛
复活节岛（公元 400 年）
新西兰（公元 1000 年）
塔斯马尼亚岛

←太平洋被不同的文化人群占领着。波利尼西亚人在东部一带，而美拉尼西亚人（与印度尼西亚人有瓜葛）则在西部一带，密克罗尼西亚人（与亚洲人有着更密切的关系）则聚集在北部。

椰子　芋头　面包果

一些太平洋航行者从亚洲大陆地区带走了不少水果和蔬菜，并将其带回自己所居住的岛屿，其中山药就是从美洲人那里带回来的。即使对今天的波利尼西亚岛居民来说，这些依然是非常重要的农作物。

白云之乡"（即新西兰），并在那里定居，变成了现在人们所知的毛利人。在这些群岛上，他们开始饲养动物，并用随身携带的蔬菜和水果来种植出新的庄稼。这些物种的踪迹可以在今天的所有群岛上找到。

海洋航行者

波利尼西亚人航行到美洲地区，并带回了甘薯，而且他们与澳大利亚的一些土著居民进行了贸易活动。在他们的探险和移民过程中，航行了数千公里。在太平洋的群岛上，他们居住在由部落首领统治的部落社会之中，并成为木雕专家。他们也远离亚洲和印度尼西亚，而就在这两个地方，城镇和国家正在逐渐兴起。18 世纪，很多欧洲探险者，如库克船长，来到了这个地区。而正是这些探险者的到来，才使他们受到外界的影响。

在复活节岛上，至今仍有着许多非同寻常、独一无二的高大头部石雕作品，其高度大约有 12 米。这些石雕通常被认为是波利尼西亚人的律笛作品，但是，波利尼西亚人并没有在其他地方留下石雕，所以它们也可能是更为古老时代的雕刻作品，即可能是更早的人类文明建造的。在"长白云之乡"，毛利人创造了属于他们的独特部落文化，且人口数量增至 20 万，开始进入村落耕农者和士兵并存的社会形态。

↑复活节岛有 500 多尊巨人石像。它们一般高 7~10 米，重达 30~90 吨，造型奇特，雕饰精湛。

□ 世界历史百科全书

艺术 公元前 500 年～公元 500 年

在这个时期，艺术自身得到了极大发展，而不再像过去数千年中那样，得益于宗教、皇族或传统的特殊目的而取得进步。

在此期间，艺术逐渐得到发展，从而更好地表现出创造性，同时也可以装饰房屋、街道和日常物品等。由帝国和城市贸易者所积累起来的财富被用来资助和支持艺术创作，越来越多的现实主义作品涌现出来。古希腊人和古罗马人所制作的雕塑和绘画作品用一种全新的方式来直接、精确地反映出人们以及他们身边生活的真实面貌。在古希腊，最为精美的艺术作品均在古典时期创作完成，而其达到鼎盛的时间为公元前 400 年至公元前 300 年。通过亚历山大大帝的许多运动，古希腊的现实主义艺术思想被传播到遥远的印度，而佛教则向东远行来到中国、日本和东南亚地区。古罗马艺术家们经常复制古希腊的作品，并时不时地发展演进出属于他们自己的现实主义风格雏形。

在这个时期的整个帝国内，有钱人家装饰鲜明艳丽的绘画作品，建筑物则被装饰上了精美的雕刻和油画。在非洲和美洲，演化出一种有别于其他地方的独特艺术风格，中国也有着一种独一无二的风格。

←这个壶罐是于公元 200 年由英国制造的。那时正值英国进入第一次"工业革命"时期。其描述的是一名角斗士在战役中投降，并向对方求饶的场景。

↑这是一座阿芙罗狄忒（代表爱与美的女神）女神的雕像，即人们现在所知道的《米洛的维纳斯》。该作品是于公元前 130 年，由安提的亚历山大雕刻而成的古希腊风格作品。虽然是一位女神，但是它被按照现实中的真人轮廓来塑造，并展现出人类的感情和淡淡忧伤。

←这是莱昂德罗所拥有的一个花瓶，这个人的名字就写在顶部。这个花瓶的形状是一名非洲妇女的头部轮廓，该名妇女可能来自北非地区的某个古希腊殖民地。

←这枚精致的胸针饰物是由镀金的青铜和石榴石制成的，制作者是 5 世纪后期的一名西班牙东哥德族人。老鹰的造型可能象征着某种精神，而位于老鹰中心的是一年之中八个日历时间点。

→这是一幅来自一名罗马铁匠陵墓的雕刻作品，展示的是一名在铁砧上忙碌的铁匠。他的助手用风箱来将热炉中的金属加热。他们制造出了贸易用的工具。

帝国的崛起

新思想的涌现

在印度和墨西哥地区，"文字"是由许多图画而不是文字符号组成的。中国人开始用上了漆的木头来制作物品，同时他们也会在丝绸上作画。在同一时期，古希腊最早创建了大型剧场，并开始绘制现实主义的画作。他们是在自身艺术作品中宣泄心情和情绪的鼻祖。创造性是人类的天性，每种文化，不论简单抑或复杂，都拥有着自己独特的艺术形式，或用木头雕刻用石块塑形，或在纸草上写字在树皮上绘画，或手工缝制出衣服和织锦，或通过金属来铸造器具。新的思想也通过这些艺术作品表现出来。就在这个重要的历史时期，很多不同的艺术风格形成，其中一些一直延续到现在。

↑这个头像来自印度的塔克西拉地区，它表现的是佛祖，但造型完全是古希腊风格。

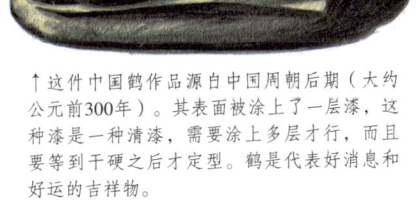

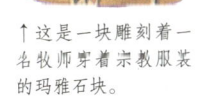

↑这件中国鹤作品源自中国周朝后期（大约公元前300年）。其表面被涂上了一层漆，这种漆是一种清漆，需要涂上多层才行，而且要等到干硬之后才定型。鹤是代表好消息和好运的吉祥物。

↑这是一块雕刻着一名牧师穿着宗教服装的玛雅石块。

↑这是一座瞭望塔的陶瓷模型，制造于中国东汉，时间大约是公元100年。之所以建造起这些塔楼，是为了守卫贵族们的财产免遭不速之客的突袭，或许还有着某种宗教意义。

↑这个铜质大乌鸦是由北美洲东部的和普卫族人制作的，时间大约是公元前100年。和普卫族人控制着纯铜的丰富矿藏，并将其出口到遥远的墨西哥地区。

89

建筑 公元前500年~公元500年

帝国和城市的兴起导致了许多公共建筑的出现，其中最为宏伟壮观的当属那些宗教建筑、国家建筑。

↑希腊、罗马、印度和中国的早期建筑师都会在实践中运用沿用至今的手工工具，这些工具包括锯子、凿子、钳子、刨子和锤子。

在当时发达世界的各大城市中，建筑物均由既结实又耐久的石块建造而成，并经常在表面装饰诸如大理石之类的石头，以使它们看上去更加美观。它们都是手工建造而成的，很多像脚手架之类的工具和设备都已经被发明了，并使大型建筑和复杂拱形结构的建造成为可能。今天的很多建筑结构并没有两千年前的那么先进。古希腊人曾经是技艺高超的建筑师，数学的研究帮助他们设计比例精确的建筑物，并完美配合其周边结构。到公元前300年，古希腊人已经掌握了城镇规划系统、城市整体细节设计和方格样式中的街道安排等技术。中美洲的城市建造者们也会运用城市规划体系。在其他地方，城市则由其前身进化而来，如村落、堡垒、港口或者道路交界处，并有了一个大致的规划设计方案。

古罗马的发展

古罗马人接受了很多古希腊人的思想，也发明了很多全新的技术。其

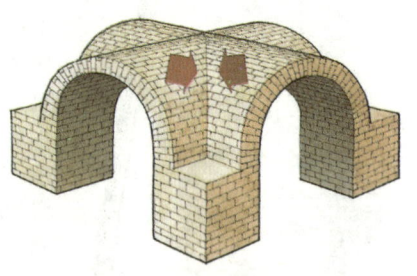

↑罗马人发明了一种技术来建造有拱顶的通道结构。他们发现，一个拱顶可以在通过另一个拱顶的同时，依然支撑住在其顶上的厚重建筑物体。

中之一便是制作混凝土，这一技术大约出现于公元前200年。刚开始，他们将混凝土用于地基的建筑，但是不久便将其用于墙体和大型圆形屋顶的建筑之中。他们也为桥梁和沟渠等设计拱形结构。到公元200年，古罗马城市出现了被称为"楼房"的公寓街区，有四五层楼那么高。古罗马城市是今天密集型城市模式的前驱，也曾经有严重的交通问题。

大规模建筑

工程项目变得更加复杂精致的同时，越来越体现出人类的"野心勃勃"。铺路、排水路和抬高道路等，开始在罗马帝国、波斯、印度、中国和墨西哥等地建造起来，这就让更加快

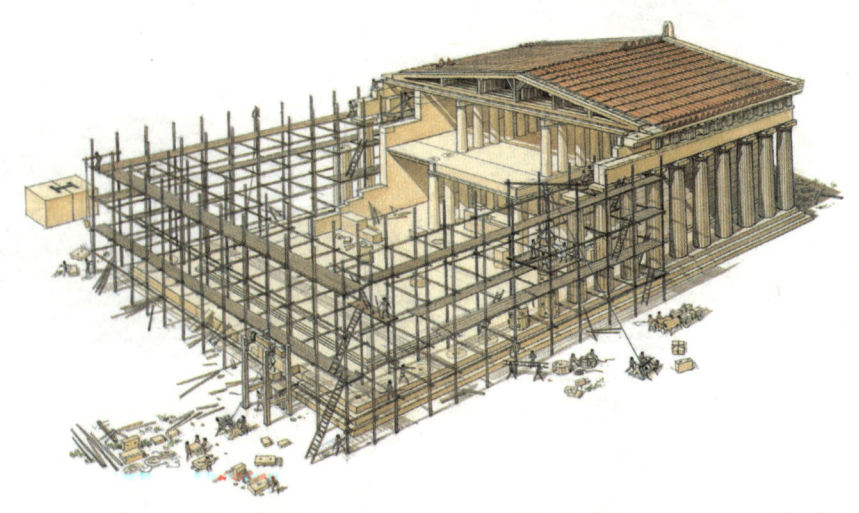

→位于雅典的帕台农神庙竣工于公元前432年，是所有希腊神庙建筑中最为杰出的一座。其中的圆柱体结构来自于树干支撑的原理设想，琢石面技术开始变成一种艺术，而复杂的脚手架也开始被用来建造更为宏伟壮观的建筑。

帝国的崛起

↑这是一个多拱门的沟渠，建造于公元378年，设计者是罗马的工程师。它是为了把水源输送到君士坦丁堡的新城市中去而建造的。

↑这些是高昌郡的废墟遗迹。高昌郡是中国汉朝时的一座城市，位于通往西方的丝绸之路。丝绸之路上的城市都非常富庶，并有国际都市的味道。它们里面居住着来自不同疆域的旅行者们。

速的运输成为可能，而手推车等的应用则让更为大型的载货量提上日程。水通过水道沟渠进入人工运河，或者沿着高出地面的沟渠为城市提供水源。在中美洲地区，巨大的金字塔和其他建筑被建造起来，并位于十分醒目的大型宗教中心地带。所有这些工程项目都涉及了大规模建筑工人的安排和组织工作，以及食物和建筑原材料的供应问题等。建筑师、测量员和工程师等缺一不可，只有他们才知道如何选择原材料，并对建筑进程进行监管。这也代表了实际建筑技术的极大提升，当然也包括数学知识和工程原理等方面的进步。

人们今天所知道的专门建筑贸易就是从这个时候开始演进的。在全世界范围内，建筑技术开始逐渐提高，甚至在更为简单的社会形态和地区亦是如此。在寒冷的地带，应对寒冷和潮湿的各种新方法也被发明出来。而在炎热的地区，阴凉或遮阴的建筑被建造出来，并配以拱门，且保证良好的采光和通风。玛雅人之所以建造高大的金字塔，是为了实现高于树等植物顶端的高度，这样建筑物旁边就会有"丛林密布"的效果。

↙玛雅人建造金字塔时并没有起重机，也没有推土机，但需要数以百万计的石块，并将其竖立起来。在建造这些金字塔的上面部分时，一切东西都是靠双手运送上去的。这需要极大的配合协调工作。

91

□世界历史百科全书

科技 公元前500年~公元500年

在中国和欧洲地区，科技发展的速度很快，在这方面的投入也很大。

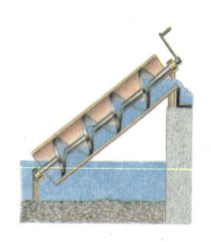

在日渐强盛的帝国中所找到的财富和安全，都意味着可能实现伟大的进步。一些进步是解决实际问题的方案，或者是出现新物质材料的直接结果。其他进步，则是由那些有闲暇时间专门去研究的城市人实现的。古希腊思想家亚里士多德被认为是西方科学的创始人之一。和其他几位同时代的科学家、哲学家、地理学家和医学家一样，亚里士多德在基于实践观察的基础上最早研究出一种可应用于全世界的理性方法。他们对事物的工作原理提出各种质疑，包括其方式和原因等。中国也是很多发明的发源地，从火药到指南针以及算盘等。

↑算盘很早就在中国得到了广泛运用。算盘是计算器鼻祖，可以计算不同的算术题。在20世纪80年代，现代计算机只是在速度上更加快一些而已。

←阿基米德螺旋是一种能将水从低处运送到高处的专门设备，它是以古希腊发明家阿基米德命名的。阿基米德当时居住在西西里岛的锡拉库扎。

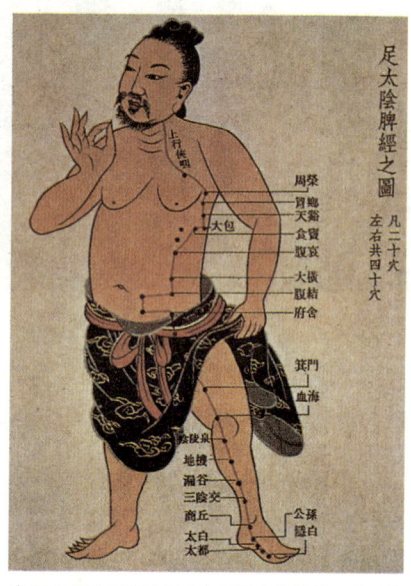

↑中国人早已利用针头来刺激人的神经，并以此治疗疾病。这张图显示了针刺应该扎入的各个人体部位。

↓造纸术是于公元105年左右最早在中国汉朝时发明的一项技术。不久之后，纸质文献便开始变得十分普遍。大约是在1000年之后，造纸术才被传播到欧洲。

帝国的崛起

一个进步的时代

科学家、医学家和研究者总会与他们之前的历史产生距离，并时时接受新思想。商人感兴趣的是，对这些思想进行投资并从中赚钱。知识以及复杂的技术都在逐渐提高：新的庄稼物种、新的药物、数学系统、输水管道方式、信息记录以及金属锻造等。这是一个充满进步的时代，而自从4世纪以来，这个世界便开始变得不那么安全，而其发展的步伐也在减缓。

↑一名古希腊医生在检查一名年轻病人的身体。古希腊人早已采用一种科学方法来制药，并对人体解剖学进行了广泛的研究。他们为"西药"学奠定了坚实的基础。

↑这是一部利用硬币操作原理的机器，专门在一座希腊神庙处用来售卖"圣水"。投入的硬币会触发其中的机关，从而释放出一定量的"圣水"到一个小容器中。

大事年表

公元前450年 在尼日利亚，诺克人开始用熔炉来提炼铁
公元前250年 古希腊数学家及发明家阿基米德正处于活跃期
公元前200年 古罗马人开始使用混凝土
公元前10年 古罗马人开始在建筑时使用起重机
78年 地震仪的发明者张衡在中国出生
100年 造纸术发明于中国汉朝
127年 托勒密开始撰写有关音乐、天文、数学和地理方面的历史文献
270年 磁罗盘指南针开始在中国使用

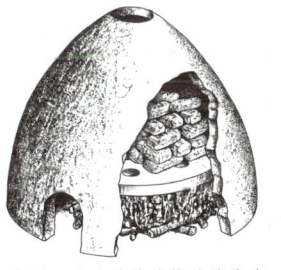

↑这是一个有着特殊构造的烧窑，专门用于烧制数量较大的陶罐、陶壶等。虽然样式各异，但烧窑可以在每一种文化中找到踪迹。

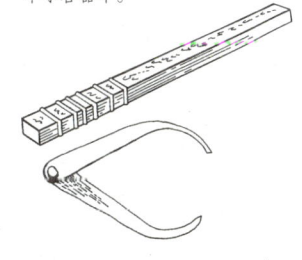

↑腕尺以及圆口测径器，是中国汉朝科学家用来精确测量物品宽度和厚度的专门工具。

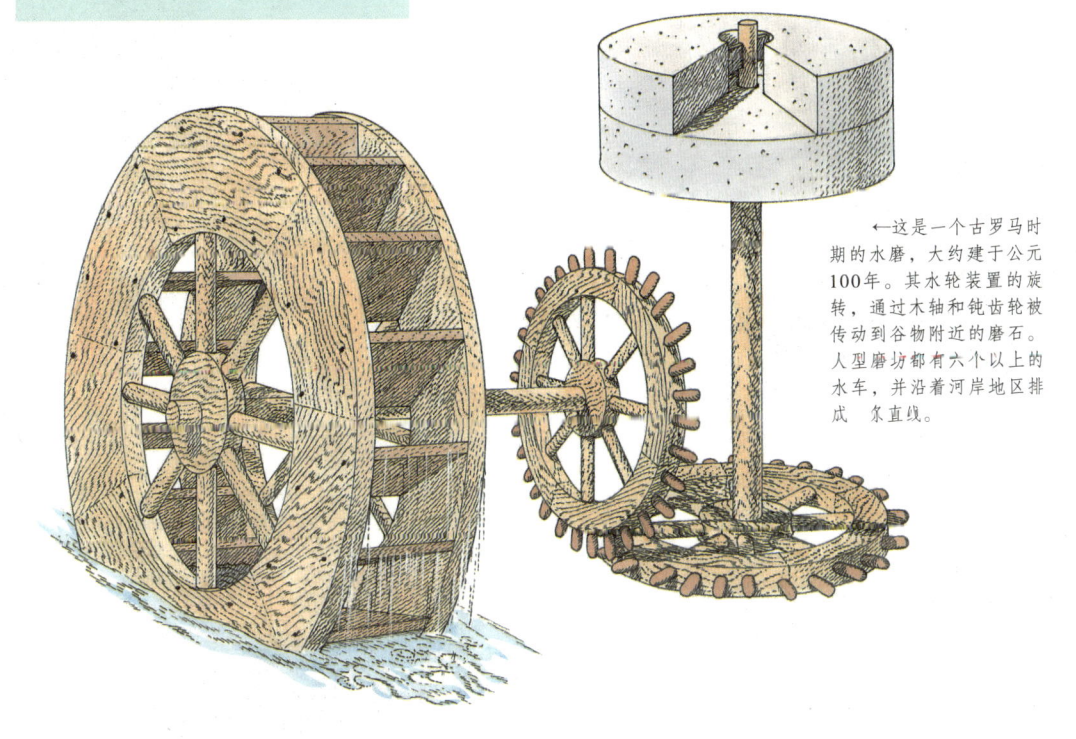

←这是一个古罗马时期的水磨，大约建于公元100年。其水轮装置的旋转，通过木轴和钝齿轮被传导到谷物附近的磨石。大型磨坊都有六个以上的水车，并沿着河岸地区排成一条直线。

93

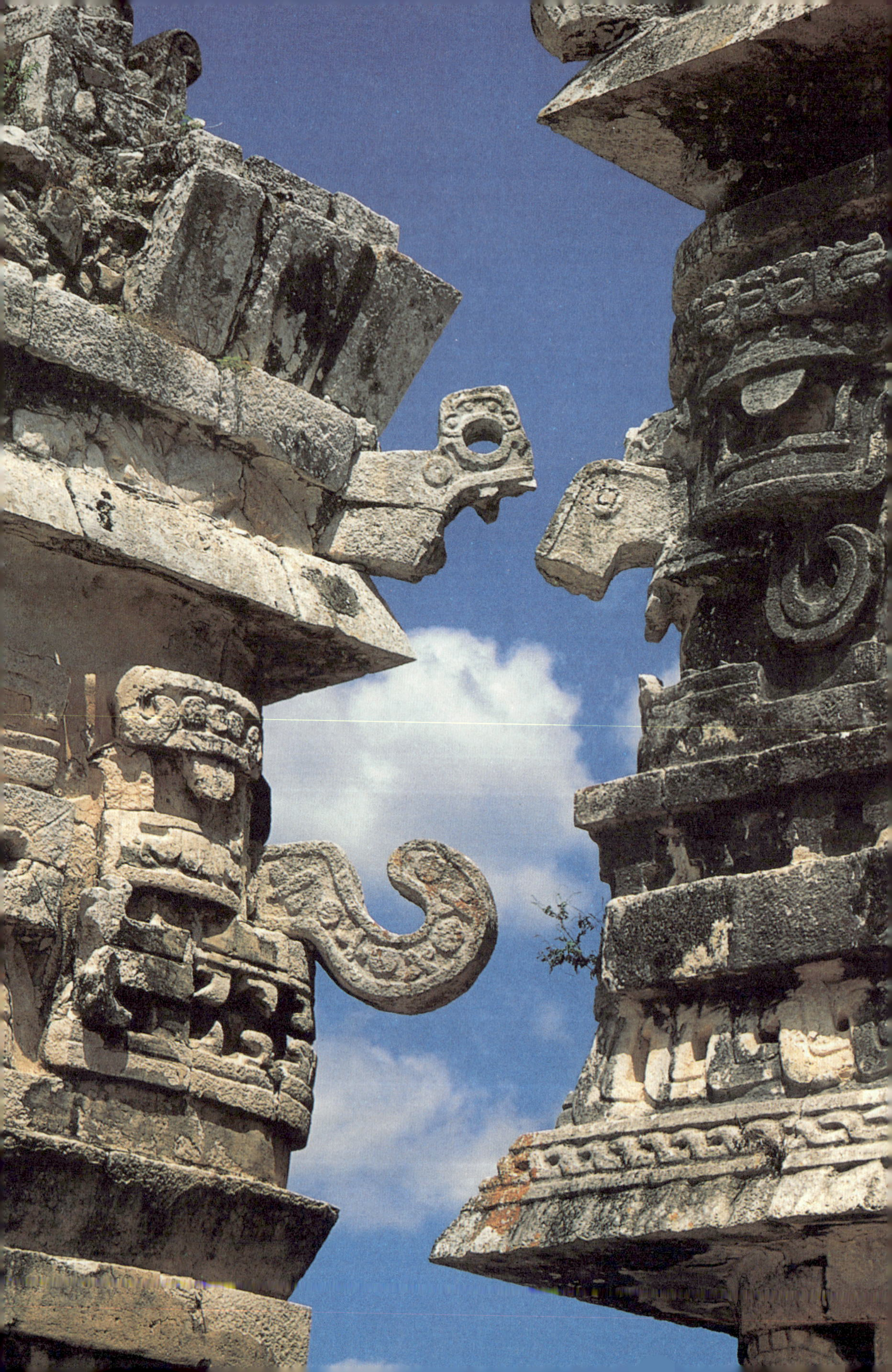

黑暗时代
501年~1100年

这个时期被称为"黑暗时代",
因为历史学家认为人类文明已随着古罗马的覆灭而止步。
现在,很多人将这段岁月称为"中世纪前期",
因为它是古代历史和现代历史的分水岭。
古罗马被一分为二:
西罗马由农民、熟练金属制造者以及造船者组成,
而东罗马则开始变成拜占庭帝国。
中国人和阿拉伯人继续在科技方面处于领先地位。

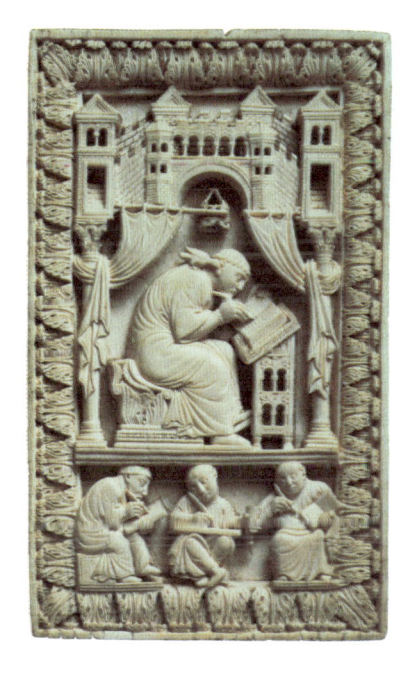

↑这是9世纪的象牙雕刻作品,展现的是圣乔治和其他学者正在埋头钻研的场景。

←这是一块10世纪的玛雅石雕作品,发现于墨西哥尤卡坦半岛上的契晨·伊特萨废墟之中。

□世界历史百科全书

世界概览　501 年 ~1100 年

在古罗马帝国覆灭之后，新的国家和民族开始在欧洲地区出现。这些人的生活处于某种严格社会制度的统治之下，而这种社会制度在后来被称为"封建制度"。

在欧洲和远东之间，有一个较大的地区，其中有很多不同的人，而他们却有着共同的宗教信仰。在更远的北部地区，斯拉夫国家，比如俄国和保加利亚等，也在日益成形之中。

中国依然在文化和科学方面都远远领先于世界上的其他国家或地区，其影响力遍及亚洲的各个角落，当然也影响到日本，而当时的日本正处于艺术的极大繁荣时期。

在北美洲，第一批城镇正在建造中，而托尔特克人的文明也在墨西哥地区开始萌芽。在南美洲，庞大的独立帝国，如瓦里帝国等，在日益形成之中。

世界上各个文明之间的相互接触却十分有限，只有少数国家进行着相互之间的贸易。

北美洲

大约在 700 年的时候，两个独立的城镇文化开始在北美洲发展起来。其中一个是在密西西比河流域兴起的神殿塚文化。这种文化通过铜和其他物品的贸易而横跨整个美洲大陆。而另一种文化则是位于西南部的阿纳萨齐普韦布洛，这些民族居住在石头普韦布洛村落之中，并有道路相互连接着。在其他地区，很多美洲土著民族也日益庞大和强盛，虽然他们依然主要是农牧和狩猎的民族，他们或定居在村落，或游牧而生。在东北部的遥远地区，即在纽芬兰岛地区，第一批白人抵达。维京人大约是于 1000 年的时候在那里定居的。

北美洲

拉丁美洲

拉丁美洲

大约在 600 年~700 年的时候，墨西哥迪奥狄华肯城正处于最强盛的时期。但在 750 年时，该城开始走下坡路。不仅仅只是迪奥狄华肯，玛雅以南的文化均是如此。在 900 年~1100 年，好战的托尔特克人在墨西哥地区日渐强盛、繁荣，而在秘鲁的南部地区，位于安第斯山脉的蒂亚瓦纳科城邦以及沿海附近的瓦里族人，开始日渐强大和发达。蒂亚瓦纳科城是印加帝国的先驱。到 1000 年的时候，瓦里帝国被奇穆帝国取而代之，而后者是在秘鲁北部的昌昌城中发展起来的。

黑暗时代

欧洲

在这个所谓的黑暗时代，欧洲正忙于寻找落脚点。拜占庭帝国扮演起基督教国家稳定中心的角色，虽然其运气时好时坏。在 8 世纪时，阿拉伯人开始入侵西班牙，并在那里创建了一种先进的文化。之后，该文化持续了 700 年之久。与此同时，在更北一些的地区，加洛林王朝建立了第一个欧洲帝国，不过，该帝国在查理曼大帝死后的 9 世纪便开始衰落。在欧洲的其他地区，各个国家开始形成，并开始受到罗马天主教会的监视。这个过程后来还加速了，主要是因为来自马札尔人、维京人，以及来自西班牙和安纳托利亚地区人的威胁。到 1100 年，一些欧洲国家正在日益发展之中，而且变得更加稳定和繁荣。各个大学先后建立，教堂建设也如火如荼，而城镇在规模和重要性上都在增加。中世纪的领导者开始从事海外军事冒险和征服活动。

亚洲

在印度，笈多帝国于 535 年宣告结束，而整个国家陷入分裂局面。大约在 775 年，位于苏门答腊岛的室利佛逝王国征服了马来半岛；而在柬埔寨，高棉王朝则于 802 年建立了吴哥王国。在中国，最伟大的王朝之一即唐朝的统治持续了近 300 年，并生产了很多精美的艺术作品。自 960 年开始，唐朝被宋朝所取代，宋朝开始了 300 多年的统治。而在泰国、越南、日本和印度尼西亚等地区，也纷纷出现了很多富庶的国家。在中亚地区，土耳其和蒙古的游牧民族也在日益强盛之中。

中东地区

萨珊帝国是在 579 年达到鼎盛时期的。632 年之后，阿拉伯帝国开始四处扩张。634 年，阿拉伯人征服了波斯，并将萨珊帝国推翻。但是到 756 年的时候，阿拉伯帝国开始四分五裂。

非洲

到 700 年为止，整个北非都只是阿拉伯帝国的部分疆域而已。而在非洲西部，富含金矿的加纳地区变得越来越富庶和强盛，而其他贸易王国，比如马里王国和卡奈姆－博尔努帝国等，则开始在撒哈拉沙漠肥沃的南部边远地区发展起来。

大洋洲

波利尼西亚人占领太平洋群岛，并大约于 900 年的时候迁移到新西兰地区。

□ 世界历史百科全书

拜占庭帝国 476年~1453年

拜占庭承袭了东罗马的传统，差不多延续了1000年之久。最终，它被奥斯曼土耳其人所取代。

君士坦丁堡是东罗马帝国的首都，是由君士坦丁皇帝建造的，选址正好是古希腊的拜占庭港口。当罗马帝国于5世纪没落的时候，该城市开始成为拜占庭帝国的首都。由于罗马帝国疆域的很多边缘地带被外族人占领，所以较早的拜占庭皇帝阿纳斯塔西乌斯（491年~518年）和查士丁尼发动了收复失地的战争。在查士丁尼的漫长统治期间，他派遣了很多干练将军，如贝利萨留、纳西斯和利拜耳将军等，将北非地区、意大利多数领土以及西班牙南部等都列到其收复失地的列表中去。但是，这些意外收获中的多数很快都在其继任者的统治之下丧失。希拉克略（610年~641年）重建帝国之后开始了一次复兴，希拉克略将国家和教会的关系拉得更加紧密。他击退了萨珊王朝的波斯人——他们曾经占领着叙利亚、巴勒斯坦和埃及地区。在希拉克略的统治下，君士坦丁堡变成一个学习中心、文化中心和宗教中心。该城市的优越地理位置，有利于对亚洲和欧洲之间贸易活

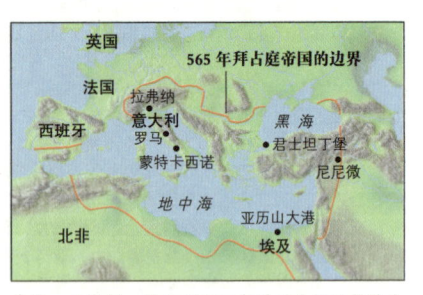

↑查士丁尼及其妻子狄奥多拉皇后统治拜占庭38年之久。他们是法律制定者和改革者，而且还恢复了帝国的实力和领土。他们给拜占庭复杂文化的发展奠定了基础，并建造了很多大教堂，还资助了艺术和文学的发展。

↓拜占庭经常受到侵袭。它的海军有一个秘密武器，是在677年由加利尼科斯发明的，唤作"希腊之火"。它是一种混合物，能够在接触水的时候爆发出火焰。这种武器是由生石灰、硫黄和石油等制作而成的。

↑这一示意图，展示了1422年时君士坦丁堡的全貌，它在不久之后便沦为奥斯曼土耳其人的领土。它变成了一个阿拉伯城市，并于1453年被重新命名为伊斯坦布尔。该城市矗立在一个名叫"黄金角"的海岬之上。

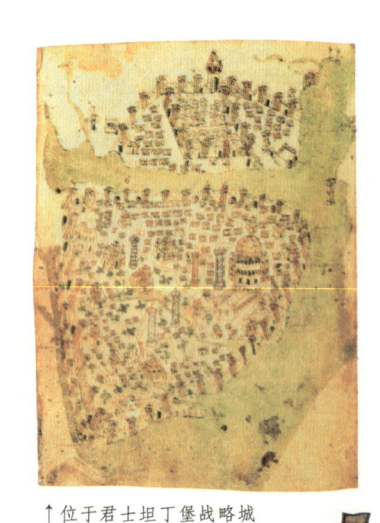

↑位于君士坦丁堡战略城市位置的拜占庭控制着东西方世界的贸易，在很长的时期中，它都主宰着地中海和黑海地带。

98

黑暗时代

↖ 这是经典拜占庭东正教的镶嵌图案，是意大利拉文纳一座教堂圆屋顶的内部作品。它展示的是被施洗约翰进行洗礼仪式的耶稣，约旦河之神坐在旁边。

↑ 拜占庭人会制作精美的十字架、雕像、珠宝箱以及其他宗教纪念物。这些都变成了东正教派生活中的重要组成部分。

↓ 大约在530年，圣索非亚教堂在君士坦丁堡竣工。该工程的建设耗费了一万多人的劳动。

大事年表

476 年	最后一任罗马皇帝没落
491 年 ~518 年	阿纳斯塔西乌斯皇帝在君士坦丁堡登基
527 年 ~565 年	查士丁尼皇帝的将军们重新收复了以前的失地
010 年 ~041 年	希拉克略皇帝开始扩张拜占庭的疆域
633 年 ~640 年	阿拉伯占领叙利亚、埃及和北非地区
679	保加利亚人侵占了巴尔干半岛的领土
976 年 ~1026 年	巴西尔二世开始重建帝国
1027 年	塞尔柱帝国占领了安纳托利亚地区
1204 年 ~1261 年	诺曼十字军占领了君士坦丁堡
1453 年	拜占庭被奥斯曼帝国击败

动的控制。帝国开始生产黄金、谷物、橄榄油、丝绸和葡萄酒等，主要用来交换来自亚洲和非洲的辣椒、宝石、毛皮和象牙等。

拜占庭帝国在8世纪开始衰落，而阿拉伯人则两次试图将君士坦丁堡据为己有。但是，在巴西尔二世（976年~1025年）的统治之下，帝国又一次开始复兴、繁荣。接着，巴西尔死后不久，安纳托利亚沦为土耳其人的领土，帝国再一次衰落。在13世纪，君士坦丁堡被十字军接管并统治了50年之久。但是，在1261年，迈克尔八世收复了失地。最后，1543年，君士坦丁堡被奥斯曼土耳其人占领。成熟的拜占庭文化已经成为欧洲地区最富活力、最具创造力的佼佼者。

↑ 拜占庭的圣阿波利奈尔教堂，是于6世纪在意大利的拉文纳地区附近建造的。在这个历史时期，拜占庭的建筑逐渐偏离原来的古罗马建筑风格。

中国：隋唐 581年~907年

隋朝的统治只延续了30多年，但它结束了中国多年的不统一的局面。隋朝之后是唐朝，它统治了中国近300年。

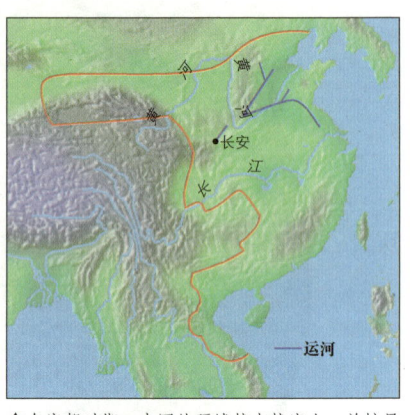

自汉朝结束到隋朝兴起，中国经历了三国两晋南北朝。此间，战火不断，很多城镇被破坏摧毁，人口也直线下降。北方的战乱导致了人们向南迁徙，使南方的政治地位变得越来越重要。在此期间，佛教在中国的传播也变得更加广泛。581年，北周将军杨坚推翻了他的统治者，并建立了隋朝。到589年的时候，他统一了中国。

↑ 在唐朝时期，中国的疆域越来越庞大，并扩展到中亚地区。很多宏大的工程都开始兴建，比如人工运河工程和农田灌溉项目等。

隋朝

杨坚即隋文帝。在他登基掌权之前，人们要缴纳的税赋非常高，还会被征募入伍长时间服役。杨坚削减了税赋和征兵数量，并在首都长安实施稳固的统治。同时，他也鼓励农业的发展，并开始兴建灌溉工程，而且还重新划分了土地。这促使整个国家日益富强。第二位隋朝的皇帝是隋炀帝。在他的统治之下，大运河被重新修建，并将中国的很多河流联系到一起。隋炀帝也修建了很多宫殿和御花园，他通过让老百姓提前交纳10年税赋的方式来筹措资金。农民们立马揭竿而起，在618年将隋炀帝杀死。

唐朝

↑ 唐朝人认为，龙象征着力量，而所有事物都应该和谐相处。这些信仰甚至影响到他们的建筑实践。

↓ 水稻田需要水源的控制以及大规模的排水工程。唐朝所创造的各项条件都为如此之浩大的工程的实施带来了可能。

黑暗时代

↑这是一座古墓的壁画作品，描绘的是唐朝的永泰公主。永泰公主在17岁的时候被迫自杀，以宣泄自己对祖母武皇后的不满。在中国古代，女性的三从四德被认为是一项十分重要的基本礼仪。

充分恢复元气，政府的实权则转移到地方统治者和朝臣的手中。9世纪，各种起义此起彼伏。到907年，唐朝彻底崩溃。接下来的是一段苦不堪言的内战历史，一直持续到960年。

大事年表

589年　杨坚统一了中国
618年　李渊创建唐朝
627年~649年　唐太宗统治期间，唐朝疆域开始扩大
640年~660年　唐朝疆域扩大到中亚和朝鲜地区
755年~763年　安禄山叛乱事件，唐朝力量衰落
9世纪70年代　在中国各地都爆发了大规模农民起义
907年　唐朝覆灭

↑这些陶瓷装饰品是外国动物的模型，可以在唐朝的首都长安城内见到。背负着丝绸的骆驼以及比中国的品种大很多的马，都源自于中亚地区。长安城位于丝绸之路的末端，它是当时世界上最大的城市，拥有200万人。

唐朝的第二位皇帝是唐太宗（627年~649年）。唐太宗重新组建了政府，削减税负并重新分配了土地。

这个稳定的历史时期，标志着另一段灿烂历史的开端。在此期间，中国在艺术、科技方面都居于世界领先的地位。自640年至660年，唐朝疆域扩展到中亚地区，并试图阻止游牧民族的不断滋扰，以重新控制丝绸之路。中国人开始到朝鲜、阿富汗以及泰国旅行。在唐太宗之后，755年，安禄山在北方策动叛变，并对唐朝的统治进行了挑战，而唐朝自此再也没有

大运河

始建于隋朝、竣工于唐朝的大运河，是一项宏伟壮观的工程。大运河将京都与各主要城市以及南方盛产稻米和手工艺品的地区连接起来。中国从北至南的道路旅途十分艰难，而海运则经常因为台风和海盗而变得十分波折，该运河可以确保货物运输，并将中国北方和中部地区联系得更加紧密。

□世界历史百科全书

北美洲　500年~1492年

8世纪，第一批北美洲地区的城镇出现在密西西比河流域。在科罗拉多地区，阿纳萨齐人正在筹建被称为"普韦布洛"的村落。

第一批真正的北美洲城镇，出现在密西西比河流域和俄亥俄河流域一带，即现在的美国所属地区。这些城镇就是人们所知道的神殿塚文化所在地。在每一个城镇之中，都有一个中心广场，广场周边有20个矩形的土堆。在这些土堆的顶端，有很多纪念死者的寺庙。在中心广场周围，还围着一圈木栅栏（相当于一道木墙）。在外面，大约有一万人住在长屋里面。这些房子都是由土坯（干土）墙和稻草屋顶建成的。人们在河流沿岸做起了贸易，比如将威斯康新地区的铜转卖到墨西哥。他们以狩猎为生，不过同时也是农民，会种植玉米、向日葵、豆类和南瓜等。他们还最早开始使用弓箭，时间大约为800年。神殿塚文化是在12世纪达到鼎盛的，但在1450年的时候神秘消失了。在其他地方，村落文化正在日渐兴起，在森林密布的美洲东部则有着农民、猎人和商人等。

↑易洛魁族人是数个狩猎部落的联盟体，他们当时居住的森林就位于现在美国的纽约州地区。他们以村落社区为单位生活，不仅采集食物，也与其他部落进行贸易活动。

↑在往中西部平原地区迁徙的时候，苏人或达科他人是跟随着水牛群行进的。水牛帐篷由水牛皮搭建而成，聪明的苏人在倾斜的杆子上盖上水牛皮就做好了帐篷。这些帐篷很好拆除，并易于携带。

↑在北美洲，有很多截然不同的文化群体，包括在密西西比河流域及俄亥俄河流域一带的城镇居住者和太平洋海岸线上自给自足的农村居民，还有在平原上生活着的游牧部落。

美洲的平原人通常都是游牧狩猎者，并在900年左右开始建造沿河的农牧村落。在太平洋海岸线上，生活着很多以采集植物、狩猎和捕鱼为生的族人。其中一些人已经生活在村落之中，并有了发展成形的社会形态。在遥远的北部地区，以狩猎为生的因纽特人甚至开始在1000年左右的时候与维京人做起了买卖。加拿大的克里人、齐佩瓦族人以及阿尔冈琴族人等，都与大自然紧密生活在一起，并与外面的世界鲜有接触，商人也不例外。

→莫霍克族人居住在永久性村落中的长屋之内，位于现在的新英格兰地区。包围在村落周边的，是一道起到保护作用的沟渠和栅栏。莫霍克族人会在他们房子周围的小块土地中种植食物，并会去狩猎。

102

黑暗时代

普韦布洛文化

在西南部地区，几个文化群体也在700年至1300年兴起。这些文化群体分别是阿纳萨齐人、霍霍卡姆人以及莫戈隆人，他们是今天霍皮人的先驱。他们是住在小型城镇里面的商人兼农民。在700年后，这些人都从穴屋（被挖出大屋顶的洞穴）里搬出来，住进多层的公共建筑中去，其中一些建筑甚至能够容纳250多人。他们开始利用灌溉系统，并开始依赖"观天者"，而且还会利用"观天者"来预测阴晴。到1300年，这些独一无二的文化群体消失不见。

大事年表

300年　阿纳萨齐人、霍霍卡姆人以及莫戈隆人文化萌芽

700年　普韦布洛建筑结构开始在西南部出现

800年　开始发展农业

800年　第一批密西西比河流域文化开始建立

1000年~1200年　西南部文化和密西西比河流域文化达到鼎盛

1300年　阿纳萨齐人、莫戈隆人以及霍霍卡姆人文化衰落

1450年　密西西比河流域城镇人口开始减少

1500年　欧洲人抵达东部海岸

阿纳萨齐人

阿纳萨齐，原本是一个纳瓦霍人的词，意思是"与我们不同族类的古人"。阿纳萨齐人种植玉米、大豆、南瓜和棉花等，并住在普布布洛（部落城镇）依偎在峡谷高处的独特建筑物之中。他们最出名的就是陶器、纺织品以及美术作品等。125个乡村部落网，由长达400千米的道路连接在一起。阿纳萨齐人有着先进的宗教仪式，他们拥有着独一无二的知识和传说体系，并建造起地下的宗教会所，就是所谓的"大地穴"（美国西部和墨西哥等地印第安人用作会堂的一种建筑）。

↑在普韦布洛人的生活中，宗教仪式扮演着一个非常重要的角色。这些戴着面具的人，正在举行一种仪式来求得沙漠上的降雨。降雨才能保证他们的庄稼茁壮成长。

↓绝壁宫殿避身于科罗拉多梅萨维德的一座悬崖之下，是由阿纳萨齐人建造而成的，可以容纳250多人。在宫殿废墟的前面，有着很多宗教大地穴（没有屋顶），主要用于宗教目的。

□世界历史百科全书

盎格鲁－撒克逊人 约600年~1066年

盎格鲁人、撒克逊人以及朱特人是在5世纪和6世纪来到不列颠的。他们共同创造了一个新的民族，即英国人。而就是这些英国人，最后主宰着不列颠整个地区。

大约在410年，罗马人离开不列颠岛。现在已经被罗马化的英国，也曾出现一度的实力复兴。446年，英国高王伏提庚主动邀请了一些来自莱茵河地区的德国撒克逊人，并让他们作为雇佣军来帮助自己击败皮克特人。撒克逊人在东南部获得了一处立足点，但是在500年至539年英国领导者亚瑟的统治期间，他们却下令被驱逐。在552年的一次战役结束之后，撒克逊人开始接管英格兰南部以及中部地区，而很多大不列颠人或英国人被杀死或失去了领地，开始移民到威尔士、康沃尔、爱尔兰、苏格兰，以及法国的布列塔尼、及西班牙地区。

↑英格兰曾被分割成七个王国。自878年开始，诺森比亚、东英吉利以及麦西亚的多数地区，都处于维京人的控制之下。

↑在成为基督教徒之前，盎格鲁人下葬他们的国王，并将国王的各种财产遗物放在船中予以陪葬，希望国王能在死后用到。这枚黄金扣子来自于一个非常有名的陪葬船，发现于英国的萨顿胡地区。

英格兰的诞生

在德国侵略者入侵不列颠之后，德国的很多国人纷纷移民到英格兰岛。在6世纪到7世纪期间，他们逐渐在这片国土上定居下来。不列颠人的城镇、村落以及农场均被遗弃，凯尔特人的教堂也跟着消失不见了。德国人带来了新的农业以及所有权模式，最终，七个王国终于形成了：东英吉利、麦西亚、诺森比亚（在盎格鲁人统治之下）、艾塞克斯、苏塞克斯、西塞克斯（在撒克逊人统治之下）和肯特。为了取得主宰权并获得"王中之王"的头衔，这七个王国经常发动内战。在7世纪，诺森比亚国王爱德温、奥斯瓦德和奥斯维分别获得最高权力；而在8世纪，获此权力的则分别是麦西亚的国王埃塞尔巴德和欧法。西塞克斯的爱伯特在829年成为了统一英格兰的第一任王国。

权力斗争

789年，第一批维京人出现在英格兰的领土上，到9世纪中期的时候，

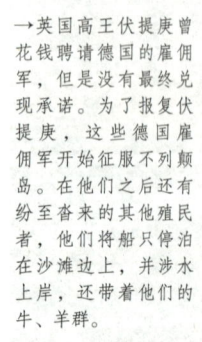

→英国高王伏提庚曾花钱聘请德国的雇佣军，但是没有最终兑现承诺。为了报复伏提庚，这些德国雇佣军开始征服不列颠岛。在他们之后还有纷至沓来的其他殖民者，他们将船只停泊在沙滩边上，并涉水上岸，还带着他们的牛、羊群。

104

黑暗时代

他们已经在这里定居下来。当阿尔弗雷德大帝于871年成为西塞克斯的国王时，维京人便开始威胁着要夺取他的王国。阿尔弗雷德在一年之中便与维京人展开了9次战役。878年，阿尔弗雷德终于击败了维京人，并让他们签下了《威德摩尔和约》。此和约将英格兰划分成两个部分，即西部的撒克逊和东部的丹麦区。阿尔弗雷德不仅是一名法律制定者，而且也是一名学者和一位公正不阿的国王。在他的统治期间，各种课本被翻译成英文，而另一部重要的历史巨著《盎格鲁－撒克逊编年史》也开始撰写。到940年的时候，丹麦区再度被丹麦人夺回。英格兰的再度统一是在埃德加（959年~975年）统治期间，但是在1013年的时候，丹麦人重新回来了，而英格兰又处于丹麦人克努特大帝的统治之下，并一直持续到1035年。在"忏悔者"爱德华的统治期间，丹麦人与撒克逊人之间有着更好的合作关系。1066年，哈罗德二世在约克夏与入侵的挪威人展开鏖战，不过最终还是被入侵的诺曼人击败，而这些诺曼人的领导者是威廉公爵。

↑这是阿尔弗雷德大帝的雕像图。阿尔弗雷德是英国最伟大的领袖之一。他制定过十分公平的法律，并鼓励教育的发展。

↑这是鲁斯韦尔十字碑，从雕刻形式看属凯尔特人风格，其是在8世纪由撒克逊修道士创作的。该十字碑上满满装饰着来自《圣经·福音书》上的经典画面。

↓盎格鲁-撒克逊社会有着三个阶级：大乡绅和贵族，农民或自由人，还有农奴或奴隶。在这图画作中，农奴正在收获大麦。

大事年表

- **446年** 在亨吉斯特和霍萨领导下的朱特人雇佣军开始出现
- **560年** 盎格鲁－撒克逊人开始大规模移民
- **597年** 奥古斯丁专门前来改变盎格鲁－撒克逊人的信仰
- **793年** 维京人的第一次袭击，琳第斯法纳修道院是其目标
- **870年** 丹麦人开始移民到丹麦区
- **871年~899年** 阿尔弗雷德大帝被授予西塞克斯国王的头衔
- **1013年** 丹麦人征服了英格兰全境
- **1066年** 在威廉公爵领导之下的诺曼人征服了英格兰

神圣罗马帝国 962年~1440年

奥托一世于936年成为德意志国王。他想复兴原来的罗马帝国，因此在962年的时候被当时的罗马教皇加冕为第一位圣罗马皇帝。

↑神圣罗马帝国统一了德意志全境的领土，并将势力范围扩张到意大利地区。这既是为了保护自身，同时也是为了控制罗马教皇。

↑奥托一世在德意志的在位时间持续了37年，是他创造了神圣罗马帝国这个伟大的国家，并征服了他所在国家的地方统治者，还让他们都与他合作。

神圣罗马帝国既没有如何神圣，也跟罗马没什么关系。它是于800年由查理曼创建的，跟其紧密相关的是德意志境内国王的权力。在查理曼死后，加洛林帝国逐渐分崩离析，而法国和德国也开始了分裂、割据的历史。在德国，一位王被选举为最高统治者，这样他就可以将许多独立统治的公爵、伯爵以及主教等重新聚集到一起。而这些最终统治者中的第一位，便是于911年当选的法兰克尼亚康拉德一世。后来，野心勃勃的奥托一世（936年~973年）企图重新复活罗马帝国。奥托国王带来了稳定，一方面靠的是他将那些效忠于他的统治者团结起来，另一方面靠的则是将马扎尔人击败。奥托还征服了波希米亚、奥地利以及意大利北部地区。在25年之后，他让罗马教皇为他加冕为"奥古斯都"，并建立了一个新的皇族传统。该传统持续了850年之久，一直到1806年。他的帝国开始变成一个复兴的神圣罗马帝国。

罗马教皇及罗马皇帝

好几位罗马教皇都曾想帮助统治基督教盛行的欧洲，却经常跟当时的皇帝发生冲突。天主教必须遵从罗马教皇，因为他有很大的权力。罗马教皇想选择皇帝，而皇帝们则想选择罗马教皇，并控制宗教事务。最后，皇帝亨利四世和罗马教皇乔治七世终于爆发了冲突。1075年，乔治说亨利根

→神圣罗马皇帝有权获得罗马城罗马教皇的加冕。很多罗马教皇和皇帝在权力和授权问题上产生过各种问题，因为每一方都想干涉另一方的各项事务。

黑暗时代

↑1077年，亨利八世前往卡诺萨拜访罗马教皇。此行是为了平息在权力问题上的相互争议。乔治七世却让亨利八世在风雪交加的室外等候了三天，不过最终还是原谅了他，并给他去除了"逐教令"。

本没有选择主教的权力。作为报复，亨利也说乔治不再担任罗马教皇的职权。乔治将亨利逐出教会，这便意味着亨利不再被基督教会认可，而他的臣民们也无须再听命于他。1077年，亨利主动向乔治请求原谅。关于主教选择的争吵事件，终于在1122年有了一个最终的了断，并导致教会与国家之间的逐渐分离。

↑贵族们通常会拥护皇帝，而反对罗马教皇。但是在有的时候，他们也会造反。士兵们通常会支持贵族，因为是他们给士兵土地；而农民则受雇于士兵和贵族。同样道理，僧侣修道士们会支持牧师们，而牧师们却是罗马教皇的拥护者。这些就是"封建制度"的阶级关系，即每个人都会出于庇护、土地或权利的目的而献出忠诚、缴纳税赋。

←1122年，罗马教皇和圣罗马皇帝在圣彼得堡的大教堂签署了一份协议，而该大教堂就位于德国西南部的沃尔姆斯镇。该协议终止了一个长期以来的争论，即谁才有权任免主教。

大事年表

911年　法兰克尼亚的康拉德一世被选为德意志国王
936年-973年　奥托一世使神圣罗马帝国的实力更加强大
955年　奥托一世击败了马扎尔人
1075年　亨利四世与罗马教皇陷入了冲突之中
1122年　沃尔姆斯宗教协定达成：此协定是皇帝与教皇之间的协议
1200年　罗马天主教堂的政治权力达到鼎盛时期
1300年　罗马教皇失去了政治权力
1440年　神圣罗马帝国让权给奥地利的哈布斯堡王朝

法国的卡佩王朝 987年~1328年

在法国，加洛林王朝于987年被卡佩王朝所取代。卡佩王朝的创建者是休·卡佩，而卡佩王朝的目标是将法国统一成一个傲视群雄的国家。

卡佩王朝创建者休·卡佩的诨号是"卡佩"，这缘于当他还是一名修道院院长的时候，老是穿着一身较短的披风。在身为法兰西公爵的时候，他就曾担任最后一位加洛林国王的封疆大臣，而其本身也曾被选举为法兰西国王。他的职权并不是特别强势：在巴黎，他统治着法国北部地区，但是诺曼底、勃艮第和阿基坦等地区的公爵，都有着与他不相上下的权力。

↑由休·卡佩创建的卡佩王朝，于1328年消亡。后来的法国瓦卢瓦王朝和波旁王朝的皇室，都对外宣称自己是他的间接后裔。

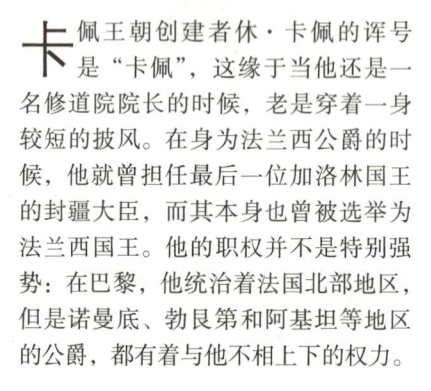

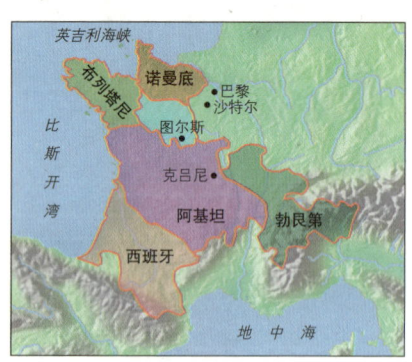

↑在休·卡佩登基掌权的时候，法国依然被分裂为数个很大的公爵领地。联姻和变动中的政治联盟都意味着，法国可能会在一段时间内继续保持着分裂的局面。卡佩的目标是统一法国，将其置于共同的统治秩序之下。

法兰西王国的形成

卡佩王朝的目标就是统一法兰西，并将其建造成一个值得骄傲、繁荣昌盛的国家。卡佩王朝的影响力和法兰西的民族情感，都在"胖子"路易的统治时期逐渐加强。"胖子"路易与教会领导者们结成联盟，并与德国和英国展开斡旋。与其他国王不同的是，

这些公爵更关心他们自己王朝的命运，而不是整个法国的命运。联姻使很多土地都置于中央的掌控之外，而这开始成为一个大问题。

法国人及诺曼人

法国国王路易七世的妻子是阿基坦的埃莉诺。1152年，埃莉诺与路易正式离婚。接着，她与英格兰的法国诺曼

↑艾古力圣马丁礼拜堂，是一座位于勃艮第地区雄伟壮丽的建筑。法国的这一地区被勃艮第的强势公爵们所统治着。就算是卡佩王朝的权力，也无法与之匹敌。

→该图展示了休·卡佩从当地统治者阿斯兰主教手中接过拉翁镇城门钥匙的画面。

→这是一幅涉及法国国王罗伯特二世及其儿子休·卡佩的绘画作品，描述了罗伯特二世被罗马教皇逐出教会时的场景。之所以会发生这件事情，是因为罗伯特维持了一段颇受非议的婚姻。

人亨利二世结婚，并将阿基坦划入诺曼人的统治范围，法国就这样被分裂成两个部分。到1214年，法国人重新收复了诺曼人的一些领土，并且在1226年，路易八世还极大提升了法国的实力。这个过程被路易九世（圣路易）延续着，而且他还征服了南方地区，并数次击败了试图谋反的贵族。但是，公爵们依然掌握着太大的权力，而诺曼人则恰恰利用了这一点。他们想要控制整个法国。在法国，诺曼人的权力问题一直悬而未决。在卡佩王朝于1328年覆灭之后，英国人和法国人之间开始了一场持续一个世纪之久的战争。

修道院及大教堂

在中世纪，有着两大雇主：国王和教会。很多教会、修道院以及大教堂都是于12世纪至13世纪修建的，但不仅仅是出于宗教上的原因。建筑业会刺激经济的发展，提供就业机会，并象征着实力、稳定以及财富等。当然，对国王来说，教会还扮演着一个欧洲宗教最高统治者的角色。因此，国王们很有兴趣去获得罗马教皇的支持和拥护。在当时新建的各个教堂，除了是礼拜仪式举行的地方之外，同时也象征着经济上的发展和繁荣。

→瑞米耶日修道院始建于1040年左右，当时的建造在某种程度上有这样一种动机，即卡佩王朝想借此来使法国成为一个获得罗马教皇支持的、有影响力的王国。

←卡佩王朝使法国获得了稳定和富庶。其中的一个结果，便是诸多宏伟大教堂的建造工程，沙特尔大教堂便是其中一例。该教堂的工程始于1195年，并且耗时35年才竣工。

美洲人 600年~1200年

在中美洲地区，托尔特克人在迪奥狄华肯覆灭之后开始占据主导地位。与此同时，两大新的文明也在南美洲地区逐渐萌芽发展。

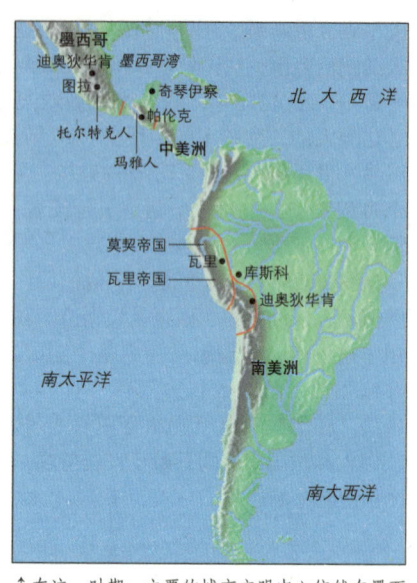

到600年的时候，迪奥狄华肯已经开始衰落。而在700年左右，它被一把火夷为了平地，据说可能是遭到来自北方部落的洗劫。不同民族都试图恢复控制力，于是在900年左右，托尔特克人在图拉建立了首都。1000年，在遥远的尤卡坦半岛上，一部分托尔特克人开始入侵玛雅帝国，并扩张到玛雅的北部城市奇琴伊察古城。托尔特克人帝国是于1168年走向没落的，并且被外敌侵占，而图拉城也被彻底摧毁。在不久之后，阿兹特克人开始迁入该地区。

↑托尔特克人军国主义思想深厚，他们的神庙都由士兵的石雕像守卫着，比如图中这个位于图拉城的石雕。

↑在这一时期，主要的城市文明中心依然在墨西哥、密西西比河和玻利维亚、秘鲁。

后期玛雅人

很多玛雅城市都在800年左右遗弃，不过在尤卡坦半岛中的一些城市则一直繁荣下去。大约在1000年，尤卡坦半岛被阿兹特克人入侵。阿兹特克人一直在那里居住到1221年，并在奇琴伊察建造起一座仿造的图拉城。兵骑首领从牧师手中接过权杖，并导致诸如陶艺、艺术以及文学等手工业在品质上开始下降。

托尔特克人是被玛雅人击败的，后者的科科姆王朝在尤卡坦半岛地区持续了两百多年的统治，一直到1480年内战爆发。西班牙人于16世纪来到这里，但是最后的玛雅城邦塔亚沙尔并没有随之没落，一直繁荣到1697年。

埃托瓦金字塔

埃托瓦是北美洲地区密西西比河流域文化中的一个主要城镇。该城市的文化，散播到遥远的密西西比河流域。埃托瓦位于今天亚特兰大附近，是云母石的著名产地。云母石是一种透明的岩石，如玻璃般平滑、透明，可以用来制作精致的石片。埃托瓦人早已开始使用铜制工具和石头工具，他们建造了很多土质金字塔，并在其顶端附加了他们部落首领的神庙或宫殿。他们的城市通常都有一万至两万名居民。埃托瓦人与墨西哥以及五大湖地区进行贸易活动，而且他们还制定了与北美洲村居部落通商的专门条款。

黑暗时代

迪奥狄华肯和瓦里

南美洲的文明，主要聚集在两大地点。一个是在迪奥狄华肯，这里有一座大型神庙城市，海拔为3660米，而且就在玻利维亚的的喀喀湖附近。在600年至1000年，迪奥狄华肯城有着十万多人。迪奥狄华肯城的人们，制作出与众不同的陶器和珠宝饰品，不用灰泥只用石块构造的大型墙体以及巨大无比的庙石。他们建造了一连串的城镇，从沿海地带一直延伸到巴西的热带雨林。另一个文明则位于瓦里地区，这里有数个更早的当地文化群落，比如纳斯卡文化和莫切文化。这是一个强盛的军事帝国，疆域覆盖了现代秘鲁的多半领土。两大帝国一直保持着繁荣局面，一直到1000年的时候，它们均被丢而弃之，可能的原因是长期的干旱。

大事年表

600 年	迪奥狄华肯城遭到袭击并被焚毁
800 年	托尔特克人移民到墨西哥中部
900 年	托尔特克人在图拉城建立城邦
1000 年	迪奥狄华肯城和瓦里城被遗弃
1168 年	图拉城被摧毁
1200 年	密西西比河流域神庙城市开始建造
1200 年	阿兹特克人和印加人（古代秘鲁土著人）开始兴起

↑这是瓦里某位神明的陶器雕像，上面装饰有玉米图案，其用途可能是农民们祈求保佑庄稼茁壮成长。

↑这是一个产自西南部的满伯陶碗，有一个小洞，专门用来"杀死"这口碗。在某卡人死后，这些碗也会随之陪葬。

↑这是迪奥狄华肯大型石雕神像之一，大约是在700年被竖立起来的。迪奥狄华肯位于的的喀喀湖的南部边缘地带，是由教士神父按照宗教原则进行统治的。该城市有着数个巨大无比的神庙。

→这个耳饰物品源自瓦里人，是由石头制成的，内部镶嵌骨头和贝壳。瓦里人也会用黄金来制作精美的珠宝饰品和小型物品。

↓太阳神维拉科直，就被雕刻在迪奥狄华肯的"太阳之门"之上，时间大约为600年。这扇巨大的太阳门通往卡拉萨萨雅神殿，该神殿是该城市中最大的建筑，也是最主要的神庙。

111

□世界历史百科全书

维京人 约600年~1000年

维京人在欧洲地区四处劫掠，并持续了两个多世纪。但是他们同时也是商人和殖民者，并影响着该大陆各个国家人们的生活方式。

↑这是一枚9世纪维京人铸造的硬币，是由真金或白银制造而成的。因此，这些硬币本身便具有它们所代表的价值。

8世纪，维京人离开他们在挪威、丹麦和瑞典的家乡外出探险，并试图搜寻到新的冒险之旅、金银财宝以及更好的农田。他们制造了相当结实的木船，其能够在狂暴的海面以及逆流的河面上航行，并能轻易在沙滩登陆。刚开始，他们只劫掠有钱的修道院和沿海地带的城镇，后来，他们开始挂帆航行到莱茵河、塞纳河以及卢瓦尔河地区，并突袭了这些内地城市。当地的统治者用黄金和白银收买了他们。并不是所有的维京人都是入侵者，其中很多只是寻找新土地的农民，或者寻找新贸易的商人而已。维京人是优秀的航行者和贸易者，甚至探险到遥

↑对维京人来说，男人和女人所穿的日常衣服都是十分实用和时尚的。

维京人长船

维京人会制造上乘的船只，并用结实的龙骨（船的脊骨）来作为船体架子。这些都使船只航速更快，而且更加适合海上航行。这些船不但能够航行，而且可以被并成一排。在必要的时候，它们还可以通过人力来越过陆地。甚至在俄国，它们能在陆地上拖行很长的距离，从一个河道转移到另一个河道。此外，这些船只还可以在没有港口的条件下，很轻易地靠岸。在船首的龙头，是用来吓退邪恶神灵、海怪以及敌人的。

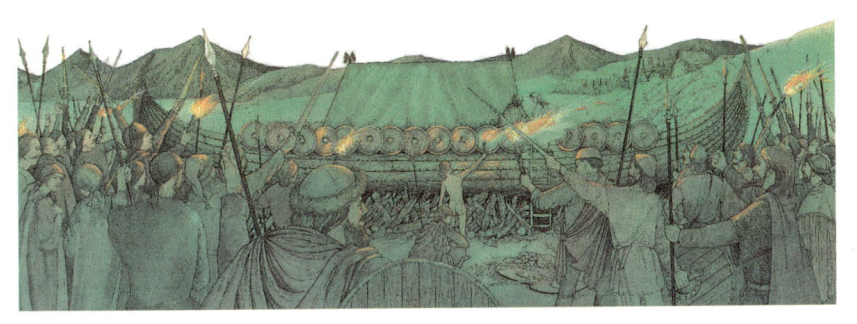

← 按照维京人首领的火葬仪式要求，死者的尸体及其生前所有物（在下一世可以继续使用）均被放置在一艘船里面。由一名近亲属将这艘船点火烧起来，但需要赤身裸体去点火，这象征着他们是如何赤裸裸来到这个世界，并离开这个世界的。

远的君士坦丁堡和巴格达地区，目的就是寻找战利品或新贸易。

维京商人和殖民者

在不列颠岛，维京人主要在北部和东部英格兰地区定居下来，还有苏格兰北部地区、马恩岛以及爱尔兰地区。在爱尔兰，他们破坏了很多修道院，并在那里创建了第一批城镇。在法国，维京人开始在诺曼底地区定居下来，这块殖民地是法国国王于911年赠予他们的，目的就是让他们停止劫掠活动。

1066年，他们以诺曼人的身份再度入侵英格兰，并在11世纪70年代早期侵占了意大利南部和西西里地区。维京人的殖民地也包括冰岛，而且一些人航行至格陵兰岛和北美洲地区。其他人则进入了地中海地带，开始劫掠西班牙、法国南部、意大利以及拜占庭帝国等。这些维京人被拜占庭击败撤回之后，竟然又开始售卖他们的服务，一个是作为商人，另一个是作为雇佣兵。瑞典的维京人接管了波罗的海，并建造起一批贸易城镇，比如维斯比、基辅以及诺夫哥罗德。顺着俄国的河流航行而下，他们先后遇到了保加利亚、哈扎尔、拜占庭以及阿拉伯的商人。

到1000年的时候，维京人已经定居下来，而他们的北欧故乡也变成了基督教徒的国家。他们对北欧的未来发展产生了深厚影响，并拓建了很多贸易线路和城镇，建立了俄国，影响到法国、荷兰、波兰、英国以及爱尔兰等，而且还削弱了加洛林帝国的势力范围。他们的后裔即诺曼人，在欧洲地区也有着很大的影响。由于维京侵入者的存在，人们不得不依赖于当地封建领主的庇护，并为获得保护而进行生产和战斗。逐渐地，欧洲开始变得更加四分五裂，战乱也日益频繁，而贫困差距也越来越大了。

↑ 维京人是技艺超群的金属制造工匠。这是一个钢印，用来给金属打上标识。上图展示的是两小人携带着武器，从姿势来看他们正在举行某种祭祀仪式。

↓ 维京人在丹麦的城镇被称之为"海泽比"，海泽比最著名的便是工艺品和商人。海泽比是维京人的诸多港口之一，维京人从这里出发，航行到更远、更广阔的地方。

诺曼人 约900年~1200年

诺曼人于1066年入侵英格兰，并在不久之后统治着撒克逊和维京裔的英国人、威尔士人以及爱尔兰人。他们也在更远的地方产生了影响力。

诺曼人是丹麦的最高领主，他们是维京人的一支，自900年以来就居住在诺曼底地区。他们早已吸收了加洛林人和基督教的思想。其实他们中也有不少的强硬派军阀头目，虽然不是很多。征服者威廉是于1066年的圣诞节那天被加冕为王的，他之前只是一名法国公爵，但是现在变成了英国的国王。

↑征服者威廉兼诺曼公爵，是英格兰的诺曼人国王，其统治时间为1066年至1087年。

↑诺曼人对英格兰的侵略活动持续了五年的时间，它提高了诺曼人的地位，使其从法国的地方诸侯上升为一个国家的富有统治者。

诺曼人的统治

在1066年诺曼人入侵之后，很多英国人都奋起抗争。威廉王残酷地镇压了这些反抗者，并在占领英国领土之后将领土交到诺曼人贵族手中，让他们负责统治。为了获得支持和拥护，威廉王给了教会很多土地，并让法国主教取代了原来的英国人主教，而且还鼓励法国商人和手工艺者来到英格兰移民定居。诺曼人建造了很多大型的城堡、教堂、修道院以及主教的座堂等，很多城镇也在这些建筑结构周围兴建起来。中央集权和税赋体制也被建立起来，国家领土以及财富的税金估算体制也在《末日审判书》中有所记载。诺曼人的统治是十分残酷无情的。他们最为关心的就是财富和权力，他们将英格兰作为一个对外探险的基地，而且要由英国人来为这些探险活动买单。但是，英格兰在经济上确实得到了发展。此外，在100年之内，诺曼人开始入侵威尔士、爱尔兰以及苏格兰地区。英格兰在不断变化之中，其地理环境、城镇以及文化等，都受到了诺曼人的影响。到1140年的时候，在谁有权统治国家的问题上，终于爆发了一场争议。这次争议削弱了国王的权力，同时却加强了贵族的

↑征服者威廉的继任者是他的两个儿子。威廉二世的统治时间为1087年至1100年，而亨利的统治时间则为1100年至1135年。他们建立了稳固的诺曼人统治秩序，但是依然在下一任国王史蒂芬的统治期间覆灭。史蒂芬国王死于1154年。

→贝叶挂毯，是为了纪念诺曼人于1066年顺利侵占英格兰制作的。哈雷彗星也在这个挂毯上清晰可见，当年它应该非常接近地球。哈雷彗星被视为是入侵活动正当化的一种象征。

黑暗时代

权力。一个新的诺曼底王朝，即所谓的金雀花王朝，于1154年建立。他们的第一任国王亨利二世，开始统治英国和法国的多半地区。在此期间，英国的新阶级制度，即由贵族来主宰统治的局面，开始逐渐形成。

在欧洲的诺曼人

在欧洲的其他地方，诺曼人也相当忙碌。大约在1060年的时候，诺曼士兵在罗伯特·奎斯卡的领导下，入侵了西西里和意大利南部地区，并拥护罗马教皇起来反对拜占庭人以及阿拉伯人。结果，他们得到了罗马教皇的支持，而罗伯特·奎斯卡也时常受到教皇的庇护。通过政治婚姻，再加上他们骑士、罗马教皇使者、主教以及皇家朝臣的服务身份，诺曼人中的封建领主们形成了一个封建社会的关系网，而这个资源使其在13世纪中获得了在全欧洲地区的极大影响力。在这些封建关系中，宣誓向国王效忠、并对其给予军力支持的贵族，都可以得到土地和头衔作为回报。接着，这些贵族便统治着各大庄园和地方区域，并可以要求他们的追随者对其效忠，而且也可以同样给他们土地以及权力作为回报。

封建制度

在封建制度下，人们可以用手中的土地换取其他服务。封建制度是在8世纪法兰克人时代开始发展的，后来被诺曼人传播到英格兰地区。为了换取不动产和头衔，诺曼贵族向国王缴纳税赋，并向其提供骑士部队、奉养军队。贵族们给他们的骑士土地，从而换回军役服务和税赋。骑士必须拥有佃农来耕耘他的土地，而这些佃农都住在离庄园住宅比较近的村落之中。为了获取农场或房子，佃农愿意为那些庄园领主干活儿。

↑为了向古代传统表示敬重，当地法庭经常在户外进行审判，庄园领主们则充当着法官的角色。这次审判是于1072年举行的。人们聚集在这里，是为了决定某些在诺曼底地区的土地究竟属于巴约主教，还是属于坎特伯雷大教堂。

↑很多手抄本讲述了有关于骑士的故事及封建领主男女之间的浪漫爱情。这在当时诺曼人统治的英格兰地区非常流行。

中国：宋朝 960年~1279年

根据首都和疆域的变迁，宋朝可分为北宋和南宋。宋朝的经济和文化教育非常繁荣。

在唐朝于907年结束之后，中国进入四分五裂的局面，一直到宋太祖赵匡胤于960年登基掌权，并建立了宋朝。宋朝以1127年为界，分为前后两个时期，此前为北宋时期，此后为南宋时期。

北宋

宋朝定都开封。北宋王朝把军权、政权、财权和司法权都最大限度地集中在皇帝手中，中央集权得到加强。

北宋时期的社会经济取得了显著进步，农业、纺织业、冶金业、煤炭业、陶瓷业等都有了很大的发展，国内外贸易也很发达。北宋农业开始四处拓展，而人口也骤增，特别是南方地区，变得越来越富庶和重要。到宋朝结束的时候，其境内居住着100多万人。

北宋的文化非常繁荣。"理学"的诞生使儒家学说真正哲学化，文学及戏剧说唱艺术发展迅速，科技也进步明显。

↑这幅宋代寺庙的绘画作品可以追溯到12世纪。其描绘的是佛家弟子给穷人食物的场景。

南宋

1068年，丞相王安石开始实行变法。他将税赋制度予以简化，并削减了原来的庞大军队规模。虽然这些精简政策可以节省不少钱，但是也容易受到入侵。

1127年，中国北方受到了金的袭击，宋朝首都开封城沦陷。宋朝被迫撤退到位于扬子江南端的杭州，而北方被金统治着，一直到忽必烈于1234年接管了此地。杭州自此变成了一个大型的美丽城市，人工运河、公园以及精美建筑纷纷被建造起来。南宋一直持续到1279年，从那时候起，南方也开始由蒙古人来统治。

在宋朝，新技术、艺术、文学和经济都呈现出繁荣和进步的景象。宋朝人发明了火药、钟表、活字印刷术、明轮船、磁性指南针以及水力机器等；宋朝的山水画、陶瓷等艺术得到了进一步发展；宋代诗歌、戏剧也取得了杰出的成就；宋朝的银行业和贸易活动也变得越来越重要，城镇日益扩大，并引进了新的农作物。

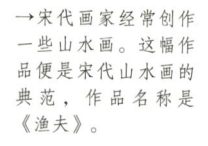

→宋代画家经常创作一些山水画。这幅作品便是宋代山水画的典范，作品名称是《渔夫》。

↑该瓷器瓶有一只蝴蝶和花叶图样，是宋代精陶的典型作品之一。

→这幅《晴峦萧寺图》是由10世纪的宋代画家李成创作完成的。

发达的海上贸易

由于通向中亚的陆地商路被切断，宋朝因此开辟海上航线。中国的水手们很早就驾驶平底帆船出行大海。

宋朝时，造船工人受阿拉伯帆船设计的影响，制造出更先进的帆船。船体设计的革新包括防水的四层甲板、导航辅助，以及使帆船能够有效利用风向的索具。最大的帆船有12个帆，可以容纳1000人。重达250吨的帆船可以承载大量丝绸、陶瓷及其他货物，并可以向西航行，远及红海。

在返途中，帆船满载原材料和宝石、象牙、香料等奢侈品。海外贸易成为宋朝经济的主要支柱，从960年到12世纪结束，出口贸易带来的收入增长了130倍。

大事年表

960年　宋太祖始建宋朝
979年　宋太宗完成了中国的统一事业
1000年　中国的文化和经济繁荣发展
1068年~1086年　王安石变法
1127年　金占领了北方；宋朝被被迫迁都杭州
1234年　蒙古人将金人驱逐出北方
1279年　宋朝宣告结束

中国瓷器

在全世界范围内，陶器都是由泥土制成的，泥土可以制作既结实，又粗糙的成品。大约在900年，中国宋朝人发明了瓷器，这是由一种更加精致的白色泥土即高岭土制作而成的。宋朝的陶瓷工艺者，会制作出精美、平滑和纤细的瓷器。在经过特殊的上釉和绘画工艺之后，它可以成为精美的装饰品。而且，每一件瓷器作品都算得上是艺术品。在这期间，宋朝皇帝还建造了很多工厂，专门用来为皇室制造瓷器。不久之后，瓷器生产开始成为宋朝的一个庞大制造业。

↘这是一个陶瓷盛酒容器，可以放在保温器的上面，用来温酒。

↓宋朝皇帝建造了很多制陶瓷的工厂作坊，专门供应精美陶瓷品。

□世界历史百科全书

艺术 501年~1100年

在这一时期，多数艺术表达方式都是为了满足宗教的需要。而宗教权威机构也鼓励艺术、音乐以及手工艺的发展。

教堂、寺庙等，在全世界范围内都吸引了技艺最为精湛的能工巧匠和音乐家。宗教信仰促使他们去创造更为精致、更加精巧的作品，而这些作品本来是人们日常生活并不需要的。具备各种天赋的人才，通常会受到宗教权威机构的教化和培养。虽然普通老百姓都过着苦难深重的生活，但是宗教使他们时时不忘更加高尚的事情，并为更加美好的生活而虔诚祈祷，至少要给自己的来世多多祝福。即便是最好战的残忍统治者，也会从宗教信仰方面给予百姓和善的同情，并且他们会将画家、音乐家、诗人以及思想家等带到自己的宫廷，同时给这些人提供报酬、观众以及其他必要设施。他们希望，甚至孜孜以求的，是要去证实一点：神明与自己同在。

↑西塞克斯的阿尔弗雷德大帝是宗教的虔诚信徒。这是一个书签的顶端，是由阿尔弗雷德大帝亲手制作的，用途应该就是让牧师在阅读圣经的时候记住已经翻阅到的页码。在其边缘还刻着这么一行字："阿尔弗雷德赐予我一切。"

↑修道院的抄写员会将他们的书籍大写字母修饰成色彩斑斓的宗教图画，并同时使用红丹、黄金、白银以及其他特殊的油墨材料。一些抄写员甚至会花上数年之久在每一本书的美工上，其所使用的风格同时展现出古希腊、古罗马、古埃及、凯尔特人的不同文化影响。

寺庙、教堂等都比较富有，所以会使用艺术品来宣扬各自的宗教故事及思想。在这个时候，多数人不识字，而且在很多地区，宗教仪式都是用外来语举行的。因此，画像、音乐、雕

↓在酋长的船葬仪式中，维京人发明了很多精致的装饰，并将其雕刻在木头上，或者镶嵌在金属表面。他们不仅仅是战士，也是技艺了得的手工艺者以及精美物品的爱好者。

黑暗时代

↑这是一幅圣马克的图像，源自于爱尔兰的凯尔经。其展示的是凯尔特人的艺术风格，比如"编结工艺品"。同时，其中也混合来自古罗马、古埃及和拜占庭的早期风格。

刻、镶嵌图案以及建筑等，被用来传教和提升人们的精神世界。每一种文化都孕育发展出各自的艺术、音乐和文学风格。

在拜占庭教堂，装饰着许多墙壁艺术拼图和神圣画像，即所谓的宗教圣像。在欧洲的修道院中，修道士们会花很长时间亲手抄写各种书籍。他们会将经文中的大写字母加上色彩并予以装饰，而经书的边缘部分也被加上精心的设计。在亚洲的佛教徒，则会绘制出佛祖生活的生动故事画面。在唐朝和宋朝，中国人开始绘画和雕刻全新风格的山水画。在墨西哥，手抄本、石雕以及壁画等，都是十分常见的艺术作品。

↑这是一件拜占庭镶嵌图案作品，就在意大利拉文纳地区的阿里昂斯洗礼池圆屋顶之上。该作品展示了耶稣由施洗约翰施以洗礼仪式的场景。十二使徒被画在耶稣的周围，而且每一个人手中都捧着一个王冠。每一个人物本身就是一件独立的艺术作品。

↑在宋朝，精陶的制作主要用于中国人的日常生活和出口贸易。这口青花碗属于青瓷作品，其制作的价值在于，如果有毒药被放入其中，那么碗体会破裂或者改变原来的颜色。对那些很容易遭人暗算的领导者来说，这种青花碗的价值就不可估量了。

←山水画《万壑松风图轴》，作者巨然。巨然生活在五代时期，这一时期中国山水画成熟并进入第一个高峰期，此时的作品对中国以后的山水画产生了深远影响。

119

建筑 501年~1100年

在全世界范围内，建筑风格差异很大。从遥远山村的简单建筑，到城市和帝国的宏伟建筑艺术作品，各有千秋。

建筑风格在整个世界范围内都发生着变化。在炎热、潮湿的气候地带，建筑物必须遮阴，要让人们凉爽；而在寒冷的气候地带，建筑物则需要提供防风保护的功能，还有对雨、雪和寒冷的抵御。在树木比较充足的地方，建筑物几乎是由木材搭建而成的。就这一点而言，在北欧和日本尤其突出。甚至是第一批城堡，都是由木材建造而成的，尽管其中很多在后来被经久耐用的石块所取代。在更加温暖的地区，晒干的砖块或土坯则开始被利用起来。虽然砖块和石头运用起来更加困难，但是教堂以及宫殿等的建造者，却经常选择它们，因为他们希望能够在历史上留下一些永恒的标志物。随着建筑技术的不断进步，建筑风格也开始越来越复杂多变，尖塔、宝塔以及尖顶教堂等，建造得越来越高耸入云，而形状设计也越来越优美壮丽。

防御工事也被高高建起，而且更加庞大。到1000年的时候，专门供商人、市场和贸易行会的宏伟壮丽建筑也开始出现。杭州、迪奥狄华肯、科尔多瓦（阿根廷城市）以及克诺吉城等大规模城市建成。一种更加世俗的，或者说非宗教的风格，也逐渐出现，其建筑成为后来建筑师追随的样本。但是，多数人依然居住在比较简单的建筑物之中。美国印第安人的圆锥形帐篷、欧洲的小木屋、阿拉伯帐篷和印度尼西亚的长屋等，并不仅仅是满足这些居住者的住房需要。与那些干燥的石头城堡或者豪华的宫殿不同的是，这些建筑往往更加适合居住。

↑木制城寨城堡在整个西欧地区都随处可见。如果遭到攻击，那么村民们就能在城堡中暂时避难。不过，这些村落及其围栏依然容易遭到劫掠和焚毁。

↑在中世纪后期的城堡建筑中，人们开始用外围城墙将居住区包围起来，有时候则是将整个城镇都围起来。诺曼人是城堡建筑的能工巧匠，不过，日本人、阿拉伯人以及玛雅人等也是这方面的技术高超者。

→这些是位于英格兰地区的盎格鲁-撒克逊村落，其有着中央礼堂和围栏。这种风格的村落建筑，在全世界范围都可以找到。

黑暗时代

↑君士坦丁堡的圣索菲亚大教堂，始建于6世纪早期。这是拜占庭建筑中的一件伟大作品，现在，这里是一座博物馆。

↑诺曼底的建筑者，在建造大教堂和大城堡的时候，只能使用比较简单的设备工具。他们所使用的方法往往是颇具独创性的，而他们自身也是技艺超群的建筑师。像这些诺曼人所运用的建筑方法，在近一千年的时间内都没有发生根本性的变化，一直到钢材和混凝土材料的出现。

→支撑着屋顶巨大重量的是这些英格兰杜伦大教堂的大柱子和拱门。其有着典型的诺曼人风格，或者说"哥特式"风格，该风格大约是在1100年发展起来的。这些高大、采光充足的建筑物，不但在外形上十分漂亮，有着结实的建筑结构，而且已经矗立了数百年。

↓在奥特雷，毛利人开始用木头来建造建筑物。他们用石头工具雕刻，并用石雕、彩色贝壳以及有特色的石块（如被当时人们视为神明眼睛的石块）等来装饰建筑物。

121

□世界历史百科全书

科技 501年~1100年

在此期间，世界上最伟大的发明家和科学家是中国人和阿拉伯人。欧洲人远远落后了，而美洲人则只会效仿他们的祖先。

很多科技方面的进步，都是由中国人和阿拉伯人独立完成的。但是，在他们之间依然有着某种联系，因此他们也存在着相互学习的因素。阿拉伯人受到了很多来自印度和波斯新思想的影响，比如说源自印度地区的数字0以及十进制的应用。当全世界各种文化都开始知道草药及其用处的时候，中国人和阿拉伯人是其中最为先进的。阿拉伯医生所撰写的医药著述，被中国人和欧洲人研究着。中国人在那时候就知道疫苗接种、药物注射是如何进行的，他们还发明了在沙漠和大海上行进时可以指明方向的磁性指南针，还有用于烟花爆竹的火药，并将其作为发送信号的工具。数个世纪之后，欧洲人最早将其应用于枪炮等武器。中国人的最早船只被称为"舢板"，曾经是世界上最大的，而且只有维京人可以与他们的航海术媲美。中国人还发明了明轮河船，而且他们还设计了大型木制机械，可用来制造布匹、灌溉农田并提升重物。此外，他们还发明了木版印刷、染印、油漆以及漆刷等，并培育

↑发明家苏颂于1090年在宋朝首都开封建造了这个钟塔。其动力来自于水力，即由滴落到轮子上的水滴提供动力。塔上有一个铜锣，当其敲响的时候，便标志着整点时刻的到来。

↑谷物可以用长柄镰刀（右侧）来收割。而使用连枷（左侧）使谷粒从谷壳中脱离出来。

→在熔炼金属的过程中，木炭可以用来当作一种燃料。木炭的制备有窑烧和干馏两种方法。

↑阿拉伯人进一步承袭着古希腊人、波斯人以及印度人的技术知识。他们建造了如上图的机器。其可以将水提升到高处，所使用的动力来自于水滴、动物以及齿轮等。

出蔬菜的新品种。

书籍和思想

在这个历史时期，最伟大的进步就发生在印刷领域。在6世纪，中国人已开始使用木版印刷技术，即用雕刻好的木版来印刷整页的内容。不久之后，他们进一步发展并开始使用单个汉字的活字印刷术。因此，印刷页可以随时调整，并进行大规模的快速

黑暗时代

←在这段历史期间，阿拉伯人在医药的使用领域取得了不可低估的进步。这幅插图来自12世纪时期的阿拉伯人手稿，一名医生和一名药剂师正在研制一种草药。

印刷。在8世纪中期，中国人把造纸技术传给了阿拉伯人，并由他们将该项技术传播到欧洲地区。阿拉伯人最为擅长的是天文学和数学，而且他们在那个时候已经绘制出最为精确的地图。开罗、巴格达、科尔多瓦以及撒马尔罕等，都是世界上第一批大学的发源地。但是，这些发展并没有导致任何技术上的革命运动，因为发展的步伐到1100年的时候经开始放缓。

→阿拉伯人是伟大的天文学家，他们将各个星座描绘成人的形象。他们也发明了星盘，用来测量星星与地平线的角度，这可以指导航行并帮助绘制星空图。

↓中国开始将烟火用于宗教仪式，他们甚至会制作出很奇特的烟花。

→中国人发明了指南针，它是由磁化金属和石头制成的。在这个指南针的顶端，有一个小人会一直指向南方。

大事年表

593年	中国发明了木版印刷技术
595年	十进制计算法开始在印度应用
700年	水车开始在欧洲为磨坊提供动力
700年	巴格达的化学得到了重大进步
751年	造纸技术从中国传播到阿拉伯地区
810年	代数学在波斯出现；阿拉伯人开始接受十进制
868年	已知的最早印刷书籍在中国出版
900年	阿拉伯人在天文学上获得不少进步
900年	中国人开始发展瓷器

123

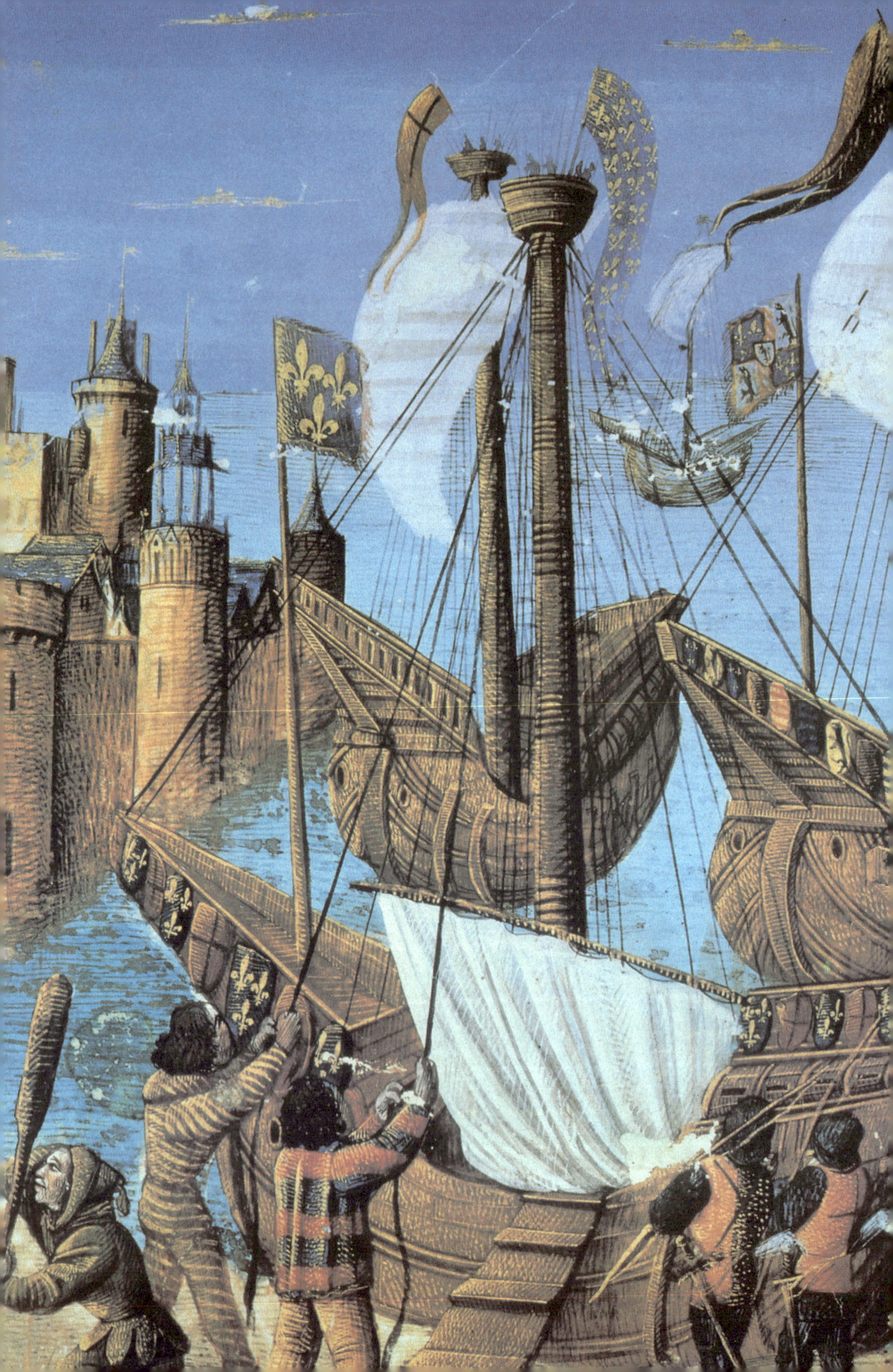

中世纪
1101年~1460年

在中世纪，很多帝国在全世界范围内经历了兴衰起伏，
很多战争也以宗教的名义拉开序幕。
在欧洲，很多国家结成联盟，但很快又宣告结束；
民族主义的意识与思潮逐渐孕育着；
欧洲的商人们，也开始到远离故土的中国探险，
骆驼商队跋涉过撒哈拉沙漠，而威尼斯商船则载着货物航行到地中海。
这是一个信仰和命运并存、战争和酷刑并存的时代，
也是饥荒和财富并存的时代。
到中世纪末期的时候，学识开始进入每一个能够识文断字者的视野。

↑克拉克骑士城堡，位于现在的叙利亚境内，曾经是最庞大、最坚强的城堡之一。其曾由2000名男子把守，但最终还是于1271年被萨拉森人攻破。

←于1248年在艾格莫特地区登基掌权的人法国国王路易九世，发动了第七次十字军东征。

世界概览 1101年~1460年

在此期间，贸易增长了。黑死病得以传播。黑死病，是一种严重疾病，可以通过跳蚤来传播，而这些跳蚤可以生活在航行船只内的老鼠身上。在欧洲，黑死病差不多杀死了1/3的人口。

关于非洲的信息散播，是由阿拉伯商人完成的，因为他们一直航行到大陆的东部海岸线。他们带回了有关于内陆庞大帝国的各种故事，并相互传说这些帝国有着丰富的黄金矿藏，并盘踞在大规模石头城市的中心地带。在西非地区，马里王国正在日益兴盛之中。

在远东地区，柬埔寨高棉帝国也处于鼎盛时期。在日本，军队统治者被称为幕府将军，其得到了日本武士的拥护和支持，从而成为国家的实际独裁者。

蒙古人征服了亚洲和欧洲的多半地区，并形成了一个历史上最大的帝国，只不过其存在的时间过于短暂。他们的成功有赖于运筹帷幄的军事策略，还有无与伦比的马术。

在美洲地区，阿兹特克人在墨西哥一个湖泊的中心地，修建起了他们的首都即特诺兹提朗城。而在南美洲地区，印加帝国正通过对邻近部落族群的征服，日益扩大疆域。

北美洲

在中世纪，密西西比河流域的神殿塚文化已经达到巅峰，虽然其在15世纪逐渐退出历史舞台。在西南部地区，阿纳萨齐人、莫卧儿人以及霍霍坎人等，在13世纪走向衰落。

拉丁美洲

托尔特克人大约在1200年的时候开始衰落，而这也使第二历史阶段的玛雅人开始在墨西哥南部地区进一步发展。但紧接着的是，好战的阿兹特克人于15世纪在墨西哥中部地区打造新的帝国。他们的岛屿首都特诺兹提朗城，变成了世界上最伟大的城市之一。但是在美洲地区，最具影响力的人群依然是印加人，他们最早从秘鲁的库斯科地区发展起来，而后征服并统一了很多城邦以及在安第斯山脉地区的文化组群，时间为15世纪。这些印加人开始成为庞大美洲帝国的缔造者。

北美洲

拉丁美洲

中世纪

欧洲

在中世纪，欧洲的国家变得越来越稳定和成形。其中多数依赖于统治阶级，即贵族和教士。不过在后来的数个世纪中，商人通过成为贵族和教士们的理财师而变得越来越有钱和有权。十字军东征运动，无论对欧洲还是对中东地区，都产生了巨大的影响。接下来发生的，便是黑死病的致命打击。黑死病于14世纪40年代席卷了欧洲，无情地杀死了那里1/3的人口。

亚洲

蒙古人在整个13世纪期间都一直主宰着亚洲地区，并持续了100多年。蒙古人也创造了世界上从未有过的最庞大帝国——横跨欧亚大陆的蒙古帝国。后来，亚洲的土耳其人开始在印度和中东地区扮演着越来越重要的角色，并成为很多地区的最高统治者。1271年，探险家马可·波罗从威尼斯出发，来到中国。1368年，朱元璋建立明朝，将元朝统治者赶出中原地区。

欧洲

亚洲

中东地区

中东地区

在一段不统一的历史时期之后，萨拉丁帝国开拓出新的统治秩序。后来，塞尔柱人和奥斯曼人都变得越来越强大。奥斯曼人接管了拜占庭地区，而且还控制了中东地区和欧洲东南部地区。他们的帝国一直持续到1917年。

非洲

大洋洲

非洲

在此期间，数个王国开始变得更加富庶，包括埃塞俄比亚、马里、桑海、津巴布韦、贝宁以及卡奈姆－博尔努等国。来自欧洲、中国以及阿拉伯地区的外来者也开始造访非洲大陆。

大洋洲

波利尼西亚文化，包括毛利人的文化，此时已经达到了鼎盛时期。不过，这些文化几乎没有波及世界上的其他地区。在澳大利亚，大洋洲土著居民继续以他们古老的方式生活着。

骑士 1100年~1400年

骑士是训练有素的马背战士，并且是从贵族中精挑细选的。他们在十字军东征运动中起到了举足轻重的作用，当然还有中世纪时代的其他很多战争。

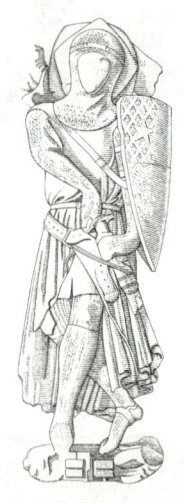

为了获得土地、贵族身份以及权力，贵族们甘愿为他们的国王提供军事服务。他们有购买大型马匹、盔甲以及随从（骑士的年轻扈从）的经济能力。贵族的年幼子嗣经常会为了获得财富或荣誉而变成新的骑士，而长子则会直接从父亲那里继承各种财产。在十字军东征运动当中，骑士发挥着特别重要的作用。一些人参加十字军东征运动是出于虔诚的宗教信仰，但也有一些人就是为了获得权力和土地。而且，骑士并不仅仅只意味着战斗，一名骑士必须要有较高的文化涵养，而且要有公平可敬的精神，并能锄强扶弱、劫富济贫——这就是著名的骑士精神，虽然实际上并没有多少骑士达到这样的理想标准。

↑这是一尊来自诺曼人骑士陵墓的骑士雕刻画像，其交叉双腿向人们展示，他曾经参加过一次十字军东征运动。

↑骑士的扈从在伺候他的主人穿好盔甲。由钢铁制作而成的镀金盔甲是14世纪才被引进的，在此之前，骑士们只穿简单的盔甲。

骑士生涯

男孩子大约在7岁左右开始接受训练。他先要成为骑士或者贵族家族中的一名侍者。然后到14岁的时候，转变成骑士的年轻扈从，伺候骑士就餐，帮助骑士穿上盔甲，而且还要跟从主人上战场。之后，如果他的各项义务活儿都干得不错的话，那么他可以成为一名骑士。

骑士可以在比赛式的模拟战斗中磨炼战斗技能。而在这些战斗中，多数骑士会带上一个来自于某位女士的披肩或手套，以表示他们是为了心中的她而战斗。英格兰的理查德一世和法国的路易九世，都以他们对浪漫骑士精神的支持而著称。

一些骑士会立下贞洁与赤贫的基督教誓约，并加入圣殿骑士团、救护骑士团或条顿骑士团中去。圣殿骑士团之所以如此深得人心，就是因为他们总是给穷人们带来救命钱。结果，圣殿骑士变成了银行家，并且在欧洲非常有势力。但是到1312年的时候，圣殿骑士团终于因为一些越轨行为而被废除，包括其在商业活动中的欺诈

→两个重要的骑士团是圣殿骑士团（左边）和救护骑士团（右边）。

←11世纪，行吟诗人的传统在法国南部萌芽。这些吟游诗作品传颂着浪漫的爱情故事，以及骑士精神和宗教信仰。

↑斧子、长矛和剑，是骑士们在战斗中使用的主要武器。

行为。

1227年，德国的条顿骑士被派遣去开拓普鲁士（即现在的立陶宛）殖民地，而其他骑士们则被派遣去执行欧洲范围内的使命。

自14世纪以来，骑士身份与其说是一种军事象征，更不如说是一种皇家荣誉。一些骑士执行过颇有价值的任务，比如劫富济贫、行侠仗义；而另一些骑士则只会去追求自己的权力或财富梦想。

大事年表

1095年　罗马教皇乌尔班二世号召十字军东征运动
1113年　救护骑士团创建
1118年　圣殿骑士团创建
1312年　圣殿堂骑士团被法国国王下令解散

↓骑士间会进行马上枪术比赛，以展现出他们的战斗技巧和勇气。虽然他们所使用的是钝剑或钝长矛，但是依然时常会有骑士被当场杀死或致残。

爱尔兰 700年~1350年

这一期间的爱尔兰历史，见证了外来入侵者越来越长久的统治。最早的入侵来自维京人，接着是英国人。

爱尔兰的主要居民是说盖尔语的凯尔特人，他们生活在大约150个古爱尔兰部落群中。他们之间经常发生争执和战争，而这也成为了爱尔兰经济发展的最大障碍。432年，一个男人来到这里，并开始改变爱尔兰的历史轨迹，他就是圣帕特里克。他在爱尔兰国境内旅行，游说爱尔兰部落首领们改信基督教，并四处宣扬和平精神。到600年的时候，爱尔兰已经成为欧洲的基督教中心，而爱尔兰的修道士们则在全欧洲传经布道。795年，维京人入侵，并在接下来的40年中洗劫并摧毁了无数个修道院。到840年，维京人定居下来，并建立了很多城镇，比如都柏林、沃特福德、科克以及利默瑞克等。在这些城镇中，他们与爱尔兰人进行贸易，并逐渐混居在一起，同时也接受了爱尔兰的很多风俗习惯。

爱尔兰的其他地方，依然保持着爱尔兰的本土传统与习俗。当时，最大的五个王国分别是阿尔斯特、伦斯特、明斯特、康诺特以及米斯郡等。796年，明斯特的国王布莱恩·博茹开始入侵其邻近国家。到1011年的时

↑彭布罗克郡伯爵即"强弓手"理查德克雷，他于1170年从诺曼人统治的威尔士彭布罗克郡出发，入侵爱尔兰地区。1171年，他成为伦斯特的国王。

↑在中世纪，爱尔兰地区有五个王国。诺曼人直接统治的地区是一个在都柏林附近的小地方，那就是佩尔。

→阿尔特·马克穆罗·卡瓦纳吉也是伦斯特的国王。在诺曼人入侵期间，他不惜千里单骑去和格洛斯特伯爵谋谈和平。

候，他已经主宰了爱尔兰地区，但是在他死后，其他各地国王也奋起角逐高王的位置。最后一位强大的高王，便是康诺特的图洛夫·欧康诺。在他于1156年死后，另外两位国王又开始相互竞争。伦斯特的德莫特·马克穆罗便是其中之一，他向当时在英格兰的诺曼人发出了求救信号。

英国人的出现

"强弓手"彭布罗克郡伯爵之所以支持德莫特·马克穆罗，是为了能迎娶到他的女儿，并从他手中继承伦斯特。1170年，"强弓手"与其他诺曼底贵族入侵爱尔兰，并将爱尔兰的很多土地据为己有。这使英格兰的国王亨利二世得到了警醒，他宣布自己是爱尔兰的最高统治者。很多害怕战乱四起的爱尔兰人去拥护他，而诺曼底贵族只得俯首称臣。像之前的维京人一样，很多诺曼人不久之后便开始接受爱尔兰人的风俗习惯。但是，在1366年，统治着爱尔兰地区的爱德华三世之子即莱昂内尔，命令爱尔兰诺曼人家庭不得再说原来的盖尔语，也不得再与爱尔兰妇女成婚。这个命令并没有被服从，却导致爱尔兰诺曼人开始将英国人视为强加干涉的外来者。到15世纪后期，英国人的统治仅仅存在于都柏林地区。

大事年表

432年 圣帕特里克将基督教引进到爱尔兰地区

795年 维京人四处劫掠的开始：爱尔兰修道院被破坏

840年 维京人定居下来，并修建了沿海贸易城镇

1014年 明斯特国王布莱恩·博茹在克隆塔夫战役中击败了维京人

1166年 罗里·欧康诺成为自1014年以来的第一任爱尔兰国王

1170年 诺曼人在理查德克雷的领导下入侵了爱尔兰

1171年 理查德克雷成为伦斯特的国王；亨利二世吞并了爱尔兰

1366年 诺曼人奋起反抗英国人禁止盖尔语、反对外族通婚的命令

16世纪30年代 亨利八世重新收回对英国的控制权

↑ 在1367年至1400年期间，爱尔兰地区发动了不太成功的英国人大规模运动，大小船只不得不将供应物资直接航行过爱尔兰海，送到英国军队的手中。

↓ 在蒂珀雷里郡的卡舍尔岩石上，矗立着圣帕特里克大教堂的废墟遗迹。根据1101年的教堂惯例，十字架所在位置（最左边）通常都是明斯特国王被加冕为王的地点。

□世界历史百科全书

幕府将军与武士 1200年~1500年

幕府将军担当起政府独裁者的代理人角色，而武士则相当于日本的骑士。他们统治和主宰着日本，并持续了700多年。

在日本，自9世纪以来藤原家族便一直掌控着国家大权。后来，平良家族暂时接过了权力棒，一直到另一个敌对家族的出现，而这个敌对家族就是源氏家族。源氏家族在源赖朝的领导下重整旗鼓，并获得了统治大权。源赖朝恢复了"征夷大将军"的名号，其意思就是"征服野蛮人的大将军"。1129年，源赖朝创建了镰仓幕府，并通过其来统治日本，而他自己就在江户（即东京）附近的镰仓庄园那里运筹帷幄。从那时候起，幕府将军作为军事独裁者一直统治着日本，一直到1868年。在源赖朝于1199年去世之后，藤原家族的一个支系家族即北条家族，开始成为幕府将军的摄政者，并以非正式的方式来掌握着权力，一直到镰仓幕府于1333年结束。

日本的政府结构比较复杂难懂。皇帝只是每个人都需要鞠躬服从的表面形象人物，拥有实际权力的是幕府将军。皇帝和幕府将军的摄政者都有一定的影响力，其跟大名即日本封建时代的大领主不相上下。大名们也会在宫廷上争权夺利，并经常为领地而展开斗争。结果，一个士兵阶级开始出现，被称为"武士"，而且这些武士都效忠于大名。

日本的"骑士"

武士就是日本的骑士，他们随时准备为他们的主人大名战斗到最后一刻，因为武士早就向大名宣誓过至死不渝的忠诚。像欧洲的骑士那样，日本武士也深信真理和荣誉，而且他们还有着严格的行为规范，即所谓的"武士道"。在战斗之前，任何一名武士都会大声报出自己及祖先的名字，并为他自己的英

↑源赖朝（1147年~1199年），是一名颇富野心的贵族。在藤原势力土崩瓦解之后的混乱局面中，源赖朝看到了自己的机会。源赖朝残酷无情地镇压了他的敌人，包括他自己家族中的很多对手。

↑日本武士的主要武器，是由黄杨木或竹子制作而成的弓箭，还有就是单刃剑或双刃剑。武士自小便开始接受极为严格的训练，其所遵从的规范便是"武士道"，相当于日本武士的行业规范。

→日本武士身上穿着精心制作的战甲，并需要遵守很多礼仪。他们并不仅仅是战士，而且不得不接受艺术、宗教以及武士道的训练。

中世纪

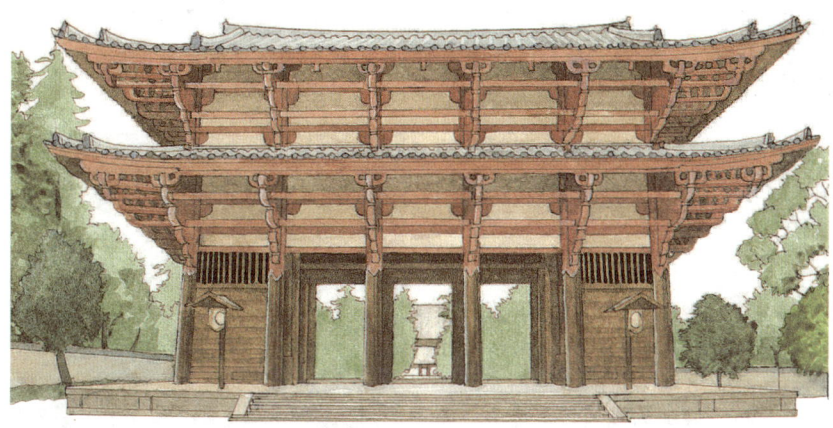

雄行为而自豪。在战斗中，武士会进行短兵相接的搏斗，经常同时使用两把刀剑。如果战败或者被俘获，那么他便会进行仪式上的自杀（剖腹自杀），这样才能保住自己的面子。

1333年，足利家族推翻了镰仓幕府及其天皇的统治，并树立了一个新的日本天皇。新天皇则任命足利家族为幕府将军。但是，在诸大名之间，依然存在着不断的武士斗争。这个态势愈演愈

↑在12世纪，佛教的一个分支禅宗开始从中国传播到日本。禅宗有着非常简单但又十分严格的规定，这恰恰是日本武士们需要遵从的。类似图中这个佛教神殿，其实也是按照中国的风格建成的。

烈，一直到1467至1477年，应仁内战终于爆发了，而日本也被分裂成将近四百个家族的割据局面。京都天皇变成了无权的赤贫皇帝。尽管如此，以大名庄园为中心地的贸易和文化却在日本逐渐繁荣起来。对普通老百姓来说，大名战争带来了极高的税赋、社会动荡以及对他们正常生活的破坏。

↑对日本武士来说，宗教和战争总是紧密联系在一起的。武士需要花上很长的时间来穿好装甲，并做好战斗前的准备。而在清洁和仪式方面，也有着很多严格的规定。

战斗中的日本武士

武士之间的战斗是非常仪式化的。其包括作战之前的祈祷和姿态（让自己看起来非常强壮），可以大声喊叫并制造出噪音，并使用铜锣声来震慑敌人。单个武士可以接受一对一的对决和角逐。通常来说，他们之间的战斗类似于舞蹈或者有点儿像仪式化的象棋游戏。但是，一旦他们投入真正的战斗，那么武士的战斗实力都是致命的。在足利幕府统治期间（1338年~1573年），多数的战斗都变成了为荣誉或小块土地的无谓争执。

欧洲的贸易 1100年~1450年

在中世纪早期,一个新的商业秩序在欧洲逐渐萌芽和形成。商人和银行家地位逐渐提高,并开始影响国王的各项政令、决断。

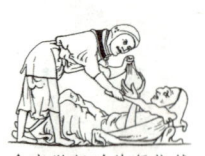

↑中世纪时旅行依然充满各种危险,这幅图画就展示了一名拦路强盗对一名旅行者实施了明火执仗的抢劫,并抢走了他身上所有的钱。

中世纪早期,是欧洲的一个发展时期。人口日益增长,更多的土地被耕耘,这也为贸易活动的发展提供了支持。城镇的规模日渐庞大,很多地方出现了定期的商品交易会,比如特洛伊、里昂、安特卫普、法兰克福、莱比锡、伦敦、克拉科夫(波兰城市)以及基辅等。各大河流被连接到一起,而运输路线也变得更加繁忙。钱币开始使用,且越来越多地出于营利目的进入商业领域。意大利在当时的欧洲富甲一方,威尼斯和热那亚则是大型独立港口城市,同时也是银行业的中心地带,在那里可以购买到来自东方的辣椒、丝绸以及其他奢侈物品等。来自亚洲的商品都要经过拜占庭、埃及和叙利亚,而来自非洲的商品则要经过突尼斯以及摩洛哥等地区。他们会相互进行布匹、皮毛、兽皮、铁器、亚麻、木材、白银以及奴隶的交易。

多数欧洲钱币是白银,但是亚洲国家则主要以黄金作为贸易货币,这便带来了各种问题。因此圣殿骑士、犹太商人以及意大利商人开始创建银行业,并发行交易用的票据以及能够替代现金的"期票"。早期的工业也发展起来,主要集中在莱茵河(德国)、法国北部、佛兰德斯以及英国等地,其进口的原材料包括铜、明矾、羊毛以及木炭等,而出口的东西包括各种商品。

↑12世纪,城市和港口开始在欧洲的贸易路线上日益发展起来。意大利商人会参加很多交易会,比如去特洛伊的商品交易会购买佛兰德人制作的布匹,同时也去出售来自亚洲的商品。

↓在一座中世纪的城镇中,集市通常每周举行一次。各种物品在这里售卖,来自各地的人们还可以在这里交换信息,谈论大事小情。

商业的发展

新的商人阶级以及技术娴熟的手工艺者阶级开始出现。商人们通过买卖活动变得越来越富裕，但是他们也面临着随时破产的危险，因为马路边的抢劫犯和外海的海盗随时会抢走他们的货物和财富。贸易公司、城市以及专门组织（比如像波罗的海"汉萨同盟"等）则开始相互协作来保护正常的贸易，并在港口和市场设立办公点。为了保护他们的安全贸易，威尼斯人和热那亚人开始变成地中海的海上力量。

大约在1350年，热那亚的保险服务首度问世，从而为商人提供意外损失和破产的保险服务。银行业家族，比如德国奥格斯堡的富格尔家族、意大利佛罗伦萨的美第奇家族，都开始变得越来越有钱和有影响力。一种新的商业秩序正在发展和形成之中，而国王、贵族和传教士们则逐渐失去了他们的权力，因为他们自身也越来越依赖于商人，甚至会欠那些银行家的钱。不久之后，这个新兴的阶级开始影响着国王的政令决断。

↑ 在欧洲，驿站和酒馆纷纷在主路沿线上修建起来。它们为商人、朝圣者以及其他旅行者提供食物和饮料、住宿的地方以及马匹的替换服务。

↑ 这是一个但泽封印，但泽是当时中世纪商业同业公会城市中的佼佼者。

商业同业公会

1241年，两个德国城镇即汉堡和吕贝克，开始建立商业同业公会或贸易协会。其于1260年的时候发展成"汉萨同盟"，并将很多以前维京人的城镇也包括进来。他们将来自东欧地区的食品和原材料运送过来，并将其用来交换西方世界的工业制品。14世纪的时候，汉萨同盟主宰着英国、斯堪的纳维亚半岛、德国以及俄国之间的贸易活动。

↓ 商业同业公会的商人们使用这些结实的船只来运送货物。他们还修建了仓库、海关、银行系统以及其他防御工事等。

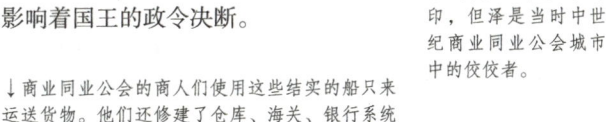

□世界历史百科全书

威尼斯 1100年~1500年

在中世纪，威尼斯城邦主宰着欧洲、亚洲以及非洲之间的主要贸易活动，并在此过程中成了较为富庶和有权的地方。

↑这四尊铜马像可以追溯到公元前300年，它们是威尼斯人在1204年第四次十字军东征运动时对君士坦丁堡的洗劫中获得的。

↓威尼斯城原来是在打入沼泽地深处的木柱和木桩之上建造而成的。在这些拔地而起的"岛屿"之间，还有着很多沟渠和水道。这些都可以从这幅16世纪早期的城市地图中一览无遗。

威尼斯是在古罗马时代由威尼蒂人创建的。威尼蒂人是罗马化的部落，为了避免凯尔特人、汉尼拔以及其他人的袭击，他们撤回到沼泽地带。他们的城镇都是修建在打入泥土深处的木柱和木桩之上，而且在他们所建筑的"岛屿"之间还有着沟渠与河道。由于根本没有可供耕耘的土地，所以早期的威尼斯人都靠在海里打渔为生。逐渐地，他们的小船离开家乡，前往更远的地方去冒险并进行贸易活动。到1100年，威尼斯已经变成了一个非常富庶的地方，有钱的商人居住在奢侈豪华的宫殿之中。由于受到海洋的得天独厚保护，威尼斯城并不需要花费太多的时间和钱财在坚固防御工事上。其船只可以在地中海周围四处航行，并和拜占庭以及阿拉伯人进行商品交易，而那些拜占庭和阿拉伯人又会与俄国、亚洲以及非洲进行贸易活动。威尼斯大都市的人口包括犹太人、

↑圣马可大教堂在当时的修建，是为了收藏圣马可的各种遗物，当然还有威尼斯人从亚历山大城和君士坦丁劫掠到的战利品等。

德国人、法国人、意大利人以及阿拉伯人等，他们带来了很多新思想。

威尼斯人实力的增长

在12世纪，威尼斯人不断扩大其影响力，并积极参加到十字军东征运动中去。在拜占庭的势力衰退之后，威尼斯接管了其贸易活动，并将几个地理位置特别优越的岛屿，比如科夫岛和克里特岛等，作为其主要港口城市。在14世纪，击败了最大的意大利对手热那亚之后，威尼斯的船舶主宰着欧洲和东方世界之间的贸易和货物运输，并在15世纪达到实力上的顶峰时期。威尼斯并不拥有太多的土地，却控制着如此之多

中世纪

↑圣马可狮子，是意大利雕刻家维托里·卡尔帕乔于1500年左右制作的艺术品。它已经成了数个世纪以来威尼斯的吉祥物。

的贸易活动，从而使其白银钱币第纳尔以及黄金钱币达卡金币也在其他地方被当作钱币来使用。

与中世纪时期意大利其他地方一样，威尼斯也是一个具有独立权的城邦。其统治者被称为"总督"。总督的选举为终身制，他们都来自于威尼斯最具实力的家族。他们几乎有着对政府、军队和教会的绝对权力。但是，在1140年之后，他们失去了原来的多半权力，这些权力被转交给一个"政务大会"。

大事年表

726年　第一任总督被选举出来
9世纪　威尼斯作为一个贸易港口而逐渐兴起
1081年　威尼斯人获得了在拜占庭地区的贸易优先权
11世纪90年代　阿拉伯人对地中海地带的贸易主宰权宣告结束
1192年　威尼斯用海运方式将十字军运送到君士坦丁堡
1381年　威尼斯击败了热那亚，并开始主宰那里的全部贸易活动
15世纪　欧洲的经济中心向北转移

↑船只的护航队曾航行到累蒂特地以去购买来自中国的棉花、丝绸及瓷器，还有来自桑给巴尔岛以及印度尼西亚的辣椒和来自缅甸的象牙。威尼斯最为著称的，便是缎带和玻璃器皿。

←威尼斯人的银行开始放贷，并提供承保合同，而且在事情出错的时候提供担保支付。银行业鼓励了贸易的发展，但是其利息率依然出奇地高。

137

□世界历史百科全书

宪章和议会 1215年~1485年

13世纪的英格兰,在国王和封建领主之间酝酿着一场尖锐的斗争。统治者的绝对权力遭到了被统治者的质疑。

↖约翰王的玉玺大印就在《大宪章》的底部。约翰的玉玺皇印证实了他同意《大宪章》,并将《大宪章》转变成国内的有效法律。

英国的约翰王,是亨利二世最小的儿子,自小便脾气暴躁。毫无意外的是,他在不久之后便与他属英国统治的安茹和普瓦捷男爵们撕破了脸,他因此而失去了这些土地,使其落入法国人的手中。在英国,他对男爵们施以严苛的税赋,并进行粗暴的统治,最终导致其奋起反抗。男爵们开始威胁约翰,并要求他接受他们的传统权力,而且必须遵守法律的规定。

↑约翰王(1199年~1216年)与其属下的贵族发生了争吵,而这些贵族早已背叛了他,并逼迫他在拟定好的《大宪章》上签字。

《大宪章》诞生

1215年,男爵们与约翰王在一个位于泰晤士河畔,名叫兰尼美德的农场会面。在那里,男爵们逼迫约翰王在《大宪章》上盖章。这个《大宪章》涵盖了很多领域,包括重量和测量制度、郡县长官的权力范围以及自由民和享有自治权的市镇或区的法定权利等。约翰王当时同意自己会遵守法律,而且如果没有得到由贵族组成的大会议的同意,他不得擅自提高征税的额度。一场内战爆发,但约翰在不久之后便辞世了,并将王位留给了他的小儿子,即后来的亨利三世。《大宪章》被重新发行,而且在1225年的时候,成为英国的一部法律。亨利三世是一名不称职的国王,大肆挥霍金钱,所以男爵们再度聚集到一起,这次的领导者是西蒙·德·蒙德福特。他们逼迫亨利同意在一切重大事务上要请示大会议。亨利三世也重蹈了他老爸的覆辙,更干脆的是蒙德福特在后来的刘易斯战役中直接将其击败。接着,西蒙·德·蒙德福特及其大会议便以亨利的名义统治着整个英国。

→1215年,在兰尼美德农场,约翰被迫在《大宪章》上盖上他的玉玺皇印。其实,约翰并没有在《大宪章》上签字,据说这可能是他根本不会写字的缘故。

议会的权力

1265年,西蒙·德·蒙德福特号召组成一个由两个议院组成的议会,而这两个议院分别是上议院(即之前由贵族和主教所组成的大会议)和下议院。下议院由爵士们和有选举权的

138

市民组成。爵士在每个郡县都有两个名额，而有选举权的市民则来自每个有自治权的市镇或区，名额同样也是两个。后来，另一名成功的统治者爱德华一世（1272年~1307年在位）改革了英国的法律和政治，并创建了模范议会，将来自全国的更多代表包括进来。但是，国王依然大权在握。1388年，反对理查德二世的会议（残忍议会的主谋）出现，并废除了国王的一些权力。

随着时间的推移，议会的权力逐渐得到加强。下议院逐渐获得了越来越多的权力，不过议会依然只代表着有钱阶级。到了20世纪，真正的议会民主才迎来了春天。

大事年表

1215年 约翰王非常不情愿地在《大宪章》上盖下了他的玉玺
1216年 约翰王去世。他年仅9岁的儿子即亨利三世登上王位
1225年 《大宪章》成为英国的法律
1227年 20岁的亨利三世开始了他的统治时期
1258年 法律改革开始，《牛津条例》面世
1265年 西蒙·德·蒙德福特召集议会
1272年 爱德华一世成为英国的国王
1295年 爱德华一世的模范议会组建
1307年 爱德华二世成为英国的国王
1388年 残忍议会出现

↑这是亨利三世于1216年被加冕为王时的纪念图画。他统治了55年，但是他失去了作为国王的很多权力，因为他并不是一名优秀的统治者。他更感兴趣的是艺术和教堂建筑等领域。

←西蒙·德·蒙德福特，是一名诺曼底男爵，后来成了莱斯特的伯爵。在1264年~1265年，他实际上代表国王统治着整个国家。

国王　皇后　　主教　封建领主　贵妇　骑士　商人　修女　　农民

↑以上这些是当时社会的不同阶级人士，并按照权力顺序来排列，国王排在第一位。其中人口数量最多的是农民，但他们根本没有任何权力。个别封建领主和牧师对农民还算公平，并允许他们提出自己所关心的事情，但这是很少见的。

□世界历史百科全书

中世纪的宗教 1100年~1500年

在中世纪，全世界范围内的宗教机构开始变得越来越有权力和影响力。这带来了史无前例的好处，但同时也带来了腐败与堕落。

↑圣方济亚西西（1182年~1226年）将毕生的精力都用来帮助穷人和病患者。1210年，他创建了圣方济小兄弟会。两年之后，他又建立了修女会（又称"贫穷佳兰"），这是专门为妇女而设的"兄弟会"。

↑圣方济亚西西热爱大自然，据说他可以跟动物们交谈。他对小生物的同情心和关切爱，是十分有名的。

到1200年的时候，即使是最新的宗教，也已经有了500多年的历史。各大宗教有着其各自的主要机构，并依照每个国家的不同传统来建造。在很多地方，人们的日常生活越来越困难，而那些并没有经历过这些苦难的人，则往往会陷入腐败、堕落的犯罪之中。很多信仰宗教的人开始感受到，遁世的好处似乎更多一些，因此他们开始变成隐士、修道士或修女来专心崇拜各自的神明。这也使修行社区吸引来了很多人。这些人的修行传统以及他们的严厉戒规和单调生活规律，有增无减。这些寺庙圣地同时也为当地人民提供医疗保健、教育、就业以及避难的场所。他们鼓励朝圣者，并在朝圣者身处困难的时候提供正面的帮助。

宗教权力

神职人员无论在宗教界，还是在政治领域，都有一定的影响力。在欧洲，罗马教皇和诸位国王之间、牧师和封建领主之间，都存在着一定的敌

↑这是在罗马地区的圣彼得教堂，从其外观来看，是中世纪时期的建筑物。建造于325年罗马时代的这座教堂，成为罗马教皇的"总部大楼"，其于1506年被拆除，被一座更加宏伟的文艺复兴教堂取代。

对关系。甚至在某些时候，罗马教皇之间也会存在着相互之间的竞争关系。教会开始腐败，牧师布告以及对罪恶的宽恕，都可以用钱买到。

在世界各地，很多人只是朴素地去信奉上帝，但是从未受过正统的宗教教育。在欧洲，宗教的传教文字是拉丁

骑士制度

12世纪，封君与封臣的关系受到骑士制度准则的约束。骑士被认为是诚实、忠诚、勇敢和力量的象征。他必须服从领主、保护教会、尊重女士和参加十字军。骑士要在比武大会上进行竞技，从中获得战争锻炼。歌颂像亚瑟王这类英雄的高尚事迹的"武功歌"有助于传播骑士的理想，而游吟诗人创作的"爱情诗"则歌颂了骑士优雅的爱情。生活在普瓦提埃宫廷的阿基坦的埃莉诺，就以创作"爱情诗"而著称。

↓在中世纪早期，数以千计的教堂在欧洲全境建造起来。这些教堂中没有家具，所以人们不得不在进行宗教仪式的时候一直站着。

中世纪

↑这是位于西班牙的科尔多瓦的一座寺庙，是有史以来最为华丽的地球建筑物之一。该寺屋顶被一千根柱子支撑起来，这也是热带气候地区建筑物的一个重要特色。

↑寺庙在很多国家纷纷建造起来，从非洲一直到印度，甚至在中国的部分地区。这些是基尔瓦地区寺庙的废墟遗迹，基尔瓦位于非洲东部海岸线的沿岸地带，当时还会与津巴布韦进行贸易活动。

文；而在印度，宗教的传教文字则是梵语，那里的多数人根本就不懂梵文。

朝圣活动非常重要。在世界各地，大寺庙、天主教堂、基督教堂等都被建造起来，其中一些堪称当时最为精美的建筑。

宗教和文化

在中世纪，伟大的思想家处于活跃期。学者大家如德国的迈斯特尔·埃克哈特、意大利的阿奎那、埃及的迈蒙尼德和伊本·阿拉比、印度的拉马努金和日本的道元禅师，都在左右着那个时代人们的思想。宗教成为人们日常生活不可或缺的一部分，并影响着艺术和科学、医药学、政府和社会等。其构成了世界上很多文化的核心内容。一些人认为在宗教节日进行祈祷是完全正确的事情，但是也可以在别的时间里面打破这个规则。一些寺庙和教堂开始变得越来越有钱和腐败，所以很多人开始怀疑他们对信仰本身的忠诚度。

↑羽蛇神奎兹尔科亚特尔，是托尔特克人、玛雅人和阿兹特克人共同尊奉的一位神灵。他是一位与带来文明和学识有关的神灵，并且是牧师的保护神。

→这是一座位于中国西藏地区的佛教寺院。

141

中国：元朝 1206年~1368年

1206年春，铁木真建立了强大的蒙古汗国，不断向外进行军事征服，势力范围延伸至中亚和欧洲的广大地区。

1271年，忽必烈定国号为元，次年迁都大都，后又南下攻灭南宋，结束了中国多政权并立的局面。

元朝的统治

忽必烈仿效宋朝的规定，又略加变更，定官制、修都城、兴礼乐，制定了一系列典章制度。元朝在水陆要道修建驿站，农业与手工业也逐渐得到恢复，某些边疆地区注意兴修水利，科学文化继续发展，海外贸易与中外文化交流有所扩大。

行政方面，元建立了一套中央集权的统治机构。元改三省制为单省制，中央设中书省，总理全国政务；枢密院掌军事；御史台司监察；另外，设通政院管驿站；将作院管工匠；集贤、宣政二院管宗教事务等。

元朝在地方设行中书省，全国分为岭北、辽阳、河南、陕西、四川、甘肃、云南、江浙、江西、湖广10个行省，分辖路府(州)、县。岭北(漠北蒙古)、辽阳(东北)、甘肃、云南四个行省的建立，是元朝的创举，大大加强了中央对边疆的统治。澎湖、台湾则设巡检司，属浙江行省泉州路同安县管辖。行省制度的确立，是中国历史上政权机构的一项重大变革，它从政治制度上巩固了国家的统一，使中央集权在行政体制上得到了保证。

蒙古族人征服史

1205年~1209年，成吉思汗征服了西夏国，从1211年起，又开始了征服金国的战争。

1218年，他打垮了屈出律。屈出律是原乃蛮汗之子，逃亡后，篡夺了地跨天山山脉的黑契丹的统治权。

1220年~1221年，成吉思汗征服了花剌子模王朝的领地(除花剌子模以

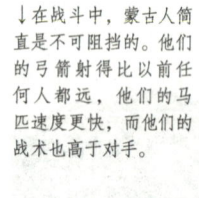

↑成吉思汗(约1162年~1227年)是一名伟大的领导者。

↑这是一幅波斯细密画，中央为成吉思汗。成吉思汗以其高超的政治手段和猛烈的征服使蒙古各部落第一次统一在一起。

↓在战斗中，蒙古人简直是不可阻挡的。他们的弓箭射得比以前任何人都远，他们的马匹速度更快，而他们的战术也高于对手。

中世纪

↑ 蒙古人是游牧民族，他们来自寒冷的蒙古大草原，并居住在活动的圆顶帐篷里面。圆顶帐篷是一种较大的圆形帐篷，由兽皮或布匹制作而成。他们放牧牛群、羊群以及马群等。甚至在他们战斗的时候，他们的军队也会待在圆顶帐篷的外面随时待命。

外，还包括粟特、吐火罗和阿富汗）。

1227年成吉思汗去世后，朝鲜于1231年被征服，对金的征服也于1234年完成。

1236年~1241年的一系列战争，又为蒙古汗国增加了欧亚大平原的整个西半部，还有伏尔加河畔的保加利亚人以及俄罗斯各公国（仅诺夫哥罗德、普斯科夫和加利西亚除外）。

1243年，拉姆的塞尔柱人被击败，并成为蒙古人的属国。

开始于1251年的对宋朝的征服，于1279年完成。与此同时，南诏于1253年被吞并，越南北部（一度）于1257年~1285年被吞并。

伊拉克和伊朗的西南部在1256年~1258年被成吉思汗的孙子旭烈兀征服。

↗ 在战斗中，蒙古人穿着由皮革和铁器制作而成的轻装战甲。他们的速度很快，而且打起仗来勇猛无比，所以他们的多数对手都因为害怕而直接放弃战斗。

← 从很小开始，蒙古族小男孩便会练习射箭和摔跤。

蒙古人的运动

蒙古人都喜爱骑马、摔跤和射箭等运动。大可汗会鼓励这些运动的开展，并将其作为培养战斗技巧、发现智勇双全战士的一种渠道。那时有很多不同的运动竞赛，如果在这些比赛中获得胜利，就可以获得在军队中的直接晋升。运动也可以培养团队协作能力，而这恰恰是蒙古人最为擅长的一项技能。

← 蒙古人完全接受了古代波斯人的马球游戏。

143

□世界历史百科全书

阿兹特克人和印加人 1100年~1500年

在短短100多年里，美洲便崛起了两种伟大的文明：秘鲁的印加帝国和墨西哥的阿兹特克帝国。

根据传说，阿兹特克人最早来自于墨西哥北部。然后在1168年，在神灵惠齐洛波契特利的引导之下，他们向南方迁徙。他们最终在墨西哥的山谷中定居下来，并建立了农牧社区。大约在1325年，在一次战争中，他们又搬迁到德斯科科湖一座岛屿的安全地点，而这就是如今墨西哥城的所在地。

↑惠齐洛波契特利是阿兹特克人的神灵。有时，该神被描绘成一条蛇。这个雕像是由木头制作的，并装饰着很多绿宝石。

→大神庙位于特诺兹提朗城的中心。金字塔的顶端是两位神灵，即雨神特拉洛克和惠齐洛波契特利的祭祀神殿，其前方的纪念碑是专门用来祭祀羽蛇神奎兹尔科亚特尔的。

↓特诺兹提朗城位于德斯科科湖的中心，可以通过堤道与陆地相连。在整个城市之中，有着网状的人工运河群。

↑阿兹特克帝国和印加帝国，分别在北美洲和南美洲独立发展起来。到16世纪初期，他们都已经扩张了疆域，并产生了更大的影响力。

特诺兹提朗城

阿兹特克人在德斯科科湖创建了一个花园岛屿，并在岛上种植作物。他们也开始建造一座大城市，并称之为"特诺兹提朗城"。该城防守起来更加容易，因为只能通过阿兹特克人在湖边修建起来的堤道（加高的行道）才能达到城内。阿兹特克人在墨西哥全境内进行贸易活动，而他们的男性成员则为了获取报酬而去其他城市的军队效力。在他们的领袖即伊兹科阿图的统治之下，阿兹特克人开始征服这些邻近城市，最终建造了阿兹特克帝国。而该帝国于1500年早就横跨了整个海岸线。

印加帝国

根据传说,曼科·卡帕克及其姊妹玛玛·奥克略,才是印加帝国的第一批真正统治者。印加人居住在安第斯山脉高处的一个山谷里面,即现在秘鲁所在位置。在那里,他们建造了一座名叫"库斯科"的城市,还有其他城市,比如马丘比丘。"库斯科"的意思有两个,一个是"海军的"意思,另一个是"世界中心"的意思。在200多年中,印加人世代居住在那里,过着与世隔绝的日子。但是,在帕查库提(1438年~1471年)这位英明将军兼皇帝的统治期间,印加人开始了一段新的征服史。到1500年的时候,他们已经创造了一个庞大的帝国。

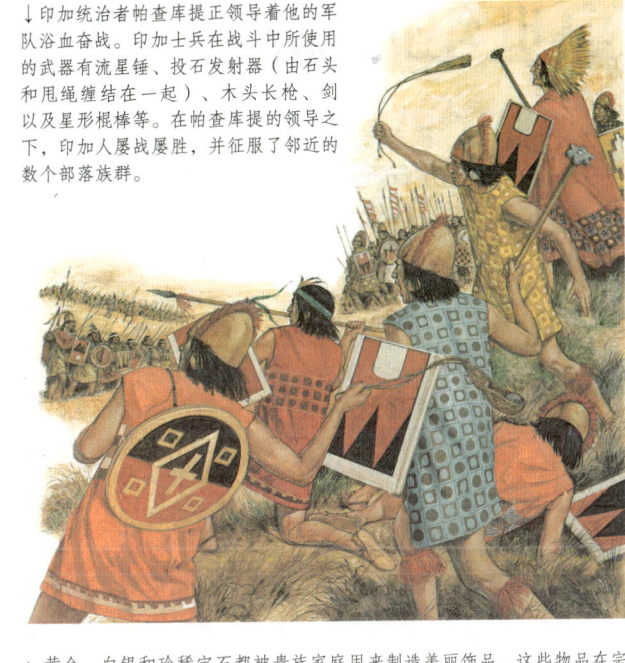

↓印加统治者帕查库提正领导着他的军队浴血奋战。印加士兵在战斗中所使用的武器有流星锤、投石发射器(由石头和甩绳缠结在一起)、木头长枪、剑以及星形棍棒等。在帕查库提的领导之下,印加人屡战屡胜,并征服了邻近的数个部落族群。

←黄金、白银和珍稀宝石都被贵族家庭用来制造美丽饰品。这些物品在宗教仪式上也扮演着一定的角色。

马丘比丘

马丘比丘是一座非常有名的印加山顶城市,由于其隐藏得比较深,所以在1911年刚刚被重新发现。在安第斯山脉高处的这座城市,是印加人抵抗入侵者西班牙人的最后一道防线。其在建造时使用的石头具有精确的契合度,因此没有使用任何灰泥。马丘比丘也是一个宗教中心,还有一个天文观测站。

中世纪的探险家们   1270年~1490年

在中世纪,很多敢于冒险的人前往遥远的异乡,进行危险的长途旅行。这些新的冒险促进了贸易的发展,并扩展了政治影响力。

↑航海家亨利王子(1394年~1460年)专门负责位于摩洛哥的休达城,这使他对海船越来越着迷。他资助过数次海上探险,而且还推动了新型船舶即轻型多桅帆船的建造。他鼓励制作更加精确的地图,并努力发明航海用的各种仪器。他当时所训练的船员,是第一批从事海上远洋航行的欧洲人。

最早的中世纪探险家当属维京人,他们去过遥远的美洲、摩洛哥以及巴格达。关于中亚地区的最早文献记录,是由一名圣芳济会的行乞修道士约翰·迪皮安·德尔·卡尔皮内撰写的,他是于1245年代表罗马教皇英诺森四世来拜访蒙古可汗的。最知名的欧洲旅行家是马可·波罗,这位年轻的威尼斯人曾经千里迢迢去拜会中国的忽必烈皇帝,并在那里工作了很多年。于1295年返回故土之后,他将自己的旅行经历撰写成一篇篇生动的回忆录。

在1325年至1350年期间,一位名叫伊本·巴图塔的摩洛哥律师,旅行至俄国、中亚、印度、中国南方以及非洲地区等,并写下了他旅途中的各种见闻。1405年至1433年,中国明朝永乐皇帝派遣郑和下西洋。他的舰队航行到印度尼西亚、印度、波斯、麦加以及非洲东部等,并建立了很多

↑骆驼商队让旅行者和商人穿过非洲和亚洲地区的沙漠地带,并使他们中的一些人成为中世纪时期最资深的旅行者。

外交关系,同时也将中国的政治影响力扩展到亚洲海域。郑和给皇帝带回了很多礼物,其中包括辣椒和域外新奇动物等。

航海家亨利王子

亨利是葡萄牙国王的一名子嗣。在21岁时,亨利便在摩洛哥发现了宝藏,而这些宝藏可以从西非的桑海帝国和塞内加尔通过陆地运送出去。当时他十分好奇,想知道这些地方究竟能否通过海运到达。因此,在1424年至1434年,亨利专门雇佣了一些葡萄

←忽必烈派遣马可·波罗进行过不同的冒险旅行。旅行途中,他们曾经在营火中加入竹子当燃料,结果其产生的劈啪声响把马给吓坏了。不过,这种声响也吓走了在晚上出没的野兽。

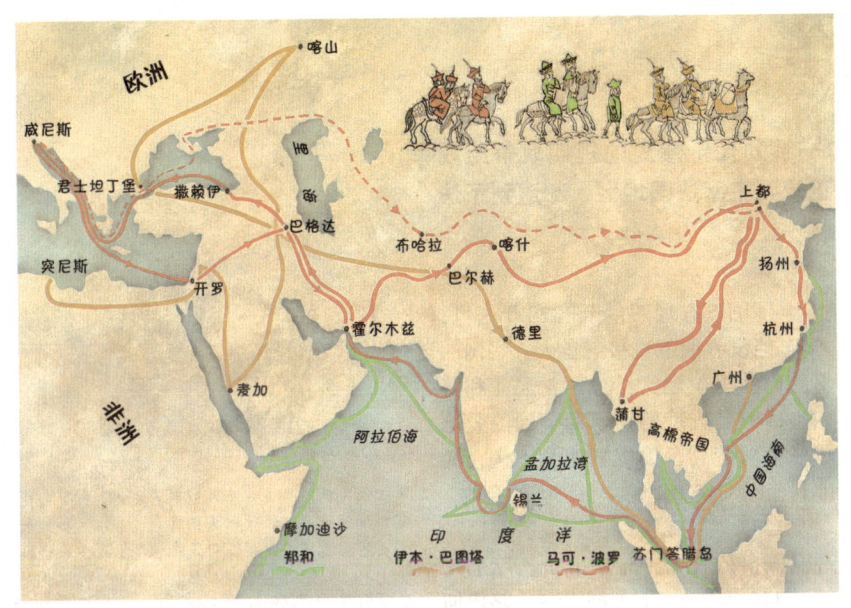

中世纪

←中世纪旅行者的惊人旅行，来回长达数千千米。在这些旅行者当中，最伟大的旅行家便是马可·波罗、伊本·巴图塔和中国的郑和。

↑伊本·巴图塔（1304年~1368年）是一名来自北非地区的旅行家，他曾写下自己各种旅行的回忆录。他到过非洲和俄国，也到过摩洛哥和印度，还通过海路去过中国南方。他的故事，是所有中世纪旅行者撰写的文献中最为准确可信的，也是最为实用的。

↑马可·波罗离开威尼斯大约有25个年头。他前往中国去旅行，历时4年之久。他的返回旅程先是从海上，即从中国回到波斯，然后又经过陆地，一共花了3年的时间。当他在中国的时候，他替当时的可汗担任过地区总督和使者的职务。可汗对很多外国人持欢迎态度，而且他发现欧洲人是最不同寻常的，堪称域外来客。

↑马可·波罗第一次访问中国的时候是跟他父亲一起的，他父亲是一名威尼斯商人。他在中国待了更长的时间，在忽必烈的朝廷中担任一定的官职。

✓郑和率领的平底帆船航海大舰队，是专门为他的探险旅行打造而成的。在第一次航海旅行中，他的探险舰队是由62艘这样的平底帆船组成的。

牙航海船员来探索非洲海岸线。在船员许多新发现的鼓动之下，亨利在葡萄牙的萨格里什修建了一座航海学校，专门为将来探索发现的航海旅行训练船员。

亨利王子于1460年去世之后，葡萄牙探险家已经到达今天的塞拉利昂地区。亨利的探险事业激励了后来的葡萄牙探险家，他们也开始航行到更远的西非海岸线地区，并试图寻找到一条通往印度和远东的航海线路。现在，整个世界已经处于国际联系大扩张的边缘。

147

□ 世界历史百科全书

百年战争 1337年~1453年

百年战争是由一系列代价惨重的短期战争组成的，起因是英国国王想要主宰法国地区，却遭到了法国人的奋起反抗。

↑约翰·冈特是爱德华三世的爱子之一。在作为他侄子理查德二世的摄政者期间（1377年~1386年），他是英国权力最大的人。

法国国王查理四世于1328年去世，他没有留下直接继承人。法国的男爵们将王位转交给他的堂兄菲利普六世，但是查理的侄子即英国的爱德华三世对菲利普的继任表示不满，而菲利普则没收了爱德华在法国的土地。

1337年，战争终于爆发。在这场冲突发生的初期（这场战争实际上延续了116年之久），英国人在史路伊斯的英国海峡击败了一支法国舰队。接着，这些英国人又侵占了法国，并在克雷西取得一场关键性战役的胜利，占领了加来。双方都耗尽了钱财，不得不同意休战，从1347年一直持续到1355年。1355年，新一轮英国侵略战争再次爆发，这次是在爱德华三世的继承人"黑太子"爱德华领导下

↑英国人的长弓（左）可以射得更远，并且要比以前的速度更快。法国人的弩箭（右）则要比长弓更容易装好并发射，但是在速度上要慢一些。

发动的。他在普瓦捷打了一个大胜仗。1360年，《布莱提格尼条约》将法国的大部分领土割让给了英国。

小国王和休战协定

在14世纪60年代后期，法国和英国的王位都是由年幼的太子来继承的，一个是法国的查理六世，另一个是英国的理查德二世。理查德的叔父

↑威尔士王子爱德华，是理查德二世的父亲。他还有一个绰号唤作"黑太子"，这是拜他身上所穿的那套黑色盔甲所赐。

→爱德华三世于1346年入侵法国。他的万人大军以两倍于对方的人数优势击败了一支法国军队，地点就在克雷西。英国人的长弓轻易地穿透了法国人的弩箭。

148

阿金库尔战役

阿金库尔战役发生于 1415 年,英国人在战斗中大获全胜。亨利五世带领着近 900 名重骑兵和 3000 名弓箭手,而法国人则至少有着三倍以上的重装部队,但是法国在领导和组织上存在严重问题。

约翰·冈特(1340 年~1399 年),代替小皇帝执政。1396 年,理查德二世与查理六世的女儿伊莎贝拉结婚,一个长达 20 年的休战协定也因此达成。

昂贵战争的结束

长时间的休战期之后,战争终于在 1415 年再度爆发。爱冒险的英国国王亨利五世(1387 年~1422 年),再次发起夺回法国王位的国家誓言。英国继续占领着加来和波尔多的部分地区。亨利占领了诺曼底的哈弗勒尔,并痛击了在阿金库尔地区的法国人。接下来,亨利又占领了法国北部的多数地区,成为查理六世的继任者,并于 1420 年继承了法国的王位。同时,他与查理的女儿即瓦卢瓦的凯瑟琳结婚。在短短 15 个月之后,亨利便撒手人寰。他的王位留给了他尚在襁褓之中的幼子,亨利六世。而查理六世也在不久之后与世长辞。

为了表示对国家誓言的拥护,亨利的叔父即贝德福德公爵约翰围攻了奥尔良(法国中部城市)。法国士兵在一名年仅 17 岁的农家女孩即圣女贞德的带领之下,成功守住了这座城市。贞德号称自己看到了幻象,并听到了让她去解放法国的天国之音。她将尚未加冕的新国王查理七世顺利护送到了兰斯进行加冕仪式。但是,贞德不久之后便在巴黎遭遇败仗,并被勃艮第人擒获。这些勃艮第人将她卖给了英国人,最后被英国人当作女巫活活烧死。在之后的几年内,零星的战斗时有发生。1453 年,法国人重新夺回他们的领地,并结束了战争,只有加来地区依然归英国人支配。这本来是属于国王们之间的战争,却让两国的老百姓为之付出了沉重代价。

大事年表

"(英)"代表英国胜出
"(法)"代表法国胜出

1340 年	史路伊斯战役(英)
1346 年	克雷西战役(英)
1347 年	加来战役(英)
1356 年	普瓦捷战役(英)
1372 年	拉罗舍尔战役(法)
1415 年	阿金库尔战役(英)
1428 年	奥尔良战役(法)
1450 年	弗米尼战役(法)
1451 年	波尔多战役(法)

↑ 年仅 17 岁的圣女贞德(1412 年~1431 年),在法国最为黑暗的时刻,带领着法国人誓死抵抗英国的侵略。英国人指责她为女巫,因为她声称自己有过幻觉,并听到了呼唤她去将英国人驱逐出法国的天国之音。

↓ 这是 1431 年圣女贞德被烧死前的情形。400 多年之后的 1920 年,她被封为圣徒。

黑死病 1347年~1351年

黑死病是人类历史上最为严重的灾害之一，它直接导致了中东以及欧洲地区约 1/3 人口的死亡。

↑黑死病是由老鼠身上的跳蚤来传播的，它可能是从西南亚的某个地方开始传播扩散开来的。

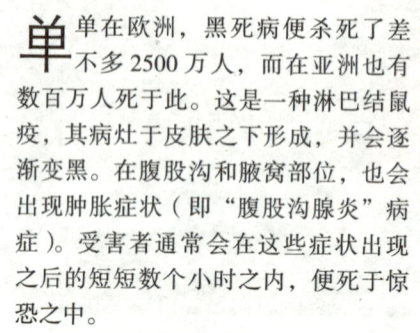

单在欧洲，黑死病便杀死了差不多 2500 万人，而在亚洲也有数百万人死于此。这是一种淋巴结鼠疫，其病灶于皮肤之下形成，并会逐渐变黑。在腹股沟和腋窝部位，也会出现肿胀症状（即"腹股沟腺炎"病症）。受害者通常会在这些症状出现之后的短短数个小时之内，便死于惊恐之中。

这一瘟疫是由老鼠身上的跳蚤传播的，不过这些跳蚤也可以在人的身上存活。后来，黑死病逐渐发展成一种肺炎传染病，并直接从人到人传染，途径是人体接触或者喷嚏飞沫。

这种疾病的进一步传播，从缅甸开始，经过中亚地区，沿着丝绸之路来到巴格达和蒙古军队控制的克里米亚半岛。

↑欧洲城镇十分污秽肮脏，街道上的垃圾、老鼠和人体排泄物随处可见。人体垃圾都直接扔出窗外，并被踩在脚下。基本卫生意识的缺乏，是当时黑死病传播如此之快的最主要肇因。

1347 年，该疾病通过海船来到意大利的热那亚地区。紧接着，黑死病同时向西和向北传播，并于 1248 年抵达巴黎和伦敦。当时根本没有抵御的办法，而且不论贫贱富贵，黑死病都照"杀"不误。

黑死病的直接影响

黑死病摧毁了整个地区：房子里面空无一人、村落和城镇被弃、从事

↑老鼠在房子、船舶以及食物储藏室中都随处可见，因此黑死病可以快速传播。

↑从当时的艺术领域来看，黑死病被描绘成在马背上疯狂挥鞭的一具骷髅。

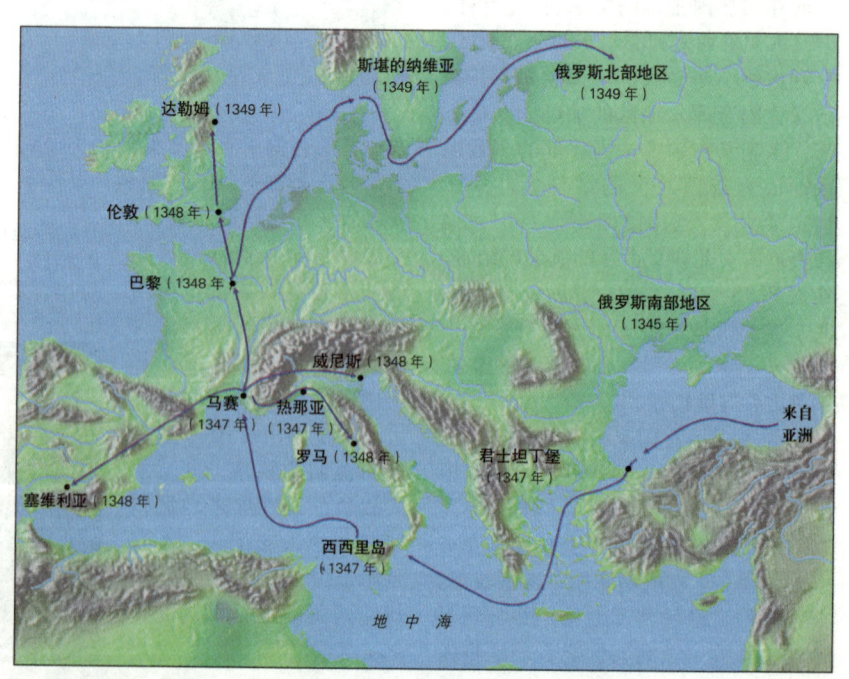

→黑死病从热那亚地区开始，迅速传播到欧洲全境。一些地区，比如爱尔兰和法国的部分地区，只失去了 10% 的人口，但是其他地区，比如意大利北部、英国东部和挪威，则有 50% 的人丧命。

某种贸易的商人甚至是整个地区的人全部被扫地出门。巴格达和麦加成为空城。田野里堆满了没有来得及埋葬的尸体，因为医生、牧师和专门负责埋葬尸体的人本身也已经命丧九泉。欧洲的社会和经济都一落千丈。

黑死病的长期影响

　　黑死病的传播十分广泛，它甚至摧毁了很多人对上帝的信仰。因为对他们来说，黑死病似乎是毫无逻辑的，无论好人、坏人，它都统统"杀无赦"。农场被荒废，教堂里空无一人。在黑死病刚发作的时候，欧洲还往往有着过剩的劳动力和低廉的工资水平，但是劳动者的突然短缺造成了劳动力工资的突飞猛涨。很多农村人都搬迁到空荡荡的城镇，并在第一时间去赚实实在在的血汗钱。早已奄奄一息的封建制度终于土崩瓦解，起义之声也四处响起。在下一个一百年的时间里面，很多事情都发生了急转直下的变化。中世纪时期，为另一个更具颠覆性的新世界的到来铺平了道路。

↑人们焚烧了死者所有衣物，以期阻止瘟疫的传播。但是，这种做法并不见效。因为，这种疾病通过老鼠身上的跳蚤传播，而这些老鼠跳蚤在当时无处不在。

←必须在很短时间内处理掉因黑死病而死的人的尸体，就算人们还沉浸在痛失亲人的悲恸心情之中也不例外。当时的传令员会去大街小巷四处呼喊着："各家各户把死者遗体搬出来！"

→在晚上，瘟疫手推车上载满了尸体。这些尸体会被带走，并被马上埋掉。黑死病之所以在城镇传播得非常之快，是因为那里的住房太拥挤，同时还缺乏卫生条件。即使是那些与世隔绝的修道院也不能幸免于难，因为那些受到感染的人会去那里求助，疾病就这样传播到那里了。

□世界历史百科全书

中国：明朝 1368年~1644年

在一个较长时期的运动之后，蒙古人被逐出了中原。紧接着，中国出现了长达150年的和平和繁荣时期，而这就是明朝。

忽必烈于1294年去世，继任者是一连串弱不禁风的元朝皇帝，还有就是饥荒和其他自然灾害。最后一个元朝皇帝是元顺帝，他是一个十分残暴的统治者。老百姓早已受够了元的统治，朱元璋在这个时候揭竿而起。朱元璋曾经当过和尚，而且在最穷困潦倒的时候还当过乞丐。

在一场长达13年的战事之后，朱元璋终于攻入北京城，登上了王位。他建立了明（"光明"之意）朝，并自封为明朝洪武帝。他将首都搬迁到南方，并定都于防御坚固的南京城。洪武帝统治中国长达30年，同时也抵御住了蒙古人的再度入侵，而且还恢复了正常秩序和原有的繁荣景象。

洪武帝将其王位直接传授给他的孙子建文帝。但是，在4年之后即1403年，建文帝被他的叔叔朱棣推翻。而朱棣则变成了后来的永乐皇帝

↑洪武帝（1328年~1398年）重新组建了中国的政治体制，并创建了专门用来培训封建官吏的学院机构。

↘在北京城内，明朝皇帝永乐帝建造了紫禁城，仅供皇帝及其家眷使用。这是皇城之中的一座典型建筑物。

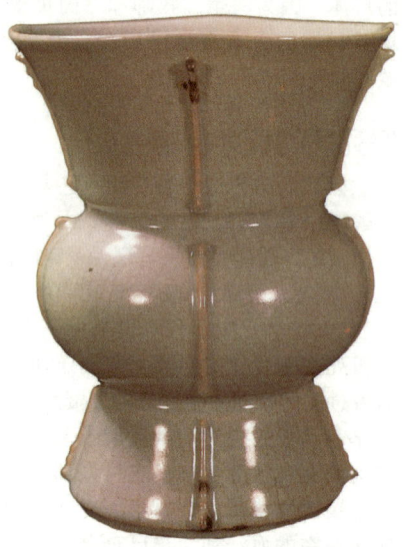

↑在宋朝和元朝，艺术、文学和陶器等都得到了很大的发展。这个花瓶展示了明朝艺术另一个巅峰时期的到来。

（1360年~1424年）。

明朝的和平

在永乐帝时期，明朝走向强大。永乐帝在位的时间是1403年至1424年，在此期间，道路、城镇以及人工

运河等，都被重新建造。当迁都到北京城后，他又在紫禁城内修建了宫殿和寺庙等建筑。

明朝的文学和艺术得到了繁盛的发展，贸易和工业也得到了政府的鼓励。郑和被派遣进行远距离的海上航行，他前往印度和非洲等地区。

但是在永乐帝之后，中国失去了对其他国家的兴趣。很多中国人开始在东南亚地区定居，并开始形成日益增长的"中国贸易"。政府管理也逐渐提高，除去一些海盗攻击和蒙古人入侵的问题之外，明朝迎来了一个世纪之久的繁荣时期。

自1517年，葡萄牙以及其他欧洲人都来到了中国的海岸线，主要在广州地区从事贸易活动。

16世纪晚期，出现了一堆无能的皇帝，此时的明朝边境线也时常受到攻击。贸易下滑、腐败滋生、盗贼四起，而且还发生了较大的饥荒和一场大起义。起义军最终占领了中国的多半领土，而明朝也于1644年终结了。

↑风景园林在中国和日本地区逐渐发展成为一种非常特殊的艺术形式。在这种精致的中国风格装饰园林之中，水是一个十分重要的构成元素。

大事年表

1353年~1354年 黑死病在中国全境爆发
1368年 朱元璋创建明朝
1403年~1424年 明朝皇帝永乐帝的统治时期
1517年 第一批欧洲商人抵达中国南方
1552年~1555年 在中国的海岸线，海盗发动了对往来船舶的大规模袭击
1582年 腐败滋生、衰落渐长
1592年 日本人入侵朝鲜，威胁到中国的边境安全
1644年 明朝覆灭

↑这是一个明朝时期的画笔筒，是由雕漆制作而成的。雕漆是一种比较浓的清漆，可以在木头上涂上好几层。其装饰效果坚固，所以成为中国人经常使用的一种原材料。

↓在明朝，山水风景画也得到极大发展。这幅经典的明代山水风景画出自唐寅之手，题目是《梦仙草堂图》。

君士坦丁堡 1204年~1453年

拜占庭帝国持续了1000年的时间。最终，奥斯曼土耳其人实实在在地站在了君士坦丁堡门前的台阶上。到1453年的时候，他们已经彻底征服这座城市。

↑拜占庭在君士坦丁堡的圣索菲亚大教堂，在奥斯曼人于1453年接管之后，为其增加了数座尖塔。

拜占庭是君士坦丁堡这一座城市的帝国。在其统治主宰的后几个世纪中，外来力量越来越靠近这座城市，而拜占庭的领土疆域却与日俱"减"。拜占庭人逐渐失去了核心。1204年，法兰克和诺曼底的十字军占领了拜占庭，并将其重新命名为"拉丁帝国"。希腊的拜占庭人于1261年重新夺回了这座城市，但是拜占庭帝国的辉煌一去不复返。一系列的内战也削弱了拜占庭帝国的力量。

↑这是一名古时土耳其苏丹的禁卫军，穿着特定礼仪的服装。禁卫军在当时是奥斯曼军队中的精兵强将。

奥斯曼土耳其人

大约在1070年，塞尔柱土耳其人已经进入了安纳托利亚地区，并在那里建立了鲁姆苏丹国家。而在1240年左右，蒙古人将其摧毁，又到了1280年，奥斯曼土耳其人开始在君士坦丁堡的东南地区定居下来。奥斯曼人很快建立起他们的帝国，并将这座城市包围起来，纳入了欧洲的版图。在那里，他们于1361年占领了阿德里亚堡，并将其确定为他们的首都。帖木儿于1402年击败了他们，但是从1430年开始，奥斯曼人又继续着他们向欧洲地区扩展的计划。

到1450年，奥斯曼人开始控制着希腊、波斯尼亚、阿尔巴尼亚以及保加利亚的多数领土，并试图趁机征服匈牙利地区。拜占庭帝国剩下来的只有君士坦丁堡这座孤零零的城市。

1453年，土耳其人对这座城市发起了最后一次猛烈攻击。最后一任

↓成群结队的公牛和数以千计的奥斯曼土耳其士兵，拖拽着70艘大型划船从一块颈状滩地经过，并进入了君士坦丁堡附近海域的一片不受保护的延伸地带。他们就这样顺利通过了拜占庭的海上防御，并对这座城市进行了围攻。

中世纪

←这是一幅来自罗马尼亚摩尔多维察修道院的壁画作品，描绘了奥斯曼人于1453年围攻君士坦丁堡的场景。这是拜占庭帝国长达1000年历史的最后谢幕时刻。

↑攻陷君士坦丁堡的土耳其苏丹是奥斯曼，他是最有成就的苏丹之一。他受过良好的教育，并建造了很多公共建筑，还重新让伊斯坦布尔聚集了来自帝国各个角落的人们。

拜占庭皇帝君士坦丁十一世的兵力是1万人，而土耳其的兵力大概是在10万到15万人。这些土耳其人甚至将他们的70艘船只从陆地上拖行而过，并通过了君士坦丁堡的外海防御，这样就起到了突袭的效果。在坚强城墙的保护之下，拜占庭人防守了54天，但是在最后，土耳其精锐部队还是占领了这座城市，并结束了拜占庭帝国。

伊斯坦布尔

拜占庭帝国早已孕育出了杰出的中世纪文化。其衰落的过程也是逐渐缓慢的。它从一支庞大力量转变成了一个拥有一段漫长历史的小国家，虽然其并没有太多的未来。

取代拜占庭的奥斯曼土耳其人，希望能够染指欧洲的版图。他们中的很多上层人士，都在被俘获后成为欧洲人。奥斯曼人占领了拜占庭帝国的传统领土疆域，比如巴尔干半岛、黑海、安纳托利亚以及叙利亚等地，同时也侵略了其他许多土地。在土耳其军队于1453年占领了君士坦丁堡之后，这座城市的名字被改成"伊斯坦布尔"，但是这里的生活依然跟以前一样继续着。

大事年表

1070年 塞尔柱人击败了拜占庭人，并占领了安纳托利亚地区

1204年 十字军占领了君士坦丁堡

1243年 蒙古人摧毁了塞尔柱人的鲁姆苏丹国家

1261年 拜占庭人重新夺回君士坦丁堡

1280年 在安纳托利亚的奥斯曼人进一步搬迁到君士坦丁堡附近

1389年 奥斯曼人在科索沃地区击败了塞尔维亚人

1391年 奥斯曼人在亚美尼亚地区击败了欧洲的十字军

1453年 君士坦丁堡最终覆灭

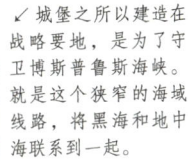

↙城堡之所以建造在战略要地，是为了守卫博斯普鲁斯海峡。就是这个狭窄的海域线路，将黑海和地中海联系到一起。

□世界历史百科全书

艺术 1101年~1460年

在这段历史时期中，艺术得到了巩固和进一步的提高。中世纪早期的发明和创造，都得到进一步的发展和深化。

在中世纪晚期，艺术创造性地在全世界范围内呈现百花争艳的景象。中世纪时期的艺术和音乐都得到发展，并对过去500年所创造的风格和技术进行了完善与提升。此时，出现了更加宏伟庞大的建筑物，比如基督教堂等。更多具艺术风范的作品产生，而且也涌现了日益增加的支持者。比如说，有钱人会花钱购买各种艺术作品，并会积极资助艺术家们。

中国唐宋的艺术品，在元朝和明朝得到了新的艺术升华。陶瓷、文学、音乐、戏剧、山水风景画以及园艺、漆器、雕刻等，进入全面繁荣的时期。

在日本，当地的风格取代了在更早时候进口并被接受的中国风格。相比较而言，托尔特克人和阿兹特克人则直接全盘吸收并改造了来自更早时期迪奥狄华肯和玛雅人的艺术风格。在欧洲，多数艺术和音乐都是为教会而创作的，包括彩色玻璃、挂毯、织锦以及合唱音乐。从14世纪到15世纪，一些在私底下辛勤创作的艺术家，开始创作现实主义风格的绘画作品。

在欧洲，有很多基于圣经故事或者传统神话传说的神秘剧。而在诗歌方面，内容大多是关于英雄人物的，比如查理曼和亚瑟王之类。杰弗里·乔叟撰写了以求爱故事和普通老百姓为主要内容的文字作品。更多的大众读者可以接触到各种书籍，因为这些书籍都是用当地语言而非原来的拉丁文写成的。

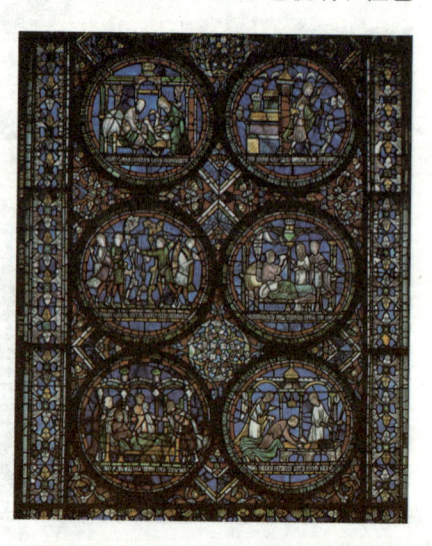

↑欧洲的每一个贵族家庭都拥有专属于自己的盾形纹章。

↑这是一个瓷釉圣骨匣，其表面装饰描绘了一个故事场景，即圣托马斯·贝克特是如何于1170年在坎特伯雷大教堂中被人谋杀的。这个瓷釉圣骨匣是于1220年在英国制造的。

→彩色玻璃窗，是由很多片彩色玻璃制作而成的，其中还夹杂着很多铅条。

↑在明朝，中国陶瓷工人在皇家工场作坊中制作装饰用的青花瓷。后来，很多这样的青花瓷器被出口到欧洲。

156

中世纪

↑这是两名阿兹特克妇女正忙着织布的画面。其中一名正将原棉纺成纱线，这样一来，另一名就可以在一部皮带织布机上将其纺织成布。之所以将其称为"皮带织布机"，是因为这部织机的一端绑在织布妇女身上的皮带上。

↑在欧洲，有一种街头戏剧传统，场地可以是集市或者其他节日地点。流行的戏剧会在一辆大车上或一个临时舞台上上演。

↓这是小吴哥城的神庙群，位于现在的柬埔寨境内。它是12世纪高棉帝国鼎盛时期修建的。其砂岩墙体上雕刻了古代高棉人的画像，还有他们的日常生活、神话传说以及大小战事。

↑木制家具和护墙板，经常被雕刻上传说中的故事画面。这幅画面来自于杰弗里·乔叟《坎特伯雷故事集》中的《赦罪僧的故事》。

157

□世界历史百科全书

建筑 1101年~1460年

中世纪，在全世界范围内，举世闻名的能工巧匠的智慧累积和技术上的进步，带来了大量富丽堂皇、经典雅致的建筑物。

↑多数城堡墙体中都会有一些名叫"射击孔"或"窥视孔"的狭缝。它们外窄内宽，这样弓箭手就可以把弓箭射出去，而进攻者则无法将箭射进来。

在欧洲，很多人开始用木材修建房屋，因为木材既廉价又富足。但可惜的是，木头容易招致火灾，而且早晚会腐烂掉。因此，很多重要的建筑物都是用石材建造而成的。城堡和城墙，都是由一块块厚重石头块砌成的。在设计上，大教堂开始采用最新的哥特式风格。它们不再延续古罗马式风格中的圆形拱门和结实大柱子，而是采用尖拱、细柱以及彩色玻璃高窗等设计。在世界各地，建筑物变得越来越精致，而且不再像以前那么体型庞大。高棉神庙的雕刻装饰、中国明朝宫殿和庙宇的豪华屋顶，还有日本专业级木工手艺，都使建筑领域在这个历史时期获得颇丰的造诣。

在南美洲安第斯山脉的高处，马丘比丘的印加城堪称是建筑工程史上的光辉一笔。在这里，印加人用大型

↑自由石匠都是技艺精湛、身价不菲的艺人，可以精确切割石块并进行造型设计。

↑粗石匠会把石头放进墙体中，但需要根据自由石匠的设计来进行。

→在一名经验丰富的大师级石匠指导之下，一大群工人在建造一座城堡。绳索、滑轮、木制脚手架以及马匹等，都被用来将原材料运送到需要它们的地方。

中世纪

石块建造了高大的城墙，而这些石块之间契合得非常精到，以至于任何一次地震都没有将其摧垮。这座城市到现在为止都依然屹立不倒。

在 13 世纪，埃塞俄比亚人便使用结实的岩石雕刻出一座座基督教堂，并使这些建筑免遭任何形式的攻击和破坏。这些由岩石打造出来的教堂一直存续到今天。就像在世界各地，其他从那个时期一直留存到现在的伟大建筑一样。

→雕刻石匠们会在他们的作品上留下专属于自己的独特标识，他们中的一些人会偷偷雕刻下自己认识的人的脸，可以在怪兽状滴水嘴上，也可以在他们建造的教堂的其他装饰处。

↑哥特式风格的大教堂，要比以前的更加高大、明亮。它们都是根据精心设计好的工程原理来建造的，而且它们都需要花费数年之久方能完工。

↙在印度和东南亚，这一时期的石雕艺术达到顶峰。这个装饰华丽的雕刻石门，守卫着一座通往印度奥里萨神庙的入口。

159

科技 1101年~1460年

从中国和阿拉伯国家掀起的知识传播浪潮，带来了对学识文化的新一轮炙热追求，并开始席卷中世纪时代的欧洲全境。

在这一时期，中国人、印度人和阿拉伯人的科技水平依然遥遥领先于世界上其他国家。从巴勒斯坦重返欧洲的十字军，带回了阿拉伯人在医学、技术、天文学以及数学方面的知识。威尼斯和热那亚这两座城邦，则通过贸易受到了亚洲人的影响，并经常首先接收到新思潮。意大利数学家斐波纳契，将自身研究与从阿拉伯教科书上所获得的知识紧密结合起来。在英国，罗杰·培根作为一名早期的西方科学家，也将其反射和折射的思想原理，与来自西班牙和埃及的新成果结合起来。

印刷术

中世纪末期，造纸术从阿拉伯传播到欧洲地区。中国人还发明了活字印刷术，而该技术后来在欧洲得到了进一步发展，并引发了知识领域的一场革命。不过，此时的多数书籍依然是用手抄写的，而且大多数欧洲人依然不识字。

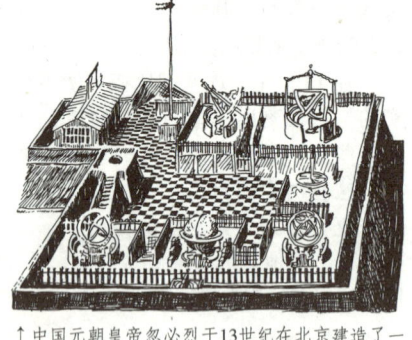

↑ 大约是在1285年，第一个受惠者戴上了专门为远视者制作的眼镜。近视眼镜大约是到了1430年才面世的。

↑ 这名仆人正在厨房中洗餐碟。这一时期，疾病非常普遍，因为当时的人们不太讲究卫生，或者根本不明白卫生为何物。

→ 这是阿兹特克人制作的别致的历法石，它所使用的月制里面，每月都有20天。而每年都有18个月，此外还有最后5个不吉利的日子。在中心位置的头像，是太阳神"托纳提乌"。

↑ 中国元朝皇帝忽必烈于13世纪在北京建造了一座天文学院，专门用来观测重大的行星事件。中国早已有了一个专门的天文学部门。

中国的先进技术

中国的文字和教育都是非常先进的，而中国的医学、数学和其他科学也已经有了完备的雏形。中国封建官吏文化水平都较高，这也推动了中国科技的进步。

知识的传播

在空气中，到处都弥漫着一种求知的新欲望。阿拉伯人从东方人那里学得新知，而欧洲人则从阿拉伯那

↓ 僧侣们会用蒸馏法从葡萄酒中提取酒精，并将其用来制造酒精饮料。发酵的谷类食物，则用来制造威士忌。

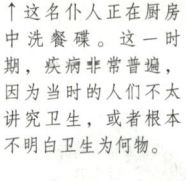

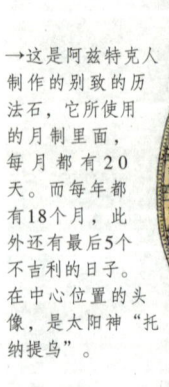

中世纪

←中世纪早期的书籍完全是手工制作的。抄写员们在羊皮纸上奋笔疾书。这些羊皮纸与木板紧紧绑在一起。这也使书籍变得更加少见，同时也非常昂贵。

里学得新知。在第一批西方人，比如威尼斯的马可·波罗，来到东方的时候，已经带去了当时欧洲人的思想。在拜占庭帝国崩溃之后，古希腊的更多知识传到了欧洲，特别是在很多学者逃离君士坦丁堡并前往意大利的时候。当中国的郑和七次下西洋，航行至印度、阿拉伯和非洲等地时，他的舰队也带着很多学者和收藏家，他们将到访过的各个地方的物品和信息都逐一采集和收集。

←水力机械轮被用来驱动简单的机械，比如在打铁时使用的自动铁锤（如图所示）。这个自动工序使金属制造变得更加便利。

↑自人们发明了活字印刷术起，书籍就被更加快速和有效地生产出来。虽然这使书籍的价格变得更加低廉，但是依然只有那些有钱人才能买得起，而且也只有他们能看得懂。

↑中国人是技艺高超的铁器制造者。在此图中，可以看到一群14世纪的工人正在铸造船锚。

大事年表

1100年　阿拉伯人的知识传播到了欧洲
1202年　意大利的数学家斐波纳契撰写了很多有关印度阿拉伯数字的著作
1260年　英国人罗杰·培根描述了反射和折射的基本原理
1275年　进行第一例人体解剖实验

161

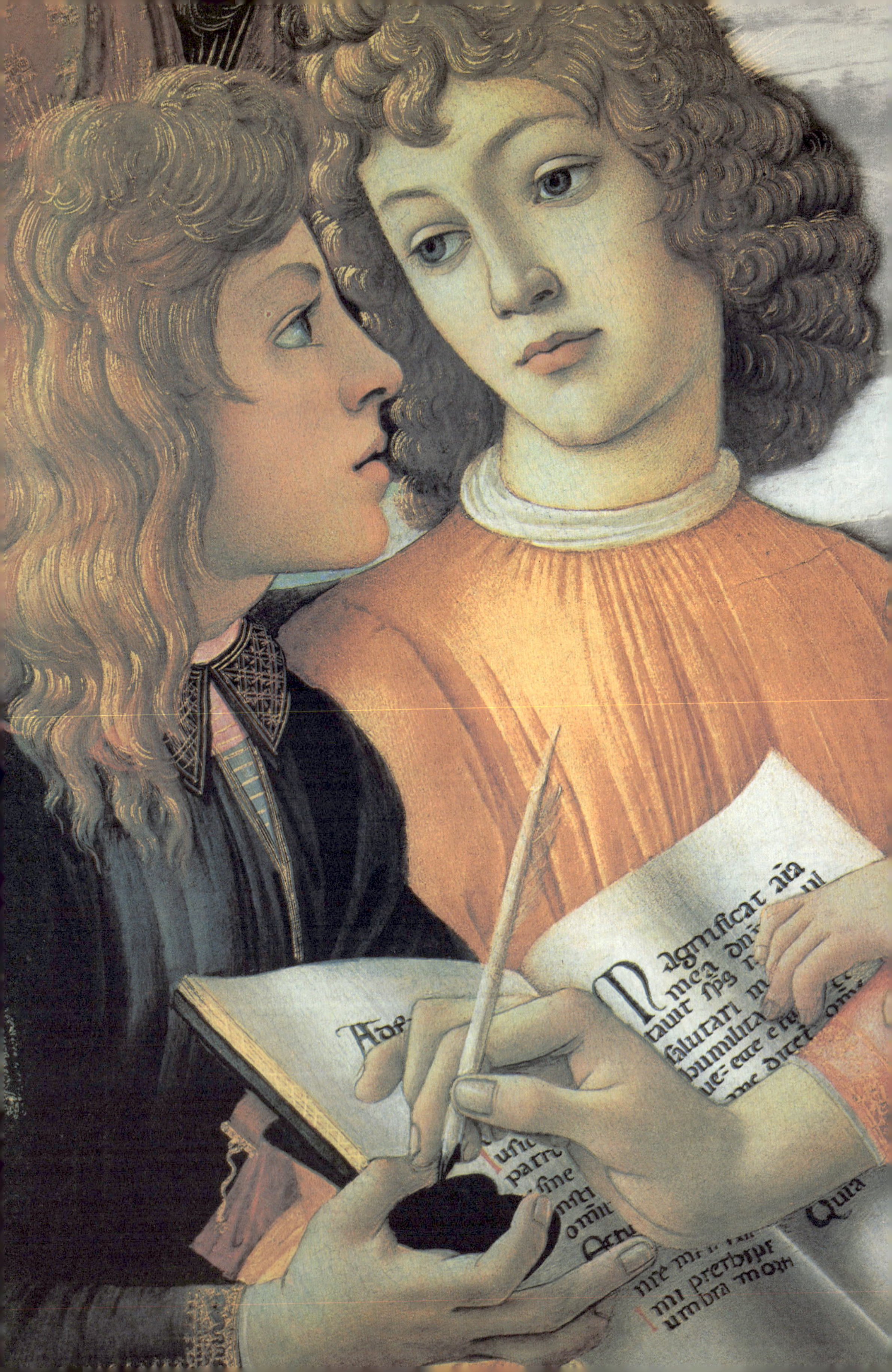
Quia

文艺复兴
1461年~1600年

文艺复兴，标志着现代历史的开端。
在中东地区的奥斯曼人和印度的莫卧儿人，
将阿拉伯文化带到了一个新的制高点。
阿兹特克人和印加人继续统治着美洲地区。
在欧洲，一种新的世界秩序正在形成之中。
欧洲人开始质疑他们的各种传统以及宗教信仰。
他们不惜远涉重洋，去探索新的思想。
欧洲社会正在经历极大的变革。
它变得越来越现实主义，思想也越来越自由和复杂。

↑印加人在一年中要庆祝两次太阳神节日。第一次是在六月份，而第二次是在十二月份。皇帝会亲自主持庆祝仪式，来自帝国各地的大小官员都会参加，地点就在库斯科的大广场。

←这是名作《圣母玛利亚颂》的一处细节，该作品是由意大利文艺复兴时期的艺术家桑德罗·波提切利于1465年创作完成的。

□世界历史百科全书

世界概览　1461 年～1600 年

1461年，欧洲的航海者、商人以及殖民者，正盘算着随时出发，去远东地区寻找新的路线，并去探索和开拓世界上的其他地区。各个大陆有了相互之间的第一次"亲密接触"。

在墨西哥和南非洲地区，阿兹特克人和印加人的帝国正如日中天，但是在西班牙人到来之后，阿兹特克人的首都特诺兹提朗城被彻底摧毁了，而印加人也被迫撤回到秘鲁的高地。到1535年的时候，西班牙人已经把南美洲地区的人们都变成了奴隶，而土著居民则因疾病和虐待而死亡殆尽。侵略者接着又把他们的注意力转向北方，但是在数年之后，北美洲人才实实在在地感受到这些入侵者的存在。

非洲文明也受到欧洲人的影响，但是其只限于海岸沿线地带。非洲的心脏地带依然保持着与世隔绝的状态。中国依然在明朝的统治之下。虽然艺术正在繁荣之中，社会却在明朝官吏的统治之下止步不前了。

在欧洲，被称为"文艺复兴"的运动得到了希腊学者们的进一步推动。这些希腊学者都是在君士坦丁堡沦陷之后逃离出来的，他们带来了古希腊和古罗马的丰富知识。

北美洲

第一批欧洲人大约是在1500年来到北美洲的，不过真正的殖民地一直到17世纪才正式开始。自15世纪50年代开始，密西西比河流域文化就开始走下坡路了，而西南地区的普韦布洛族人则与阿兹特克人结为盟友，正处于鼎盛时期。其他当地族人则被卷入政治和宗教问题之中，此外还有与其他族人的贸易问题等。而就白人对于他们生活方式的威胁，他们却浑然不知。

拉丁美洲

灾难不幸降临到拉丁美洲地区。既丰富又先进的墨西哥和安第斯地区的文明，在西班牙人抵达这里的时候，处于总体的上升趋势。但是，不论是16世纪20年代的阿兹特克人，还是16世纪30年代的印加人，都很快被这些陌生的外来者征服了，而在刚开始，他们是对这些客人持欢迎态度的。在欧洲瘟疫之后，这场欺骗又夺取了数百万人的生命。西班牙人和葡萄牙人很快接管了这里，他们为了实现黄金、财富和荣誉的梦想，建造了很多大农场或种植园、矿井和城市。在早期的移民者中，其实多数是非洲人，他们以奴隶的身份被带到这里，并负责经营那些农场或种植园。但是，在1600年，很快经营起后来的拉丁美洲的，却是那些拉丁老板和牧师。那些存活下来的美洲土著，在顷刻之间沦为了新主人的臣民。

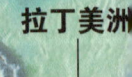

北美洲

拉丁美洲

164

文艺复兴

欧洲

欧洲正处于日新月异的快速变化之中。在佛罗伦萨和阿姆斯特丹地区，权力落入了商人们的手中。城市和商业都在兴起，而伴随他们的，是新的社会风俗和机会。欧洲国家和帝国在这段时期内不但富庶，而且很有实力。来自遥远地区的新产品如潮水般涌入，而新的思想也开始浮出水面，也不去管是否会得罪那些统治者。欧洲人对自己满怀信心，但是依然出现了很多的混乱局势。不过他们还是勇敢无畏，并航行到地球的末端，去探索新的航行路线和贸易机遇。

亚洲

在15世纪早期，中国人的探险之旅已经航行到印度、阿拉伯和非洲地区，但是明朝皇帝在不久之后关闭了海外探险的大门。日本进入新的旺盛期，不过它也在外事方面闭关自守。在东南亚地区和印度，欧洲人正忙着建立贸易驿站，并竭力去影响亚洲社会生态。俄国人也将西伯利亚地区纳入其殖民地范围。莫卧儿王朝统治着印度的多数领土，并打造了一个宽容与成功并存的社会。而在其他国家或地区，比如泰国、越南、马来半岛以及印度尼西亚等地，先进的义化正在百尺竿头更进一步之中。

中东地区

在16世纪，奥斯曼人达到其发展讨程中的鼎盛时期，并成为中东地区的主力军。他们与另一股正在崛起之中的力量发生了冲突，而其就是波斯的萨菲王朝。两大帝国在文化上都已高度发达弁丰富多彩。

非洲

在16世纪期间，很多非洲部落开始转变成国家，而城镇的数量也在日益增加之中。其中的刺激因素，就是他们相互之间以及其与海岸线地带欧洲人的贸易活动。到1502年的时候，非洲已经成为奴隶交易的供应地。

大洋洲

在澳大利亚、"长白云之乡"（即新西兰）和波利尼西亚群岛，生活一如既往，同时也伴随着一些探险之旅。

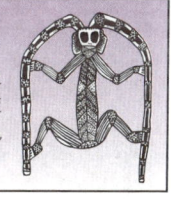

165

□世界历史百科全书

阿兹特克人 1430年~1520年

在15世纪,阿兹特克人在他们的特诺兹提朗城中统治着墨西哥地区。令人惊奇的特诺兹提朗城就位于一个湖泊中央的小岛上,城内遍布着金字塔建筑。

↑阿兹特克人主宰着墨西哥的中部地区,其沿海地带也不例外,此外还包括数座城市。同时,他们也影响着从北到南的更广泛地区。

到1500年,阿兹特克人控制了在墨西哥的一个庞大帝国。在皇帝伊兹科阿图的带领之下,他们于1430年开始四处扩张。大约在1500年,特诺兹提朗城已经有了30多万人,当时其正处于蒙特祖马二世最为强盛的时期。为了养活这些人,他们必须在人工岛屿上种植庄稼。这些被称为"水中田畦"的人工岛屿,就是在德斯科科湖中修建的。而在其中心位置,则是屹立在那里的整座城市。被征服的土地提供玉米、大豆、可可豆和棉布,还有专门供工匠艺人雕饰的黄金、白银以及翡翠玉石等。商人们从北方普韦布洛印度人那里购买了很多绿宝石,同时又从南方弄到了色彩艳丽的羽毛,而这些羽毛可以用来制作装饰精致的披风斗篷、风扇、头巾头饰以及盾形纹章或徽章等。阿兹特克人的社会,完全处于军事家族的组织统治之下。所有年轻男子都要在17岁到22岁期间进入军中服役。其中一些要在军中待更长的时间,因为就算是一个农民,只要他足够优秀,也可以晋升为一名军队指挥官或领袖。

↑阿兹特克的牧师在阿兹特克人的社会中是一个特殊的阶级,专门负责管理全历表中精心安排的各种仪式。

人祭

军队的主要任务之一,便是擒获战犯。战犯们会在特诺兹提朗城中被

←普通的阿兹特克人,都居住在有茅草屋顶的小屋里面。他们吃玉米烤饼,还用香辣豆和蔬菜饼馅做配料,这跟今天的墨西哥玉米粉圆饼十分相似。

文艺复兴

↑这是一个16世纪仪式用头饰，主要是由绿咬鹃的羽毛制作而成的。棕色、深红色、白色以及蓝色的鹦鹉羽毛，也被用来制作这种头饰。

牺牲，地点就在城市中央的大型金字塔神庙。宗教仪式的血祭，对这些经常为很多不同神灵举行祭祀仪式的阿兹特克人来说，简直是举足轻重的一件事。阿兹特克人深信，这些神灵需要大量的人血，特别是战神惠齐洛波契特利。这种军事上的侵略性和人祭风俗，逐渐使阿兹特克人的"邻居们"开始与他们反目成仇。

阿兹特克人的兴衰起落

阿兹特克人在远离墨西哥的地方做起了买卖，并进入现在的美国和哥伦比亚南部地区。他们还售卖由工匠艺人所制作的高价物品，包括服装、珠宝首饰、日常用品和仪式用品等。他们也对贡品求之若渴，而贡品就是各大城市为了停止阿兹特克人对他们的侵略而双手奉上的报偿。首都特诺兹提朗城是当时世界上最为精心设计的一座城市。在湖面的岛屿上，街道和人工运河被安置成一个网格形状，并被安排在一个庞大祭祀地区的附近，包括金字塔、神庙、宫殿和花园等。三条宽阔的堤道，将岛上城市与大陆地区连接起来。但是，阿兹特克人对人祭受害者的贪婪渴求，导致当1521年西班牙人到达这里的时候，他们邻近的社会群体竟然都帮助西班牙人。

↑皇帝被当作神灵一样来对待，只有牧师和贵族才可以跟他对话。普通老百姓在经过首都的时候，必须眼睛盯着地上。

↓三条长长的堤道将特诺兹提朗城和大陆连接起来。商人从这座城市出发前往更遥远、更宽阔的地方，其中一些人还扮演起皇帝密探的角色。这些堤道同时也是城市的最佳防守。当西班牙人打到这里的时候，帮助他们征服阿兹特克人的，并不是直接的军事进攻，而是诡计和疾病。

↑这个赤陶雕像向人们展示了阿兹特克人死神露齿而笑时丑陋可憎的骷髅头形象。

167

印加帝国 1438年~1535年

在1个世纪之内，印加人在南美洲的安第斯山脉中统治着一个井然有序的庞大帝国。但他们的帝国后来还是被西班牙入侵者消灭了。

↑这个带有斑纹记号的黄金垂饰，是由印加人亲手制作的。其向人们展示了某种数学图案。

印加的统治者，就是人们所知的"印加皇帝"。据说他是太阳神因蒂的后裔，也正是太阳神赐予了他统治的权力，他本身也被世人当作神灵来敬奉。印加皇帝在库斯科统治着全国，而库斯科则被认为是太阳神因蒂的老家。皇家官员们指导着帝国各地的一切事务。他们照看着城市的大小事务，并确保工场和作坊的正常生产，包括陶器、纺织品以及装饰用的金属物品等，此外还要确保农场的一切工作在有效运行之中。文字并不为印加人所知，因此他们会将其所有记录都保存在"奇普"上。奇普其实就是用细绳及缠起来的绳结来传达信息，比如有关于人口和税赋方面的记录等。在其达到鼎盛时期的1525年，帝国的疆域延伸到3500千米之外。城市、乡镇以及村落，都被一条条网络状的道路连接在一起。在帝国全境内的通信系统，主要由那些驿站的信使来实现。

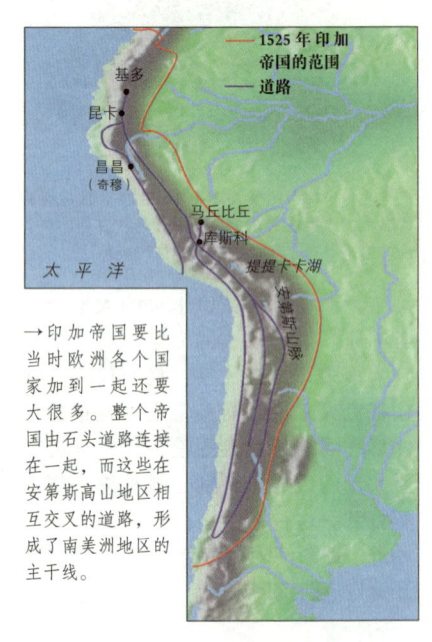

→印加帝国要比当时欧洲各个国家加到一起还要大很多。整个帝国由石头道路连接在一起，而这些在安第斯高山地区相互交叉的道路，形成了南美洲地区的主干线。

↑奇普是一段较长的绳子或粗线，而这些线绳上又垂挂着其他细绳。这些细绳有着不同的颜色，而且每一条都有很多绳结。每一个绳结都代表着某个特定的信息，通常都是某个数字。

印加的扩张

当帕查库提于1438年成为印加皇帝的时候，他开始将领土扩展到库斯科的附近地区。1450年，他征服了的的喀喀盆地。而在1463年，帕查库提又发动了与卢帕卡人部落和可拉部落的战争。在他儿子托帕的命令下，印加大军于1466年击败了邻近的奇穆帝国。1471年，托帕成为第十任印加皇帝，而他在登上王位之后也继续扩展着印加帝国的疆域。

→为了在安第斯丘陵地带种植上庄稼，印加人用木制工具将斜坡切割出一块块梯田。他们在更高的山地上放牧羊驼和大羊驼，并在较低的山区种植玉米、南瓜、奎奴亚藜、大豆和水果等。

文艺复兴

大事年表

1200 年 曼科·卡帕克建立了印加王朝，并定都库斯科
1350 年 印加人在迈塔·卡帕克的领导下进行了扩张
1438 年 帕查库提成为印加皇帝
1450 年 帕查库提拓展了印加帝国的疆域范围
1466 年 托帕·印加征服了奇穆帝国
1485 年 托帕·印加征服了智利和秘鲁
1493 年 基多成为印加帝国的第二个首都
1525 年 瓦伊纳·卡帕克逝世，内战在库斯科和基多之间爆发了
1532 年 西班牙人开始入侵印加帝国
1535 年 西班牙人推翻了印加帝国

在接下来的 15 年，托帕征服了遥远的南方地区，并在后来控制了北部和西部的土地。

印加人的兴衰起落

印加人的组织水平非常高。他们还发明了在陡峭斜坡上进行农田耕耘的新方法，并在高山地区建造了桥梁、道路和城镇。他们的所有这些成就，都是在没有文字的条件下取得的。

印加托帕皇帝建造了很多道路和城镇。瓦伊纳·卡帕克是托帕的儿子，他是在 1493 年成为印加皇帝的。瓦伊纳·卡帕克进一步扩展了印加帝国的疆域，并在基多（现厄瓜多尔首都）建造了第二个首都。当他于 1525 年逝世之后，印加帝国被他的两个儿子分裂成两半：瓦斯卡尔主宰着南部地区，而阿塔瓦尔帕则统治着北方地区。这一分裂也导致了内战的爆发，而这恰恰发生在西班牙人登陆印加帝国的前夕。因为印加人都要利用那些道路，所以相互之间总会产生争吵，而西班牙人则在 1535 年彻底推翻了印加帝国。

↑两大主路在帝国的狭长疆域内延伸着。这些主路通过一条条小路将每一座城镇和村落连接起来。商品可以通过一群群的大羊驼来运载，信息则由那些驿站的信使们传递着。

↑驿站信使将官方的各种信息和包裹运送到帝国内的各个角落。每一个信使在下一个信使接力之前，大概都要跑上1.5千米的距离。为了快速接力，信使会通过吹响海螺贝壳号的方式来提前预告自己快要到了。

←每一年，印加人都要庆祝太阳大节，以感谢庄稼的顺利成长和生命的延续，并会对美好的未来做出祝福的祈祷。

□ 世界历史百科全书

西班牙的再度征服 1469年~1516年

西班牙人对于西班牙本土的夺回之战开始于12世纪，这个国家在后来的300年间都保持着完全的重新统一状态。

↑费迪南德于1479年继承了亚拉冈的王位。他是一名强硬派的政治家，与他的妻子伊莎贝拉一起统治着西班牙。

↑伊莎贝拉于1474年继承了卡斯提尔王国。她和她的丈夫费迪南德，最终统治着整个西班牙。

↑西班牙在15世纪的时候被分裂成好几个王国，不过，1479年亚拉冈王国和卡斯提尔王国的联合，使西班牙的最后统一几乎成为一股不可逆转的大潮流。

在罗马帝国衰败之后，西班牙人一直处于西哥特人的统治之下，并持续了300年之久。711年，来自北非地区的柏柏尔人（即摩尔人）又开始入侵这块领土，并立了一个国王，其统治时间从756年一直持续到1031年。

但是，天主教的西班牙被分裂成数个王国，包括雷恩王国、卡斯提尔王国、纳瓦尔王国和亚拉冈王国等。在15世纪，雷恩王国与卡斯提尔王国结成联盟，这样就使卡斯提尔王国和亚拉冈王国成为两大对峙的王国。朝着西班牙最后统一的第一步，是于1469年迈出的。当时，亚拉冈的继承人费迪南德与卡斯提尔的伊莎贝拉结婚。当卡斯提尔于1474年逝世之后，伊莎贝拉和费迪南德以联合统治者的身份继承了他的王国。在五年之后，费迪南德又继承了亚拉冈的王国，他也让伊莎贝拉成为亚拉冈的联合统治者。

西班牙宗教裁判所

在两大王国重新统一之后，西班牙的实力更加强大。费迪南德和伊莎贝拉都是虔诚的天主教徒。在他们的统治期间，西班牙宗教裁判所开始建立。这是一个宗教审判庭，并会对怀疑天主教教会教义的人实施严厉惩罚。其运作过程带有极大的严苛性，人们会受到秘密审判，然后会一直到他们忏悔之后才停止酷刑的折磨。那些最后忏悔的人可以接受罚款惩戒，而那些拒绝忏悔的人则会被监禁起来或者被处死，以去除他们身上的罪恶。

西班牙的重新统一

1492年，也就是在西班牙宗教裁判所首度创立的14年之后，摩尔人盘

→亚拉冈和卡斯提尔王国的大军，于1492年击溃了摩尔人，而摩尔人则被赶回到北非地区。在那里，他们没有得到任何仁慈的待遇。

170

文艺复兴

↑ 波阿迪尔是摩尔人在格兰纳达的最后一任王公。在亚拉冈和卡斯提尔王国于1492年征服格兰纳达之后，波阿迪尔便弃城逃跑了。

↑ 在西班牙宗教裁判所时代，那些不合规矩的书籍会被全部焚毁。这幅由佩德罗·贝鲁格特创作的绘画作品，不但对天主教在西班牙的胜利表示庆祝，而且也生动展示了宗教裁判所的至高权力。

燃着的格兰纳达被亚拉冈和卡斯提尔王国重新夺回。很多人被驱逐出去，或者被强迫改变信仰。那时候，差不多有20万名犹太人离开这个国家。这一迫害导致了很多人死于非命，而稍有能耐的人则迁徙到法国、德国或者奥斯曼帝国等地。

在同一年里，费迪南德和伊莎贝拉资助了克里斯托弗·哥伦布的海上航行。他们本来是想找到一条通往印度和中国的海上航线，结果却意外发现了美洲大陆。这便揭开了一个西班牙人征服世界的序幕，同时也带来了阿兹特克人、玛雅人以及印加人的衰败。

费迪南德和伊莎贝拉一共有5个女儿，凯瑟琳·亚拉冈便是其中之一。她与英国的亨利八世结婚。由于费迪南德和伊莎贝拉两人没有儿子，所以他们的王位直接让渡给他们的女儿"疯女"胡安娜。在伊莎贝拉于1504年去世之后，费迪南德担任起其女儿胡安娜的摄政者。

1515年，纳瓦尔王国和卡斯提尔王国结成联盟，而费迪南德最后也成了西班牙联合王国的国王。胡安娜的儿子查理五世，最终成了哈普斯堡皇帝，并成为欧洲地区最强大的统治者。在他的统治之下，西班牙经历了有史以来的黄金时代。

大事年表

1248年　基督教徒重新夺回西班牙多半领土
1469年　费迪南德与伊莎贝拉结成连理
1474年　伊莎贝拉继承了卡斯提尔王国的领土
1478年　西班牙宗教裁判所创建
1479年　亚拉冈王国和卡斯提尔王国结成统一联盟
1492年　对格兰纳达的征服
1504年　伊莎贝拉去世
1515年　纳瓦尔王国和卡斯提尔王国结成联盟，西班牙统一
1516年　费迪南德辞世

↑ 这是一幅摘自《托勒密地理学》的世界地图，其显示了世界在1486年的时候是如何被理解的。那个时候，欧洲人的世界探索之旅还尚未揭开序幕。

171

□世界历史百科全书

文艺复兴 1450年~1600年

文艺复兴孕育了现代西方文明。在艺术和科学领域，文艺复兴都是一段具革命性的历史时期，其最终改变了整个世界的面貌。

↑古登堡印刷机发明于15世纪40年代，这种活版印刷术第一次使书籍可以在全欧洲境内流行起来。

↑文艺复兴时期的建筑师复制了古希腊和古罗马时期富丽堂皇的建筑风格，罗马小圣堂就属此例。

战争和黑死病肆虐，使14世纪时期的欧洲人民生活在水深火热之中。旧的中世纪秩序正处于奄奄一息之中，人们试图寻找到一些新的东西。在中世纪，教会一直主宰着艺术，还有教育和知识领域。人们已经接受了被灌输的内容，而且不会提出任何质疑。接着，在14世纪，意大利学者开始对古希腊和古罗马的著述文献产生了兴趣。而其中的思想也从拜占庭和阿拉伯世界那里，传播到欧洲地区。这一兴趣与日俱增。1397年，曼纽尔·克里索洛拉这位来自君士坦丁堡的学者，成为意大利北部佛罗伦萨大学第一位希腊籍的教授。他属下的学者们发现，古代哲学所研究的各种问题，都没有得到教会的解答。在他们的研究之中，形成了一个被称之为"人文主义"的信仰系统。在其中，人本身而不是上帝或神明，才被认为是生活路径的选择主体。

文艺复兴的鼎盛时期

文艺复兴影响着艺术和科学，还有建筑和雕刻。人们的思想开始变得更加现实，更加人本，而不再受宗教的支配和左右。绘画和雕像作品变得更加贴近生活，音乐也开始寻找新的灵感，而著述书作也开始思考现实中的各种问题。富裕家族，比如意大利的美第奇家族、鲍吉亚家族以及荷兰的中产阶级，都开始成为艺术和科学的资助者。印刷的书籍帮助了新思想的传播。文艺复兴于16世纪达到鼎盛时期，其所在的主要城市有威尼斯、佛罗伦萨、安特卫普以及哈勒姆等。人们开始以更加近距离的眼光来观察世界，进行了更加细致的科学考察，而且搜集了各种稀奇古怪的物品，最后还对新思想予以重新审视。

↑在文艺复兴期间，最理想的人物便是"宇宙人"。这些所谓的宇宙人，受到过良好的教育，而且精通数个领域中的技能，包括文学、绘画、科学、音乐以及哲学等。

↓桑德罗·波提切利（1445年~1510年）是一名意大利画家，其最著名的是在宗教以及神话学绘画领域的造诣，他最为上乘的作品如《贤士朝圣图》。

敢于质问的新时代精神

一些人喜欢研究动植物，而另一些人则喜欢钻研天文学和地理学。有些时候，他们的发现会与教会宣传的内容发生冲突，这让他们很头疼。当尼古拉·哥白尼（1473年~1543年）认识到原来地球在围绕太阳旋转的时候，他并不敢立即公开自己的观点，一直到他临终之前。他害怕教会的激烈回应，教会肯定会继续坚持说，地球明明就是宇宙的中心。

敢于质问的新时代精神以及对人类本身的浓厚兴趣，最终还是让一些人对教会的权威提出了质疑。思想家们，比如波希米亚的扬·胡斯和英国的约翰·威克里夫，都勇敢地站起来，并公开质疑教会的权威说法。人们的个性化观点开始变得更加重要，统治者们和教会都不能再随心所欲地支配和左右他们了。

现代世界的诞生

对于变革的迫切需求，带来了科学和艺术领域的进步，甚至还促使一些人开始扬帆远航，去探索未知的世界。新兴的大学鼓励新思想的发展，货币和贸易也开始变得更加重要。食物和产品，比如咖啡、烟草、糖、马铃薯、菠萝、瓷器以及棉花等，都开始被运送到欧洲，而他们的产地则在非洲、美洲、印度和中国。

不再受封建主义土地制度约束的人们，开始去更加广阔的世界旅行。很多人搬到城市和乡镇去寻找他们的财富梦想。西北欧地区变得更加重要，而权力也逐渐从贵族和牧师那里转移到银行家和政治家手中。这些变化都标志着一个现代世界的开始，而在接下来的400年间，这个世界快速发展着。

↑德西德里乌斯·伊拉斯谟（1467年~1536年），出生在荷兰地区，后来成为了旅行家和作家。

佛罗伦萨的日常生活

意大利的佛罗伦萨是文艺复兴时期知识和艺术的几个大中心地之一。1469年，洛伦佐·美第奇与他的兄弟朱利亚诺一起成为城市的联合统治者。他是很多作家、艺术家和科学家的鼎力支持者。这座城市也得益于贸易和商业，并日渐富庶起来。佛罗伦萨人穿着十分时尚，而其街道上也聚集了许多技艺精湛的工匠艺人。

意大利 1460年~1530年

在这段历史期间，意大利被分裂成数个小城邦。这也带来了多样性的可能。一些城邦是激进主义的，而其他的一些则是保守主义的。

很多意大利城邦，比如佛罗伦萨、威尼斯和罗马，其实都是较大的城市而已。其他地区则处于公爵们的统治之下，如曼图亚、米兰、乌尔比诺和费拉拉等。这些城邦中的多数，都处于家族的统治之下，而这些家族都是在中世纪后期的贸易和商业中逐渐富裕起来的。

当时最有实力的家族，便是佛罗伦萨的美第奇家族。他们在14世纪便已经积攒了一笔巨大的财富，靠的就是银行业和放贷业务。其中最出名的便是洛伦佐·美第奇，他和他的兄弟于1469年成为佛罗伦萨的联合执政者。洛伦佐·美第奇不但是一名才智过人的政治家和银行家，而且也是诸多作家、艺术家、哲学家和科学家的资助者。他非常关心如何提升自己家

↑鲁克蕾齐亚·鲍吉亚跟她的第三任丈夫费拉拉公爵一起，对艺术和文学鼎力支持，并从事很多慈善事业以及对儿童的关照。

↑洛伦佐·美第奇（即知名的"豪华者洛伦佐"）在1478年至1492年统治着佛罗伦萨地区。

↓佛罗伦萨的美第奇别墅，是建筑师朱利亚诺·达·桑加罗于1480年专门为洛伦佐·梅第奇而建造的。

↑在中世纪，多半意大利领土都被神圣罗马帝国所控制着。在诸位皇帝和罗马教皇之间的一场权力斗争之后，很多城市成了独立国家。

洛伦佐·美第奇

1469年，在他还是20岁刚出头的小伙子时，洛伦佐便已经和他的兄弟朱利亚诺一起成为佛罗伦萨的联合执政者。他是科西莫·美第奇的孙子，而科西莫·美第奇则是第二位执掌佛罗伦萨地区权力的美第奇家族成员。1478年，朱利亚诺被一个敌对家族密谋杀害。洛伦佐竭尽所能去提高家族的地位和实力（比如他的二儿子乔凡尼成为罗马教皇列奥十世），并资助了一大群学者文人和奇人异士。他还是米开朗琪罗的第一资助者。洛伦佐继续维系着自己家族在银行业、委任权和政府方面的历来传统。

文艺复兴

←佛罗伦萨在15世纪后期迎来了它的鼎盛时期。在美第奇家族的统治之下，这座城市成为文艺复兴时期很多伟大艺术家、建筑师、作家以及科学家的梦想家园，同时也成为欧洲主要贸易活动和银行业的中心之一。

族的地位和实力，并亲眼见证了他的二儿子登上罗马教皇的位子。在洛伦佐的影响之下，佛罗伦萨成为意大利地区最为美丽富饶的地方之一，并且是文艺复兴的一个中心地。洛伦佐也促使佛罗伦萨地区的意大利语成为整个国家的正式语言。

另一个有名的家族便是鲍吉亚家族。两位鲍吉亚家族的人曾担任罗马教皇的职位，罗德里奥便是其中一个。他有好几个私生子，而且他希望他们中的每一个都能够大权在握。但是，在罗德里奥死后，鲍吉亚家族的实力便一落千丈，直至没落。

斯福尔扎家族，是米兰的另一个大家族。鲁多维科·斯福尔扎是一名非常有品位的男士，但同时也是一个"狼子野心"的人。鲁多维科·斯福尔扎曾经担任他侄子米兰公爵的摄政者，但自己独揽执政大权。他与罗德里奥·鲍吉亚结成联盟，并与费拉拉地区实力颇丰的埃斯特家族的女儿结婚。鲁多维科的宫廷吸引了各种类型的伟大艺术家，其中就有莱昂纳多·达·芬奇。

像美第奇这样的家族，都代表着"新货币"，还有新价值观和新思潮。他们会为探险旅行、学习中心、公众作品以及最新进口产品买单。人们旅行至意大利来学习新思想，并将其带回欧洲的其他地方，而欧洲人则如潮水般涌入佛罗伦萨、威尼斯和米兰地区，为的就是获得对自己观点的支持。虽然现代化的未来中心地注定会在西北欧地区，但是文艺复兴早期的能量多数都来自于意大利的这些城邦。

←拉斐尔是一名画家兼建筑师，他曾经创造艺术领域的新现实主义风格。这幅作品名叫《基督被解下十字架》，是拉斐尔在24岁，即1507年创作的。

↓富有的文艺复兴时期的人们，享尽舒服惬意的生活。除了官邸或大城市的高楼建筑之外，很多人拥有乡村别墅，并在那里迎来了一群群慕名而来的访客。他们的休闲活动有狩猎、举办派对、讨论文学以及撰写诗词歌赋等。

欧洲探险者 1453年~1600年

在15世纪下半叶，欧洲船员和航海家设定了航行计划，并希望以此来将自己带到当时已知世界的遥远尽头。

这种探索冲动，在某种程度上是文艺复兴时期兴起的对世界全新认识的另一个结果，但是其最主要的目的则是直接建立起与印度及远东地区（辣椒和其他奢侈品的源产地）的贸易联系。在拜占庭帝国于1453年衰败之后，辣椒经由大陆地区被带到了君士坦丁堡，接着又横越地中海来到欧洲的不同国家。虽然其价格不菲，但是这些辣椒是当时日常生活的必需品。由于当时并没有冷藏手段，所以保存肉食的唯一方式便是将其用食盐腌制起来。辣椒可以减淡盐的味道，同时也可以将已经坏掉的肉质的味道隐藏起来（就算腌制也没办法防止肉质坏掉）。

当葡萄牙人于15世纪60年代探索非洲西部海岸线的时候，他们建立了很多港口和要塞，并与非洲人开展了黄金、象牙以及白银的贸易活动。逐渐地，他们航行到更南方的地区，而巴索罗谬·迪亚兹则于1488年来到了非洲南部。9年之后，他帮助瓦斯科·达·伽马设计了一个新的航行计划，从好望角附近出发，前往印度的卡利卡特地区。

在瓦斯科·达·伽马之后，是佩德罗·卡布拉尔。他从印度回来的时候，带回了一整船的辣椒。这对其他航海家而言无疑是一种激励，他们也尝试着航行到更遥远的东方。1517年，葡萄牙人已经到中国，而在近30年之后，他们又到了日本。

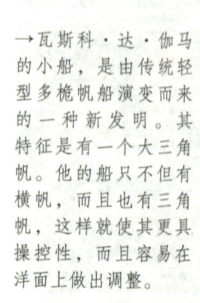

↑1488年，巴索罗谬·迪亚兹（1450年~1500年）开始了对非洲海岸线的探索之旅。海风将他的船舶吹到好望角附近，但是他的全体船员不愿再向前行进了。

↑瓦斯科·达·伽马（1469年~1525年）于1497年绕过了好望角，并继续航行到非洲的东部海岸线。

↑这是1536年一名水手的私人财产。其是从亨利八世旗舰"玛丽·罗斯"号的沉船残骸上打捞起来的，包括烟草袋、口哨、念珠以及梳子等。

→瓦斯科·达·伽马的小船，是由传统轻型多桅帆船演变而来的一种新发明。其特征是有一个大三角帆。他的船只不但有横帆，而且也有三角帆，这样就使其更具操控性，而且容易在洋面上做出调整。

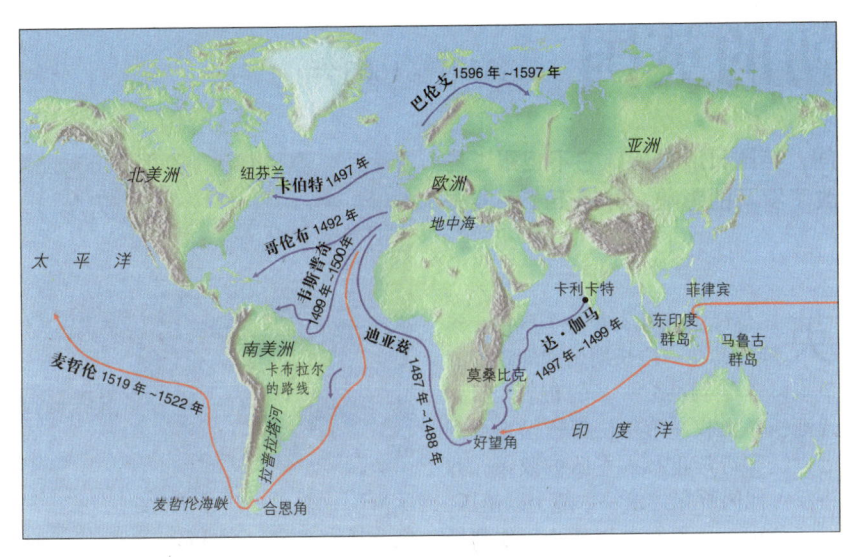

文艺复兴

←来自欧洲的航海家们，尝试过很多条前往摩鹿加群岛中香料岛的线路。他们发现很多超出预想的新事物。

↑1519年，费迪南德·麦哲伦（1480年~1521年）开始了第一次环球航海探险旅行。这次航行历时3年。"太平洋"的名字就是他取的。

↑克里斯托弗·哥伦布（1451年~1506年）在14岁的时候第一次来到大海的怀抱。不过，他不幸遇到了海难，并被冲到葡萄牙的海岸线上。

西向探索之旅

当葡萄牙人向东航行的时候，西班牙人选择了向西航行。1492年，哥伦布发现了西印度群岛。阿美里戈·韦斯普奇则于1499年抵达了南美洲。在1501年发起的第二次航行中，他开始认识到，他已经发现了一个全新的大陆。1497年，得到英国资助的威尼斯人约翰·卡伯特，在加拿大地区发现了纽芬兰岛；而在1535年，雅克·卡蒂埃沿着圣劳伦斯河逆流而上，并宣布此地区为法国领地。1519年，费迪南德·麦哲伦绕行到南美洲地区，并横穿过太平洋洋面。他不幸死于菲律宾，但是他的一些船员有幸得以在1522年重返西班牙。这些人是第一批环游全世界的人。

↓当克里斯托弗·哥伦布及其全体船员登陆巴哈马的瓜纳哈尼岛时，他宣布该岛是西班牙的领土。

克里斯托弗·哥伦布

1492年，为了寻找前往印度的西部线路，伊莎贝拉女士资助了一名来自意大利热那亚的航海家，他就是克里斯托弗·哥伦布。哥伦布穿越大西洋的一群岛屿，他将其称之为"西印度群岛"。其实这些都是加勒比海的群岛。后来，哥伦布进行了三次后继的航行。

177

□世界历史百科全书

都铎王朝的英国 1485年~1603年

在都铎王朝期间，英国日渐强盛，它不但跟过去说再见，而且也摆脱了罗马的影响，并播下了皇族未来的种子。

↑亨利·都铎是在玫瑰战争结束之后登上王位的。

英国都铎王室其实是一个威尔士家族，其在一段长期内战即玫瑰战争（1455年~1485年）的混战之后，逐渐执掌大权。第一位都铎国王亨利七世，实行禁止私人军队的政策，并将反对他的所有封建领主都予以镇压。对于英国王位以及英国领土，他都予以加强和提升。

1509年，当年轻的亨利八世成为国王的时候，英国已经是欧洲的一股强大力量。亨利八世还与西班牙费迪南德及伊莎贝拉的女儿凯瑟琳·亚拉冈成婚，并在15年里充当一名文艺复兴风格的乐天派统治者，而托马斯·沃尔西则主持政府大局。在1513年反对法国和苏格兰的战争之后，亨利八世在政治上变得更加警醒。1534年，亨利八世册封自己为英国教会的头目，并关闭了各家修道院，还将他们的土地卖掉，用来支付战争

↑亨利八世是一名强大的统治者，他给英国带来了很多变化。

↑亨利八世特别喜欢宴会。他受过良好的教育，会演奏数种乐器，还会自己写歌。同时，他也喜欢在宗教、艺术和政治问题上进行激烈的讨论。

解散修道院

在1536年到1540年间，亨利八世关闭了近800个修道院，驱散了100多名修士或修女，并没收了教会的财产。他这样做使英国教会脱离了罗马教廷，英国王室的权力达到了顶峰。

文艺复兴

伊丽莎白一世

玛丽死后，她的妹妹伊丽莎白一世登上王位。伊丽莎白不但颇受欢迎，而且还很有智慧。她拒绝结婚，并是个会自己拿主意的女强人。

伊丽莎白的表姐妹，即苏格兰玛丽女王，因为密谋造反而被判有罪，伊丽莎白最终将她处死。

伊丽莎白帮助了欧洲新教徒，并派出英国海盗去对抗西班牙船只和殖民部队。她使英国的天主教和新教徒之间达成了和解，并与西班牙展开了一场战争，最后还击败了西班牙"无敌舰队"。

英国开始发起很多的海外冒险旅行，而在本土又发展了各大行业和经济。这是莎士比亚的时代。英国文化和社会欣欣向荣，为另一个属于英国的伟大帝国时代的到来铺平了道路。

↑1558年，伊丽莎白一世成为英国和爱尔兰的女王。她持续了45年的统治，这都要归功于她对政府事业的热衷参与，而英国也经历了一段稳定历史时期，文化和经济处于不断增长之中。

↑亨利八世重建了英国海军，而他最大的自豪和快乐就是玛丽·罗斯号。1526年，他亲自去看玛丽·罗斯号在索伦特的启程仪式。但是，船体的平衡被700名站在甲板上的水手、船员破坏，船体倾覆之后当场沉没。

和其他冒险旅行的费用。

亨利一生结过六次婚。在他的统治期间，英国对威尔士和爱尔兰的控制得以加强，并建立了一支庞大的海军，还计划了很多的殖民和商业冒险之旅。1547年，亨利的独子爱德华六世（1537年~1553年）继承了他的王位，但是在年仅16岁的时候英年早逝了。在爱德华六世的统治期间，英国的教会势力日渐增强。爱德华六世同父异母的姐姐、亨利的长女玛丽一世（1516年~1558年）继承了王位。玛丽一世统治了5年，并曾尝试对天主教的回归。

苏格兰玛丽女王

1542年，玛丽·斯图亚特成为苏格兰的女王，当时的她才刚刚一周大而已。她的父亲詹姆斯五世是亨利八世的侄子，而这鼓励了玛丽去要求得到英国的王位。她是在法国接受的教育，并于1558年和当时法国的王位继承人成婚。在她丈夫于1560年逝世之后，玛丽重新回到了原本不受欢迎她的苏格兰。1568年，她主动放弃了王位，并逃离到英国。玛丽偷偷从事谋反计划，但最后被囚禁在福瑟林盖伊城堡之中。1587年，她因为叛国罪的指控而被处死。

179

葡萄牙人的帝国 1520年~1600年

葡萄牙航海者与贸易者，为欧洲在全世界范围内的殖民主义时代铺平了道路。在其鼎盛时期，他们的贸易帝国几乎可以覆盖整个地球。

葡萄牙人当时领导着欧洲的航海探险旅行。他们世代是渔民，早已习惯海上航行。15世纪中期，航海家亨利开始训练水手，并派遣了很多船只去探索非洲西部的海岸线。在那里，有着极为巨大的利益诱惑，特别是在外来商品的贸易领域。16世纪早期，葡萄牙探险者们抵达东印度群岛（印度尼西亚），并沿着前往摩鹿加群岛（香料岛）的贸易线路航行。摩鹿加群岛盛产各种香料，比如肉桂、丁香以及肉豆蔻等，而这些都是欧洲人特别想要得到的。为了控制这些颇富价值的贸易活动，葡萄牙人征服了摩鹿加群岛，并占领了印度洋中很多地理位置得天独厚的港口。如果葡萄牙商人要回到里斯本，那么就必须从非洲边上绕行过去，所以他们在非洲海岸线上建造了很多堡垒，从而为船舶提供物资供应和保护。

↑贝宁工匠艺人会雕刻很多东西，比如这个16世纪的象牙盐瓶，它还被出口到欧洲地区。在瓶底周围，雕刻的是葡萄牙贵族的人物像。

↑葡萄牙人是最早和非洲西部国家进行贸易活动的欧洲人。这个来自贝宁的黄铜板向人们展示的是葡萄牙男子象征性地举着大柱子，而就是这些大柱子支撑着贝宁奥巴的官殿。

奴隶贸易的开始

从非洲，葡萄牙人带回了很多黄金，同时也带回了很多奴隶，并让这些奴隶在他们新建立的蔗糖种植园里干活。第一批种植园位于非洲的圣多美岛

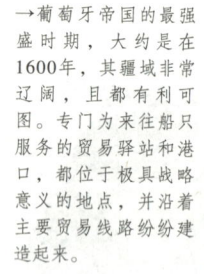

→葡萄牙帝国的最强盛时期，大约是在1600年，其疆域非常辽阔，且都有利可图。专门为来往船只服务的贸易驿站和港口，都位于极具战略意义的地点，并沿着主要贸易线路纷纷建造起来。

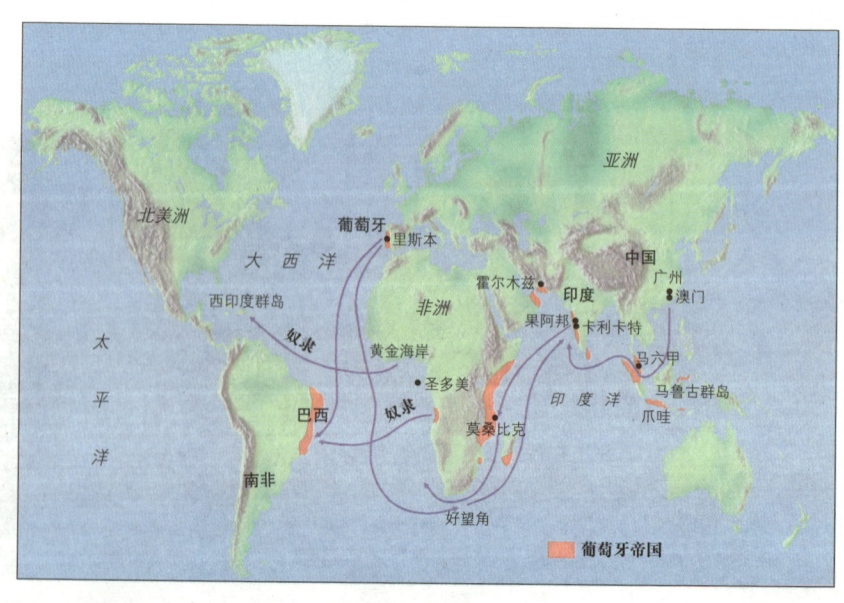

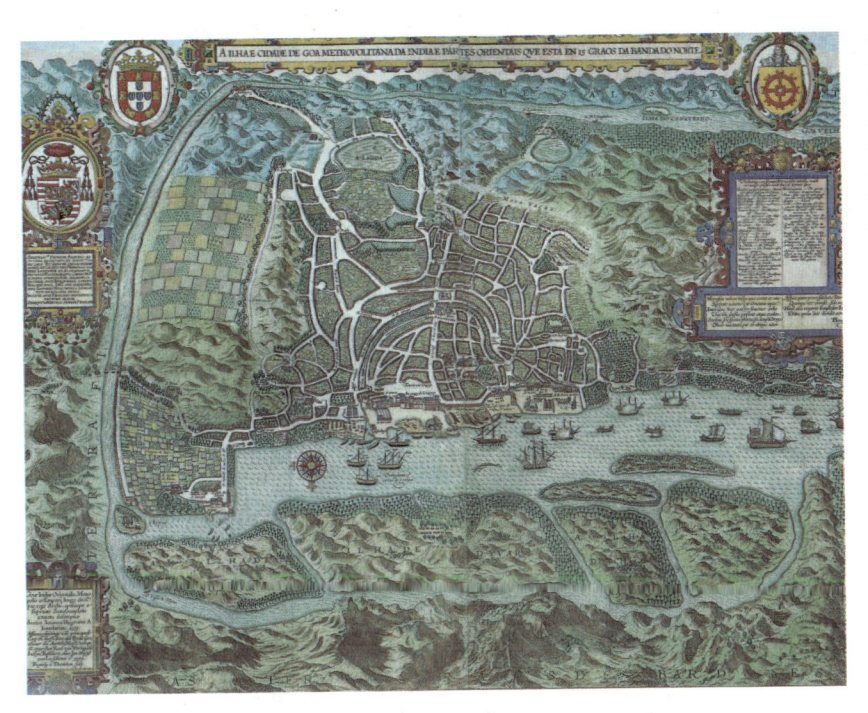

文艺复兴

←印度果阿港口及城市，是葡萄牙帝国内的一条重要连接纽带。在此展示的地图，是1595年由葡萄牙籍兼荷兰籍雕刻师小约翰尼斯·巴普蒂斯塔·凡多特鸿设计制作的。

屿。当奴隶们于16世纪70年代开始造反的时候，葡萄牙人又在巴西创建了很多种植园。他们征服了这个国家的大部分地区，并将奴隶运送到那里。而这只是横跨大西洋奴隶贸易的开始。

在16世纪的鼎盛时期，葡萄牙并没有像西班牙那样，拥有很多殖民地。但是，他们拥有地理位置不错、颇具价值的贸易驿站和种植园。其中包括安哥拉和莫桑比克、佛得角群岛、马德拉群岛、亚述尔群岛、霍尔木兹海峡基地（波斯）、果阿和卡利卡特（印度）、科伦坡（斯里兰卡）以及位于远东地区的贸易驿站等，比如西里伯斯岛、爪哇以及马六甲海峡等。

大事年表

1419年	葡萄牙人抵达马德拉群岛
1471年	葡萄牙人抵达阿散蒂和贝宁
1487年	迪亚斯绕行到好望角
1498年	瓦斯科·达·伽马抵达印度
1500年	卡布拉尔探险巴西海岸沿线
1505年~1520年	亚洲贸易驿站在果阿和马六甲海峡纷纷建立
1520年	麦哲伦发现了摩鹿加群岛（香料岛）
1530年	巴西建立第一个葡萄牙殖民地
1534年	第一批非洲奴隶在巴西登陆

↑在葡萄牙人抵达摩鹿加群岛之前，该岛的执政者尽享从香料贸易中获取的高额利润。在葡萄牙人的统治之下，当地统治者的获利途径被绕开了。摩鹿加群岛的香料包括丁香、肉豆蔻、辣椒、肉桂以及生姜等。

←一位葡萄牙商人正在购买肉豆蔻。他们也购买丁香，这些都是摩鹿加或称香料群岛的主要出口商品，葡萄牙人垄断了同这些岛屿的贸易。一直到17世纪初，荷兰才对它的垄断地位发起挑战。

宗教改革 1520年~1600年

在宗教改革运动中，一个新的基督教派支系发展起来，并吸引了很多人，这直接导致了社会分化。

到16世纪，文艺复兴的新思潮引导一些人去挑战和质疑罗马天主教的教义。其领导者管理教会的方式，遭到了强烈的抨击。牧师、修道士以及修女等，都不再过着贫穷、独身以及简陋的生活，而罗马教皇和主教则对金钱和权力有了太多的兴趣。人们盼望教会进行及时的改革。这便成了后来知名的"宗教改革"。这场改革已经悄悄进行了100多年，一直到1517年具推动力事件的发生。当时的一名德国牧师马丁·路德，在威腾堡的教堂门口钉出了一份有着95条论纲（纲领）的列表，并对教会的作用进行了批判。路德对"赎罪券"痛心疾首，这种交易可以用金钱来换取对罪恶的宽恕。他所希望的是，他的这份列表可以带来心平气和的辩论，却被指控为异教徒（与教会信仰背道而驰）。1521年，路德被天主教逐出了教会。

↑约翰·加尔文（1509年~1564年），出生在法国，其原名为"让·加尔文"。他是一名不折不扣的新教徒，认为上帝早就已经安排好了未来，而只有那些被上帝选中的人（即上帝的选民）才可以被拯救。

↓欧洲正处于一系列狂暴宗教内战的水深火热之中，大屠杀此起彼伏。

↑宗教改革前，阅读《圣经》被认为是教士才有的权利。教会认为，由训练有素的宗教人士将上帝的语言解释给普通民众才不易出现偏差。宗教改革家，如路德，认为教会的政策阻碍了上帝讯息的传布，他们通过《圣经》方言化——以本国的语言表述——的工作来鼓励人们接触《圣经》。路德自己所完成的德语版《圣经》（上图）于1534年问世。

早期的新教徒

路德获得了德国和瑞士的支持，并建立起了路德教。其他教派，比如教友派信徒、再洗礼派、门诺派以及摩拉维亚教胡斯的信徒，都纷纷效仿。在1529年之后，他们都被称为新教徒。乌尔里希·慈运理领导了在瑞士境内的宗教改革运动，这导致了一场内战，慈运理不幸被杀害。慈运理的事业被约翰·加尔文继承下来，后者获得了很多来自法国、德国以及荷兰的追随者。约翰·加尔文在瑞士发起了宗教改革运动，并影响了约翰·诺克斯，而约翰·诺克斯后来在苏格兰也发起了一场宗教改革运

↑马丁·路德（1483年~1546年）认为，人们是靠信仰来实现自我拯救的，而他也想要一种基于《圣经》之上的宗教信仰。他还认为，教会仪式应该用当地语言来进行，而不是拉丁语。右边这幅16世纪漫画，展示了魔鬼命令路德向他传经布道。

文艺复兴

←特伦多大公会议在1545年~1563年举行过三次。该大公会议试图改革天主教会，并阻止新教的继续传播。

↑天主教会使用图像来传教，这幅源自德国1470年的木版画作品，展示的是一名临终的善良天主教徒，正在接受最后的洗礼仪式。

动。一些群体倾尽家产来组建社团，并接管整个城镇。

反宗教改革运动

1522年，罗马教皇阿德里安六世承认罗马天主教会中确实存在着很多问题，但是在他死前，并没有进行任何的变动。1534年，在保罗三世成为罗马教皇之后，终于有了转机。就在这一年，英国的亨利八世与罗马彻底断绝关系。保罗开始改革教会，而这场运动被称为"反宗教改革运动"。刚开始的时候，他鼓励对一名叫作"卡布奇"的意大利行乞修道士展开传经布道活动。在六年之后，他同意创建耶稣会来宣扬天主教教义，而其创律者就是依格那丢·罗耀拉。1545年，依格那丢·罗耀拉召集了一群教众开会，即人们所知道的"特伦多大公会议"，并决定继续发动进一步的改革。特伦多大公会议决定施行贫困誓约，并建立教会学院（即神学院）来教育修道士、修女以及牧师等。所有这些都导致了天主教信仰的复兴。

但是，欧洲境内的宗教争端开始转变成一场政治斗争，特别是当西班牙菲利普二世竭力通过武力来恢复天主教在英国、法国以及荷兰的主宰地位时。其他统治者也纷纷加入不同的阵营。内战在法国境内爆发，新教徒的荷兰也开始奋起反抗西班牙人的统治。最后，三十年战争终于在1618年爆发了。

大事年表

1517年 路德的95条论纲在德国威腾堡被宣读
1522年 路德《圣经》在德国出版发行
1523年 慈运理的改革运动在瑞士发起
1534年 英国从罗马教会中分离出来
1545年 第一次特伦多大公会议召开，反宗教改革运动揭开序幕
1562年~1598年 法国爆发雨格诺战争
1566年 加尔文教堂开始在荷兰建立
16世纪80年代 欧洲统治者之间的紧张关系不断上升
1618年 三十年战争爆发（一直持续到1648年）

←罗马教皇尤利乌斯二世是16世纪艺术事业的一名重要资助者。但是，他对改革的兴趣缺乏，导致了人们对他经营教会方式的批判。

183

奥斯曼帝国强盛期 1453年~1600

在1453年占领君士坦丁堡之后，奥斯曼帝国成为中东地区以及环地中海地区的一支中坚力量。

↑奥斯曼的非正规骑兵通过在军中服役来换取土地。他们也有机会成为帝国境内某个地方的统治阶级成员。

在君士坦丁堡于1453年被穆罕默德二世攻陷之后，奥斯曼帝国开始进入黄金时期。这座之前是拜占庭首都的城市，被重新命名为"伊斯坦布尔"，并成为一个庞大帝国的中心地，特别是在其于1680年达到鼎盛时期的时候，奥斯曼帝国的领土北面从奥地利边界直至俄国境内，西界非洲摩洛哥，东迄亚洲高加索和波斯湾，南境一直伸入非洲内地。

奥斯曼帝国是奥斯曼一世于1301年创建的，在1389年的时候扩展到欧洲地区。蒙古人曾在一段时间内遏制住其不断扩张的步伐，但是在占领君士坦丁堡之后，穆罕默德二世很快便征服了12个王国和200多座城市，范围包括安纳托利亚和巴尔干半岛。

接着，塞利姆一世于1512年至1520年先后占领了叙利亚、阿拉伯（伊朗和美索不达米亚除外）以及埃及等地。

↓到1566年为止，奥斯曼帝国的疆域已经延伸到三个大陆。苏莱曼也早已打造出一支强大的海军部队，并获得了地中海地区的控制权。同时，他也主宰着红海和波斯湾。

↑奥斯曼帝国的妇女过的是一种类似遁世的生活。

苏莱曼一世

自1520年开始，苏莱曼大帝连续统治了46年。他先后征服了贝尔格莱德（南斯拉夫首都）和匈牙利，却在围攻神圣罗马帝国的首都维也纳的时候遭遇滑铁卢。后来，他又占领了美索不达米亚、亚美尼亚以及高加索。奥斯曼人还获得了东部地中海以及黑海的控制权（从而主宰着威尼斯和热那亚的贸易活动），此外还有非洲北部和乌克兰。

对他自己的子民而言，苏莱曼一世是他们心中的"昆努尼"（即法律制定者），因为他亲自改革了奥斯曼的政府管理和法律制度。他一手缔造了奥斯曼帝国，并使各行各业都百废待兴，从建筑业到宫廷生活无一例外。他是一名诗人、学者以及艺术的资助者，他还曾重新建造了伊斯坦布尔的多数城区。

欧洲人之所以称他为苏莱曼大

文艺复兴

→出生于1495年的苏莱曼一世，在1520年成为苏丹王，并将奥斯曼帝国转变成一个富强、庞大的帝国，横跨三个大陆。

→苏莱曼一世的最伟大胜利是于1526年的莫哈奇战役。当时，他彻底击垮了匈牙利的军队。他的军队还击败了一支中欧国家联盟军，并处决了波希米亚的国王。

帝，是因为他所在宫廷的富丽堂皇和在欧洲赢得的数次漂亮大胜仗。1526年，他在匈牙利的莫哈奇取得了伟大的胜利，他对维也纳的围攻威胁到欧洲的心脏地区，而且他还于1538年占领了麦加。与此同时，土耳其的舰队在海盗巴巴罗萨的带领下，偷袭并洗劫了西班牙、意大利以及希腊的沿海地带。

缓慢衰落期的开始

在苏莱曼一世死后，他的儿子谢利姆二世成了苏丹王。谢利姆二世过着十分闲暇安逸的生活，而掌管帝国事务的却是他的那些大臣和将军。

奥斯曼人自身在数量上并没有那么庞大，他们主要靠俄国和北非地区的奴隶们为生，并让1/5的孩子应征到他们欧洲疆域的军队中去，将他们训练成未来的政府官员或士兵。

对普通老百姓来说，只要他们乖乖地当顺民并交纳税赋，就可以过安生的日子了，也没有人会强迫他们改变信仰。奥斯曼人依赖于希腊人、亚美尼亚人、威尼斯人以及其他外来商人。但是，到1600年，帝国已经进入一个长期的、缓慢的衰落时期。

大事年表

1453年　奥斯曼人占领了君士坦丁堡
约1460年　希腊、塞尔维亚和波斯尼亚被攻下
1512年~1520年　谢利姆一世在外，占领了叙利亚、阿拉伯和埃及地区
1522年　苏莱曼从骑士圣约翰手中夺取了罗德岛
1526年　莫哈奇战役：匈牙利被攻下
1529年　围攻维也纳（失败）
1534年　苏莱曼占领了巴格达和亚美尼亚
1538年　苏莱曼占领了麦加圣城
16世纪40年代以后　奥斯曼文化蓬勃发展
1566年　苏莱曼一世去世
1600年　奥斯曼帝国进入衰落期

→1529年，苏莱曼一世并没有攻下神圣罗马帝国的首都维也纳，这阻挡了他继续侵略德国和中欧的步伐。因此，奥斯曼帝国的扩张进程也戛然而止了。加农炮的应用，是战场上的一件大事。

莫卧儿王朝的强盛 1526年~1605年

印度,这个被分开的次大陆地区,遭到了莫卧儿人的侵略。

↑巴布尔出生于土耳其斯坦的费尔干纳地区,是印度的第一任莫卧儿王朝的皇帝。巴布尔于1530年在阿格拉地区逝世。

巴布尔是成吉思汗和帖木儿的嫡传后裔,他在土耳其斯坦领导着一个唤作"莫卧儿"的部落族群。

在被乌兹别克人驱逐出来之后,莫卧儿人于1504年开始入侵喀布尔。然后,他们把眼光瞄向了印度。在1519年的一次试探性偷袭之后,12000名莫卧儿人横扫了开伯尔山口,并于1526年进入印度境内,还侵占了印度具至高权力的洛迪苏丹王位,成为印度的统治者。

在入侵印度的时候,奥斯曼帝国给巴布尔及其追随者提供了枪弹和士兵。巴布尔的部队中也有一部分是轻骑兵,他们能够轻易挫败印度人缓慢的象兵。这帮助他们在一次战役中击败了一支更为庞大的印度军队,并杀掉了德里的苏丹。在这次胜仗之后,巴布尔定德里为新首都。1530年,巴布尔死后,他的儿子胡马雍成为新的统治者。

胡马雍虽然已经侵占了印度西部地区,但是苏尔人在1540年的时候将莫卧儿人驱逐出去,并逼迫他们退回到波斯和阿富汗老家。

1555年,胡马雍又杀了回来,不但征服了苏尔人,而且还再度搬回到德里城。一年之后,还没有赢得整个帝国之前,胡马雍在一次事故中不幸身亡。

阿克巴的帝国扩张计划

胡马雍的王位,是由巴布尔的孙子阿克巴继任的。阿克巴年仅13岁便成为皇帝,并直到1605年逝世。

阿克巴不但是一名优秀的军事领导者,而且也是一位颇具智慧的统治者。他的军队继续向西推进到古加拉特地区,向东则推进到孟加拉国。这是印度北方最为富庶的省份,盛产稻米和丝绸,并给阿克巴提供了最为主要的收入来源。

到1576年为止,阿克巴已经控制了印度北部的全部地区。他创建了一个组织有序的帝国,同时也任用了很多专业的管理者。

沙·贾汗

阿克巴之后的莫卧儿统治者十分严厉。沙·贾汗(1627年~1650年在位)甚至曾命令拆除印度教寺庙——尽管没有被执行。到了18世纪,因为莫卧儿帝

→由一名波斯人完成的这幅绘画作品,同时向人们展示了巴布尔(左)及其祖先帖木儿(中),还有他儿子胡马雍(右)。

文艺复兴

国没有海军，欧洲人控制了海洋和部分海岸。莫卧儿帝国继续发展，但是它不再富有。繁重的赋税迫使农民离开了土地。阿克巴为了保护国家而修建的道路成了强盗们的出没地。

莫卧儿王朝

在此期间，印度与非洲、奥斯曼帝国、欧洲以及远东地区等进行贸易活动，并从中获利。葡萄牙人已经在印度地区拥有不少的贸易驿站和港口城市，还拥有当时世界上最大的纺织工业。阿克巴为孩子们建造了很多学校，同时，还在法特浦·西格里古城（意译为"胜利宫"）建造了一个新的首都城市。

第三任莫卧儿皇帝阿克巴

阿克巴在年仅13岁的时候就继承了莫卧儿帝国的伟业，且统治了将近50年。他入侵了拉贾斯坦、古加拉特、孟加拉、克什米尔以及德干高原等地，并统治着印度的多半地区。他对以耕地为生的农民征缴较少的税赋，并鼓励商人经商，还创建效率较高的政府和军队。这些都造福了后来的莫卧儿皇帝及其子民。虽然阿克巴本人并不识字，但是他对学者持欢迎态度，并热情邀请艺术家和外国旅行者来他的宫廷做客。

↑与阿克巴同时期的，还有统治着英国的伊丽莎白一世和西班牙的国王菲利普二世。

→虽然一些当地的统治者起来反抗阿克巴的统治，但是他们在不久之后便宣告失败了。这幅作品展示的是巴哈杜尔汗向阿克巴俯首称臣的场面。

大事年表

1504年	莫卧儿人占领了喀布尔
1526年	德里成为莫卧儿人在印度的首都
1556年	莫卧儿最伟大的皇帝阿克巴开始统治
1571年	法特浦·西格里古城成为新首都
1605年	加罕基尔成为莫卧儿王朝的皇帝
1627年	沙·贾汗成为莫卧儿皇帝
1658年	奥朗则布成为最后一位伟大的莫卧儿皇帝
1707年	莫卧儿王朝开始走向衰落
1803年	最后一个莫卧儿要塞被英国攻陷

→在法特浦·西格里古城，阿克巴建造了一座新的首都，其同时将不同的建筑风格混合在一起，并将其作为新宗教的中心。1605年，他离开了人世，被埋葬在这座陵墓之中。

哈布斯堡   1273年~1556年

哈布斯堡家族，来自于瑞士的哈布斯堡。他们对欧洲政治的主宰与支配，长达600多年，从13世纪开始，一直到1914年。

哈布斯堡家族的名字，来自于他们在瑞士居住的城堡，其原文的意思是"鹰之堡"。在13世纪，哈布斯堡的土地归属于奥地利。但自1438年，神圣罗马皇帝几乎都是哈布斯堡家族的一员。而在15世纪晚期的时候，马克西米利安一世为他的亲属专门安排了一场带功利性的婚姻。他的儿子菲利普（勃艮第），与西班牙费迪南德与伊莎贝拉的女儿"疯女"胡安娜，结成连理。他们的儿子查理五世，则变成哈布斯堡家族中最有权力的一位。

在菲利普于1506年死后，查理继承了勃艮第和荷兰地区。1516年，西班牙的费迪南德又给他留下了西班牙和那不勒斯；1519年，他还从马克西米利安那里继承了整个神圣罗马帝国。这也导致了法国的弗朗西斯一世与他反目成仇，两国在查理的统治期间一直处于交战之中。查理召集了两次国会或会议，来平息与路德教的分歧，但都以失败而告终。1546年，他卷起袖子与施马加登防卫联盟展开誓死搏斗；1547年，查理击败了施马加登防卫联盟，但是在后来不得不满足联盟的各项要求。到1556年的时候，早已厌倦了战争的他，已经耗尽了西班牙的多半财富，并一无所获。他退隐到一家修道院，并将他的土地分给了他的儿子菲利普（获得西班牙和荷兰的土地）和他的兄弟费迪南德（获得了奥地利和神圣罗马帝国的王位）。

↑查理五世出生于1500年，并于1516年成为西班牙国王；自1519年，查理五世担任起神圣罗马帝国的皇帝。1553年，他将皇冠授予了他的弟弟，并在两年之后将王国（西班牙、荷兰以及美洲地区）交给了他的儿子菲利普·查理。

↓在查理五世去世之后，奥地利的哈布斯堡开始统治着神圣罗马国。西班牙的哈布斯堡则统治着西班牙、荷兰、意大利部分地区以及拉丁美洲等地。

↑1273年，鲁道夫一世被选举为德国的国王，并于同年当上了第一任哈布斯堡家族的圣罗马皇帝，不过他从未被正式加冕过。圣罗马皇帝的头衔，一直保留在哈布斯堡家族之中，一直到1806年。

←双头鹰是神圣罗马帝国的象征物。从16世纪开始，随着一些日耳曼国家越来越强盛，神圣罗马帝国皇帝的权力日渐衰落。

大事年表

1020年　哈布斯堡家族开始形成

1459年~1519年　马克西米利安一世开始扩大哈布斯堡家族的影响力

1506年　查理五世继承了勃艮第和荷兰

1516年　查理五世继承了西班牙和那不勒斯

1519年~1556年　查理五世成为神圣罗马皇帝

1546年　哈布斯堡和新教徒之间的战争爆发

1618年~1648年　三十年战争

文艺复兴

西班牙无敌舰队 1588年

西班牙无敌舰队，由欧洲最强大的国家派出，去侵占野心日渐膨胀起来的英国。西班牙无敌舰队的失败，导致了英国人对海面长达300年的统治。

↑ 弗朗西斯·德雷克（1543年~1596年）的最早身份是一名海盗和冒险者。在从加勒比海西班牙大帆船那里抢到黄金之后，他先后被封为船长、舰队司令，并协助击败了西班牙的无敌舰队。1580年，他成为第一个航行全世界的英国人，而当时他所驾驶的那艘船叫作"金雌鹿号"。

菲利普二世对西班牙及其帝国的统治，是在1556年至1598年。他强烈的天主教信仰激起了荷兰和西班牙境内的反抗，并导致了与奥斯曼人和英国人的战争，而且还将西班牙卷入。他的极权统治和频繁的军事活动，使西班牙的经济彻底崩溃，尽管西班牙从美洲带回了很多黄金和白银。英国海盗并始频繁偷袭西班牙殖民地及其舰队。

1588年，菲利普从里斯本派遣无敌舰队袭击英国。西班牙的130艘大帆船，载着8000名水手船员以及19000名士兵出征了。因风暴而拖延了行程的无敌舰队，在加来港口不幸被英国人瞥见并被其不断骚扰，而加来港口是无敌舰队与另一支西班牙舰队会面的约定地点，可惜另一支舰队迟迟没有出现。

↑ 对伊丽莎白一世而言，击败西班牙无敌舰队功不可没。她并不喜欢她姐姐的丈夫菲利普二世，而且她对英国也抱有野心，特别是在英国取得胜仗之后。

在夜幕降临之后，英国人给了他们重创，先是派出了火攻船，紧接着又用炮火猛攻逃离的船只。一股强风将剩余的无敌舰队船只吹到了北海地带。无敌舰队不得不绕行到苏格兰，而只有一半的军舰得以平安返回西班牙。这对西班牙人而言，是一次沉重的打击。

↓ 1588年8月，菲利普二世派出了他的无敌舰队去对付英国人。虽然西班牙人有着更大型的船只，但是英国人的船只在速度和操作性上更胜一筹。

↑ 菲利普二世（1527年~1598年）自1556年开始统治西班牙，一直到他去世。他认为，自己一辈子的使命，就是为西班牙以及罗马天主教会赢得在全世界范围内的更大权力。与他结为夫妻的是英国的玛丽·都铎（即玛丽一世）。

189

□ 世界历史百科全书

俄国 1462年~1613年

在此历史期间，俄国从数个小公国的集合体，变成了一个较大规模的国家。分裂局面的结束，使其得以在历史上扮演起更为重要的角色。

↑ 伊凡三世是全俄的第一位统治者。他于1462年登上王位宝座，并立莫斯科为首都。到1505年去世之前，他已经给俄国开辟了一条新的发展路线。

↑ 伊凡三世接受了拜占庭人的双头鹰符号，并将其作为自己的象征物。拜占庭和俄国都对东西方虎视眈眈。

在基辅于1060年左右衰落之后，俄国便以数个分离状态的公国集合体形式存在着，比如诺夫哥罗德、斯摩棱斯克、基辅以及弗拉基米尔等。1238年，当拔都汗领导蒙古人入侵时，这个局面突然发生了变化。蒙古人烧毁了莫斯科，并破坏了基辅。金帐汗开始统治俄国，并开始征缴钱币和兵役等作为贡品或服务。14世纪时，基辅在一段时期内被吸纳到立陶宛的疆域范围之内。1263年，俄国有了一个新的统治者，即丹尼尔王子，他开始逐渐扩张其国土疆域。

1380年，俄国人击败了金帐汗国，虽然他们不断偷袭莫斯科地区，并要求向他们提供贡品。不过，在1480年伊凡三世将其制服之后，就再也没有后文了。伊凡三世于1462年登上俄国王位。他扩张了俄国的领土，引进了一部新的法典，而且还宣布自己为"全俄统治者"。1472年，他与拜占庭最后一位皇帝的侄女索菲娅成婚，并任命自己为东正教的保护者，而且称莫斯科为"第三座罗马城"。

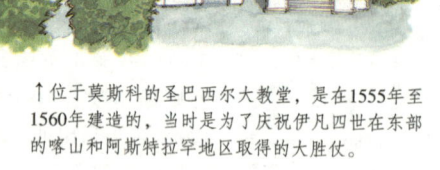

↑ 位于莫斯科的圣巴西尔大教堂，是在1555年至1560年建造的，当时是为了庆祝伊凡四世在东部的喀山和阿斯特拉罕地区取得的大胜仗。

到1480年，伊凡三世已经将诺夫哥罗德以及其他城市等置于自己的控制之下。他还重建了莫斯科的知名建筑克里姆林宫。在他于1505年去世之后，他的儿子瓦西里继任皇位，并一直统治到1533年。瓦西里的王位在后来被伊凡四世继承，而伊凡四世是他年仅三岁的儿子。

伊凡雷帝

伊凡四世又称"伊凡雷帝"，1533年至1547年为莫斯科大公。他于1547年被加冕为第一位俄国沙皇（即皇帝）。

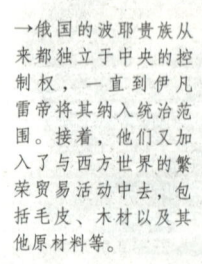

→ 俄国的波耶贵族从来都独立于中央的控制权，一直到伊凡雷帝将其纳入统治范围。接着，他们又加入了与西方世界的繁荣贸易活动中去，包括毛皮、木材以及其他原材料等。

文艺复兴

伊凡四世改进了法律制度，此外还重新完善了俄国与英国及其他欧洲国家之间的贸易关系。他从鞑靼人手中接管了喀山和阿斯特拉罕地区，并继续向西伯利亚地区推进。他还削弱了俄国世袭贵族的权力，并创建了一支秘密的警察部队，这样就将国家置于更加严密的控制之下。他为未来设计了很多蓝图，还通过沙皇建立了极为强大的中央集权。

1581年，突然怒气发作的他，竟然杀死了自己的继承人，因此其王位不得不被他的第二个儿子费奥多来继承，而费奥多是一个精神不太稳定的孩子。

沙皇罗曼诺夫

当伊凡四世于1584年去世之后，鲍里斯·戈多诺夫担任起费奥多的摄政者，并一直到费奥多于1598年去世。鲍里斯抵挡住了波耶贵族的极力反对，封自己为沙皇。他改善了对外贸易，并击败了试图侵略俄国的瑞典人。但是，鲍里斯于1605年去世后，俄国进入了8年之久的争夺王位的内战。最终，伊凡四世的大侄子米哈伊尔·罗曼诺夫（1596年~1645年）于1613年获得了王位继承权。他当起了长达30年的沙皇统治者，并建立了罗曼诺夫王朝，并一直统治到1917年。

↑克里姆林宫是莫斯科的中心。它看上去像一座堡垒，很多宫殿、小教堂和大教堂等被重建过，并置于保护墙的保护之下，这些都是伊凡三世下令完成的。克里姆林宫开始变成沙皇中央集权的象征。

←伊凡四世前往札格尔斯克去拜访俄国东正教的元老级主教，此行是为了让自己被施以涂油礼，并被确认为东正教的领袖人物。

大事年表

1238年　俄国遭到了蒙古人的侵略
1263年　俄国逐渐扩张
1402年~1505年　伊凡三世使俄国强大起来
1472年　伊凡三世将自己任命为东正教的保护者
1480年　鞑靼人对俄国主宰权的结束
1505年~1533年　沙皇瓦西里统治时期
1533年~1584年　伊凡四世扩展了俄国的疆域
1584年~1598年　费奥多成为沙皇，而鲍里斯·戈多诺夫担任起摄政者
1598年~1605年　沙皇鲍里斯·戈多诺夫统治时期
1605年~1613年　各个敌对的波耶贵族派系内战
1613年　米哈伊尔·罗曼诺夫成为沙皇，并且是第一位罗曼诺夫王朝的沙皇

↑伊凡四世是一名强悍的统治者，他为俄国的扩张计划奠定了坚实的路线。被称为"伊凡雷帝"的他，有着一种令人敬畏的独特个性。

□世界历史百科全书

荷兰的独立 1477年~1648年

荷兰在当时是一片处于快速发展之中的新教徒地区，并孕育着美好的未来，却被天主教的西班牙统治着。荷兰人想要夺回自己事务的主宰权。

↑奥伦治的威廉（也称"沉默者威廉"），于1559年成为荷兰部分地区的总督。但是，他与西班牙的国王为敌，并领导了自1567年至1572年的荷兰人起义。

在查理曼帝国于9世纪覆灭之后，由17个省区（位于现在的比利时地区）、卢森堡以及荷兰本土所组成的荷兰，陷入了四分五裂的局面。在14世纪至15世纪，勃艮第的两位公爵，即勇敢者菲利普和无畏者约翰，获得了佛兰德斯（如今的比利时）和荷兰地区的领土。这些土地继续处于勃艮第的控制之下，一直到勃艮第土地的继承者查理五世以及另一名哈布斯堡王朝的成员于1516年将其变成西班牙人的占领地。这并不符合荷兰人自身的利益。1556年，独立之战在查理的儿子菲利普二世成为西班牙国王的时候爆发了。菲利普二世派遣阿尔巴公爵担任荷兰地区的总督，并授予他采用恐怖手段的特权，即在必要的情况下可以镇压任何形式的反抗。

阿尔巴公爵处死了独立运动中的两位领导者，而这也导致了荷兰更大规模的起义，其新的领导者就是奥伦治的威廉。阿尔巴公爵变得越残酷无

↑在沼泽地被排干污水并开始发展之后，联合省区日渐富庶。荷兰作为一个有着日渐繁荣贸易和工业的国家，从老式的皇族势力即西班牙的统治中独立出来，成为头等大事。

情，反对的声浪就越汹涌澎湃。死刑处决开始被公开，城镇被洗劫一空，而人民也惨遭屠杀。荷兰人开始采用多种游击战术，比如低地的"淹没"战术。1576年，西班牙部队洗劫了安特卫普，这座欧洲最为富庶的港口城市就这样结束了其繁荣旺盛的历史。

↓当时的这幅漫画，展示了贵族阿尔巴公爵试图扑灭荷兰境内的"异端邪说"。

↓1571年，在围攻卢万小城期间，英勇的荷兰人使出了浑身解数，制服了略占优势的西班牙强大军队。

192

文艺复兴

斗争和独立

很多商人和银行家搬迁到阿姆斯特丹地区，并将其打造成一个美好的城市，那里有许多人工运河，还有一支日渐强大的海军的守护。他们开始发展现代的贸易、银行业和工业。西班牙将南部省区（如今的比利时）重新置于其控制之下，但是在1581年，北方省区毅然宣布完全独立。对他们来说万幸的是，当时的西班牙正忙于跟法国、英国以及奥斯曼人的交战，因此暂时也没有办法去阻止荷兰人的独立运动。

独立之战是现代荷兰城镇居住的中产阶级与传统西班牙皇家贵族之间的一场争斗。在奥伦治的威廉的领导之下，荷兰人宣布成立荷兰联邦共和国。1609年，一份休战协定被达成。不过，到1648年，西班牙才终于正式承认荷兰的独立。

↑1576年，西班牙人对富庶的安特卫普城进行了一次洗劫。自此之后，安特卫普城人暗下决心，一定要摆脱西班牙人的统治。

↓1573年的战役在阿姆斯特丹东面的须德海展开，交战双方是西班牙人的海军和荷兰人的一艘艘小船。这些小船却遏制住了西班牙人的"无敌舰队"，并将其中的很多艘击沉。

大事年表

- 1477年　荷兰成为哈布斯堡王朝的一块领地
- 1516年　西班牙人控制了荷兰地区
- 1568年　荷兰人的反抗揭开序幕
- 1576年　安特卫普城的洗劫成为转折点事件
- 1581年　北方省区宣布独立
- 1609年　休战协定达成，荷兰人最终赢得了胜利
- 1648年　荷兰的独立被完全认可

□世界历史百科全书

北美洲 1460年~1600年

在北美洲这片土地上,居住着很多不同的人群,他们有着各自的传统、生活方式以及文化。对他们而言,欧洲人的到来简直是一场灾难。

↑易洛魁族人会在重要的部落仪式上戴面具。这些面具代表着神话传说动物的灵魂。

↑法国探险家雅克·卡蒂亚(1491年~1557年),航行到圣劳伦斯河的上游(现加拿大境内),并宣布其属法国所有。他手下的一名船员画了这幅有关郝舍拉加小镇的地图。其是休伦国的一部分,位于现在的蒙特利尔市。

→俄亥俄州的迈阿密部落,会用兽皮和毛皮来制作衣服。兽皮会先被清洗一番,然后再缝制成衣物等。妇女们负责家务以及庄稼种植的农活儿,而且她们在部落决策的过程中也有一定的权力。

当欧洲人最早于16世纪来到美洲大陆的时候,那里有着数百万的美洲土著居民,包括数百个部落族群和很多个成形的国家。他们并不认为这块土地归自己所有,而是觉得这属于整个部落族群。每一个部落都有着专属于自己的风俗习惯、语言和生活方式,这是由他们居住的具体位置决定的。比如说,在诸如北美野牛等野兽时常出没的大草原上,夏安族人和波尼族印第安人都过着一种游牧的生活,他们会狩猎和诱捕动物。在大草原上的猎手们,会在外出寻找猎物的时候,用动物皮毛将自己伪装起来。他们抓到的动物可以给他们提供肉食,而动物皮毛则可以用来做衣服或搭建遮蔽所。居住在海岸线或湖泊旁边的部落,则会制作独木舟,并用其去捕鱼。居住在树林中的部落族人,则是以村落形式生活的农民,他们种植庄稼、放牧家畜,而且还会狩猎和捕鱼。

→一些美洲本土国家会建造很多图腾像,以祭奠大自然的灵魂。其顶端经常会有一只老鹰在那里,这代表着"伟大神灵"如千里眼般的超强能力。

居住在西南部村落地区的人就是"普韦布洛"族人,他们种植各种庄稼,包括玉米、南瓜和大豆等;他们还会建造堤坝灌溉干燥的农田。他们铺设了很多道路,并有着复杂的社会形态,此外还有明显的宗教传统。同时,他们还会与阿兹特克人以及其他本土族人进行贸易活动。

沿着密西西比河流域,一种发达的城市文明开始兴起,虽然其自1450年开始便进入衰退期。密西西比河族人给美洲土著国家提供了工具、布匹、各种贵重物品以及从远方带回来的其他物品。

在东部海岸线的人们,靠种植玉米、大豆以及烟草为生,而农田就在他们居住村落周边的小块土地之中。他们也开始了当地范围内的贸易和实物交易。在东北部地区,美洲的原始田野和空旷地带,让欧洲殖民者们想起了自己家园。结果,这片地区获得了"新英格兰"的美名。很多部落是各种联邦或国家的一部分,而这些联邦或国家似乎

↓东北森林地区的人们,会制作图案精美的鹿皮靴,还有仪式上的管乐器,专门用来在特殊的场合庆祝。

194

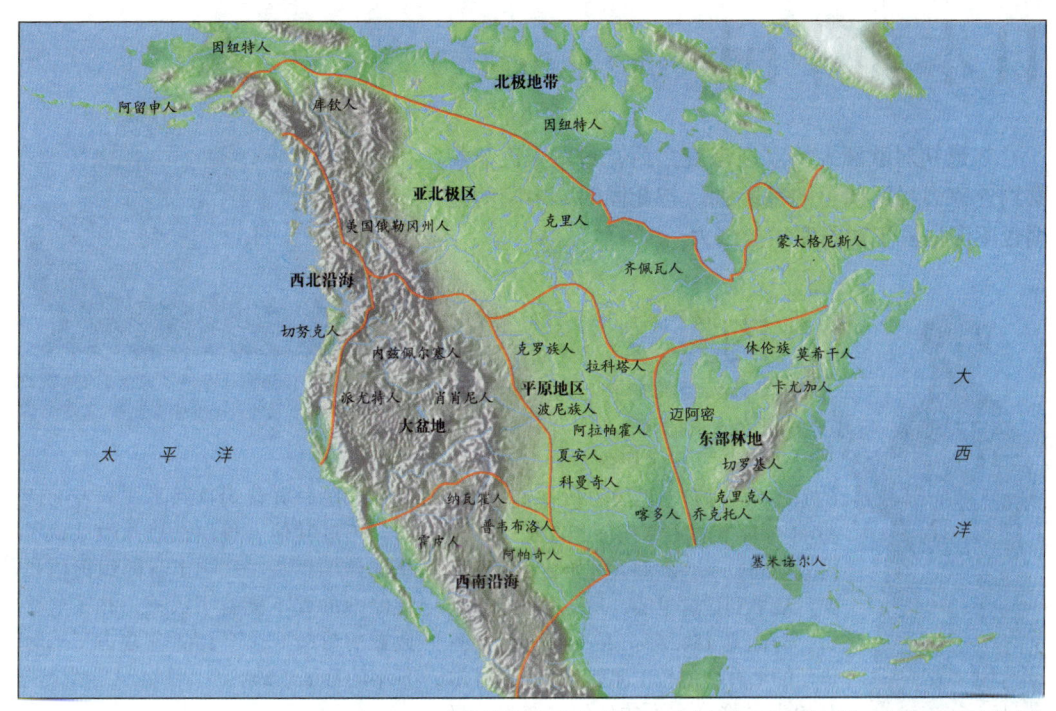

文艺复兴

↑美洲国家之间存在着很大的差异性。这幅地图显示的是1500年时美洲土著主要部落的居住地点,这是在欧洲人来到这里并将他们驱赶出自己土地之前的事情了。在这个时期,大约有600万的北美洲土著居民。从殖民者向这片大陆西部扩张的时候起,这个数字便急剧下降。

是靠血缘、传统或政治盟约联系到一起的。有时候,部落之间的分歧也会导致苦不堪言的战争。

欧洲人的到来

与阿兹特克人和印加人一样的是,在欧洲人到来之前,这些美洲土著部落没有马匹或者车轮运输工具。欧洲人对于金属的知识十分有限,而他们的多数工具是由木头或石头制成的。他们的主要武器是弓箭、弹弓和长矛。刚开始的时候,一些部落族人对欧洲人十分热情友好,甚至是欧洲人的救命恩人。但是对土著居民来说,事情还是发生了灾难性的变化,特别是在更具野心的欧洲殖民者来到这里的时候。一个个美洲土著村落死于欧洲人带来的疾病,比如天花和麻疹等。其他人则因为争端而被杀死,另一部分人则直接被驱逐出他们的家园。

↑齐佩瓦族人居住在棚屋之中。其由弯曲的树枝搭建而成,并在外面覆盖了一层兽皮或桦树皮,这样就可以起到遮挡严冬寒冷的作用。

→游牧的草原印第安人,居住在圆锥形帐篷当中。在傍晚时分,人们便开始听故事,一方面是为了休闲娱乐,另一方面是为了传承历史、风俗习惯、法律以及部落的生存方式。他们也会举行部落会议来解决争端,或对部落的未来做出决策。

195

日本和中国 1467年~1644年

在最初对欧洲人持欢迎态度之后，日本人逐渐洞察到外来力量所暗含的危险性。与此同时，中国的明朝也逐渐失去了对国家的控制力。

内战于1467年在日本最大的数个封建领主之间爆发了。皇帝已经失去了他的多数权力，甚至连幕府将军对整个国家的运行也逐渐失去了影响力。在一个多世纪里，由武士组成的私人军队，为获得对日本的主宰权而相互征讨。在内战期间，一些欧洲人开始造访这个国家。最早到达这里的，是一群葡萄牙船员，时间是1542年。在七年之后，西班牙的耶稣会传教士弗朗西斯·泽维尔开始尝试将日本人的信仰转变为基督教。其他商人和传教士也紧随而来，并在最初受到了日本人的欢迎。

除了给日本带来新的宗教气息之外，这些欧洲人还随身携带着他们的火器枪炮。一些武士并不看好这些

↑耶稣会传教士，比如利玛窦等，于16世纪在皇帝的允许之下进入中国。

↑丰臣秀吉（1536年~1598年）打破了封建领主与佛教寺庙的传统势力，但是他建立一个大日本帝国的计划无果而终。

"玩意儿"，并认为这些是懦弱者的武器，不过其他人很快在战斗中见识了新武器的厉害。武士出身的织田信长便给他的部下配备了火枪，并在这些武器的帮助下，于1568年攻占了当时日本的首都京都。

斗争和内战

织田信长受了伤，并在不久之后自杀，但是他的事业被丰臣秀吉所继承，而后者在1585年成为皇家大臣。他开始计划筹建一个大日本帝国，并想将中国包括在内。丰臣秀吉于1592年和1597年两次入侵朝鲜，但是没有得逞。最后他死在了朝鲜战场上。丰臣秀吉任命德川家康为他儿子的守卫使。1600年，德川家康在关原之战中彻底击溃了他的死敌们。1603年，德

长筱合战

1575年，长筱合战爆发。织田信长给他部下的3000名战士配备了从葡萄牙人那里购得的火枪。他们击败了人数更多的强大武士骑兵，那些武士骑兵装备的是传统的武器和刀剑，还有传统的弓箭。对日本来说，这是一个转折点，也是现代时期的开端，即欧洲力量开始起到了一定的作用。日本人竭力去控制这些影响力，但是，欧洲人与日本南方的一些封建领主相勾结，欧洲的商品和思潮都悄悄涌入日本。

文艺复兴

→为了免遭日本海盗的侵袭，中国人发明了"漂雷"（即水弹）。这种新发明最后传播到西方世界。

川家康成为德川王朝的第一任幕府将军。丰臣秀吉和德川家康对日本及其贸易所采取的是强硬的中央集权控制，他们禁止与外国人的来往。

中国明朝

到1500年为止，明朝正处于日渐衰弱之中。皇帝禁止中国船只航行到海岸周边水域之外，但是允许外国船只造访中国。日本的海盗频繁偷袭中国东部沿海地区，这就使这些水域变得十分危险，尤其对船员来说。

自1517年，欧洲商人陆续来到这里。1557年，葡萄牙人被允许在澳门地区定居。蒙古人的入侵以及日本对朝鲜的侵略战争等，都使中国社会进入不稳定时期。饥荒频发、税赋增加以及官吏腐败，都导致了社会的不安与动荡。1641年，李自成起义军占领了中国的部分地区。而在1644年，清军入关，明朝灭亡。

→茶道最早是由中国的佛教僧侣带到日本的，在15世纪传播到佛家寺庙之外的很多地方。茶道会在一个简陋而不失庄重的茶楼里进行，也可以在家中的专门房间里面进行。伟大的茶艺大师千利休为16世纪的茶道立下了各方面的规则与讲究。

大事年表

1520年 葡萄牙商人首次来到中国
1568年 织田信长占领了京都和日本中央地区
1582年 明朝政府腐败丛生
1590年 丰臣秀吉获得了日本北部和东部的控制权
1592年~1598年 日本入侵朝鲜
1641年 李自成起义军占领了中国的部分地区
1644年 明朝灭亡

↓丰臣秀吉在日本建造了很多城堡。他还建造了这种特殊的城堡：姬路城。1577年，在各大敌对武士集团的内战期间，他将其作为自己的指挥中心。

□世界历史百科全书

艺术　1461年~1600年

在欧洲，文艺复兴运动影响了绘画、雕刻以及建筑。艺术也在奥斯曼帝国、萨菲王朝和蒙古帝国中出现欣欣向荣的景象。

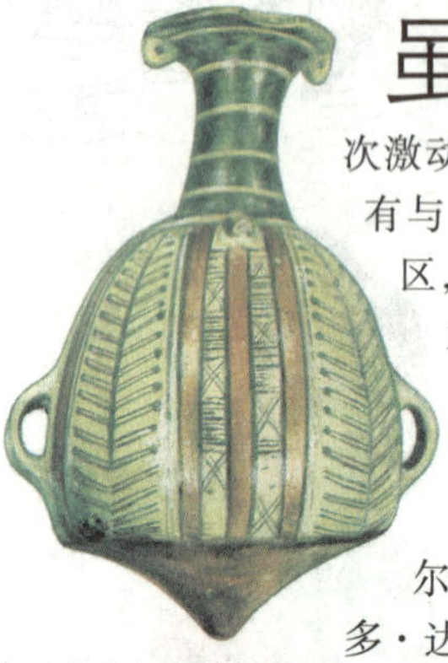

虽然艺术在传统中有着根深蒂固的基础，但在此时也开始了一次激动人心、全新想象的进化，并带有与日俱增的活力。尤其在欧洲地区，文艺复兴深刻影响到了各个艺术领域，包括绘画、雕刻、戏剧、音乐以及建筑等；除此之外，教育和宗教也都进入繁盛时期。艺术家们，如提香、荷尔拜因、拉斐尔、丢勒、莱昂纳多·达·芬奇、勃鲁盖尔、波提切利以及米开朗琪罗等，都正处于创作的旺盛期，创作出他们新视角的作品以及代表他们的现实主义手法。在英国，文学和戏剧处于繁荣时期，特别是剧作家威廉·莎士比亚的作品带来了轰动效应。

艺术作品越来越大众化、流行化，而不再只是国王和教会的专属物。新的中产阶级，即商人和自由职业者，开始为其中的多数买单，以资助者身份赞助艺术成为一种时尚。

在美洲，阿兹特克人和印加人用黄金和白银创造了新的装饰风格，尽

↑虽然印加人并没有陶工旋盘，但是他们能制造细致精美的陶器。他们可以将湿漉漉的泥土卷制成端庄典雅的装饰形状。

↑在欧洲，风琴和古钢琴是十分流行的乐器。管风琴是由一个人来演奏的，而另一个人则负责风箱，并给演奏提供所需要的气体。

←在波斯，新发展起来的风格展示着各种自然主题。这些花儿就属此例。

→这是一幅摘自洛特夫拉寺庙大门口的细致图案，该寺位于波斯萨菲王朝的古都伊斯法罕。这是一件异常精致的艺术作品，在莫卧儿王朝的印度也有类似的艺术风格。

198

文艺复兴

管他们还不知道如何制造金属工具。他们也发明了新的建筑形式。

在欧亚大陆地区，奥斯曼土耳其人将伊斯兰风格和欧洲风格紧密结合到一起，并勾画出来自西班牙、意大利以及埃及地区外国人的一幅幅生动画像，而且还形成了新的建筑形式和文学风格。作为一个新兴国家的俄国，将拜占庭、欧洲和鞑靼风格结合起来，并将其体现在教堂及其他建筑上面。

在萨菲王朝的波斯和莫卧儿王朝的印度，艺术日渐繁荣。波斯、阿拉伯和印度等不同风格开始融合到一起，并形成新的风格。但是在中国和日本，因为统治者奉行闭关自守政策，导致了革新的鲜见。而在非洲，早期文明也失去原来的势头，因为他们逐渐开始与欧洲的殖民者面对面生活在一起。

↑现实主义对文艺复兴时期的欧洲人而言，是十分重要的。米开朗琪罗的摩西雕像，大约是在1513年雕刻完成的。其清晰地展示了胳膊和大腿处的肌肉和血管。

↑这是一幅16世纪意大利画家丁托莱托的作品，其展示了文艺复兴时期现实主义的新风格。但是，该绘画作品的主题，即圣乔治屠龙，却是一个传统的宗教主题。

↑在环球剧院中，莎士比亚的政治和社会戏剧曾纷纷上演。该剧院于1599年在伦敦建造。

↑源自奥斯曼帝国的伊兹尼克陶瓷，是根据波斯风格制作而成的。但是，也会绘制欧洲的主题内容。

□世界历史百科全书

建筑　1461年~1600年

建筑设计在全世界各地逐渐发展起来，其中最令人惊奇的进步都发生在欧洲的文艺复兴时期。在那里，新潮的建筑风格如雨后春笋般出现。

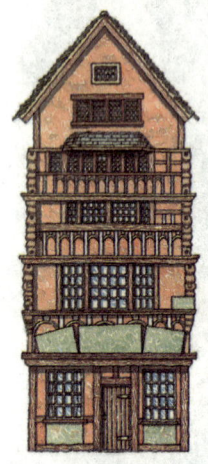

在文艺复兴期间，欧洲人开始接受之前更加先进的中国文化、印度文化以及阿拉伯文化等。这是一个不争的事实，不但出现在建筑领域，而且折射在艺术、科学以及技术领域。在欧洲，贵族及其他有钱人都为自己建造舒适的宫殿和富丽堂皇的庭院，而不再是中世纪时期要塞式的城堡。连体别墅的设计风格开始发展起来。日益完善的玻璃制造技术也意味着，门窗可以被设计得更大一些。在英国，一些大房子，比如汉普顿宫，在建造时都使用了手工砖块，而其他房子则大体上依然使用木材。这可是一种火灾隐患，因为在街道拥挤的城镇中，火灾很容易从一座建筑蔓延到另一座相邻的建筑。废水和下水道处理系统，还尚未被开发出来。

在房子的里面，家具都是由木头做成的，并经常被雕刻得十分华美绚丽。墙体用木板镶嵌起来，而天花板则被抹上了石膏灰泥。在这个时期，正式的花园铺设开来。特别流行的是草本植物花园，其不但提供调味料，而且也为大病小灾提供治疗用的药草。

在全世界范围内，很多新建的建

↑16世纪的英国和荷兰的连体别墅，大概有五层楼那么高。窗户上有很多小方块的窗格玻璃，还经常有十分精致的木工雕刻。在阿姆斯特丹，很多这种房子都依然保存着。

↑英国都铎王朝时期的经典建筑便是汉普顿宫。其是由渥西主教建造起来的。城堡式的外表代表了过去中世纪时期的风格，而不是出于防守的需要。

↓文艺复兴时期的天主教堂，如意大利帕维亚的这座教堂建筑，都装饰得华丽而精致。这种精美华丽的风格，在拉丁美洲天主教堂中也可见一斑。

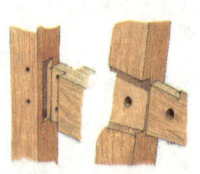

接榫眼　楔形榫头
和接榫

↑木头结构建筑物的结实之处，就在于木头之间的结合部。如果这些地方做得十分到位，那么建筑物便会十分牢固，甚至被推倒也不会散架。最常用的结合法便是接榫眼、接榫以及楔形榫头等。

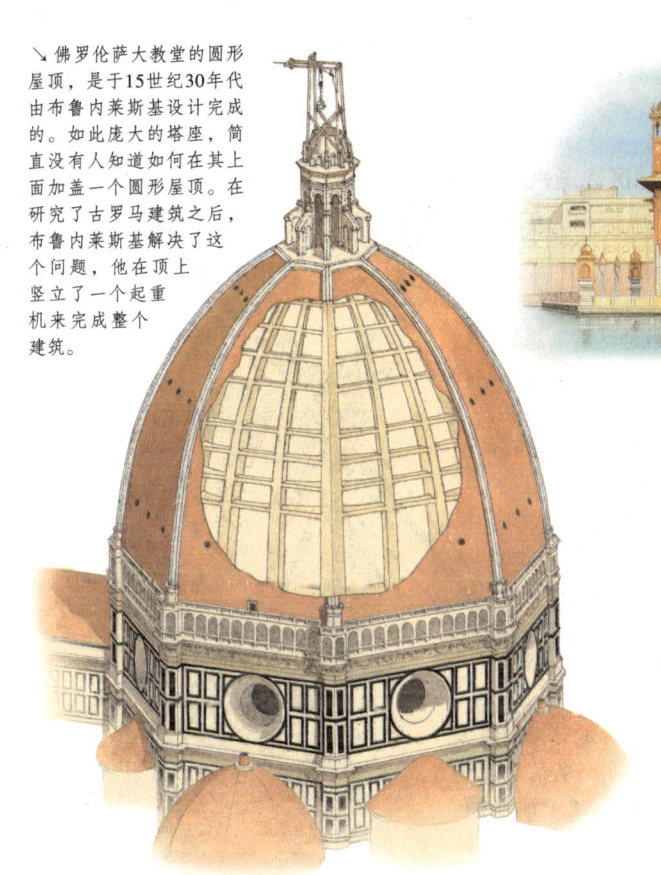

文艺复兴

↘ 佛罗伦萨大教堂的圆形屋顶，是于15世纪30年代由布鲁内莱斯基设计完成的。如此庞大的塔座，简直没有人知道如何在其上面加盖一个圆形屋顶。在研究了古罗马建筑之后，布鲁内莱斯基解决了这个问题，他在顶上竖立了一个起重机来完成整个建筑。

↑ 建造于印度阿姆利则城的金庙。

筑物越来越庞大和宏伟。意大利的天主教堂、日本的城堡、莫卧儿王朝在印度的建筑、奥斯曼人在伊斯坦布尔的建筑、波斯人在伊斯法罕的建筑等，都达到了宏伟壮观的新高度。

印加人的精益求精

最让人炫目的建筑革新发展，发生在南美洲，西班牙人入侵这里之前。很多印加人居住在重峦叠嶂的乡野之中，在那里建造房子很有难度。印加人马丘比丘城中的寺庙、宫殿及其他房子等，都位于安第斯山脉的高处，并由花岗岩石块组建而成，而且是在不使用灰泥的条件下将它们十分巧妙地契合在一起。这需要极大的耐心和技术，特别是那些印加人只会使用由石块制成的工具。

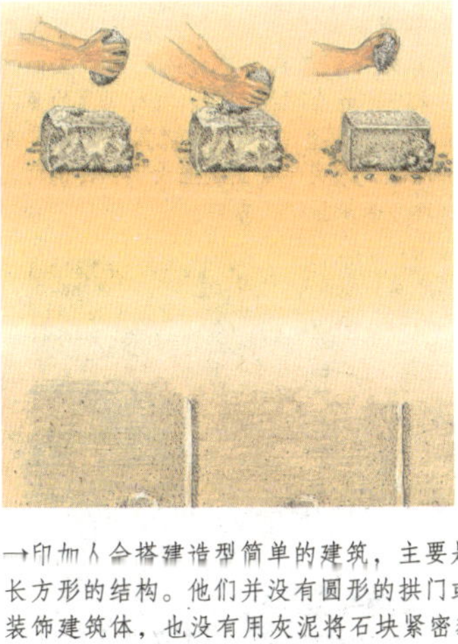

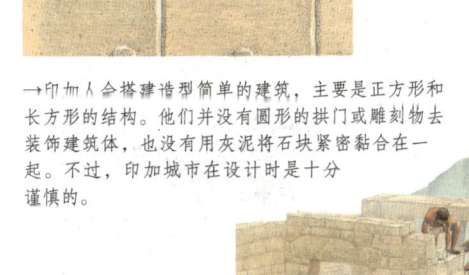

← 印加的石雕工艺，首先在石头锤的帮助下塑造出十分精确的造型，然后是抛光和打磨工序，以使石块之间的接缝更加紧密。这可以增加建筑物抵抗地震的能力，并使建筑物更加经久耐用。

→ 印加人会搭建造型简单的建筑，主要是正方形和长方形的结构。他们并没有圆形的拱门或雕刻物去装饰建筑体，也没有用灰泥将石块紧密黏合在一起。不过，印加城市在设计时是十分谨慎的。

201

□世界历史百科全书

科技 1461年~1600年

与世界上其他地区相比，欧洲地区逐渐兴起了一股敢于质问的新精神。这便催生了科技领域的一场革命。

星盘

反向高度仪

指南针

↑远洋航行需要较高的航海辅助工具，这样才能计算出精确的位置和方向。这个星盘是阿拉伯人发明的，在配合使用反向高度仪的条件下，可以确定出航行船只的纬度。指南针最早是由中国人发明的，它可以用来使船只保持航线。

在世界上的多数地区，新思想和技术的研究和发展日渐缓慢。明代中国开始闭关锁国并进入衰落期，而印度、波斯和奥斯曼帝国也没有像他们以前那样极具创新力了。但是，当欧洲旅行者来到他们的海岸线时，亚洲人对他们所带来的新思想和新发明都十分感兴趣。这些新事物有枪炮、天文知识、时钟、新工具以及造船术等。朝鲜人发明的铁皮船，就是在一名荷兰造访者所带来的新思想基础之上研制的。与此同时，美洲土著文化在欧洲殖民者到达并摧毁其之前，也曾经改善并提高过他们祖先的各种技术。阿兹特克人和印加人都充分利用过这些改进技术，特别是在建造他们庞大城市的时候。

↑到16世纪为止，风车已经变得十分发达，并被用来磨玉米、汲水。荷兰人则使用它们为荷兰境内的湿地排水，并予以深度开垦。

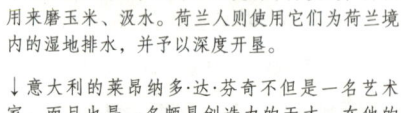

↓意大利的莱昂纳多·达·芬奇不但是一名艺术家，而且也是一名颇具创造力的天才。在他的诸多设计之中，还有试图制作出飞行机器的草图（见下图）。虽然他并没有付诸实践，但是在1902年的时候，人类终于能飞上天了，而他的成果也在当时为未来指明了方向。

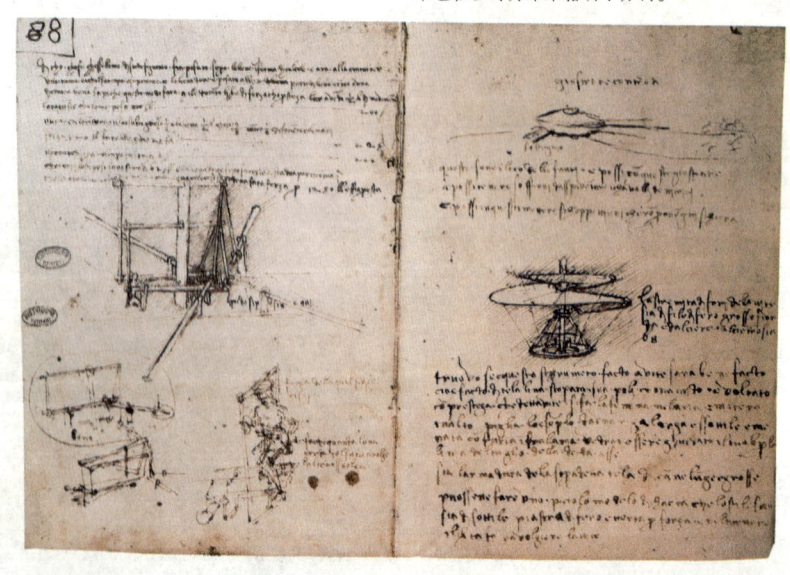

202

文艺复兴

欧洲的一场革命

15世纪至16世纪，欧洲知识领域的复兴，促使人们再次关注他们周围的世界。他们的探索和实验，都是为了找到事物的本质，而不是简单接受教会讲的那些东西。很多杰出的思想和发明，都在这个时期涌现出来。第一块成功计时的钟表是在1504年被发明出来的，而显微镜则发明于1590年。人们开始研究人体解剖学，1543年，安德烈·维萨里出版了他对人体解剖学的最早精确研究成果。

关于炼金术、占星术、几何学以及草药的传统中世纪思想，也开始蓬勃兴起，其领导人物有思想家帕拉塞尔苏斯、开普勒以及诺查丹玛斯等。崇尚科学与探索精神的社会逐渐形成。一些发明家，如莱昂纳多·达·芬奇，甚至都开始思考如何发明飞机、直升机以及潜水艇等。这些欧洲天才的出现，标志着一场科技革命的开始。他们也为今天的现代世界奠定了基础。

↑泰戈·布拉赫（1546年~1601年）不但仔细观察了各种天体，而且还为其制作了精确的星图。丹麦国王专门在汶岛上为自己建造了一座天文观察站，并配备了各种仪器、图书馆、实验室以及居住中心区。那时候望远镜还没有被发明，但是布拉赫通过肉眼的观察确定了777颗星体的位置。

↑虽然发展的步伐有了明显的减缓，但是中国人依然不断制造出精美的瓷器。这个绘有孩童嬉戏图的明代陶瓷碗，是于15世纪晚期制作完成的。

↑波兰天文学家尼古拉·哥白尼率先提出了行星围绕太阳运转的看法，在此之前，天文学家遵循的是托勒密的观点：地球是宇宙的中心。终其一生，哥白尼都是教会人士，直到去世之前，他才于1543年发表了自己的极易引发争论的看法。

人事年表

1492年 马丁·贝海姆制成了第一个地球仪

1504年 彼得·亨莱因发明了钟表

1518年 皇家物理学院在伦敦建立

1528年 第一本外科手术手册出版发行

1540年 麦可·塞尔维特发现了人体的血液循环

1546年 地图制作者墨卡托发现了地球的磁极

1600年 吉尔伯特凯撰写有关于磁场和电力的书籍

↑在文艺复兴期间，学者们认真研究了数学理论。这对他们的科学实验来说是极为关键的一个步骤。

203

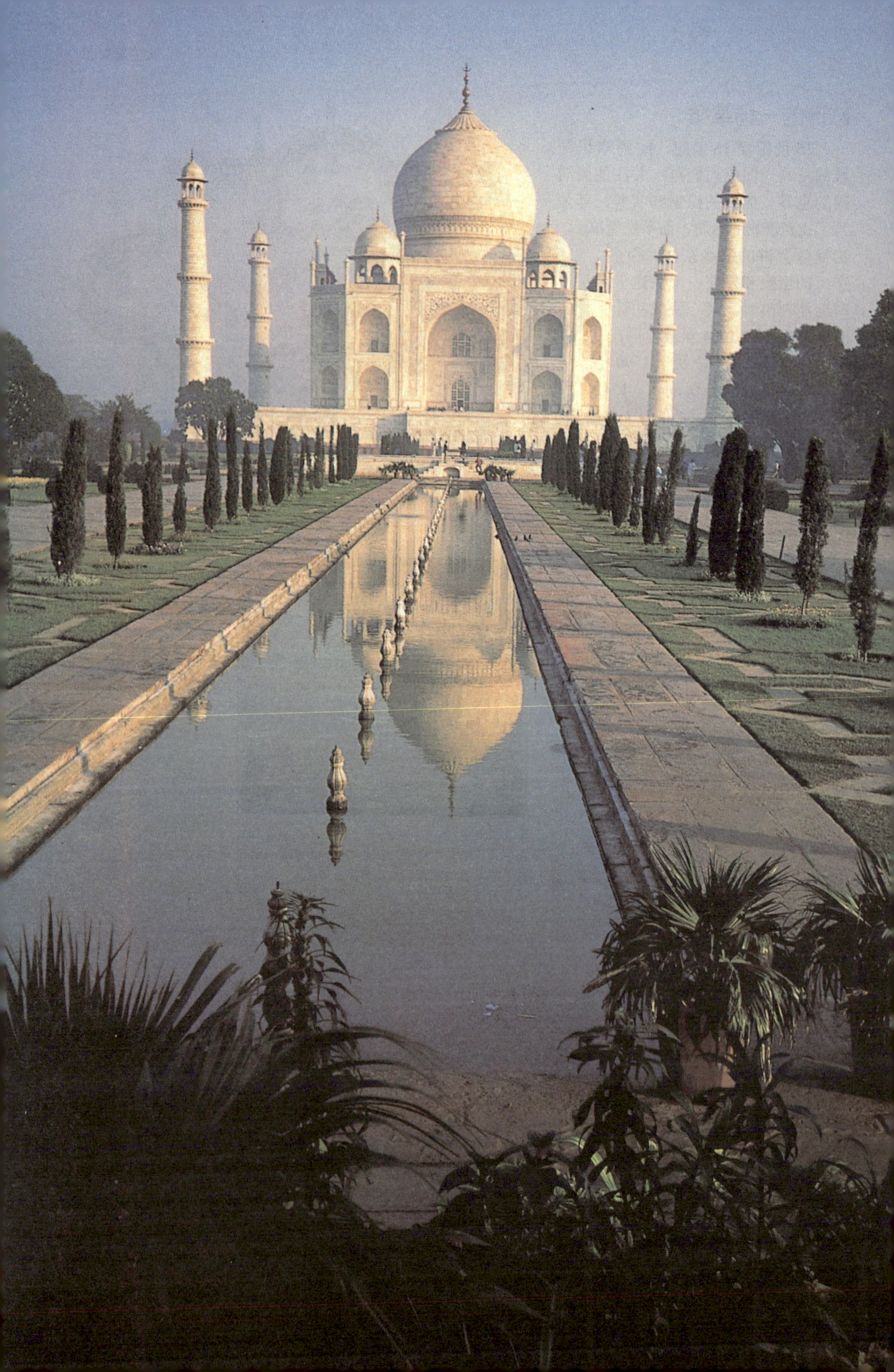

资本主义
1601年~1707年

欧洲人开始着手去统治全世界,
其最大的影响力就在美洲。
英国和法国的殖民者占领了北美的东部海岸线地带,
而西班牙征服者则早就接管了南美洲。
欧洲贸易驿站此时遍布欧洲各地。
在欧洲,这个世纪所带来的是一段混合着痛苦的历史,
其中有战争、革命和大破坏。
不过,在科学和艺术领域,也出现了极大的发展和进步。

↑1620年,一艘名叫"五月花"的大船从英国普利茅斯出发,运载着一群人来到北美洲开始一段全新的生活。

←在印度阿格拉附近的泰姬陵,是于17世纪由沙迦汗建造的。这是他专门为妻子慕塔芝玛哈建造的一座陵墓。

世界概览 1601年~1707年

回看17世纪，是绝对统治者的时代。在欧洲、印度、中国和日本，权力集中在那些统治着各自国土的国王、皇帝以及幕府将军的手中。最大的特例便是英国，因为在那里，一个被选举出来的议会推翻并处死了国王查理一世。虽然他的儿子查理二世在后来被邀请去继承王位，但是他只被授予了非常有限的权力。

在这段时期，虽然欧洲被卷入了战争，但是它依然在世界范围内进一步扩大影响力，而诸如印度和中国等国家，则通过其各类产品、艺术以及思想等，给欧洲带来了更加丰富的内容。

成千上万的欧洲人远涉重洋来到美洲大陆，希冀能过上更加美好的生活。17世纪同时也见证了另一段人类"运动"的历史。罪恶的奴隶贸易，逼迫着数以百万计的非洲人背井离乡，并被运送到大西洋的彼岸，即到美洲种植园去当苦工。

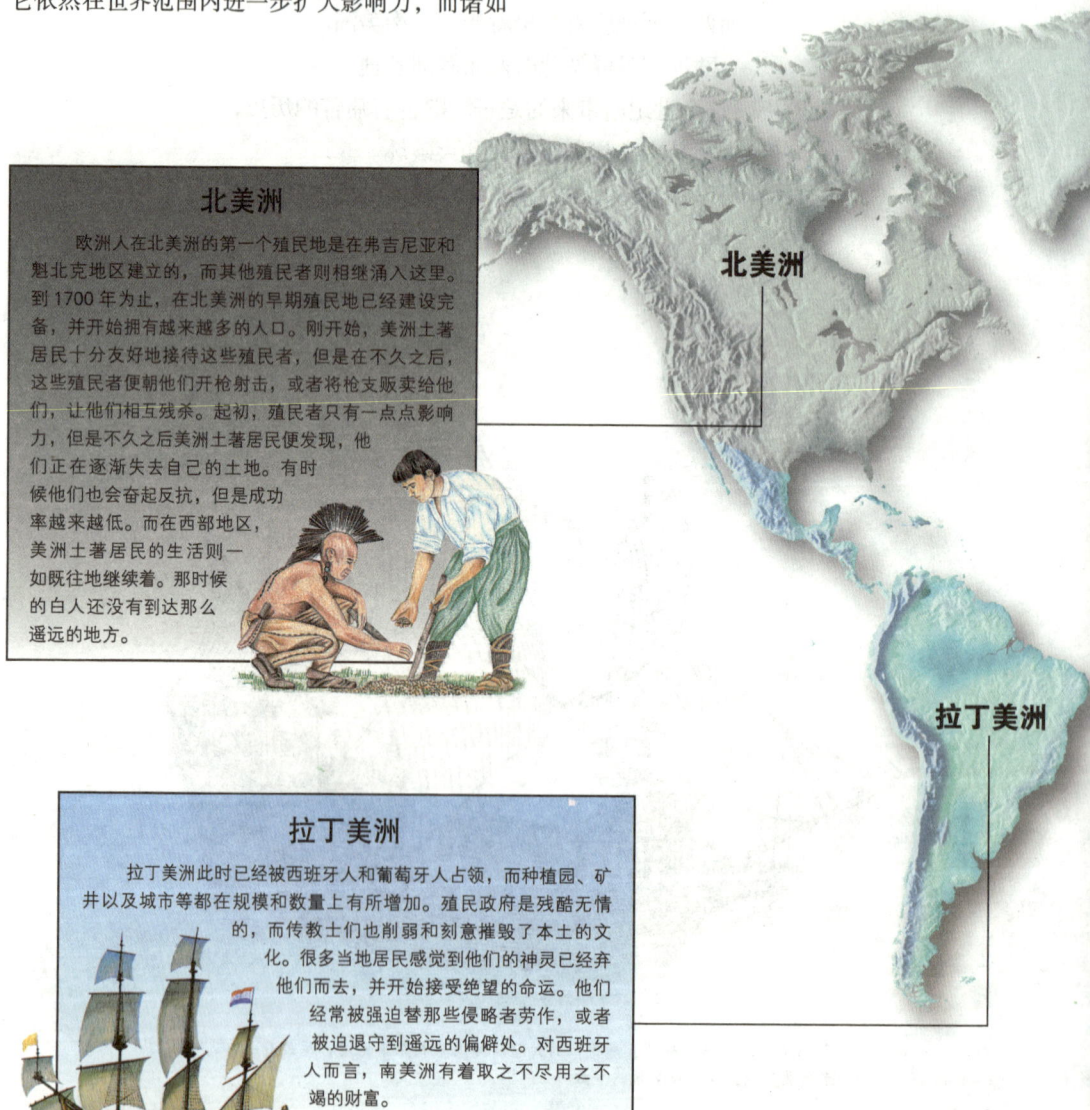

北美洲

欧洲人在北美洲的第一个殖民地是在弗吉尼亚和魁北克地区建立的，而其他殖民者则相继涌入这里。到1700年为止，在北美洲的早期殖民地已经建设完备，并开始拥有越来越多的人口。刚开始，美洲土著居民十分友好地接待这些殖民者，但是在不久之后，这些殖民者便朝他们开枪射击，或者将枪支贩卖给他们，让他们相互残杀。起初，殖民者只有一点点影响力，但是不久之后美洲土著居民便发现，他们正在逐渐失去自己的土地。有时候他们也会奋起反抗，但是成功率越来越低。而在西部地区，美洲土著居民的生活则一如既往地继续着。那时候的白人还没有到达那么遥远的地方。

拉丁美洲

拉丁美洲此时已经被西班牙人和葡萄牙人占领，而种植园、矿井以及城市等都在规模和数量上有所增加。殖民政府是残酷无情的，而传教士们也削弱和刻意摧毁了本土的文化。很多当地居民感觉到他们的神灵已经弃他们而去，并开始接受绝望的命运。他们经常被强迫替那些侵略者劳作，或者被迫退守到遥远的偏僻处。对西班牙人而言，南美洲有着取之不尽用之不竭的财富。

资本主义

欧洲

在三十年战争期间，欧洲的很多国家被军队和加农炮摧毁和蹂躏着，而在英国，一场内战也终于爆发了。但是，这些统治者在带来这个世纪以来更严重混乱局面的同时，自身也变得富有和强盛。他们建造了宏伟的宫殿和庄园，并开始资助音乐、科学和艺术的发展。欧洲社会正在发生微妙的变化。人们搬迁到各大城市，并拥有更多的书籍，而且还在街道和咖啡厅交换各自的新思想。他们的观念要比那些统治者变得更快些。港口、银行以及仓库等都变得更加繁忙，因为欧洲与世界各地的贸易正处于上升期。

亚洲

满族人建立起了清朝，并一直持续到1911年。但是，欧洲人敲开中国的大门，并寻找新的贸易机会。日本将欧洲人拒之门外，中国只开放广州，而印度和东南亚则让这些欧洲人自由进入。一场为争夺印度和东印度群岛控制权的战争，终于在欧洲各大贸易集团之间爆发了。在亚洲更为人烟罕至的地区，那里的人们还没有碰到第一批涌入的欧洲人。

欧洲

亚洲

中东地区

非洲

中东地区

在波斯的奥斯曼人和萨菲人，继续主宰着中东地区，不过两者都已经过了他们的鼎盛时期。奥斯曼帝国正进入一个漫长的缓慢衰退期，并逐渐被吞食掉，其中有内乱的因素，也源自外敌。波斯人通过与印度和亚洲的接触而日渐繁荣起来，这似乎与欧洲人没有丝毫关系。

大洋洲

非洲

在奴隶贸易中，虽然非洲的个别领袖获得了更多的财富，但是整个非洲地区失去了大量的人口。此外，新的贸易国家也成长起来，比如阿散蒂和刚果。欧洲殖民者开始搬迁到南非地区，非洲与欧洲的贸易也开始骤增，特别是在西非地区。

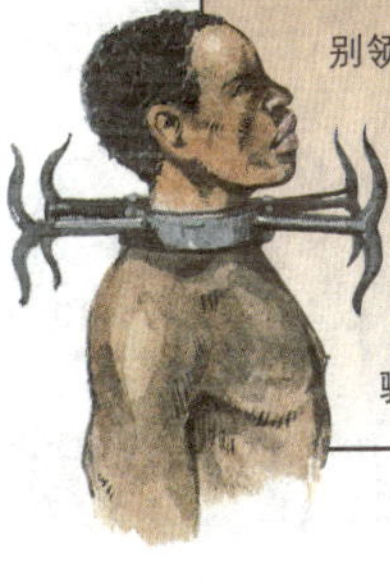

大洋洲

17世纪，澳大利亚和新西兰迎来了荷兰航海者的第一次造访。但是，澳大利亚土著居民、毛利人以及波利尼西亚人等，继续着之前不受外界侵扰的生活。这个相对与世隔绝的地球角落，依然没有受到欧洲人或亚洲人的侵扰。

207

斯图亚特王朝 1603年~1649年

斯图亚特王朝统治地区在苏格兰。在英国，他们面对着一个极为复杂严峻的政治局势，其导致了长达六年之久的内战，并使一位国王下台。

↑詹姆斯一世天生说话结巴，而且会不由自主地淌口水。但是，他是一位非常聪明的国王，并能在极为困难的局势中做出最佳选择。在他的统治期间，英国和苏格兰的关系越来越密切，统一事业近在咫尺。

都铎王朝最后一任君主女王伊丽莎白一世于1603年去世，她并没有留下继承人。苏格兰女王玛丽的儿子即苏格兰的詹姆斯六世，继承了伊丽莎白一世的王位，成为英国的詹姆斯一世。詹姆斯是亨利八世姊妹和伊丽莎白姑妈玛格丽特·都铎的后裔，玛格丽特·都铎曾于1503年与苏格兰国王詹姆斯四世成婚。他的家族即斯图亚特家族，已经在苏格兰统治了200多年。

英国和苏格兰虽然有共同的国王，但是它们依然保持着独立国家的身份。詹姆斯梦想过有朝一日将其统一起来，但是英国人和苏格兰人都对此表示反对。

↑在都铎王朝和斯图亚特王朝时期，英国很多城镇重建起来。它们并没有被精心计划，而只是沿着蜿蜒曲折的街道建成。

挥霍者詹姆斯

詹姆斯与西班牙实现了和平相处，并缓解了欧洲天主教及新教之间的紧张关系。英国拥有了长达20年的和平时期。但是在1624年，詹姆斯被卷入了三十年战争，债台高筑。经营国家的成本日渐上升，而他自己又是一个挥金如土的挥霍者。他认为国会应该服从他，并给予他所想要的一切。但是在都铎王朝时期，国会和国王的大臣们都变得更加强势。在提出更多钱财要求而被拒绝的时候，詹姆斯便与他们彻底闹翻了。

火药阴谋

尽管詹姆斯一世在试图满足每个人的需要，但不同观点和立场使冲突似乎无法调和。一些人将暴力视为争取权利的唯一手段，虽然很多人并不喜欢这个想法。一小撮人开始密谋将国王和国会议员全部杀死，并准备于1605年11月5日将国会炸毁。盖·福克斯便是其中一个密谋策划者，但是他在守卫国会地窖数桶火药的时候被人发现了。他和其他阴谋者被逮捕、严刑拷打，并被摧残致死。

资本主义

←詹姆斯国王版的《圣经》，或者说"国王詹姆授权版的《圣经》"，于1611年出版发行。它是在詹姆斯一世的亲自监督下翻译完成的，其目的是给英国国教徒、清教徒以及天主教教徒等提供一本统一的圣经。它因为语言使用上的恰到好处而颇受青睐，并留存至今。在一些教堂当中，这本《圣经》依然在沿用。

大事年表

1603 年	詹姆斯一世成为英国国王
1605 年	"火药阴谋"试图炸毁国会
1608 年	詹姆斯在钱的问题上与国会产生分歧
1621 年	詹姆斯再次与国会产生分歧
1625 年	查理一世登上王位
1629 年	查理关闭了国会
1637 年	查理的宫廷在一次危机之后开始分裂
1640 年	查理重新召集国会，冲突随之而来
1642 年	英国内战爆发
1649 年	查理一世被国会议员处死

查理一世

詹姆斯一世试图取悦每一个人。他在英国不太受欢迎的原因是他曾经犯过很多错误，并且他是个苏格兰人。他自己对国王权力的观念和想法，也并不讨人喜欢。在他1625年去世之后，他的儿子查理便登上王位，并继承了不受欢迎的现状。

查理一世也不太喜欢国会的掣肘，并且他还非常恶劣地处理了一些事情。人们开始选择自己的立场，要么拥护国王，要么支持国会。这变成了传统与现代思想之间的一场决战。1629年，在国会既拒绝给他更多钱财，又不让他按照自己方式进行统治之后，查理一世便将国会成员都遣散回家，并试图在没有他们参与的条件下继续施政。

查理就这样在没有国会的条件下维持了11年的独裁统治，但是他的宫廷和大臣们在很多重要问题上产生了分歧。查理也惹怒了苏格兰人，因为他们觉得他已经变得过于英国化了。1640年，国会再度召开，然后联合起来反对他。国会企图限制他的权力，并镇压他的支持者们。1642年，查理企图逮捕五位国会领袖，但是包括贵族在内的国会成员都起来反对他的暴行。

查理离开了伦敦，并组建了一支军队。他最终还是被打败了，并将王权交给了国会。他外出潜逃，并继续着内战，但被重新抓获，并在1649年沦为阶下囚，而且被处死。在英国革命及内战的12年间，英国成为没有王的国度。

↓在都铎王朝和斯图亚特王朝期间，有钱人获得了更多的权力和影响力。但是，不同人群之间的分歧依然与日俱增，特别是在金钱、贸易以及宗教事务等问题上。

□ 世界历史百科全书

早期的美洲殖民者 1607年~1650年

在第一批欧洲人到达美洲的时候,美洲土著居民们对他们的企图还不是很确定。更令美洲人想不到的是,这些殖民者最后竟然数以百万计地涌入这片大陆。

↑新英格兰的早期殖民者几乎都是农民。如果唤作"斯匡托"的美洲土著人没有跟他们结为朋友,这些早期殖民者难逃饿死的厄运。是斯匡托教会他们如何靠种植玉米和捕鱼来生存。

↑1620年,一群清教徒在马萨诸塞的普利茅斯地区登陆,并在北美洲建立起第一个永久性的私人殖民地。

→"五月花"号运载着的是102名清教徒和47名其他身份的人。他们于1620年从英国的普利茅斯出发,并在科德角附近登陆。在那里,他们建立了一个较小的殖民地,并且也将其命名为普利茅斯。

在约翰·卡伯特于1497年发现纽芬兰岛的一个世纪之后,多数欧洲人将北美洲视为一个无足轻重的地方。他们对其潜力并没有予以高估,而只是看到了在那里的一点点经济价值。他们的主要兴趣是寻找一条通往亚洲的海上线路,并通过劫掠航行在加勒比海区域、满载着黄金的西班牙大帆船来实现暴富。早期的探险者在重返家园的时候,并没有发现什么黄金宝藏、奇异城市或者他们一直在寻找的通往亚洲的海上通道。卡蒂亚在魁北克的法国殖民地(1534年~1541年)和雷利在罗诺克的英国殖民地(1584年~1590年),都以失败而告终。但是,于1565年在佛罗里达圣奥古斯丁地区的一个西班牙殖民地还是被留存了下来。只有从1607年到1608年,即殖民地纷纷在魁北克詹姆斯敦建立的时候,

↑从现代美洲东北部的地名来看,多数成功的早期欧洲殖民者,要么来自英国,要么来自法国。

欧洲人才认识到这些新土地或许有着更高的价值。自1600年,很多希望逃脱宗教冲突和本国战争的欧洲人航行到北美洲来谋求全新的生活。

第一个成功的英国殖民地,是于1607年在弗吉尼亚的詹姆斯敦建立的,它几乎被疾病、饥荒以及美洲土著居民制造的各种麻烦所消灭。但是,它依然保存了下来。其领导者约翰·史密斯在1616年写了一本书,而这本书

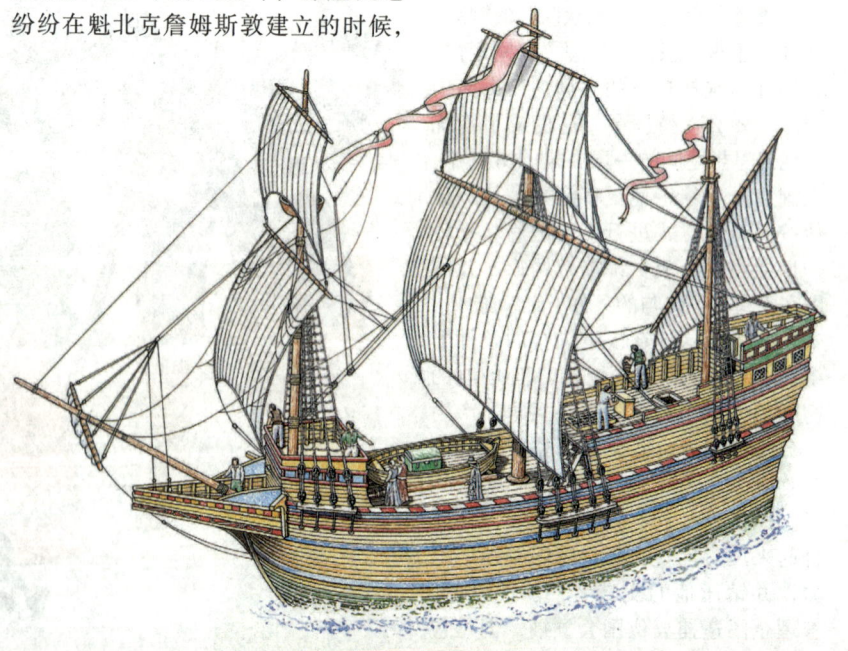

资本主义

↑在"五月花"号于1620年抵达美洲的时候，那些清教徒对于这片新蛮荒之地简直一无所知。食物短缺，很多殖民者因疾病和阳光曝晒而死于非命。在第一个冬天来临的时候，几乎一半人被冻死，而只有54个人活到下一个春天。

中的内容吸引了更多的殖民者加入这个行列中来。

新美洲人

1622年，约翰·罗尔夫将烟草种植介绍给这些殖民者。这些烟草给他们赚了不少钱，而詹姆斯敦也开始日渐繁荣起来。随着烟草需求的增长，烟草种植者需要越来越多的土地，他们从土著居民手中直接抢夺土地。这一土地之战，导致了殖民者与美洲土著居民之间的战争。

1620年，"五月花"号上的清教徒在马萨诸塞登陆，他们的到来标志着一个转折点的开始。1625年，荷兰人在曼哈顿岛上建立了一个殖民地，就位于今天的纽约地区。法国殖民者也随之而来，并在圣劳伦斯河的北部地区定居下来，位于现在的加拿大境内。

大事年表

1492年	哥伦布抵达美洲大陆
1497年	卡伯特登陆纽芬兰岛
1513年	西班牙人庞塞·德·莱昂开始探索佛罗里达
1534年~1541年	卡蒂亚（法国人）探索圣劳伦斯河
1540年	科罗纳多（西班牙人）进入新墨西哥地区
1584年~1590年	雷利在罗诺克的英国殖民地建立（失败）
1607年	弗吉尼亚詹姆斯敦殖民地建立（英国）
1608年	坎普林建立了魁北克和新法国的殖民地
1625年	荷兰人在新阿姆斯特丹（今纽约地区）定居下来

→到1700年的时候，北美洲已经有了40多万名欧洲人，而新英格兰殖民地则已经建设得非常不错了。整个社区都从欧洲搬迁到那里，而不久之后他们便实现了半自给自足的生活。1636年，一所学院在哈佛（今波斯顿地区）创建。

三十年战争 1618年~1648年

三十年战争,是世界上最早的现代战争。刚开始,它是天主教徒和新教徒之间的一场宗教冲突,但最后转变成一场欧洲各大势力之间的角逐。

↑ 奥地利的费迪南德二世。

↑ 弗雷德里克是波希米亚的"过冬国王",其在位时间仅一年。此外,他也是另一个名叫"巴拉丁"日耳曼国家的统治者。

↑ 枪支和加农炮的使用,同时增加了破坏性和战争的代价。火绳步枪被瑞典人加以改进,使其更加轻便并可以更加快速地装好弹药。

波希米亚的宗教之争终于引发战争,其所代表的是哈布斯堡和其他皇族之间的缠斗。圣罗马皇帝费迪南德二世,于1617年继承了波希米亚的王位,并在两年之后的1619年再度继承了奥地利的王位。那时,哈布斯堡已经在宗教事务中保持中立的立场。波希米亚长久以来就是一个新教徒的国家,费迪南德本人却是一名天主教徒。不甚明智的他,竟然试图强行将波希米亚转变成一个天主教的国家,这便导致波希米亚人奋起抵抗。

1619年,决定圣罗马皇帝人选的德国统治者们在布拉格齐聚一堂。他们废黜了费迪南德二世波希米亚王位,并让新教徒弗雷德里克接替他,其结果便是一系列战争的爆发。德国是主要战场,而且最终将欧洲的多数国家牵涉进来,战争持续了三十年之久。

起初,费迪南德二世赢得了多数战役的胜利,靠的是西班牙哈布斯堡的帮助和经济支持。1625年,丹麦加入新教徒的一边,但并没有逆转局势。费迪南德的军队拥有两名杰出的大将军,即瓦伦斯坦伯爵和蒂利伯爵,他俩带领的部队可谓骁勇善战。到1629年,新教徒联盟军遭遇困境。

瑞典加入战争

弗雷德里克临阵脱逃,而另一名天主教王子即巴伐利亚的马克西米利安,被任命为波希米亚的国王。紧接着,战火开始向北方蔓延。在瓦伦斯坦的带领下,皇帝的军队击败了丹麦人,并占领了德国北部地区。但转机出现在1630年,当时的瑞典新教徒古斯塔夫·阿道夫加入了这场战争。他重新夺回了德国北部,并在数次战役(如布雷登菲尔德战役和吕岑战役)中痛击了皇帝的军队。但是这些胜仗都是用沉重的代价换来的。蒂利伯爵在布雷登菲尔德战场中牺牲了,而古斯

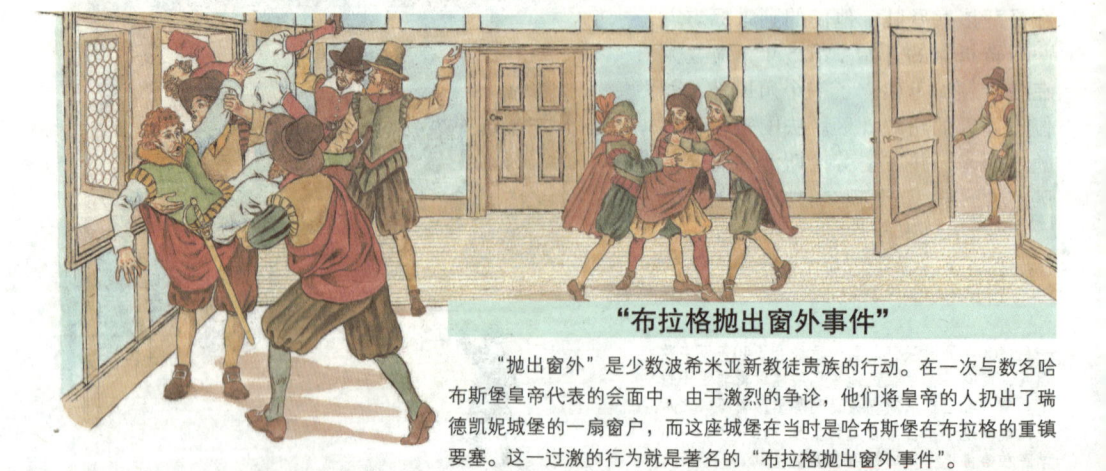

"布拉格抛出窗外事件"

"抛出窗外"是少数波希米亚新教徒贵族的行动。在一次与数名哈布斯堡皇帝代表的会面中,由于激烈的争论,他们将皇帝的人扔出了瑞德凯妮城堡的一扇窗户,而这座城堡在当时是哈布斯堡在布拉格的重镇要塞。这一过激的行为就是著名的"布拉格抛出窗外事件"。

塔夫·阿道夫也在吕岑战役中丧生。

　　1635年,法国人也加入了这场战争。在同一年中,德国新教徒王子们纷纷从战场上撤退下来,他们不但倾家荡产,而且溃不成军。很多联盟军开始改旗易帜,而这场冲突也变得越来越纷繁复杂。不同的国家,都有着各自的如意算盘。法国人进军巴伐利亚地区,并征服了西班牙的哈布斯堡,而瑞典最后还击败了奥地利的哈布斯堡。就在法国人和瑞典人整装待发、准备接管巴伐利亚并威胁到奥地利的时候,哈布斯堡皇帝突然主动求和。

↑三十年战争中最令人痛心的,就是对德国马格德堡城的摧毁。

大事年表

1618年~1620年　波希米亚人奋起反抗奥地利人

1625~1627年　丹麦加入新教徒的行列

1629年　新教徒德国人在战争中失利

1630年　瑞典的古斯塔夫·阿道夫也加入了战争,并接管了德国北部地区

1631年　蒂利大军席卷马格德堡,并将其摧毁

1631年~1632年　新教徒在布雷登菲尔德战役和吕岑战役中大获全胜

1634年　新教徒在诺德林根战役中被击败,瓦伦斯坦伯爵被杀害

1635年　新教徒德国人实现了和平,法国加入了战争

1645年　法国人和瑞典人在德国获取了胜利

1648年　威斯特伐利亚和平条约的签订,标志着战争的全面结束

←阿尔布雷希特·瓦伦斯坦(1583年~1634年),是一名杰出的军事将领。他从战争中大发横财,并试图在德国北部建造自己的帝国。这使他遭到皇帝的不屑,最终导致了自身的垮台。

←1634年,瓦伦斯坦及其手下在德国的埃戈尔被人杀害。因为人们逐渐发现,原来瓦伦斯坦将战争作为自己发财致富、获取权力的手段。

法国及黎塞留 1624年~1661年

路易十三世是在年仅9岁的时候成为国王的。后来，他任命了一名首相大臣，而就是这个人使法国成为欧洲地区的领导国家。

在1624年，法国的路易十三任命红衣主教黎塞留作为他的首相大臣。黎塞留的野心是将法国统一成一个中央集权的国家，并使其强盛起来。各地区的公爵执掌着大权，而他则计划打破公爵的影响力。黎塞留并不受宗教领导人物、贵族和法官的喜欢，因为他剥夺了这些人原有的特权，而他开始征收的高昂赋税也直接导致很多人揭竿而起，反抗他的统治。他相信的是强权统治方式，并使用武力来施行他的政策。

在境外，奥地利和西班牙是法国的主要威胁。虽然哈布斯堡统治着这两个国家，但如果他们联合起来，那么法国也将是不堪一击的。到1631年，三十年战争中的哈布斯堡奥地利控制了德国的多数地区，并开始对欧洲的主宰权虎视眈眈。

↑玛丽·美第奇（1573年~1642年）早已成为法国的女王，接着是她儿子路易十三世的摄政者。她一直大权在握，但在1617年的时候被驱逐流放。1620年，黎塞留帮助她与她的儿子实现了和平。但是，当她于1630年再度尝试取代路易王的时候，被永久性地驱逐到布鲁塞尔。

↑法国贵族的服装都是经过精心设计的。假发、帽子以及服装等，都是社会地位的标志。这是一名法国军队长官出征时所穿着的服装。

↑路易十三是亨利四世之子，同时也是波旁王朝家族的第二代国王。1610年，还是一名小男孩的他便已成为国王，并于1617年正式执掌王权。他受到了红衣主教黎塞留的极大影响，但是他比黎塞留多活了一年，即于1643年去世。他将王位留给了自己年幼的儿子，即路易十四。

红衣主教黎塞留

黎塞留公爵阿尔芒·迪普莱西（1585年~1642年），于1607年成为一名主教，并于1622年成为一名红衣主教。1616年，他开始进入玛丽·美第奇的摄政者议会，并于1624年成为首相大臣。黎塞留相信他自己的"专制主义"，即国王可以随心所欲、为所欲为。他认为，国王向上帝负责，而不是向教会、封建领主或老百姓负责。黎塞留还会巧妙利用他的密探，并镇压一切反对派。他也是如此训示他的继任者红衣主教马扎林的，而后者也继续沿袭了黎塞留的各项政策，并作为年幼路易十四的摄政者，一直统治到1661年。在欧洲的很多国家，这个时期的首相大臣都是十分有权的。

资本主义

↑拉罗谢尔是雨格诺派新教徒的一个重镇要塞，他们在那里发展了自己的陆军和海军。1628年，黎塞留率军围攻拉罗谢尔港口，并击溃了他们的兵力。这幅画展现了路易十三观察围攻时的场景，时值当年的10月。

日渐强大的法国

为了削弱奥地利的实力，黎塞留不惜重金买通了瑞典、荷兰和丹麦，让他们去打击一个共同的敌人，即哈布斯堡家族。

1635年，法国向西班牙宣战。当时的西班牙正统治着比利时和勃艮第地区。这场战争一直持续到1648年，可惜的是黎塞留本人早已在之前就去世了，不过他的计划还是获得了成功。他试图将法国的疆域范围扩展到他所认为本属于法国边境线的地方，如比利牛斯山脉和莱茵河等。

在黎塞留于1642年去世之后，他的追随者红衣主教马扎林继续施行他的各项政策。法国取代西班牙而成为欧洲最强大的势力。由一群贵族发动的"福隆德"（史称"投石党"）运动，也在1653年被镇压了。

路易十四登上王位的时候，才只有5岁，而马扎林则担任起摄政者的角色。在马扎林生命即将走到尽头的1661年，法国已经发生极大的变化。其疆域变得更加庞大，实力也更加强大，军队也已经成为欧洲的一支劲旅，当然路易十四也成为法国一位最伟大的国王。

→这是当时处统治地位的法国波旁皇族国王的皇家旗帜，它在1790年法国革命发生之前一直充当着法国国旗的角色。

→黎塞留允许雨格诺派新教徒有宗教信仰的自由，但是他依然通过战斗来打击他们的政治和军事力量。画面中对雨格诺派令人毛骨悚然的大屠杀就是黎塞留一手策划的。

215

□世界历史百科全书

西班牙的衰落 1598年~1700年

在一个多世纪的强盛之后，西班牙也开始进入一个长期的缓慢衰落时期。这是它不愿意接受时代变化的缘故，同时也是它没有适应新时代需要的结果。

↑菲利普三世当了23年的西班牙国王，但是他真正的兴趣是宗教，而不是政治。在他的统治时期，西班牙的国际地位开始下降。

当菲利普三世于1598年成为西班牙国王的时候，他的国家正处于破产之中。西班牙军队早已风光不再，而政府也是腐败丛生、软弱无能。西班牙曾经从强极一时的富强中获益匪浅，包括从美洲地区带回来的黄金白银。但是，这些贵重金属的价值早已一落千丈，因为现在的欧洲到处都是西班牙人的黄金和白银。

轻轻松松赚一笔财富的机会主义思想，早已腐蚀了西班牙社会，而创造财富的明智之选，如改善和发展贸易、教育以及手工艺行业等，则完全被忽视了。然而，西班牙的帝国依然是世界上最强大的。菲利普本人对政府毫无兴趣，西班牙实际上是由他的大臣们在执掌着。其中的头号人物，即莱尔马公爵，则利用职位让自己赚取了很多财富。但是他最大的错误，就是在1606年的时候将摩里斯克人驱逐出去。

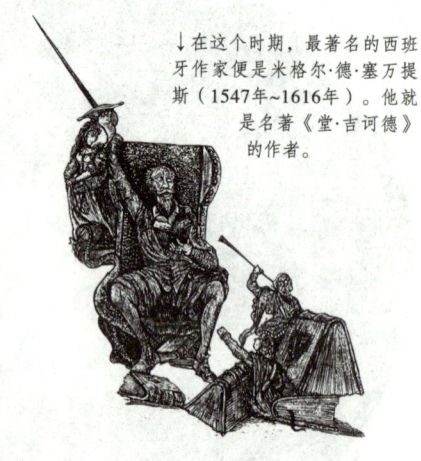

↓在这个时期，最著名的西班牙作家便是米格尔·德·塞万提斯（1547年~1616年）。他就是名著《堂·吉诃德》的作者。

摩里斯克人早就在西班牙安顿下来，但莱尔马怀疑他们正在密谋推翻政府。摩里斯克人都是勤奋工作的能工巧匠，西班牙一旦失去了他们，所造成的损失是无法挽回的。

哈布斯堡时代的结束

1621年，菲利普四世继位，他的统治简直是一场灾难。三十年战争和反抗法国的战争让西班牙付出了沉重的代价，而西班牙收获的却少之又少。加泰罗尼亚（如今的巴塞罗那）地区的一场起义，又加重了西班牙的债务，而从美洲流入的财宝数量早已大不如前。1640年的12月，在葡萄牙的一场大规模起义结束了葡萄牙与西班牙的

→从新大陆得来的财富，不仅仅花在了战争上面。菲利普二世曾在马德里附近的艾尔至艾斯科瑞亚地区建造富丽堂皇的官殿，时间是16世纪晚期。

资本主义

联盟关系，这又带来了更大的损失。

1665年，刚刚4岁的查理二世继承了菲利普四世的王位，他是西班牙的最后一任哈布斯堡国王。查理没有子嗣，所以其王位被法国路易十四的孙子即安茹的菲利普继承了。

菲利普五世将一种新的秩序引入西班牙，但是国家现在不再如以往强大了。一场欧洲战争，在那些自认有权统治西班牙的人当中爆发了，交战双方是哈布斯堡家族和法国的波旁皇族。结果是在1713年，西班牙失去了其在意大利原本拥有的领地，还有其在直布罗陀和比利时的领地。哈布斯堡王朝失去了西班牙，而西班牙又落入了波旁皇族的手中。

西班牙的衰落

在经历了一个世纪之久的辉煌和富强之后，西班牙迎来了一个多世纪的衰落时期。其并没有承认欧洲北部的新秩序，而后者经济获得快速发展。西班牙试图继续维持在贵族、主教以及国王手中的权力。在1492年之后，它再也没有出现新的快速发展。到1700年为止，其他欧洲国家则早已跑到西班牙的前面。

↑查理二世当了35年的国王，一直到他于1700年去世。他被描绘成一个伟大的君主，但其实他的统治并没有那么成功。他没有子嗣，所以他是西班牙哈布斯堡家族的最后一任国王。

大事年表

1598年　西班牙在与法国的交战中失利
1598年~1621年　菲利普三世成为西班牙国王
1606年　摩里斯克人被驱逐出西班牙
1621年~1648年　西班牙失去了荷兰
1621年~1645年　菲利普四世成为西班牙的国王
1640年　葡萄牙人及其帝国从西班牙分离出来
1648年　西班牙承认了荷兰的独立
1665年~1700年　查理二世统治西班牙，他是最后一任西班牙哈布斯堡国王
1701年~1713年　西班牙王位继承战争爆发，西班牙失去了在意大利、比利时以及直布罗陀的领地
1700年~1746年　菲利普五世成为西班牙的第一任波旁皇族国王

↑这幅绘画作品展示了圣餐礼的场面，是专门为查理二世安排的，地点在艾尔-艾斯科瑞亚。其壮丽和辉煌的排场，其实并不适合一个衰落中的国家。

217

□世界历史百科全书

东印度公司 1600年~1700年

东印度公司，是由英国人、荷兰人及法国人共同创建的强大贸易组织。其初衷是保护他们在东南亚地区的商业利益。

↑东印度公司的船只最早是用于商业贸易的，后被转变成战舰，并用于对抗海盗及其他公司船只的袭击。

↓1652年，荷兰人在好望角（开普敦）建立了一个基地，并将其作为自欧洲前往远东地区长途航行的分段运输驿站。后来，这变成了荷兰人的殖民地。

英国的东印度公司于1600年在伦敦创立。其目的是将那些在东南亚地区从事商业活动的英国商人联合起来。这个区域竞争激烈，且最早受西班牙人和葡萄牙人控制。在17世纪，这一地区的贸易竞争在荷兰人、英国人和法国人之间展开。

荷兰人紧随英国人来到这里，并于1602年建立了一个荷兰东印度公司，其总部设在阿姆斯特丹，另一个则在爪哇岛的巴达维亚（现印尼首都雅加达）地区。后来，法国也于1664年创建了属于他们自己的东印度公司。

这些组织变得十分强大，贸易只是他们的主要活动之一而已，它们有着强大的政治影响力。他们早就将自己的船只武装起来，可以投入海上的战斗，并训练起私人的军队。东印度公司不但建立贸易基地，而且也创建军事基地，并与周边的当地统治者订立各种条约。他们对邻近的国家发动

↑17世纪，许多欧洲的旅行者拜访印度。通过他们，印度先进的历史和文化知识传播到欧洲。

了战争，或者发动了相互之间的争夺战。在很多情况下，他们的行为方式都与独立国家无异。

英国失去了在东印度群岛控制香料贸易的大权，并在这场竞争中输给了对手荷兰人。到1700年为止，英国在印度只有贸易权，此外还有数个十分重要的港口城市，其中最有名的如加尔各答、马德拉斯以及孟买等。荷兰人则在南非开普敦、波斯、锡兰、马来半岛以及日本等地拥有很多港口，同时也主宰着香料岛（现印度尼西亚）。法国人在意图主宰印度地区的过程中屡屡受挫，水手船员和商人们经常因疾病或战乱而死于非命。

→英国殖民地马德拉斯，是一个专门用于棉花出口贸易的大港口。该地区还能制作出光鲜亮丽的彩色服装，其图案就取材于印度人的日常生活。17世纪，很多欧洲旅行者造访过印度。通过他们，印度辉煌的历史和文化被传播到欧洲。

荷兰　1660年~1664年

荷兰是在全世界各地的贸易中逐渐建立起来的。在17世纪，他们庞大的商舰使其成为一个强大的贸易国家。

↑ 17世纪，阿姆斯特丹是欧洲银行业的中心地。1609年，那里建立了一家银行，专门为资助贸易而开展存款和放贷业务。

↑ 彼得·斯代弗森特是新荷兰的严酷统治者，而该地区是1647年至1664年的一个北美洲殖民地。彼得·斯代弗森特不但招来了美洲土著居民的痛恨，而且也遭到殖民者的唾弃。1664年，殖民者们满心欢喜地向一小队英国舰队投降，后者不战而胜。

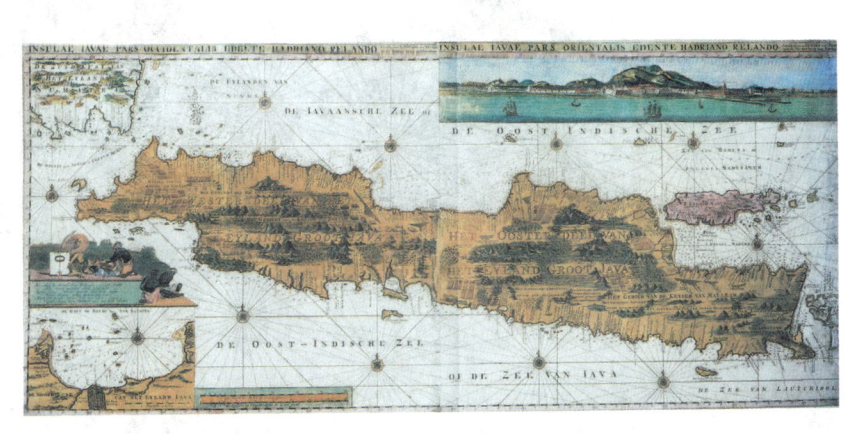

到16世纪末期，阿姆斯特丹港口已经是欧洲最为忙碌的地方，那里有着库房、银行和贸易大楼，此外还有一支庞大的船舶舰队。他们被西班牙人和葡萄牙人从南美洲地区逐出，这使他们大受打击。荷兰人在远东地区依然是领头羊。他们为自己的商人创建了一家东印度公司，并掌控了香料岛的贸易活动，而且从葡萄牙人手中夺取了爪哇岛和摩鹿加群岛。

1619年，荷兰人的东印度公司还在巴达维亚（今雅加达）建立了总部。该公司培养了一支军队，还有一支强大的海船舰队，并用其将东印度群岛的英国人和葡萄牙人驱逐出去，而且它还占领了锡兰、马来半岛的港口以及印度的数个港口城市。该公司甚至还在日本建立了一个贸易驿站，这是唯一得到允许的欧洲人的贸易站。

1625年，荷兰人占领了非洲最南端的好望角，并将其作为从远东去往欧洲长途航行的中途休息站点。在那里，荷兰人的船只可以从最短的线路出发到达东印度群岛，并直接穿越印度洋海域。

扩张与收缩

荷兰的庞大商人舰队，同时也在其他地方忙别的业务。1621年，荷兰的西印度公司在横跨整个大西洋的区域内建立。到1623年为止，已经有800艘荷兰海船在加勒比海忙碌奔波着，从事糖、烟草、动物兽皮以及奴隶等贸易。该公司在圭亚那建立了一个殖民地，还占领了库腊索，并且在一段时间内控制着巴西的东北部。

1624年，该公司在北美洲哈德逊河流域沿岸建立了一个新荷兰殖民地。在那里，他们从事毛皮、木材以及其他出口贸易。

最后，荷兰人还是在军队实力上输给了英国人，他们失去了锡兰、马来半岛以及好望角，所剩下的只有在东南亚的领地。

→ 大约在1715年，荷兰人安德瑞安·雷兰制作了这幅爪哇岛的折叠地图。爪哇一直以来受到不同当地统治者的统治，直到1619年荷兰东印度公司控制了这个地方。在1949年之前，爪哇一直都是荷兰的殖民地。

□世界历史百科全书

英国内战 1642年~1660年

英国内战的交战双方，分别是国王的拥护者和议会的支持者。有五年时间，这个国家被一名独裁者统治着，他就是奥利佛·克伦威尔。

↑1625年，查理一世（1600年~1649年）登上英国的王位。同年，他与法国的海丽塔·玛丽结为夫妻。他对"君权神授"的信奉，直接导致了其与议会的冲突，并最终引爆了英国的内战。

英国内战的交战双方，是国王查理一世的拥护者和议会的支持者。跟他的父亲詹姆斯一世一样，查理相信"神权"，并宣称他的统治权直接来自于上帝的旨意。这种信仰使查理和议会产生了分歧。

查理于1625年登上王位，并立即开始了与议会之间的争吵，焦点就围绕着他是否有权将反对他的人全部监禁起来，此外还有宗教和税赋等问题。1629年，他解散了议会，并在接下来的11年间，试图施行单独的统治。

1637年，查理试图将英国国教的公众敬奉方式强加给苏格兰人。长老会的苏格兰人奋起反抗，并形成了一支起义军。1640年，起义军还占领了英国北部的部分地区。为了获得更多的金钱并镇压起义军，查理重新召回了议会。但是，议会提出了改革的要求。查理试图逮捕五名议会反对者，内战就此爆发。1642年，战火在全国

↑奥利佛·克伦威尔（1599年~1658年）前往剑桥的学校就读，并在伦敦研习了法律专业。1628年，他第一次代表剑桥被选任到议会。

↑在英国内战期间，西部和北部地区基本上都拥护国王，而南部和东部地区则支持议会。不过，在整个国家范围内，依然存在着很多地方性的政见分歧。1642年，第一次主要战役在边山地区打响，而最后一次战役则发生在1651年的伍斯特。

各地点燃。一方是保皇派分子（国王的拥护者），而另一方则是议会派分子（即圆颅党，议会的支持者）。

查理一世将牛津定为首都，刚开始他的兵力有一定的优势。但是，议会得到了苏格兰军队的鼎力支持。因此从长期来看，议会更胜一筹，因为其有足够的钱来维系一支专业的军队。1645年，在托马斯·费尔法克斯爵士

→1645年，在纳斯比战役中，查理的骑兵部队被圆颅党彻底击垮。对议会方面来说，这是英国内战一场关键性的胜利。

资本主义

领导下的新模范军，在纳斯比地区击败了查理的军队。1646年，牛津沦为圆颅党占领地之后，查理一世终于缴械投降了。

查理被囚禁在怀特岛上，但是他依然在那里策划着如何再次发动内战。第二阶段的战争又爆发了，这次轮到保皇派起义，但最后还是失败了。1648年，那些依然效忠国王的议会议员，被奥利佛·克伦威尔逐出了议会。查理被判犯了叛国罪，并于1649年被处死。

奥利佛·克伦威尔

在查理被处决之后，议会废除了君主制，而英国则变成了一个共和国家。议会执掌着国家大权，但是其与军队发生了争吵，内部成员也存在分歧。1653年，奥利佛·克伦威尔以一名强势领导者的姿态浮出水面，并以"护国公"的身份统治着整个国家。克伦威尔与一些议会议员发生了冲突，并被迫在军队将领的支持下维持着自己的统治权。他与荷兰人进行了一场战争，导火索就是海上的贸易控制权。克伦威尔最终控制了爱尔兰地区，并计划着进一步的殖民扩张。

他的独裁统治并没有得到一致性的欢迎，主要原因就是他经常使用武力，并征收很高的税赋。但是，他引进了教育改革，并给英国人民更多的平等权。1658年，克伦威尔去世，他的儿子理查德继承了他的位子。理查

对查理一世的审判

查理之所以不受欢迎，是因为他娶了一个天主教徒为妻。而且，他还征收高昂的税赋，为战争买单，而这是老百姓最不情愿的。此外，他还竭力限制议会的权力，并将其解散。但是，在对他进行审判和处决的过程中，他表现出极大的尊严，而这使他赢得了不少的同情与怜悯。在他被处决的时候，查理刻意穿上了一件特别的衬衫。这样一来，如果他因为寒冷而颤抖的时候，就不会使人们觉得他是因为畏惧而战栗。他的尸体被他在温莎城堡的支持者秘密埋葬了。

←下议院的图章，描绘了1651年共和国议会场景。

德并不是一名能干的统治者，军队最后将他废黜掉了。英国人民还是需要一名国王。1660年，查理一世的儿子登上王位，成为查理二世。

↓内战结束不久，伦敦发生了两件灾难性事件。第一个灾难便是伦敦大瘟疫，其于1664年从欧洲登陆伦敦，并夺去了伦敦20%的人口。接着是在1666年，伦敦大火摧毁了这座城市的多半地区。

221

中国：清朝 1616年~1911年

清朝是由满族人一手缔造起来的。清朝建立于1616年，开始称为后金，1636年改为清，1644年定都北京。

↑这是一枚黄金花朵形胸针。这是当时很多精美制品中的典型代表之一，中国将这些产品出口到世界上的其他国家和地区。

明朝对中国的统治从1368年开始，但是沉重的赋税早已使它的统治不得人心，而各地的起义也此起彼伏。明朝的最后一位皇帝，即崇祯帝，在农民起义军占领首都北京城时自杀了。在接下来的混乱局势中，满族首领多尔衮率领一支军队，从他的老家出征了。他占领了北京城，并建立了清朝。他的侄子顺治，是满族人入关后清朝的第一任皇帝。

反清运动继续在中国的南方省区进行着，并持续了40年之久，但最后中国的各个地区还是接受了满族人的统治。随着时间的流逝，满族人开始接受汉族人的风俗习惯。他们在不打破原有国家风俗习惯的条件下，给中国带来了新的生机和效率。

↓这是中国清代上层阶级的房子和御花园，被刻画在黑檀木与乌木相间的屏风上，时间大约是1672年。

↑山海关是中国北部的一个城堡，当清朝接手的时候，它正处于吴三桂控制之下。

康熙

1661年，顺治帝去世，年仅7岁的康熙帝即位。作为顺治帝的继承人，康熙帝对于强化清朝的权威做出了很多贡献。最初，辅政大臣掌控着帝国的各项事务，但在1669年，康熙将最后一位摄政者免职，年仅15岁的他亲自执政。

从各个方面来讲，康熙帝都是一位杰出的统治者。他精力充沛，对于知识领域充满了好奇，他致力于完成一种微妙的平衡，一方面要赢得汉族人对于新王朝的支持，另一方面又不至于疏远从清朝夺得大权立下功勋的武士。开始的时候，他不得不应付南方的军事抵抗。到1673年的时候，发生了三藩叛乱——三个被任命为行省统治者的军事将领阴谋分裂。

康熙帝击败了这些对他的统治的挑战：一方面，他开始了一系列重要的公共工程项目，如恢复运河航运，筑堤防洪；另一方面，对于不满以及骚乱采用强硬手段予以打击。康熙帝一直活到了1722年，留给他的后继者一个处于和平与繁荣的黄金时期的帝国。

富庶、强盛的帝国

刚开始的时候，中国在清政府的统治下迎来了繁荣和鼎盛。整个国家发展起来，而贸易事业也蓬勃兴起，特别是与欧洲地区的贸易业务。中国的丝绸和瓷器，在当时是世界上最好的，而中国的棉花产品也价廉物美。大量的中国茶叶被卖到海外，而饮茶习惯在18世纪的欧洲也开始流行起来。

国家的富庶和强盛，导致其统治者有了轻蔑世界上其他国家的资本。在康熙皇帝（1661年~1722年在位）的统治期间，外国商人在皇帝的旨意被宣读的时候，必须跪下以示尊敬。中国成为当时世界上最强大的帝国。

起初，中国南方地区依然有一些起义，但是，在整体上，清朝统治者给中国带来了和平、繁荣和稳定。中国人口急剧增长，从1650年的1个亿，上升到1800年的3个亿。而汉族人也进一步扩散到中国的西部和西南部边陲。但是，在18世纪晚期，腐败和衰落开始萌生。

←1645年，中国西藏地区的布达拉宫重建。

←这是一个釉瓷容器作品，源自于17世纪晚期。其形状和设计，都模仿了中国古代商朝的青铜礼器制品。

←中国的丝绸工业雇佣了数千名工人，特别是女性。她们在织布机上将丝绸纺织成布匹，这些布匹有的在国内使用，也有一部分出口到欧洲。棉花也被进口到中国，然后将其纺织成布，最后又出口。苏州港口的纺织工人，因为他们的丝绸而变得十分有名。

大事年表

1644年 满族人定都北京
1644年~1660年 满族军队征服了中国大多数领土
1661年 郑成功从荷兰人手中夺回了被侵占的台湾岛
1661年 康熙成为清朝皇帝
1674年~1681年 南方发生叛乱，但不久之后被镇压

□世界历史百科全书

"太阳王" 1643年~1715年在位

路易十四下决心将法国缔造成一个强大国家，而他也成为欧洲最强大的统治者。

路易十四在1643年登上王位，当时的他年仅5岁。他的母亲即奥地利的安娜，以摄政者的身份代表他统治法国。1648年，巴黎人民因为不堪多年以来沉重税赋的压力，终于揭竿而起。被称为"投石党"的起义者，在1653年被镇压了。路易痛下决心不让这种事情再度发生，并于1661年接过了执政权。他将法国变成一个绝对的国家，并只归属于国王的统治。1665年，路易任命让·柯尔贝尔为他的财政大臣。柯尔贝尔使法国成为欧洲治理得最好的国家。他重新安排了税赋制度，并对法律进行了改革。新的工业发展起来。他还修建了道路、人工运河以及桥梁等，并大力扩张了法国的海军和商人舰队。1682年，路易及其皇族搬进了位于凡尔赛的新宫殿。法国贵族家庭的领袖人物也被安排住在那里，这样路易就可以很好地监视他们。

↑路易十四希望法国成为一个伟大的文化中心，并推动了艺术领域的发展，芭蕾舞也包括在内。1661年，他创建了皇家舞蹈学院。1635年，他在"芭蕾舞之夜"中像太阳神阿波罗那样翩翩起舞。那次活动竟然持续了12个小时之久。就是因为这次表演活动，路易开始被称为"太阳王"。

↑路易十四派遣他的大将军旺多姆公爵，去帮助西班牙的波旁国王菲利普五世。图中，旺多姆正在维拉维西奥萨战役中视察奥地利的旗帜。

对路易而言，法国的疆界是阿尔卑斯山脉、比利牛斯山脉以及莱茵河流域。他使法国卷入了一场将国家疆域扩展到这些地区的战争。法国军队成为欧洲最庞大、最不可战胜的一支坚强部队。但是，路易还是失去了他本已获得的很多土地。在1715年他去世之后，他留给继承人路易十五的，是一个处于极端权力控制的国家，并且因战争而濒临破产。

↓路易在巴黎附近的凡尔赛，建造了欧洲地区最为气势磅礴、宏伟壮观的宫殿。这座宫殿的建造完成，动用了36000名工人，并花费了47年之久。

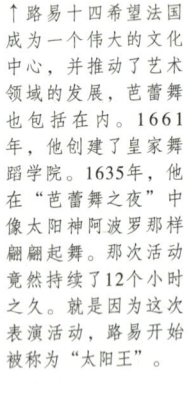

224

资本主义

莫卧儿王朝的衰落 1605年~1707年

在阿克巴大帝死后，莫卧儿帝国进入漫长的衰弱期。好战的马拉地人和英国人，最终将其推向瓦解。

印度莫卧儿帝国的统治者阿克巴，于1605年去世。他的儿子查罕杰（1569年~1627年）继承了王位，但是他似乎对治理国家没什么兴趣。他更喜欢与画家和诗人们成群结伙，因此他将精力和大量的钱财，都放在了辉煌建筑和精美花园上。与此同时，在实际上统治着国家的，是他那位既美丽、又野心勃勃的妻子努儿贾汗。1627年，沙·贾汗（1592年~1666年）继承了他父亲查罕杰的王位。他拓宽了帝国的疆域，并在1636年征服了印度中部的德干地区。他人生的结局十分悲惨。1657年，他卧病不起，而他四个儿子却开始了继承权的争夺。他的第三个儿子奥朗则布（1618年~1707年）将他囚禁起来，并杀害了其他兄弟，夺取了王位。

↑玛穆泰姬是沙迦罕王挚爱的妻子。1629年，她在分娩时不幸去世。在他们结婚19周年的时候，专门为纪念她的宏伟的泰姬陵被建造起来，并成为莫卧儿建筑的一件不朽杰作。

↑沙·贾汗征服了印度中部的德干地区，并重新将德里建造成莫卧儿帝国的首都。1657年，沙·贾汉被他的儿子囚禁起来，并在囚禁期间含恨而终。

奥朗则布征服了印度的多数地区，但是他无法征服西部海岸线好战的马拉地人。在奥朗则布于1707年死后，印度开始分崩离析。18世纪发生了很多场战争，而地方执政者则变得更加独立。马拉地人和英国人开始接管莫卧儿王朝的领土。

大事年表

1605年 查罕杰登基，并统治了23年
1608年 英国人抵达印度
1611年~1622年 查罕杰的妻子努儿贾汗实际统治着国家
1628年 沙·贾汗成为皇帝，并统治印度30年
1658年 奥朗则布成为莫卧儿王朝的最后一任皇帝，统治了49年
17世纪60年代 马拉地人崛起，他们是莫卧儿王朝的敌人
1707年 莫卧儿王朝衰落时期的开始

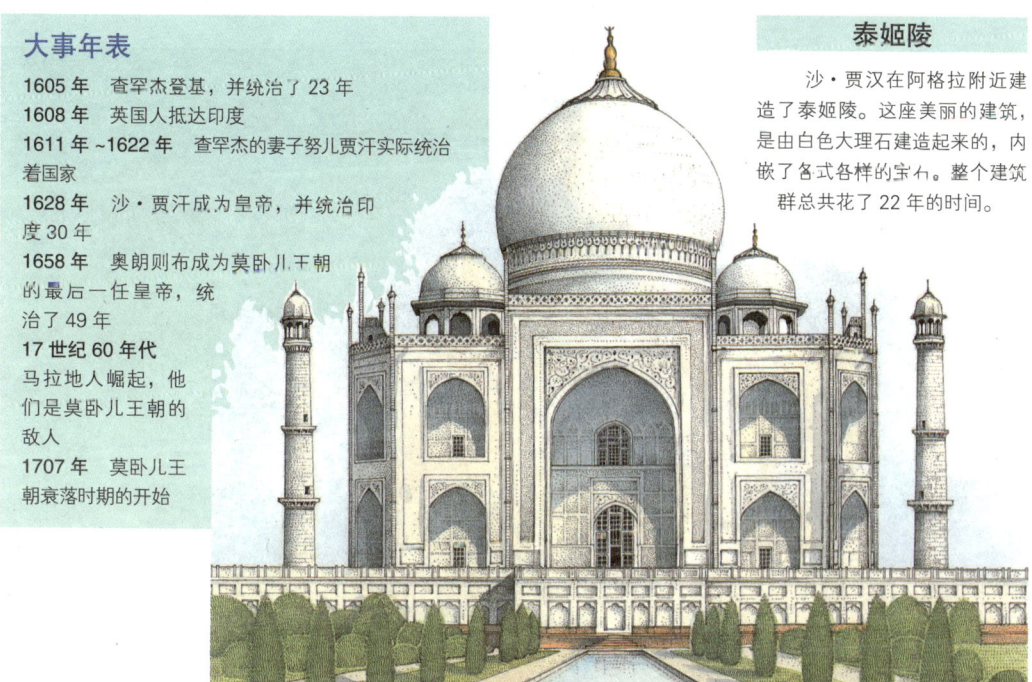

泰姬陵

沙·贾汗在阿格拉附近建造了泰姬陵。这座美丽的建筑，是由白色大理石建造起来的，内嵌了各式各样的宝石。整个建筑群总共花了22年的时间。

□世界历史百科全书

奥斯曼帝国衰退期 1602年~1783年

在苏莱曼一世的统治时期过后，奥斯曼帝国进入一个漫长的逐渐衰退期。但是，该帝国依然一直存续到1922年。

↑苏丹王奥斯曼二世的统治时间，是1618年至1622年。他不但年轻、严厉，而且喜欢箭术。他限制了禁卫军（军队高级官员）的权威，但是后者奋起反抗，并将奥斯曼二世杀害，最后让穆斯塔法取代了他的位子。

苏莱曼一世于1565年决定入侵马耳他，当时马耳他被十字军的圣约翰骑士占领着。虽然奥斯曼在人数上远远超过了骑士部队，但是他们的入侵并不算成功，而且他们还不得不在数个月之后撤退。1566年，苏莱曼一世去世。1571年，当奥斯曼人试图侵略威尼斯人统治的塞浦路斯时，他们的部队在希腊海岸线附近的勒潘多地区被一支联合舰队摧毁，这支舰队是由威尼斯、西班牙以及罗马教皇国家组建而成的。1602年，与萨菲波斯帝国展开的一场代价不菲的长期战争揭开序幕，但是最终奥斯曼一无所获。瘟疫和经济危机也在困扰着伊斯坦布尔。一旦有利可图的贸易线路将亚洲、非洲和欧洲连接起来，那么在非洲周边的海上航行新线路以及穿越西伯利亚的新陆地线路便可以畅通起来。

逐渐衰退的帝国

在欧洲的三十年战争，给了奥斯曼人一定的和平时期。但是在他们于1656年试图入侵克利特岛的时候，威尼斯人挡住了达达尼尔海峡（从地中海到黑海之间的狭窄海域通道），并威胁到伊斯坦布尔。这造成了恐慌，而苏丹王易卜拉欣也被军队指挥官废黜掉。一名新的大臣穆罕默德·库普里利接过了统治权。在他改革了经济和军队之后，奥斯曼帝国的命运有了转机。

下一任大臣是卡拉·穆斯塔法。1683年，他试图第二次入侵哈布斯堡家族的维也纳。维也纳的守护者们在那里死守了2个月，一直到一支德国和波兰的联盟军赶来救援，并将奥斯曼人击退。奥地利人开始侵略匈牙利，威尼斯人侵占了希腊，而俄国人则威胁到乌克兰境内的亚速海。另一名大

↑苏丹王穆斯塔法一世（1591年~1639年）的精神状态，一直处于不稳定之中。他的统治分为两段，一段是1617年至1618年，另一段是1622年至1623年。

↑奥斯曼帝国依然庞大，但告别了繁荣时期后，帝国开始崩溃。

226

资本主义

臣穆斯塔法·库普里利，于1690年走马上任。他成功将奥地利人击退，但是他自己在1691年被杀害。在17世纪90年代，奥斯曼人终于还是失去了匈牙利和亚速海。他们的欧洲帝国之所以被保存下来，是因为奥地利正忙着跟法国交战。

帝国的衰退

在1710年至1720年期间，奥斯曼人重新夺回了亚速海和希腊地区，但是他们依然失去了西伯利亚和亚美尼亚的部分地区。此外，他们还失去了对北非多数地区的控制权，其中包括阿尔及利亚、突尼斯以及利比亚等地。虽然这些国家在名义上依然是奥斯曼帝国的疆域，但实际上早已独立。1736年，俄国人再度发起突袭，并在1783占领了克里米亚以及乌克兰的多数地区。自此，奥斯曼人不再控制黑海地区。

虽然奥斯曼帝国依然强大，但是已经失去了多半的贸易和财富。早期奥斯曼帝国在宗教、艺术以及社会方面所取得的进步，开始逐渐放缓了脚步。奥斯曼人唯一的盟友便是莫卧儿王朝，但后者此时也处于衰落时期，而欧洲人则正处于快速的上升时期。但是，奥斯曼帝国并没有完全终结。

←这是1610年制作的小画像，展示了音乐人的节日盛况。这些乐手被召集到伊斯坦布尔给那里的苏丹王助兴。为了使苏丹王与政治和人民分离开来，他们养尊处优。苏丹王的权力最终还是被一系列的血腥斗争所削弱，其幕后的主使者就是当时的统治阶级大家族。

↓1683年，围攻维也纳的事件是奥斯曼帝国欧洲扩张之旅的转折点。维也纳的守卫者死守了两个多月，终于等到了德国和波兰联盟军的救援。1683年9月，土耳其人被彻底击败。

□世界历史百科全书

理性时代 1600年~1750年

到17世纪中期，文艺复兴的思想已经传播到欧洲的多数地区。各种新发现也在全世界和全人类范围内逐一获得。

↑科学与哲学领域的新思想，在很多沙龙中被热议。而这些沙龙的主持者都是非常有名的，比如妮农·德·朗克洛（1620年~1705年）。诸如此类的沙龙，是欧洲理性时代的孕育平台。

在短短几百年内，欧洲社会发生了极大变化。轮船已经可以航行到遥远的陆地，并带回了商品和知识。欧洲已经成为一个以货币为基础的经济体，并有着更为庞大的新城市和乡镇。书籍、戏院、剧院以及流行文化等，都取得了极大的进步。国王和贵族居住在豪华的大庄园，并与其他人隔离开来。大臣和朝廷官员控制着政府的运行。

生活对每一个人而言都是十分困难的，不分贫贱富贵。人们开始质问和怀疑大家共同认可的真理。古希腊哲人的语句，已经无法满足每个人的求知欲。很多人开始相信自己对于问题的思考能力。与此同时，关于地球和其他天体、其他国家以及人类自身的新发现，也逐渐面世。人们有了去检验、研究、实验以及讨论任何问题、任何事情的冲动。科学方法及思维方式的革命，让人们迎来了"理性时代"。

旅行者来到了日本、亚美尼亚、墨西哥、阿拉伯以及非洲等地，他们去那里探索，并将发现的事物带回老家。新的药物（与疾病一起）从遥远的陆地带了回来。医生解剖尸体，从而研究人体的器官及其各自的功能。植物学家则收集各种

↑约翰·洛克（1632年~1704年）是一名英国哲学家，他深究过人类理解力的本质和范围。

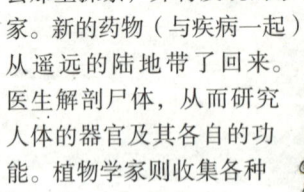

↑艾萨克·牛顿（1642年~1727年）制作了一台反射望远镜，其可以将遥远星体的图像进一步清晰化、扩大化。天文学成为一门更加精确的自然科学。

皇家天文台

皇家格林尼治天文台是由查理二世创建的，因为他自身就是一名天文爱好者。1675年，天文台由克里斯多佛·雷恩亲手建造。第一名皇家天文学家是约翰·弗拉姆斯蒂德，他在当时相当有名。建造这座天文台，目的是为航海者制作更加精确的星空图及行星运动的规律表。格林尼治成为当时天文研究的中心圣地。格林尼治标准时间，是全世界的标准时间，首创于1880年。数个世纪以来，格林尼治一直都是先进的天文台。但到20世纪，伦敦的污染和街灯照明系统使这项天文学工作不得不搬迁到英国其他污染不太严重的地方。

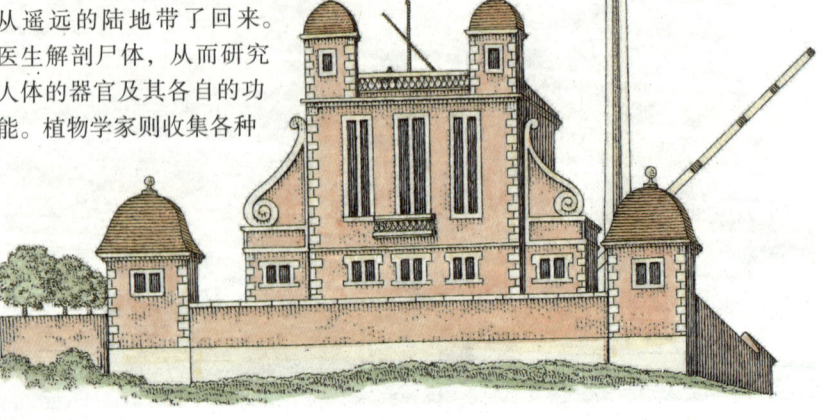

资本主义

植物，并将它们分类；化学家则进行各种实验。在 17 世纪，望远镜、气压计、钟摆、计算器以及抽气机等，都一一被发明出来了。

逻辑思想及新思潮

数学家，如莱布尼兹和笛卡尔，开始研究几何学和微积分。伽利略和牛顿在研究地心引力，而开普勒则在研究天体运行轨道。第谷·布拉赫将星体分类，而斯涅耳、惠更斯以及格里马迪则在研究光的运行规律，还有波义耳开始研究气体。机械物体都依循某种逻辑在运行着，而这种逻辑也可以被应用到人类社会及其政治领域。弗朗西斯·培根提出了一种完美国家的思想。其他人也开始撰写政府主题方面的著述，此外还有人民的权利以及统治者与被统治者之间的"契约"。

新的机构纷纷建立，新思想可以在这里得到充分的讨论。红衣主教黎塞留的法兰西学院，创建于 1635 年。英国皇家学会的早期会员有化学家罗伯特·波义耳、物理学家艾萨克·牛顿、日记作家萨缪尔·佩皮斯以及建筑师克里斯托弗·雷恩。在欧洲各地烟雾缭绕的咖啡屋和茶馆里面，人们正在进行史无前例的交谈。在看待事物的问题上，一种全新的、非宗教的"理性"方式开始成形。勒内·笛卡尔、艾萨克·牛顿、弗朗西斯·培根、伽利略及其他很多人的研究成果，为我们今天的知识世界奠定了基础。

↑ 1652 年，第一家咖啡屋在伦敦开门营业。人们在那里谈论业务和贸易，并互换各自的信息。著名的劳埃德咖啡馆也坐落在伦敦，其客人主要是运输保险的从业人员。

↑ 在 17 世纪，教会禁止任何人出于任何目的解剖人的尸体。这幅由伦布兰特创作的绘画作品，向人们展示了荷兰医生解剖人体的场景。

↑ 伽利略·伽利雷（1564年~1642年）是一名天文学家、数学家和物理学家，他因为"宣扬"地球围绕太阳旋转的真理触犯了教会。

大事年表

1608 年 荷兰眼镜制造商汉斯·利伯希发明了第一台望远镜
1609 年 伽利略研究自由落体
1609 年 开普勒提出了行星运动三定律（即开普勒定律）
1628 年 哈维发现了人体血液循环系统
1635 年 法兰西学院创立
1637 年 笛卡尔的分析几何学形成
1644 年 意大利科学家伊万奇里斯特·托里塞利公开自己在气压计方面的理论
1647 年 帕斯卡发明了加法器
1657 年 惠更斯建造了一座钟摆
1660 年 气压计被用来预测天气
1666 年 牛顿提出了万有引力定律
1673 年 莱布尼兹发明了计算器
1705 年 埃德蒙·哈雷预测了 1758 年彗星的出现
1735 年 卡尔·林奈对动植物进行分类

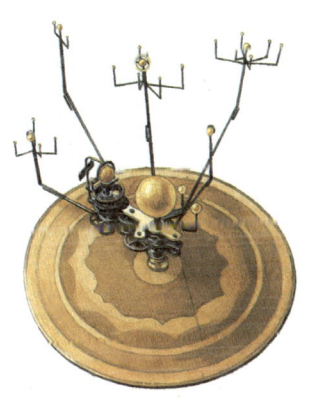

↑ 第一个太阳系仪是1700年制造完成的。其可以展示出各大星体围绕太阳旋转、卫星围绕行星旋转的运动轨迹模型。有一个操纵杆可以将这些模拟行星转动起来。

↑ 伽利略的早期望远镜十分简陋，但依然帮助他发现了木星的四大卫星。

□世界历史百科全书

奴隶和海盗 1517年~1810年

在美洲地区，很多早期殖民地，都是由海盗一手开发出来的。同时，这些海盗还是蔗糖种植园以及非洲数百万奴隶的所有者。

↑很多商品从一个个港口，如布里斯托尔港口，运送到西非进行售卖。等这些商品卖完之后，运输船会装上很多奴隶，并将他们运送到西印度群岛。在最后一段航程，运输船会将蔗糖运回欧洲。

在哥伦布于1492年首次登陆的100年内，多数加勒比海岛屿的土著居民，如阿拉瓦人和加勒比人，都因为欧洲人的虐待或者疾病而死于非命。到17世纪早期，加勒比海依然是一个必争之地。西班牙人、法国人、英国人以及荷兰人等，都为了这些岛屿展开了争夺战，他们还将其称为西印度群岛。在激烈的贸易战和建立欧洲殖民地的领土争夺战中，一些岛屿多次改变了归属权。

英国、法国以及荷兰的"私掠船"，纷纷投身海盗行业去实现他们的发财梦。他们经常会得到他们政府的支持，其中一些人甚至以海军将领或殖民统治者的身份被派遣出去。1577年至1580年，弗朗西斯·德雷克开始了他的环球旅行。他掠夺了很多艘西班牙船只，因此在重返家园之后立即暴富起来。基德船长奉命前往镇压海盗，最后却加入了海盗群。爱德华·蒂奇（绰号"黑胡子"）和摩根船长，也洗劫了西班牙人的殖民地，并袭击了西班牙在加勒比海的大帆船。海盗虽然拿走了西班牙人的一些黄金，但是这并不能阻挡住西班牙将美洲进一步殖民化的进程。

↑西非地区富含金矿。阿拉伯人将其称为"几内亚"，而欧洲人则借用了这个词。1663年，第一枚"几内亚金币"在查理一世的命令下铸造出来。

↑铁制手铐如果没有特殊的工具是无法打开的，其专门用来将奴隶铐在一起。

奴隶贸易

在欧洲，茶叶和咖啡逐渐成为越来越时尚的饮品，而这也带动了糖的需求量。蔗糖在西印度一带的气候条件下能够茁壮成长，但是其种植依然需要太多的劳动力。当地劳工无处可寻，因为土著岛民都已经差不多死光了。因此，殖民者们就从西部非洲地区"进口"了一批奴隶。

在将非洲人当奴隶使唤的时候，

→非洲的整个家族和村落被当作奴隶运输到美洲。他们中的很多人没能活着度过海上航程，大多数人没到刚果和安哥拉就已死于非命。

230

资本主义

→奴隶们在加勒比海的种植园中收割着甘蔗。土地所有者越来越富有，并经常会回到欧洲，他们会将种植园交到那些经管者手中。

欧洲人却没有任何罪恶感。2/3 的奴隶在运输途中会死掉——要么是因为航行过于漫长，要么是染上了疾病。到 1800 年的时候，美洲已经有 900 万非洲奴隶了。

三角贸易关系

欧洲人在加勒比海拥有的蔗糖种植园，往往都十分庞大。种植园不但有库房、船坞、教堂、奴隶居住区等，还有种植园主的住宅。

一种贸易上的三角关系形成了，欧洲的商品带到了西非，再将西非的奴隶带到美洲，接着又将种植园产品带回到欧洲。蔗糖、烟草、油类以及其他产品在欧洲利润不菲，因此被充分利用起来。海盗、种植园以及奴隶制度等，都是在利润的驱使下发展起来的，而这些利润也帮助欧洲的经济发展起来。奴隶制在 19 世纪的时候继续存在着。

亨利·摩根

威尔士的摩根船长（1635 年~1688 年）简直是 17 世纪 60 年代至 80 年代加勒比海地区所有灾祸的始作俑者。他组织了不少海盗者舰队，并在海中攻击了很多西班牙大帆船，将他们的金银珠宝都掠走。多数战利品被运回了英国。1668 年，他占领了波托韦洛；1669 年，他突袭了马拉开波湾；1671 年，他又接管了巴拿马。后来，他因为在反击西班牙人过程中立功而被封为爵士，并于 1674 年被册封为牙买加的副总督。1688 年，亨利·摩根去世，享年 53 岁。像摩根这样的海盗促使了英国经济更上一层楼。

231

非洲国家 1550年~1700年

17世纪，非洲地区混杂着不同的族人和王国，其中每一个都有着独特的风俗习惯、政府形式、语言及崇敬的神灵等。

↑ 除加奥、卡齐纳以及卡诺等地外，海岸线上的王国继续保持着自己的宗教信仰；而东北非多数地区则处于奥斯曼帝国的控制之下。

在此期间，非洲的国家正处于快速发展的过程中。如果欧洲人没有来到这里，非洲国家肯定可以在自身文化的发展上获得更大的进步。欧洲人购买黄金、土特产以及奴隶，并售卖枪支、布匹、工具以及其他商品等。通过这种方式，传统的非洲贸易和社会都发生了变化。一些地区，比如西非地区等，因为奴隶制度丧失了很多人口。在很多首领和商人开始和欧洲人做起了有利可图的交易之后，社会分化也日益加深了。一些首领甚至将自己的子民卖身为奴。

最大的非洲国家是桑海帝国。海岸线上的欧洲商人在桑海帝国境内从事着黄金和奴隶交易，并导致该帝国财富的衰竭。1591年，摩洛哥军队穿过撒哈拉沙漠，开始侵略桑海帝国。在撒哈拉沙漠以南，新兴国家逐渐成长起来，其中包括莫西国、豪萨国、卡奈姆-博尔努帝国以及达尔福尔等国。这些国家都与奥斯曼帝国和阿拉伯人开展了贸易活动。

在非洲东、西部海岸线上，葡萄牙人建造了堡垒和奴隶集中营。这些都吸引了非洲人来到海岸线，并鼓励了首领、酋长们通过加入奴隶交易的方式攫取财富。

达荷美共和国和阿散蒂帝国

很多国家占领了西非海岸线的茂

↑ 这个公羊头面具来自西非的贝宁王国，其以青铜雕像而著称。这些面具代表着诸位神明和幽灵，并被用于每年一度的祭祀和舞蹈仪式。

↑ 这个阿散蒂头盔装饰着金质的动物头角和符咒。欧洲人之所以不能用黄金买到阿散蒂的奴隶，是因为阿散蒂有的是黄金。相反，他们从欧洲人手里买了不少枪支，从而提升了自己的军事实力。

→ 葡萄牙人在非洲海岸线上建造了很多要塞。这是一幅制作于1646年的地图，其展示了在东部海岸线的蒙巴萨堡垒（位于现在的肯尼亚）。

资本主义

密丛林地带。1625年，一个名叫阿拉达的新兴国家创建，其缔造者是国王阿卡巴。在1645年至1685年期间，又出现了两个王国，后来变成了达荷美共和国。这个新兴国家的主要财富来源，就是黄金和奴隶贸易。1747年，达荷美共和国被来自奥约帝国（位于今尼日利亚境内）的约鲁巴人推翻。欧洲对达荷美共和国早有耳闻，因为在其首领死后，会有数以千计的奴隶陪葬。

在达荷美共和国以西，是阿散蒂帝国。1689年，奥塞·图图建立了强大的阿散蒂联邦，并将其首都建立在库马西。其财富的来源，是可可豆、黄金以及奴隶等贸易。阿散蒂的艾米拉是处于葡萄牙人控制之下的一个要塞和贸易驿站，其于1637年被荷兰人占领。

非洲为快速增长的美洲种植园，提供了奴隶劳动力。数百万奴隶被装上海船，并穿越过大西洋。其中很多奴隶要么在非洲国家之间的奴隶战争中被俘获处死，要么在横穿大西洋的海上航行中被惨无人道地虐待致死。如此庞大数字人口的丧失，简直是非洲的一场绝世浩劫。

←这是一个部落的庆祝仪式，是刚果地区的洛番果王国于1686年举行的。在欧洲人到达这里之后，部落安全和统一逐渐被贪婪首领之间日益加重的猜疑和争斗所取代。

↓一名欧洲商人正向西非塞内加尔的阿尔卡蒂部落首领献上白兰地酒，以交换他们需要的水，时间大约是1690年。

大事年表

1570年　卡奈姆－博尔努帝国兴起并成为一个大国
1575年　葡萄牙人在安哥拉地区定居下来
1588年　英国几内亚公司建立
1600年　姆韦尼穆塔帕帝国达到鼎盛时期
1625年　阿拉达新王国由其国王阿卡巴创建
1637年　荷兰人将葡萄牙人从黄金海岸逐出
1652年　荷兰东印度公司建立开普敦港口
17世纪60年代　西非地区班巴拉王国崛起
1685年　达荷美共和国在三个王国的基础上建立
1689年　奥塞·图图建立了阿散蒂帝国
1701年　阿散蒂帝国在奥塞·图图的领导下进行了军事扩张

↓一名贝宁的奥巴（统治者别称）骑着高头大马走在一支奴隶队列中。贝宁曾经是西非最为富庶的国家，而到18世纪的时候，这个王国却日渐衰弱。其最后是被日渐强大起来的约鲁巴人和奥约帝国推翻的。

233

□世界历史百科全书

俄国的扩张 1613年~1725年

在彼得大帝刚开始统治的时候，俄国还是一个比较落后的国家。彼得启动了一个新进程，并将俄国转变成一支世界超级力量。

在1682年，年仅10岁的彼得一世即后来著名的彼得大帝，与其同父异母兄伊凡五世一起成为俄国的联合执政沙皇。1689年，彼得获得了俄国的全部控制权。在他统治刚开始的时候，俄国还是一个相对落后的国家，特别是与其他西欧国家相比，而彼得的野心让俄国成为欧洲的一支强大力量。

↑在这幅作品中彼得大帝（1672年~1725年）被描述成一只猫。

俄国开始向西方看齐

俄国疆域辽阔，因此很有潜力成为一个富庶的强国。其探险者开始向东推进，并进入西伯利亚地区。富含矿藏的乌拉尔山脉早已被开采，并带来了新的资源。彼得大帝想将俄国的注意力从东方转移过来，向西方看齐，而这需要削弱波耶贵族的权力。

彼得认识到，除非俄国能够打开

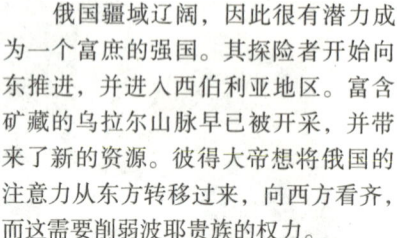

↑彼得鼓励更为精致的手工艺。1694年，他将这个珠宝金杯赠给了他的儿子亚历克西斯。他也是一个极为残忍的君主，后来将亚历克西斯囚禁起来，并折磨致死。

↑波耶贵族是10世纪以来俄国的世袭统治阶层。彼得大帝从欧洲回来之后，废除了波耶贵族的各项特权。为了显示他这么做的决心，他让这些贵族将原来的小胡子统统刮掉。

一条通往西方的出口，否则将继续保持原来的孤立状态。而这条出口要么通过由瑞典人主宰着的波罗的海，要么经由奥斯曼人统治着的黑海。除了位于遥远北方的阿尔汉格尔斯克之外，俄国没有其他港口，而阿尔汉格尔斯克港口在冬天的数个月里是一片冰天雪地。

为了获取一个温暖水域的港口，彼得大帝开始去征服一些海岸周边领土。他从奥斯曼人手中夺取了位于黑海的亚速海地区（不过他后来还是再度失去了这个地方）。1700年，他发动了与瑞典人的战争，并在乌克兰的波尔塔瓦地区击败了查理十二世。在接下来的和平条约中，他又获得了爱沙尼亚和立陶宛等地。这就给了他在波罗的海所急需的立足点。

彼得大帝和西方国家

彼得将政府予以中央集权化，并将东正教置于国家的控制之下。他改变了贵族的角色，但也需要他们继续辅佐他。

1697年，彼得大帝开始了一段长

→沙皇彼得有着充沛的精力，他可以夜以继日地制定法律、训练部队、规划城镇、建造船只，甚至会自己拔牙。他在钱的问题上特别小心谨慎，并将自己的收入都捐给了国家。一个冬天，他潜入涅瓦河去救几名即将被淹死的船员，结果壮烈牺牲了。

234

资本主义

达18个月之久的西欧之旅，并试图学习西方世界的新方法和技能。他乔装打扮成一名普通老百姓，还造访了很多工厂、医院、公立救济院（贫穷者收容所）以及博物馆等。为了学到造船技术的诀窍，彼得大帝在多家欧洲造船厂当木匠。后来，他雇用了上百名的工匠艺人和技师，并让他们将各种技术逐一传授给俄国人民。

在他重返俄国的途中，彼得还在欧洲线路上开创了一项新的有组织的行政事务，并让他的朝臣们接受西方的服装和礼仪。他建造了工厂、人工运河，还创建了新的工业。他提高了军队素质，并建造了一支海军，最后还将圣彼得堡作为他的新首都。

虽然彼得在这些方面热情洋溢，但是他也有坚强和冷酷的一面，而这也使他不得人心、失道寡助。在彼得于1725年去世之后，他的伟大工程只完成了一半。但是，他已经启动了一个进程，使俄国转变成现代世界中的一支超级力量。

↑ 在彼得大帝造访英国的时候，很少人知道他是俄国的沙皇。他是一个十分好学的人，几乎会向他碰到的每一个人讨教。他也喜欢木工和造船等实际作业。

← 在彼得大帝的统治之下，俄国农民（农奴）继续生存在贫穷之中，他们经常会在严酷的漫长冬季中忍受饥饿的痛苦。

↓ 彼得大帝带回了很多欧洲的建筑师和工匠艺人，并让他们在圣彼得堡建造新首都。其在设计上属新巴洛克风格，这种风格当时在欧洲十分流行。在下图中，可以看到他正与另一名建筑师商讨着建设计划，时间是1703年。

235

□世界历史百科全书

大北方战争 1700年~1721年

在和其他北欧国家之间的一场战争过后,瑞典已经失去了多数领地,而俄国则开始成为波罗的海的一支中坚力量。

大北方战争的交战双方,分别是瑞典和在俄国彼得大帝领导下的其他北欧国家。战争的焦点就是波罗的海及其周边地区的控制权。1700年,瑞典遭到丹麦、萨克森、波兰以及俄国的进攻。瑞典的查理十二世当时年仅18岁,而他的敌人又希望趁着他年少不经事的时候利用他。但是,查理还是表现出天生领袖者的雄风。他在爱沙尼亚的纳尔瓦地区击败了俄国军队,并迫使萨克森、波兰以及丹麦退出了战争,最后还给波兰立了一名新国王。在查理入侵俄国的八年之后,1708年至1709年之交的痛苦冬季来临,俄国人撤退,但是他们在撤离的时候摧毁了沿途的一切。瑞典人面临着食物短缺的窘境,但依然要抵挡俄国人一次次的进攻。到第二年开春,查理的军队只有原来一半的规模。

↑这幅17世纪的绘画作品向人们展示的是瑞典国王查理十一世(1655年~1697年)和家人在一起的场景。

↑这块青铜薄板展示了瑞典人占领爱沙尼亚纳尔瓦地区时的场景。

↑这幅地图展示了1660年时瑞典帝国最为强盛时期的疆域范围。瑞典在当时是北欧最为强大的一支军事力量,并处于最佳状态。

在1709年的波尔塔瓦战役中,俄国人击败了瑞典人,而查理则逃离到土耳其境内。1714年,查理回到瑞典,并于1716年击退了丹麦的一支侵略军。1718年,查理入侵挪威地区,但在战斗中被杀害。在查理死后,被战争耗损了20年之久的瑞典人终于在1721年同意签署和平条约。

→1709年,在乌克兰基辅附近的波尔塔瓦战役,使瑞典人在该地区的统治都归于结束。彼得大帝的军队规模更大,装备更加精良,而瑞典人则疲倦不堪、饥肠辘辘,而且还远离家乡故土。

236

资本主义

西班牙王位继承战争　1701年~1713年

1700年，西班牙的查理二世去世，他没有留下继承人。究竟让谁来继承他王位的难题，导致了西班牙王位继承战争的爆发。

↑ 马尔伯勒公爵（1650年~1722年）是于1702年被封为联盟军指挥官的。他在布伦海姆、拉米利、奥登纳德以及马尔普拉奎特等地都打过大胜仗。

↑ 1683年，萨沃依的尤金王子（1663年~1736年）在维也纳的围攻战中与土耳其人展开了鏖战。到1701年时，他已经成为奥地利军队的指挥官。

法国的波旁王朝和奥地利的哈布斯堡王朝，都宣称有权继承西班牙的王位。在查理二世去世之前，他们早已签署了一份分割他的帝国的协定。但是查理的遗愿是将他的领土留给安茹的菲利普，即法国路易十四的孙子。路易完全忽视了他之前与哈布斯堡签订的协议，并做出了支持菲利普的选择。但是，法国和西班牙之间的结盟，并没有得到欧洲每一个国家的认可。

到1701年，西欧已经处于战争之中。在英国威廉三世的策划之下，英国、荷兰、多数日耳曼国家以及奥地利等，共同形成了一个反对法国的大联盟。1704年，一支法国军队在布伦海姆地区被一支联盟军击溃，而盟军的领导者是马尔伯勒公爵。在荷兰境内，马尔伯勒公爵曾战胜过法国军队三次之多。1706年，一支奥地利军队在萨沃依的尤金王子领导下将法国人从意大利驱逐了出去。

接着，联盟军又继续侵略了西班牙，但是法国军队将他们再次赶了出去，并让路易的孙子菲利普五世继续

↑ 在1713年的《乌得勒支条约》签订之后，法国保住了自己的边境线。奥地利占领了荷兰和那不勒斯，英国获得了直布罗陀和纽芬兰，菲利普五世依然是西班牙的国王。

留任在西班牙的王位之上。漫长的战争耗尽了双方的力气，1713年，和平条约终于在乌得勒支签订。

布伦海姆战役

1704年，布伦海姆战役在巴伐利亚打响，交战方涉及四支军队和数个国家。法国人和巴伐利亚人都在维也纳地区讨伐。马尔伯勒和尤金的军队在布伦海姆地区中途拦截了他们，而在接下来的战斗中，12000名联盟军和30000名法国人与巴伐利亚人战死沙场。但是，这依然是属于马尔伯勒和尤金的一场胜仗，维也纳也因此被拯救下来。

237

□世界历史百科全书

艺术 1601年~1707年

17世纪,一种名叫"巴洛克"的新型艺术和雕刻风格在欧洲发展起来。很多新形式的音乐,也在这个时期出现了。

↑莫里哀（1622~1673）撰写了很多戏剧来取悦法国路易十四世的官廷。其中最有名的就是他的喜剧,其主要嘲讽人性的缺点,比如吝啬和势利。

在欧洲、奥斯曼帝国以及日本、中国,普通老百姓和统治阶级在文化上的差异变得越来越明显了。亚洲平民的文化在文献记录上无从考证,但是在欧洲,流行文化开始日渐盛行,这要归功于印刷术的发展,还有城镇中戏剧和新生活的蓬勃兴起。在意大利,出现了一种新型的哑剧形式,叫作"即兴艺术喜剧"。在即兴艺术喜剧中,演员会在演出的时候,摆出各种队形。

与此同时,在有钱的欧洲人当中,逐渐发展起了名叫"巴洛克"的新风格。画家、雕刻师以及建筑师等,都使用其来制造宏伟壮观的艺术效果。艺术家,比如荷兰的鲁宾斯、伦布兰特、范戴克以及来自西班牙的韦拉斯克斯等,都要求以一种十分接近照相风格的形式来作画。荷兰的雷斯达尔、意大利的萨尔瓦多·罗萨以及法国的克劳德·劳伦等,都是当时顶尖的画家。

↑在日本,即便是小小的午餐盒,也可以是一件艺术品。这一黑漆午餐盒的表面,有数个人物形象,而且还有几个间隔区,它是在17世纪被制作的。

而作家,如塞凡提斯、米尔顿、佩皮斯以及班扬等,都开始撰写有关大众关心问题的流行书籍。各种各样的乐器,如琵琶、古钢琴、管风琴以及小提琴等,也流行起来。经过精心设计、抛光打磨和装饰的家具,被制造出来。欧洲的作曲家,开始撰写第一批管弦乐协奏曲、奏鸣曲、歌剧和

↑歌舞伎剧种是17世纪在日本发展起来的。其表演形式十分刻板,并将对白、歌曲、音乐和舞蹈等都融合在一起。

一部17世纪的歌剧正在上演中

↑芭蕾舞和歌剧,都是从官廷娱乐中发展起来的。芭蕾是于17世纪在法国发展起来的,其主创者是官廷作曲家让-巴普蒂斯特·吕利和舞蹈家皮埃尔·波尚。在1681年之前,女性从来没有担任过舞蹈的角色。歌剧发源于意大利,而第一家歌剧院是于1637年在威尼斯对外开放的。意大利作曲家将歌剧带到了德国和法国。

早期的芭蕾舞演员

238

资本主义

↑《伯萨沙王的宴会》，是由荷兰画家伦勃朗·范·赖恩（1606年~1669年）创作的。其描绘了巴比伦最后一任国王伯萨沙在一次宴会上看到幻觉，预言了他的死期和帝国的覆灭。这种奇异与魔幻并存的主题，展示了17世纪后期对非传统思想越来越多的关注。

←这是由乔凡尼·贝尼尼（1598年~1680年）创作的作品《大卫杀死巨人歌利亚》。乔凡尼·贝尼尼是他所在时代意大利的顶尖雕刻家和建筑师。贝尼尼设计并装饰过很多的教堂、小礼拜堂以及纪念碑等，此外还为八位罗马教皇建造过陵墓。

宗教剧作品。

奥斯曼人以精致华美的宫殿、清真寺以及国家建筑而闻名于世。不同于普通中国老百姓的风格，中国的清朝皇族逐渐发展出各种精美的风格、时尚和习俗。德川时代的日本在这方面稍有不同，因为这个国家已经经历过一次现代化运动。歌舞伎剧种、小说以及新型的娱乐方式，都逐渐发展起来。

→这是一个景泰蓝封面，制作于17世纪的中国。景泰蓝是一种金属表面装饰工艺手法。在这种设计中，布置很多细线，而其中间隔的空间则布满了不同颜色的瓷釉。

239

□世界历史百科全书

建筑 1601年~1707年

与17世纪艺术领域类似的是，在同时期西欧地区发展起来的建筑风格也被称为"巴洛克"。世界各地的城市，大体上都是按照这种宏大风格重建的。

在17世纪，大型建筑工程纷纷破土动工，一方面是出于实用的目的，而另一方面仅仅是为了好看。人口数量的骤增，导致了新兴城市和公共建筑的大兴土木。在奥斯曼帝国，伟大的建筑师锡南于1588年离开人世，但是在17世纪，他的学生们按照他创建的风格建造起新的大市场、宫殿以及公共建筑物等。

欧洲也是伟大变化的见证地。伦敦在1666年"大火灾"之后被重建，建筑师有克里斯托弗·雷恩爵士等。在凡尔赛的巴黎城外，一座皇家城市专门为路易十四建造起来，其建筑风格就是巴洛克式的。俄国的新首都圣彼得堡，由当时欧洲最好的巴洛克建筑师负责设计和建造事宜。而在勃兰登堡的首都柏林城，新式的宫殿、政府大楼以及学院等，也如雨后春笋般崛地而起。

随着欧洲城市日益扩张和现代化的深入，功能性建筑呈现出新的面貌。砖头和石块建造的家居住宅、库房和街道，包括公共建筑和教堂等，都展现出与众不同的现代风格，并将其与

↑17世纪，在英国、荷兰和德国等地，玻璃窗变得十分流行。小格子的玻璃，跟井井有条的铅条紧紧接合在一起。18世纪，改进的生产技术意味着可以使用更大块的窗格。

↘弗吉尼亚威廉斯堡的威廉玛丽学院，是在17世纪晚期由早期欧洲殖民者建立的。威廉斯堡是特别精心建造起来的，因为其是弗吉尼亚的首都。

↑在阿姆斯特丹的城镇房屋，是由砖块和精雕细琢的石砌建造而成的。建筑用地的短缺，意味着荷兰人必须把这些高楼大厦紧密地建造在一起。

240

资本主义

←对古典艺术的再度关注,导致了很多欧洲公共建筑在建设时纷纷效仿古希腊的寺庙风格。柏林老博物馆宏伟的巴洛克风格,就使用了希腊风格的圆柱结构来呈现力量、成熟与权威的面貌。

↑在1666年伦敦大火发生之后,克里斯托弗·雷恩爵士受命重建圣保罗大教堂。1675年动工,花了25年建成的大教堂,成为克里斯托弗·雷恩的杰作。该重建的大教堂将文艺复兴和巴洛克两者最顶尖的建筑风格结合到一起,高傲地屹立在这座城市。

过去建筑区别开来。

新城镇建筑的主要特色是大型玻璃窗、直线形造型、更宽阔的房间以及设计巧妙的外表等。这些都折射出一种新的品味,即向欧洲日益强盛起来的中产阶级致敬。在阿姆斯特丹、斯德哥尔摩、科隆和维也纳等地,城镇房屋和街道都呈现出一派新景象。这些都为人们今天所知的建筑设定了样式。这一时期经常被视为"早期现代化"。

↘克里斯托弗·雷恩爵士(1632年~1723年)在英国的伦敦地区建造了52座教堂,此外还有切尔西医院和肯辛顿宫等。

241

科技 1601年~1707年

17世纪，科学家开始理解大自然的运行规律，并学会将其利用起来。他们拥有很多新发明，进而给技术领域带来了极大的进步。

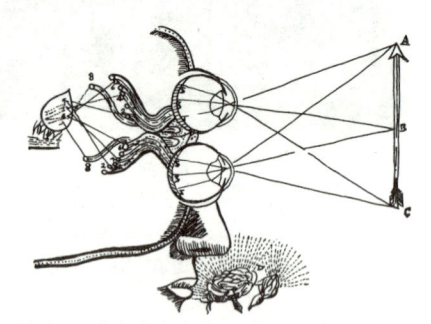

↑法国人勒内·笛卡尔（1596年~1650年）提出，只有那些经过实证或理性逻辑检验的思想才是真理。该图表向人们展示的是他关于感官协调性方面的理论。

在17世纪早期，英国伟大的哲学家弗朗西斯·培根将科学视为一种对上帝造物论的检验研究，而其方法是实验或试验。通过这种方式，他在过去的宗教信仰与新兴的理性、科学调查之间，杀出了一条血路。这个世纪是智力活动最为频繁的年代，而科学则是其核心所在。在那时之前，多数思想家会在他们的思想与已经接受的宗教信仰产生冲突时，选择放弃。在理性时代，非传统的思想和新的信息被逐渐接受。所有的结论都要从实践检验中得来才行，方式可以是实验或实地考察。

科学家开始研究具体的学科。化学领域最为著名的突破，是由罗伯特·波义耳完成的，而医学领域的突破者是威廉·哈维，物理和数学领域则是艾萨克·牛顿。牛顿提出，天上或地下的任何事物都可以通过理性来解读，这种思想给科学提供了严谨的新含义。17世纪40年代，科学家的聚会变得越来越频繁。各家学院，如伦敦的皇家学会和巴黎的皇家学院等，都在17世纪60年代得到了不少的皇家资助，并在接下来的200年中一直处于领导地位。

在整个欧洲，新的科学思想导致了实用发明的不断涌现。这些发明都是那些船员、商人、将军和国王孜孜以求的。机械设备，如时钟、水泵、太阳系仪、加农炮、纺织机器以及工程器具等，都被开发出来。有时候一些发明是由孤独的天才们自创的，并没有得到多少外界支持。

↑早期的工业机器，比如图中的这部螺旋压榨机，使大量的原材料处理工序变得更加简便。

↓杰叟·罗图（1674年~1741年）是一名颇有前途的英国农民和农业方法学徒，他于1701年发明了播种机。该机器将种子散播成一条条直线，这就使除草作业可以在一行行植物之间快速进行。这是第一部农用机械。

↑伽利略于1581年认识到，来回晃动的钟摆可以计算精确的时间。但是，一直到1657年，惠更斯才设计出第一个能投入使用的钟摆时钟。

资本主义

←17世纪的印度士兵在战斗中穿着厚厚的棉布外套。这些棉布十分厚实，可以使刺入的剑刃偏离方向，同时还可以让穿着它的人行动自如。

温度计

气压计

←↑显微镜、温度计和气压计等，于17世纪面世。帮助科学家们进行更加精确的实验。

显微镜

科学进步

热量第一次可以被精确测量出来，用的就是新发明的温度计。数学与科学的进步并驾齐驱。微积分、对数以及计算器的发明，使科学家可以做出详细的计算，以帮助他们实现理论的论证。电是在1600年最早被威廉·吉尔伯特发现的，虽然它在1900年才被第一次投入实际应用。蒸汽机、纺织机以及其他机械都是在18世纪出现的。所有这些，都源自于文艺复兴的新思想，还有就是理性时代的各项研究。随着每一个世纪的继续推进，逐渐为人们今天拥有的科技奠定了基础。

↓图中这些枪械可以使君王稳稳地守住他们的王位。只有国王才有钱给他们的军队配备这些武器。结果，很多国王的权力越来越大，以至于那些造反的臣民无法将其推翻。

大事年表

1608年　李普塞发明了新式望远镜
1609年　德雷贝尔制作了第一部自动调温器
1644年　托里切利使第一个气压计面世
1650年　冯·格里克发明了气泵
1654年　第一个比较精确的温度计投入使用
1660年　皇家学会在伦敦地区建立
1666年　皇家学院在巴黎建立
1668年　牛顿发明了反射式望远镜
1684年　牛顿提出了万有引力理论
1705年　埃德蒙德·哈雷预测了哈雷卫星将于1758年返回地球

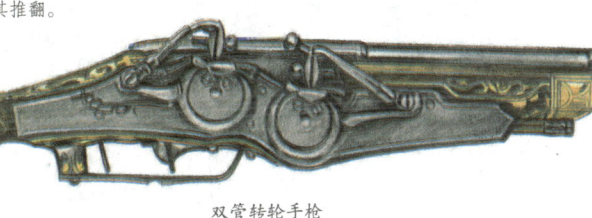

双管转轮手枪

佛兰德人的火绳枪

243

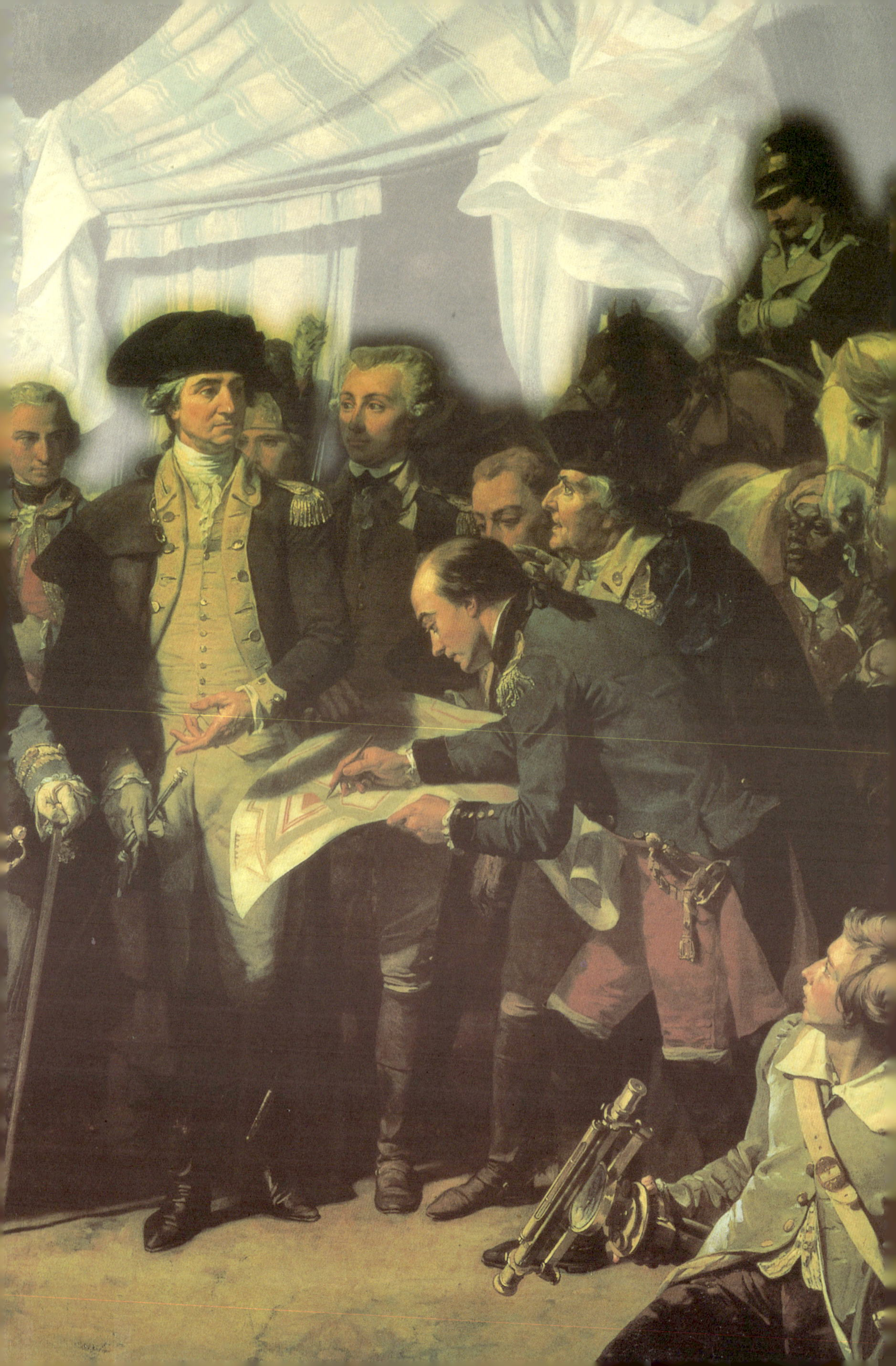

革命之风

1708年~1835年

18世纪，经常被称为"革命的世纪"。
在1708年至1835年，反对政府和殖民地的革命运动，
在世界上的很多地方此起彼伏。
有的革命获得了成功，而另一些则并没有遂愿。
政治革命之所以发生，是因为人们对国家的治理方式心存不满。
在农技、工业、科学、技术、医药、运输、艺术以及文学等领域，
也出现了新的革命。

↑反对英国汉诺威人统治的二世党人（斯图亚特派）起义，于1746年在库勒登战役中宣告结束。当时，二世党人被英国军队击败，而英方的领导者是国王的儿子，即坎伯兰公爵。

←在1781年美国革命战争期间，罗尚博将军和华盛顿将军在约克镇围攻战中均下令发动进攻。

世界概览 1708年~1835年

在北美洲，美利坚合众国从英国统治者手中获得了独立，但是这也给美洲土著居民带来了很多问题。很多人从欧洲移民到这里，并占领越来越多的土地。而在南美洲，殖民地人民则与西班牙人和葡萄牙人展开了战斗，并最终获得了胜利。

在欧洲，普鲁士和俄国开始崛起，并成为欧洲的主要力量，而1789年的法国革命则标志着君主制在法国的终结。

在非洲，富拉尼人（即富尔贝人）、祖鲁人以及布干达人，都建立了新的王国。在非洲北部的国家，摆脱了奥斯曼人的控制。在印度的莫卧儿帝国开始覆灭，英国和法国则为了获得对其领土的控制权发动了战争。日本禁止与西方世界的任何接触。在太平洋地区，欧洲人的到来威胁着传统的生活方式。

北美洲

18世纪见证了美利坚合众国和加拿大的诞生。18世纪80年代的美国革命战争，就是由英国殖民政府一手造成的。美国成为当时世界上最民主的国家，并通过《宪法》来治理国家，还宣布权利属于每一个人（但美洲土著居民和奴隶除外）。《独立宣言》被正式发布，而在此之后的一段时间内，新的共和国将其疆域继续向西扩展，并一直抵达太平洋。美国的城镇、贸易和文化，都逐渐成形，美国变得越来越庞大和富庶。英国人继续统治着加拿大，而后者却对自身事务有了越来越大的控制权。与此同时，很多在东部的美洲土著居民，被驱赶出自己的土地，并开始向西移民。在南方，奴隶在棉花和烟草的种植园里干活儿，为他们的主人积累财富。

拉丁美洲

在欧洲的拿破仑战争，迫使拉丁美洲开始为自己着想。丰富的矿藏和奴隶经营着的种植园，在重要性上都开始下降，拉丁美洲不得不在这个日新月异的世界中为求得一席之地而战。但是，独立运动依然是在土地所有者的操纵下进行着的，因此并没有为普通平民获得多少有益的权利。土著居民在拉丁美洲人的统治之下，依然饱受苦难的折磨。

革命之风

欧洲

在18世纪，欧洲社会中的某种隔阂逐渐酝酿起来。有钱的独裁统治者居住在豪华大宫殿里面，而日渐崛起的中产阶级则在"新钱"创富模式下思考不同的前景。社会经历着巨大的变化。城市崛起，银行家和发明家们忙碌不停，外国商品和新思想开始涌入。在拿破仑战争时期，欧洲多半地区的旧秩序被一扫而空，而法律和商业统治则开始变得越来越强盛。俄国继续向远东地区扩张，并敲开了中国的大门。欧洲此时主宰着全世界，主要是贸易、工业及虚张声势加上大炮的效果，而其影响力还在不断扩大之中。

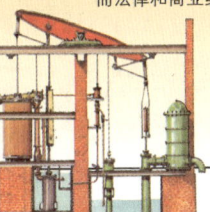

亚洲

在此期间，印度逐渐被英国人完全占领。中国拒绝这样的变化，并变得越来越保守，开始拒绝接受任何新思想和国际接触。日本依然处于孤立之中，但是其现代化的步伐要比中国快些。其他亚洲国家发现自己在欧洲既没有盟友，也没有新的敌人。那些欧洲人只知道横加干涉他们的事务，并只为自身的好处着想。俄国、中国和英国对中亚地区控制权的竞争日益加强，亚洲传统和稳定局面正被逐渐削弱。如果亚洲统治者起来反抗，那么欧洲人便从后门乘虚而入。

中东地区

中东地区在此期间非常弱，这是由奥斯曼人的衰落造成的。在非洲北部和埃及，奥斯曼人的控制权早已不在。波斯依然保持着稳定局面，大体上并没有受到外界的影响。

大洋洲

在库克船长探险旅行之后，澳大利亚和新西兰开始成为英国殖民计划的目标。殖民者在19世纪早期陆续登陆这里。以骁勇善战而闻名的毛利人当然奋起反抗，但依然过着简陋生活的大洋洲土著居民的抵抗并没有什么作用，很轻易就被征服了。

非洲

虽然欧洲人和阿拉伯人控制着非洲一些海岸线的殖民地，但是很多非洲国家此时很强大，他们中一些人的实力就是通过与欧洲人的贸易发展起来的。一些部落主宰着其他族人，而另一些，比如祖鲁人和阿散蒂人，都对他们的邻居虎视眈眈。非洲的不统一局面，使得欧洲人更容易将一个国家的矛头指向另一个。

247

奥地利和普鲁士 1711年~1786年

奥地利目前正处于鼎盛时期，而普鲁士也处于日渐强盛的过程中。两大帝国均试图主宰德国地区的其他国家。

↑1740年至1780年，玛丽亚·特雷莎是哈布斯堡女皇。她逐渐提高了奥地利帝国的各种条件，并获得了各位精明强干大臣的辅佐。她还改革了当地政府、教育和军队。

↑维也纳的熊布伦皇家夏宫，建造于1696年至1730年。它是洛可可建筑装饰风格中的一座既庞大又宏伟的典范作品。

奥地利大公查理六世在1711年成为圣罗马皇帝。这使他成为欧洲最具实力的人，并将神圣罗马帝国的领地归入奥地利的疆域之内。在查理皇帝于1740年去世之后，三个人均提出，是他们而不是查理的女儿玛丽亚·特雷莎有权获得王位。争夺王位的三个人分别是巴伐利亚的查理、西班牙的菲利普五世以及萨克森的奥古斯塔斯。

随着其他欧洲国家的掺和，局势变得越来越复杂。奥地利王位继承权战争（1740年~1748年），在普鲁士入侵略奥地利西里西亚省区的时候，宣布开始了。普鲁士得到了法国、巴伐利亚、萨克森、撒丁岛以及西班牙等国的支持。但是，英国、匈牙利以及荷兰等国，则支持玛丽亚·特雷莎。最后，玛丽亚·特雷莎保住了她的王位，但奥地利被削弱了，普鲁士也继续占领着西里西亚。在德国，权力的天平还是偏向了普鲁士，而神圣罗马帝国开始进入衰落时期。奥地利虽然庞大，却在权力方面日渐衰弱。在一个多世纪之后的1870年，普鲁士最终将德国统一起来，而奥地利则被划了出去。

勃兰登堡普鲁士

勃兰登堡的霍亨索伦王朝，于1618年继承了普鲁士帝国。到1700年时，勃兰登堡普鲁士已经成为一支新教徒的领军力量，而柏林则成为其首都。其国王建立了一个效率颇高的政府，并帮助工业逐渐繁荣起来。

普鲁士在权力上的上升，是在弗雷德里克·威廉一世（统治时期为1713年~1740年）在位期间开始的，而且也正是弗雷德里克·威廉一世建成了一支军队。1740年，他的继任者弗雷德里克大帝，利用这支军队去挑衅奥地利、法国和俄国。在弗雷德里克大帝统治期间，将普鲁士的疆域扩张了一倍，并成为启蒙运动的文化中心。在接下来的100多年，普鲁士获得了更多的领地，并逐渐开始统治波兰和德国北部。

↑弗雷德里克大帝是1740年至1786年普鲁士的国王。他为人一丝不苟、勇敢果断，而且野心十足。在他的领导之下，普鲁士成为一个强大的国家。

→1745年，在比利时的丰特努瓦战役中，法国战胜了奥地利及其联盟军，赢得了一场大胜仗。在这幅画中，法国国王路易十五正指向这场战役的真正胜利者，马歇尔·撒克逊。

苏格兰：二世党人 1701年~1746年

18世纪早期，苏格兰人的满腹牢骚，加上斯图亚特宣布自己对英国的王位继承权，导致了两场既重大又血腥的苏格兰反抗运动。

↑美王子查理（原名查理·爱德华·斯图亚特）是半个苏格兰人、半个波兰人，且在罗马长大。他来到苏格兰，领导了"四五起义"，不过在克落登战役中被击败。

↑弗洛拉·麦当劳是一名效力于英国人的领主的女儿。虽然如此，她依然支持美王子查理。在美王子查理逃亡的时候，弗洛拉·麦当劳让他乔装成她的女仆，并帮助他逃离危险。

↑二世党人在克落登地区被英国军队击败，当时英方的领导者是坎伯兰公爵。

当詹姆斯二世于1688年去世之后，斯图亚特家族失去了他们对英国王位的控制权。苏格兰高地人，希望有一个苏格兰人来当国王。与此同时，英国人则处心积虑地试图打破高地部落格局，并要求这些领主住到离他们在爱丁堡或伦敦的家园更远一些的地方去。结果，这些领主需要更多的钱，因此他们开始提高租金，并开始将人们从这片土地上驱逐出去。对部族心存同情的家庭开始分解，而部落家族则开始成为租客，不再拥有部族权利。

在英国，安妮女王于1714年去世。她的表兄弟汉诺威的乔治（来自德国）成为新任国王。他是英国詹姆斯一世的曾孙子，同时也是一名新教徒，不过他毕竟是一个外来客。一些人认为，苏格兰人詹姆斯·斯图亚特更应该获得王位。他不但是斯图亚特家族的人，而且还是一位虔诚的天主教徒。同样，很多苏格兰人也很不高兴，因为他们的国家已经跟英国联系在一起，并于1707年形成了一个"联合王国"。1715年，二世党人入侵英国，但在兰开夏地区的普雷斯顿遭遇败仗。

二世党人支持詹姆斯·斯图亚特。他们谋划在英国和苏格兰同时发动起义，但是这些计划都以失败而告终。詹姆斯·斯图亚特从法国返回，但是为时已晚：26名士兵被处决，其他700名被流放到西印度群岛接受惩罚。1745年，发生了另一场起义。詹姆斯的儿子，即人人赞颂的"美王子查理"，秘密登陆苏格兰境内，并领导了起义。在占领苏格兰之后，他的军队开始入侵英国。他们已经来到德贝地区，但是没有继续向南推进。1746年，二世党人在克落登战役中遭遇残酷的败仗。

美王子查理落荒而逃，并在乔装改扮之下回到法国。英国人获得了高地的控制权，而他们的复仇行动更是变本加厉。高地领主们被处死，而部落家族也被解除了全部的武装。到1782年为止，他们甚至被禁止穿苏格兰传统短裙，也不能吹奏风笛。数年过后，在部落领地的人们被强行迁出，从而为放牧的羊群提供空地，并通过给英国越来越多的羊毛工厂提供羊毛而从中渔利。

↓美王子查理从法国出发，秘密来到位于苏格兰西北方的赫布里底群岛，此时的他正在谋划领导1745年起义。

□世界历史百科全书

工业：早期革命 1708年~1835年

最早发端于英国纺织业的工业革命，带来了前所未有的大变化。城市、矿山、人工运河以及各大工厂等，都迅速发展起来。

在18世纪早期，多数人都按照传统方式来生产商品，即手工方法、家庭作业或者小型作坊等。很多男人充当起木匠、铁匠以及纺织工的角色，而其他男人则在农场当劳力，种植庄稼以养活家人。妇女们在家干活儿，她们会照顾动物，清洗剪下来的羊毛，还会将羊毛纺织成纱线。工业革命改变了这一切。很多人不得不搬到城镇中去赚取工资，而在那里，他们的雇主会通过引进大规模生产的方式来获得更大的利润。

工业革命最早开始于英国的纺织业，由水车提供动力的机器加速了纺纱、纺织以及布匹成品的速度。更大规模的磨坊和工厂被建造起来。新兴的城镇开始扩展到英国约克郡和"黑区"等地及德国的鲁尔山谷。工业城市，比如伯明翰、纽卡斯尔、里尔、莱比锡以及鹿特丹等，都快速发展开来。一个新的人工运河网被建成，实现了商品货物的有效运输。

不久之后，蒸汽机面世了。1712年，纽科门建造了一台蒸汽机，可以将水从矿井中抽取出来。到1776年，詹姆斯·瓦特以及马修·波顿共同建造了可以给机器提供动力的蒸汽机。1709年，亚伯拉罕·达比开始在鼓风炉中用焦炭炼铁。

英国成了知名的"世界工厂"。工业革命之所以在那里发源，是因为英国（不像欧洲其他地区那样）并没有遭到战争的破坏和蹂躏，而且还有着

↑轧棉机是于1794年由美国人埃利·惠特尼发明的。其可以将棉花纤维中的种子和其他杂质去除掉。

↑这是第一台多卷纺线机，这台纱线纺织机是1764年由詹姆斯·哈格里夫斯发明的。

↑扇状大风车是1745年由埃德蒙德·李发明的，主要用于抽水和磨谷子。其顶端在扇状尾的动力支持下旋转，这样风车的翼板就可以一直迎风转动。

↓这是19世纪的一座亚麻工厂。在这里，亚麻纤维被纺成纱线，然后被纺织成亚麻布。

250

革命之风

←1712年，第一台蒸汽机由托马斯·纽可门（1663年~1729年）制造而成，其可以将矿井中的水抽取出来。后来的设计都被用来给工厂中的机器提供动力。

丰富的铁矿和煤矿。英国很快开发出一个人工运河系统，并且有着充足的廉价劳动力（圈地运动所致），还有从殖民利润中获得的大量原始资本。

英国工业的繁荣景象

到1815年，英国的煤炭、纺织品以及金属制品的产量，相当于欧洲其他地方产量的总和。

巨大的社会变化，在人们从农村涌入城市的过程中逐渐发生着家族和村庄开始分解，而工人被有权有势的工厂所有者剥削着。很多孩子在给矿井和磨坊干活的时候惨死，一个新兴的、有钱的阶级逐渐演变而来，此外还有经营者阶层和各专业人士阶层。伦敦变成了欧洲的金融中心。制造业产品出口到世界各地，而原材料，如丝绸、棉花和木材等，则都被运送到新港口，如利物浦和格拉斯哥等，然后再通过人工运河运送到内地。

农业革命和早期的工业革命齐头并进，同时发生。工厂为农民们提供了新的机器和工具，而农民们则变得更像商

→蒸汽机的发明使铁路建设起来，借助铁路，煤炭被运输到各个工厂。1812年，约翰·布伦金索普设计了蒸汽式齿轨机车，并在英国米德尔顿铁轨上运行起来。

大事年表

1709年	亚伯拉罕·达比发明了鼓风炉
1712年	纽可门制作了一台蒸汽机，并用于矿井生产
1733年	约翰·凯引进了机械化的纺织机器
1759年	韦奇伍德装饰陶瓷工厂开始在英国营运
1764年	哈格里夫斯发明了纱线纺织机
1769年	托马斯·阿克赖特发明了水力纺纱机
1769年	尼古拉·居诺建造了一台蒸汽机，作为动力的运输工具
1773年	阿克莱特建造了他的第一个纺织工厂
1773年	第一座铸铁的桥梁在英国的煤溪谷建成。美国的埃利·惠特尼发明了轧棉机。

人了，因为他们会将产品卖给城镇中日益增长的人口。牵涉当地生活和地方贸易的人际关系，也让位给财政业务、中间人以及合同契约等关系。

251

□世界历史百科全书

七年战争 1756年~1763年

七年战争，是欧洲各大力量之间为了争夺大陆主宰权而展开的，此外还争夺对海域以及海外殖民地的控制权。

↑查塔姆第一伯爵威廉·比特（1708年~1778年），是1756年至1761年英国的国务秘书，是他引导英国卷入了七年战争，并制定了求胜心切的战略。

↑七年战争波及很多国家，每一个国家都有自己的如意算盘。普鲁士和英国获利最多。普鲁士继续保留着西里西亚，而英国则获得了海域的更大控制权，还有加拿大和印度地区。

在18世纪，奥地利、普鲁士、俄国和法国都想控制欧洲地区。这是奥地利王位继承战争遗留下来的问题，而该战争已经在1748年结束了。但是，没有任何一股欧洲力量强大到能够靠自身的实力获胜，因此他们相互之间开始结盟。结果，权力之间的不稳定局面开始出现。

奥地利、法国、瑞典、俄国和西班牙等，都将矛头指向了普鲁士、英国和汉诺威。奥地利想重新从普鲁士手中夺回西里西亚，而英国和法国则已经置身于他们的印度和加拿大殖民地战场。但是，当时的战争代价是非常昂贵的，包括时间、钱财、武器以及生命等，几乎耗尽了交战国家的所有资源。战斗于1756年打响，并持续了七年之久。起初，似乎是奥地利人和法国人将要成为胜利者。

英国人在他们的国务秘书老比特在斡旋下，加入了普鲁士联盟军。普鲁士方面在1757年的罗斯巴赫战役（与法国交战）、洛伊滕会战（与俄国交战）以及左恩多夫战役中均获得了胜利，并与英国人一起在印度的普拉西和加拿大的魁北克等地战胜了法国人，使双方的实力恢复了平衡。

战争落幕

1759年，一支英国和普鲁士的联盟军在德国的明登地区击败了法国人，而英国的海军则在奎贝隆海湾击败了法国人的舰队。接着在1761年，老威廉·比特被迫辞职，因为他的各项政

→七年战争中双方都损失惨重。图中普鲁士与英国士兵短兵相接，很多人命丧黄泉。

252

策均遭到其他政客的反对。俄国沙皇皇后伊丽莎白于1762年去世，而新的沙皇彼得三世则将俄国人从战争中撤了回来。但是，这并没有导致敌对态度的终结。真正使战争结束的，是战争的昂贵代价和破坏性，因为交战双方都已经耗尽了钱财和军事物资。

大臣和外交官们现在控制着政府，在长时期的贫困过后，很多国家更愿意和谈，而不是发动战争。在1763年签订的巴黎和约中，各方达成如下协定：英国将获得法国在加拿大和印度地区的领土，而普鲁士则继续保留着在西里西亚地区的富庶省区。

大事年表

1740年~1748年　奥地利王位继承战争
1750年　七年战争爆发
1757年　普拉西战役爆发，英国人对印度的控制权增加了
1757年~1758年　普鲁士在罗斯巴赫战役和洛伊滕会战中取得了接连的胜利
1759年　英国人获得了加拿大及其海域的控制权
1759年　明登战役爆发，英国和普鲁士盟军获胜
1760年　英国人接管了加拿大的蒙特利尔
1762年　俄国人从战争中撤退
1763年　《巴黎和约》的签订使战争结束

↑1759年11月，在布列塔尼半岛不远处的奎贝隆海湾战役中，英国海军痛击了法国人。自此以后，英国人主宰着外海区域。

↓1758年，左恩多夫战役的交战双方是俄国和普鲁士。这次战役非常激烈，任何一方都没有获得胜利，只不过普鲁士一方占了更多的便宜而已，因为他们抵御了俄国人的这次侵略行为。

↑该勋章是为了纪念1756年奥地利和法国在凡尔赛地区结盟的盛事。

北美洲 1675年~1791年

在18世纪中期，殖民者和美洲土著居民之间及英国人和法国人之间，为争夺北美洲地区控制权的一场冲突在进行着。

↑约瑟夫·布兰特出生在一个莫霍克族人的家庭。他年轻的时候曾与英国人作战，后来却成为一名英国军官的挚友，后者给了他一个英文名字和其他教育。后来，他前往伦敦，并被当时的官廷接见。

法国和英国殖民者，早已进行了多年以来的角逐。刚开始是"菲利普国王战争"（1675年~1676年），新英格兰的万帕诺亚格部落奋起反抗殖民者的统治。万帕诺亚格人还是打了败仗，但是也杀死了马萨诸塞地区10%左右的成年男性。而在英国和法国殖民者之间的"威廉国王战争"（1689年~1697年），则并没有获得什么成就。在"女王安妮战争"（1702年~1713年）中，英国人占领了阿卡迪亚（即新斯科舍），并摧毁了西班牙人在佛罗里达州的圣奥古斯丁。最后，在国王乔治战争（1744年~1748年）中，英国人占领了路易斯堡这个法国人的要塞，但是于1748年归还给对方，从而换取了在印度的马德拉斯。

这些战争在大体上都与欧洲冲突有着密切的联系。每一方都有着各自的长期目标：他们要控制整个北美洲。其中每一方都曾获得过美洲土著居民的帮助，而且土著人参加了所有这些

↑这幅地图展示了欧洲人1756年时在北美洲的领地范围，那时候七年战争刚刚打响。到1763年，英国已经控制了法国的多数领地。

战争。这些土著人所希望的，是能够在他们与那些占领他们土地的殖民者的争端中获得支持。但是，美洲土著居民总体上还是败给了殖民者，后者根本就不会尊重他们的意愿。如从1730年至1755年，肖尼人和特拉华人都被殖民者赶出了他们的土地。

阿卡迪亚的俘获

阿卡迪亚于1603年被法国人宣布为领地，沦为他们的殖民地。英国人也想染指，并在17世纪期间发动了数次进攻。最后，他们于1710年获得了阿卡迪亚，虽然法国人依然守住了附近的布雷顿角岛。在18世纪50年代后期，英国人将6000余名阿卡迪亚人驱赶了出来，因为视他们为一种安全隐患。这些人中的很多人去了路易斯安那，并在密西西比河流域的入海口处定居下来，变成了后来的卡郡人。新斯科舍此时到处充斥着苏格兰人，因为他们在"高地清洗"运动中失去了自己的领地。

革命之风

→1759年英国人占领魁北克，这意味着新法兰西没落的开始。战役就发生在城外的野地里面。英方和法方的将军，即詹姆斯·乌尔夫和蒙卡尔姆侯爵，都在战斗中丧生。

庞蒂亚克起义

1763年，发生了一场美洲土著居民的起义，这场起义就是庞蒂亚克起义。庞蒂亚克是渥太华人和阿尔冈琴族部落人的领袖，这些部落族人袭击了自五大湖至弗吉尼亚地带的很多地方，大约有200名殖民者被杀死。英国人马上进行报复，但是在1766年，庞蒂亚克实现了和平。1769年，庞蒂亚克在伊利诺斯州被暗杀，杀手是一名被英国人买通了的美洲土著居民。

1754年，法国人和印度人之间的战争（属七年战争的一部分），也打响了。法国殖民者在俄亥俄山谷中定居下来，而英国人则宣布它为英国领地，因此法国人建立了一连串的要塞，并拒绝撤出。法国人赢得了一些重大战役，如1755年的杜根堡垒战役和1756年的奥斯威戈堡战役等。但是，英国人于1755年占领了阿卡迪亚，于1759年占领了魁北克，于1760年攻入了蒙特利尔城。1763年签订的巴黎和约，将法国人之前的很多殖民地都给了英国人，而新法兰西（即下加拿大）也成了英国人的领地。英国现在控制着密西西比河流域以东的所有领地，而一些法国的土地则拱手送给了西班牙，从而换取佛罗里达，但其后来也成了英国的囊中物。

1791年，英国宪法将魁北克人手中的领土分成了上、下加拿大两个殖民地。这么做，是为了在美国革命战争（1775年~1783年）之后加强对加拿大的控制。上加拿大地区说英语，而下加拿大地区则说法语。英国人曾经很成功地制服过法国人，但是他们误解了美国殖民者，并在美国革命战争期间的1781年失去了"十三个殖民地"。大约有4万名英国皇家殖民者从美国搬迁到加拿大地区。

大事年表

1675年~1676年	菲利普国王战争
1689年~1697年	威廉国王战争
1710年	阿卡迪亚被英国人占领
1739年~1741年	英国进攻西班牙
1744年~1740年	乔治国王战争
1754年~1763年	法印战争
1760年	英国人获得了加拿大的控制权
1763年~1766年	庞蒂亚克起义
1775年	美国革命战争开始

↑随着法国将军蒙卡尔姆于1759年在魁北克附近的战死，法国人丧失了军事领导权，因此也失去了对加拿大的控制。

|1775年，伊桑·艾伦和一支83人的队伍，突袭了英国人在提康德罗加堡的卫戍部队。这是美国革命战争中最早采取的军事行动之一。

对华贸易 1700年~1830年

与中国人的贸易利润十分可观，但是那里的政府并不想受"蛮夷之人"的影响。欧洲商人便去寻找其他的贸易途径。

在整个18世纪期间，中国的丝绸、棉花、茶叶、漆器以及瓷器等，都在欧洲获得了高度的赞赏，它们价格昂贵，且供不应求。来自葡萄牙、英国、意大利以及荷兰的商人，试图去扩大与中国的贸易关系，但是，清政府对此毫无兴趣。对这些欧洲人来说，主要的问题是，他们必须用白银才能买到各种商品，因为中国商人不能用他们的中国货来换取外国商品。此外，中国政府只允许欧洲人在广州进行贸易活动。在广州，他们被围在"工厂"（即加了防御工事的仓库货栈）之中，并通过中国的中间商进行贸易。

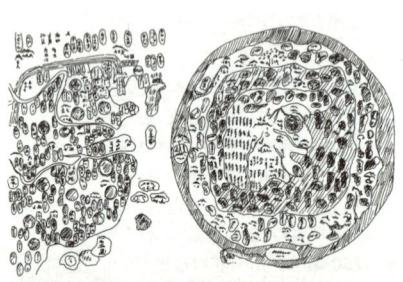

↑自1736年开始，乾隆皇帝在中国进行了长达60年的统治。他支持艺术的发展，自己还会写诗，并建造了很多图书馆。

→这些中国地图可以追溯到1800年，其显示了位于世界中心位置的"中国"。在那个时候，世界正在敲响它的大门。

闭关锁国

从乾隆二十二年（1757年）起，鉴于国内人民与外国人的交往日益频繁，清朝政府担心交往的扩大会给自己的统治带来威胁，开始实行闭关锁国的政策。政府一方面限制中国人出洋贸易和居住，严格控制出洋船只的大小与装载货物的品种和数量，以及水手和客商的人数，一方面还规定了严格的往返期限。中外贸易活动只限于广州一个口岸通商，外商的贸易及其他事务的交涉，都必须和清政府特许的行商进行，不得和官府与民众直接交往；外商在华必须住在城外指定的商馆，不得擅自出入城市；对外贸易的品种和数量也有相应的严格限制。清政府的闭关锁国的政策，窒息了中国的对外贸易和航海事业，妨碍了中国向西方学习先进的思想文化和科学技术，对国家发展的负面影响不可估量。自此中国与西方的差距越拉越大。

鸦片交易

不久之后，欧洲商人开始寻找其他的贸易手段。长期以来鸦片在中国都是有某种疗效的药材，欧洲商人与中国药材商联系，并卖给他们数量庞大的、原产于缅甸等国的鸦片（到19世纪20年代，每年5000桶）。作为回

→1793年，英国外交官马戛尔尼勋爵拜见了中国皇帝，希望能够促进与中国的贸易关系。

革命之风

报，欧洲商人获得了珍贵的中国商品。

这种贸易在18世纪晚期变得十分稳定，到19世纪30年代，鸦片烟的使用已经蔓延到整个中国地区，它让吸食者慵懒无力，败坏社会风气和经济发展，使中国付出了极其昂贵的代价。因此，清政府准备禁烟，终止这种贸易。

欧洲人的介入

清朝人认为，中国才是世界的中心。当英国大使马戛尔尼勋爵于1793年来到北京城的时候，乾隆皇帝拒绝跟他讨论贸易事宜，这些外国人决定寻找其他途径来实现他们的目的。在这个背景下，鸦片贸易与日俱增起来。当中国于1839年决定停止鸦片贸易的时候，英国直接向其宣战。1840年第一次鸦片战争爆发。甚至中国对世界茶叶供应的控制权也几乎走到了尽头，19世纪30年代，英国人罗伯特·福尔琦在来中国旅行期间偷走了几株茶叶，他将茶叶带回印度，并在那里建立起与中国竞争的种植园。

↑在广州的外国贸易驿站或"工厂"，是能够与中国进行贸易的唯一许可地点，而且时间只限于特定的几个月。

↓承德避暑山庄，中国古代帝王宫苑，清朝皇帝避暑和处理政务的场所。

非洲　1700年~1830年

非洲开始在与欧洲人和阿拉伯人的贸易发展过程中受到极大的影响，而很多非洲王国也相应地发展成既强大又富庶的国家。

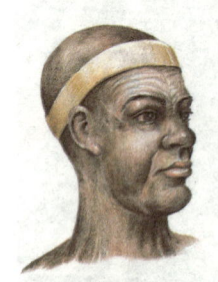

在18世纪，非洲大陆相对而言还远离战争。在北部，控制着埃及地区的奥斯曼帝国，继续处于衰落时期。在西部海岸线的阿散蒂人逐渐通过奴隶贸易变得越来越有钱。在东南部地区，葡萄牙人则正在莫桑比克境内建立起一个殖民地。东部海岸线（现在的肯尼亚）的诸多领地都受到阿曼人的统治，而阿曼帝国是阿拉伯海北部的一个王国。在最南部的好望角，荷兰殖民者开始向这块土地的内陆地区探索。

↑沙加·祖鲁于1816年成为祖鲁族人的领袖。他教会族人各种战斗技巧，并将祖鲁的领地扩展到非洲东南部。

↑很多新的国家在非洲地区涌现出来，人们的活动范围也越来越大。欧洲人和阿拉伯人都拥有小型的海岸线殖民地，但是他们在内陆地区的影响力主要通过贸易来实现，而不是军事侵略。

新兴非洲国家

在18世纪，每年平均都有3.5万名奴隶从西非被运送到了美洲。但是，在这个世纪末期的时候，英国人产生了第二种想法。1787年，他们将塞拉利昂建成了被释放奴隶的避难所。1822年，利比里亚建国，专门容纳来自美国的自由奴隶。19世纪早期，多数欧洲国家都停止了奴隶贸易，只有葡萄牙一直将其继续延续到1882年。

位于非洲东部的瑶族帝国和尼扬韦齐帝国，实际上已经因为提供奴隶而空荡无人了。阿散蒂和奥约帝国主宰着西非地区，与奴隶制一起进入19世纪，他们也开始向欧洲人贩卖木材、

→祖鲁战士的武器就是可以刺穿敌人的长矛，也就是南非土人长矛。这些战士戴着战斗头饰、手持装饰盾牌去吓唬他们的敌人，同时也可以在战斗中起到分辨敌我的作用。

奴隶之屋

在西非的塞内加尔海岸外1千米处，有一个名为戈里岛的岛屿，它曾经作为奴隶贸易的中心达3个世纪之久。对于欧洲船主来说，这个处于海洋之中的基地非常便利，对于本土的奴隶贩子而言也是如此，因为能够非常放心地在这里安置那些被捕获的人，他们根本无法逃走。这个岛屿在不同的时期掌握在不同的所有者手中，葡萄牙、法国、英国都曾经控制过它。不管是在谁的控制之下，运送奴隶的基本过程其实都是一样的。成千上万的"货物"——奴隶——通过这个岛屿进行中转，他们被戴上镣铐运送过来，然后再被运到海外。今天看到的"奴隶之屋"可以一次性关押200人，修建于1780年，正是奴隶贸易最鼎盛的时期。

革命之风

象牙、兽皮、黄金以及蜂蜡等产品。这改变了西非的农业实践，其开始种植"商品作物"来出口。与此同时，在东非地区，奴隶们继续被阿曼的阿拉伯人运送到阿拉伯和印度等地。

位于非洲南部的祖鲁族人国家，在国王沙加的领导下，不断与他们的邻国发生战争。战争带来的牺牲非常巨大，以至于1818年至1828年被称为"姆菲卡尼"（又名弃土运动）混乱时期。

↑位于尼日利亚北部卡诺地区的豪萨城，在1809年被来自戈比尔人豪萨王国的领导者奥斯曼·丹·福迪奥俘获。豪萨城成为"索科托哈里发"的一部分。

↑阿里·帕夏（1769年~1849年）是埃及的奥斯曼统治者，他实际上却使埃及独立于奥斯曼帝国的统治，并侵入了苏丹境内尼罗河上游的土地，从而使埃及成为地中海东部地区的一支主导力量。他在埃及的统治时间为1810年至1828年。

马穆鲁克人

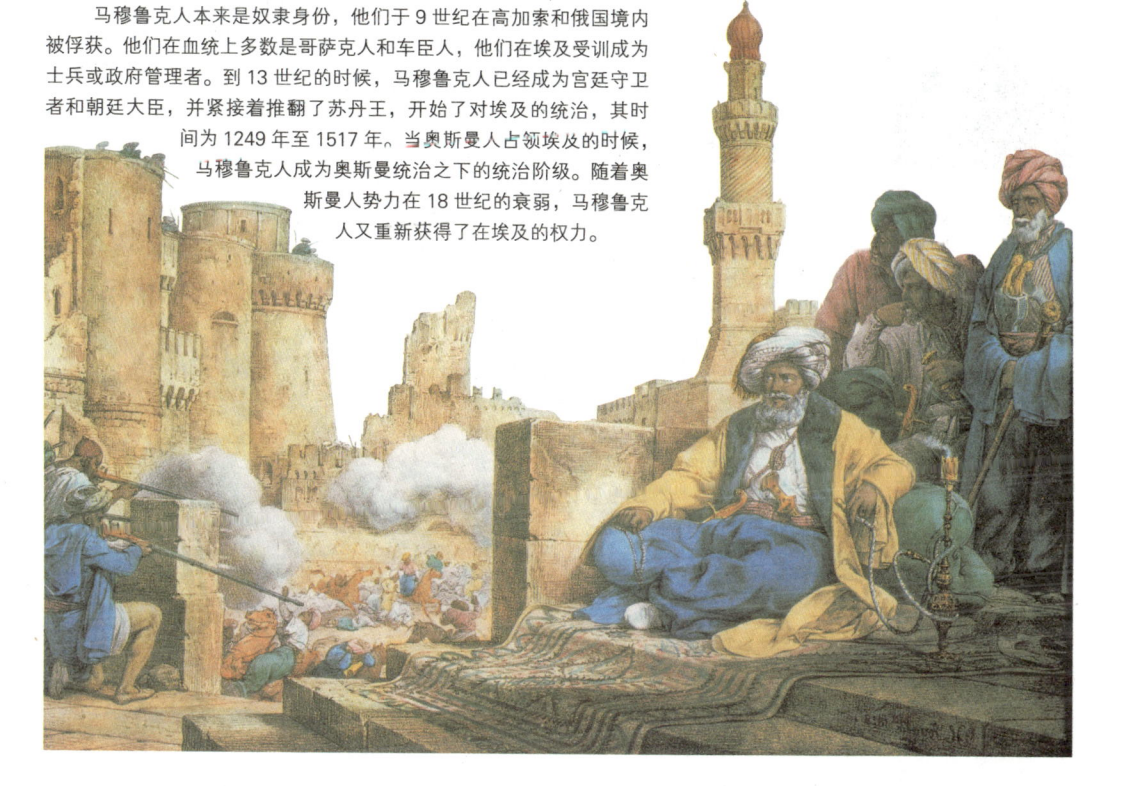

马穆鲁克人本来是奴隶身份，他们于9世纪在高加索和俄国境内被俘获。他们在血统上多数是哥萨克人和车臣人，他们在埃及受训成为士兵或政府管理者。到13世纪的时候，马穆鲁克人已经成为宫廷守卫者和朝廷大臣，并紧接着推翻了苏丹王，开始了对埃及的统治，其时间为1249年至1517年。当奥斯曼人占领埃及的时候，马穆鲁克人成为奥斯曼统治之下的统治阶级。随着奥斯曼人势力在18世纪的衰弱，马穆鲁克人又重新获得了在埃及的权力。

259

□世界历史百科全书

探索大洋洲   1642年~1820年

与对世界其他地方的探索相比，对大洋洲的探索开始得已经很晚了。其最早的开拓者是塔斯曼、库克以及其他探险者。

↑在1768年至1779年，航海家詹姆斯·库克船长（1728年~1779年）对太平洋地区进行了三次探索航行。1770年，他登陆博塔尼湾，并宣称澳大利亚为英国领地。

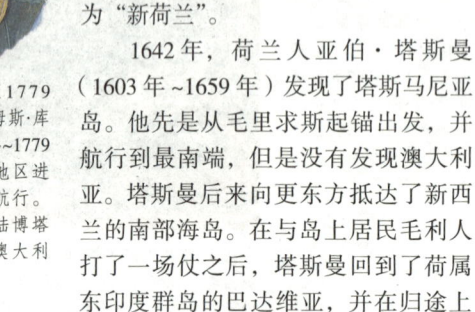

↑简·佛郎科依斯·佩洛斯（1741年~1788年）由路易十六世派遣进行环球航行，并实施了一次科学探索之旅。他带着一群科学家航行到各大洋，并在造访加拿大、西伯利亚以及澳大利亚的时候进行了绘图、科学考察以及样本收集等工作。他的航船在1788年消失在海面上了。

在17世纪，荷兰航海者探索了太平洋南部以及印度洋海域。到17世纪20年代，他们已经发现了澳大利亚的北部及西部海岸线，并将其命名为"新荷兰"。

1642年，荷兰人亚伯·塔斯曼（1603年~1659年）发现了塔斯马尼亚岛。他先是从毛里求斯起锚出发，并航行到最南端，但是没有发现澳大利亚。塔斯曼后来向更东方抵达了新西兰的南部海岛。在与岛上居民毛利人打了一场仗之后，塔斯曼回到了荷属东印度群岛的巴达维亚，并在归途上发现了汤加和斐济。在下一年里，他沿着澳大利亚的北部海岸线一直航行到头。

在1688年和1699年，英国航海家威廉·丹皮尔探索了澳大利亚的西北部。

库克船长的海上航行

库克船长受命航行到塔希提岛，去观察金星在太阳面前经过的天文景观。在此之后，他被秘密派遣到南方地区，并为英国政府绘制出新西兰和澳大利亚的地图。在他的第二次海上航行中，他成为第一个造访南极洲的探险者，但是他被那里的大块浮冰驱赶回来了。库克发现了为他的船员携带上蔬菜和水果的价值，因为这样可以防止败血病（因缺乏维生素C导致）。他身边还带了几个训练有素的画家，因为他觉得一定要把发现的新事物用科学的方法记录下来。1779年，他在第三次航行到夏威夷地区的时候丧生。

——库克的首次航行 1768-1771

↑在库克的第一次航行中，他从南美洲的顶端出发，来到了新西兰地区，并证实了两者之间并没有其他更大的大陆了，而当时很多人错误地认为还存在一个大陆。

海岸线地带。这些探索者证实澳大利亚是一个岛屿，但是他们并没有在那里定居下来。太平洋在总体上依然不太出名，因为它实在太遥远，而且过于贫瘠无法吸引欧洲人的贸易兴趣。

对这些南方领地的第一次科学探索，是由詹姆斯·库克船长发起的，他进行了三次远洋航行。第一次航行（1768年~1771年）将其带到了新西兰附近。接着，他登陆了澳大利亚的博塔尼湾，并宣布其为英国所有。在第二次航行中（1772年~1775年），他探索了很多太平洋岛屿以及南极洲地区。在他的最后一次航行中（1776年开始），库克船长先后造访了新西兰、

革命之风

汤加、塔希提岛以及夏威夷岛。在夏威夷，他在一次与岛上居民的冲突中丧生。

土著居民

库克探索的"新"领地，其实早已有人在那里居住了数百年。毛利人居住在新西兰，而大洋洲土著居民则一直居住在澳大利亚地区。这两大族人世代在那里生活着。他们对库克及其属下特别警觉，这是可以理解的。因为，这是他们第一次看到这些不速之客。

大洋洲土著居民已经在澳大利亚居住了数千年，并散播到广袤的大陆地区。他们以采集粮草和狩猎为生。他们与欧洲人的差异性很大，一场文化冲突在所难免，并以大洋洲土著文化几近灭绝而告终。

有种说法认为，毛利人早就航行到"长白云之乡"（即新西兰地区）。他们是于750年从波利尼西亚出发的。这些毛利人有农民、士兵还有村落居民等。随着欧洲人进入他们的领地，毛利人开始奋起抵抗。

澳大利亚的第一批殖民者，是于1788年抵达的。这些人之所以被运送到这里，是作为对他们罪行的一种处罚方式。自由殖民者是于1793年开始抵达这里的。在新西兰，捕鲸人、猎人以及商人等最先到达，接着是传教士。早期殖民者中的很多来自苏格兰、爱尔兰以及威尔士。这些殖民者也带来了各种疾病，杀死了很多对这些疾病没有抵抗力的当地居民。

大事年表

1642年~1644年　亚伯·塔斯曼航行到塔斯马尼亚岛和新西兰地区
1688年、1699年　威廉·丹皮尔探索了澳大利亚西部及西北部
1766年~1768年　布干维尔发现了波利尼西亚和美拉尼西亚
1768年~1771年　库克船长的第一次海上航行
1772年~1775年　库克船长的第二次海上航行
1776年~1779年　库克船长的第三次海上航行
1029年　英国吞并了整个澳大利亚
1840年　英国宣称新西兰为其所属领地

↑毛利人是技艺不凡的航行者和手工艺人，他们的小船装饰着精心制作的宗教雕刻。库克船长到达时，大约有10万名毛利人生活在新西兰地区。

↓1779年，在前往太平洋的第三次海上航行途中，库克船长在一次与夏威夷人的遭遇战中丧生，库克的船员们不得不在没有船长的条件下返回老家。

世界历史百科全书

日本及东南亚 1603年~1826年

亚洲地区逐渐被欧洲人渗透，欧洲人来这里是为了寻找贸易的主宰权。在18世纪，这些贸易联系转变成政治斗争。

自1603年开始，日本被德川幕府统治着。他们对国家的管理非常严格，并将日本与其他地区隔离开来。但是，他们也带来了和平和安全。在他们的统治之下，日本繁荣昌盛起来。在150年里，日本的人口从2000万增长到3000万，而农业的产量也得到了极大的提高。城镇复兴，而在城镇之中的贸易和商人阶级都得到发展。技艺精湛的手工艺人会制造精美的商品，特别是用彩色丝绸制作的衣服和织品。很多日本人接受到良好的教育。

↑护手可以使持剑者的手不会在战斗时受伤。这个装饰精美的日本护手，可以追溯到18世纪。

↑与西方人相比，日本人早就有了更为先进的清洁和卫生习惯。公共浴室在那个时代日本的各大城市都十分流行。

但是日本也出现了各种问题。很多日本人离开了田地，涌入城市中去，而武士阶级则早已负债累累。沉重的赋税造成了暴乱的发生，而小的罪行也会被判死刑。在18世纪40年代，开明的幕府将军德川吉宗（1684年~1751年）改进了很多粗疏的法律，并允许欧洲书籍进入日本国内。但是，18世纪60年代发生了饥荒、地震和此起彼伏的起义运动，而其中一场运动便将矛头指向幕府将军的统治。少数荷兰商人是唯一获准进入日本的外国人。但他们也遭到了被轻蔑的待遇，不过他们还是赚了很多钱，所以也就忍受了日本人的行为。

↑社会等级在武士之下的人，不得佩戴任何珠宝首饰。因此，他们只能使用木质或象牙的小型画像坠子，并将像烟草袋之类的东西系在他们的宽腰带（或肩带）上。

东南亚地区

在东南亚地区，并没有对商人的类似禁令。阿拉伯和欧洲的香料商人自中世纪便来到了这个地区，后来，欧洲人还建立了不少的贸易驿站。荷兰人主宰着这个地区，并控制着爪哇岛，而且还在很多岛屿上建造起贸易驿站。

在18世纪，贸易联系转变成政治斗争。英国人在该地区获得越来越多的利益。1762年，他们逼迫西班牙人放弃通往拉丁美洲航海线路的垄断权。1786年，他们拥有了马来半岛地区槟

→这一幅1815年的日本木版印画，展示了幕府将军源义学习舞剑的场景，教他剑术的是传说中的神奇人物即所谓的"天狗"，他住在山野之间。

革命之风

椰屿的控制权，并于1795年从荷兰人手里夺过了马六甲海峡港口。

在拿破仑战争期间，英国人占领了巴达维亚这一荷兰人在爪哇国的首都。在荷兰人承认他们对马来半岛控制权之后，他们将巴达维亚归还给荷兰。1819年，英国人将新加坡建造成一个自由贸易港口，并给自己的商人各种特权。这变成了与中国人贸易最重要的一个中转站，而新加坡也很快转变成该地区的主要商业中心。来自英国和印度的商品被运送到东方，而来自中国和东印度群岛的货物又来到了西方。

当地战争

欧洲国家卷入东南亚国家之间的战争。他们利用当地冲突，来解决自己的各种争端。英国、法国以及荷兰等，都不止一次参加过在暹罗（今天的泰国）的战争，不过暹罗还是保持着独立。自1824年至1826年，一场英国与缅甸的战争，在缅甸人支持英国敌人之后终于开火了。当时英国的敌人就居住在英国统治下孟加拉富庶地区的周边。欧洲人并没有将东南亚的大陆地区殖民化，但是他们逐渐使这些国家越来越依赖他们。到1820年，欧洲人已经对东南亚地区有了很强的控制权。

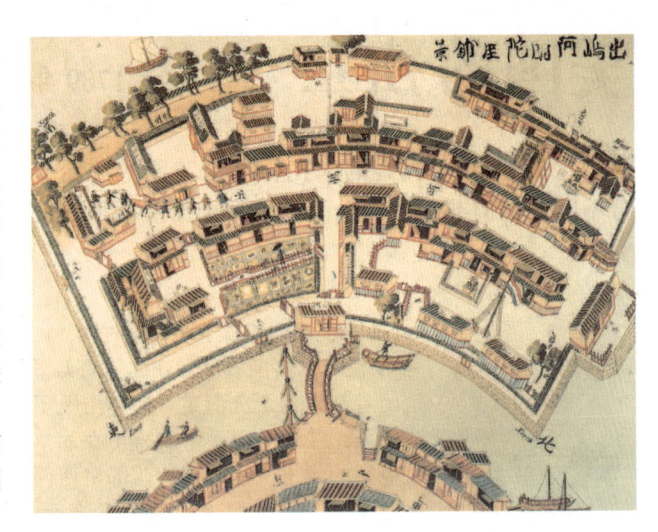

↑荷兰人在日本南部长崎有一个贸易驿站。这是唯一获准在日本国内建立的外国人贸易驿站。在那里，荷兰人出口丝绸和其他精美的日本产品，从而换取白银。

←1819年，托马斯·斯坦福·莱佛士爵士（1781年~1826年）在新加坡建立了英国的殖民地港口。他努力提高英国人在东南亚地区的势力范围，而新加坡不久之后也成为该地区的商业中心。

占领仰光

1824年，英国指挥官阿奇博尔德·坎贝尔爵士率领11000名士兵，经过一次长达640千米的河流行军，占领了缅甸首都仰光。这次突袭密谋已久，是为了报复缅甸国王对印度地区英国领土的袭击行动。

263

世界历史百科全书

美国的独立 1763年~1789年

北美13个殖民地的人们，都对英国的统治十分不满。他们准备为独立而战，一个新的国家就此诞生。

↑乔治·华盛顿（1732年~1799年）效力于英国在北美的军队，接着被任命为新美国军队的总指挥官，并与英国人作战。1789年，华盛顿成为美国的第一任总统。

当1763年七年战争结束的时候，在伦敦的英国政府和在北美的英军殖民者都感到十分满足。他们击败了法国人，并从法国手中获得了在加拿大地区的领土，最远到达西部密西西比河流域。在法国人威胁消失之后，殖民者不再需要英国人来保护他们。

但是，英国当然想要继续统治法国人原来的领土，他们征收较高的赋税为那些守卫这些新获得领地的士兵买单。他们提高了在13个殖民地征收的赋税。当地的殖民会议认为，让英国人继续对北美殖民地征收税赋是不公平的，因为他们已经不参与英国政府的管理活动了。他们提出"纳税而无权意味着暴政"的口号。殖民地开始禁止所有英国的进口货，而在1776年7月4日，13个殖民地的代表们接受了《独立宣言》，并宣布了他们自己实施统治的权利。

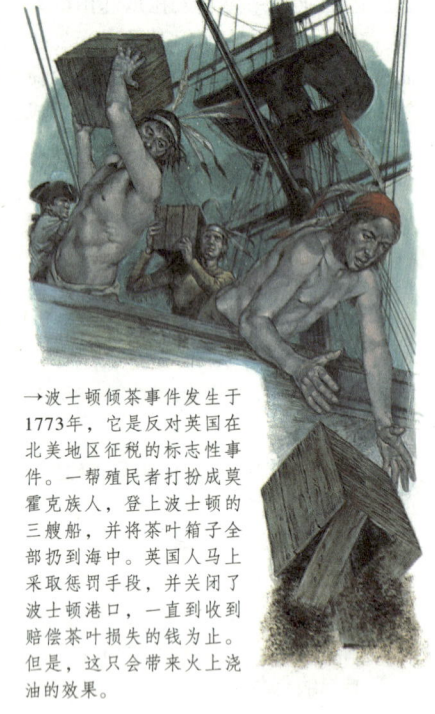

→波士顿倾茶事件发生于1773年，它是反对英国在北美地区征税的标志性事件。一帮殖民者打扮成莫霍克族人，登上波士顿的三艘船，并将茶叶箱子全部扔到海中。英国人马上采取惩罚手段，并关闭了波士顿港口，一直到收到赔偿茶叶损失的钱为止。但是，这只会带来火上浇油的效果。

独立

在托马斯·杰斐逊思想以及启蒙运动的指导和影响下，美国《独立宣

↑英国士兵是训练有素的专业战士，而多数殖民地参加者都是志愿者。但是，他们有着更高的驱动力，因为他们是为自身的独立而战。在左方是一名穿着制服的英国近卫步兵第一团的士兵，而右边则是一名殖民地志愿者士兵。

→1775年，邦克山战役在波士顿附近打响。它是革命战争以来的第一次重大战役。英国人获得了胜利，但是他们失去了两倍于北美殖民地的兵力。

264

言》于1776年向世人宣布："我们认为下述真理是不言而喻的：人人生而平等，造物主赋予他们若干不可让与的权利，其中包括生存权、自由权和追求幸福的权利。"

美国革命战争在1775年就已开始。起初，英国人节节胜利，尽管他们要在远离家乡5000千米以外的地方作战。但是，殖民地人们还是存在优势，因为他们就在自己的家门口进行战争，而且他们深信自己是正义的一方。在双方首次交战的6年之后，1781年，英国军队在弗吉尼亚的约克镇投降，他们在那里被乔治·华盛顿的部队击败。1783年，英国最终在《巴黎和约》中承认了美国的独立。

美国宪法

1783年，在与英国人签订和平条约之后，新生的美利坚合众国的人们不得不做出决定，如何才能更好地管理自己的国家。他们决定需要一名总统，且每隔四年选举一次。总统应在国会（分为众议院和参议院，由来自全国各地的代表组成）的帮助下进行统治，此外还有一个最高法院。新政府的宪法草案（法律统治框架），包含有关美国国家的三大重要声明。

第一，美国是一个联邦国家。曾经与英国交战过的殖民者应该紧密团结在一起，去管理自己的国家。第二，美国的每一个州都应拥有自己的议会，并可以按照他们自己喜欢的形式管理州政府。第三，总统、国会以及最高法院，都不得单独代表自己控制中央政府。一种相互检验和相互平衡的制度，会确保权力在政府的这三个领域得到共享。

这些都是在启蒙运动影响之下的新思想的体现，而且在此之前从未尝试过。革命时期的宪法，于1789年变成了合众国的法律。这个新兴的国家虽然历史短暂，而且其人民有过不堪的回忆，但确实是世界上第一个真正意义上的民主共和国国家，并且它是根据集体通过的法律来进行统治的。

↑这枚自由勋章，是为了纪念1781年美国人击败英国人而铸造的。

↑这口位于费城的自由钟，是为了纪念美国独立日而铸造的。

大事年表

1763年 七年战争结束。英国军队被派遣到北美洲
1764年 《蔗糖法案》通过，英国开始对进口的食用糖征税
1765年 《印花税法案》开始对公用文件增加税赋
1775年 美国革命战争开始，邦克山战役于同年打响
1776年 《美国独立宣言》发表
1781年 英国军队在约克镇缴械投降
1783年 英国承认美国独立
1787年 美国宪法草案起草
1789年 《美国宪法》成为法律。乔治·华盛顿成为美国第一任总统
1801年 托马斯·杰斐逊登上总统宝座

↑托马斯·杰斐逊（1743年~1826年）于1801年成为美国历史上的第三任总统。他是一名政治领袖人物，他的思想极大影响了美国的政治框架。

□世界历史百科全书

法国革命 1789年~1799年

1789年,心存不满的法国人民推翻了他们的国王,并提出了自由和平等的要求。接下来发生的革命,彻底改变了法国的命运。

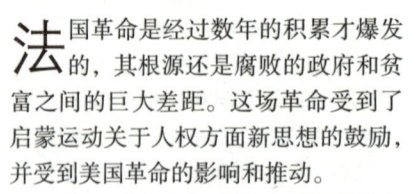

法国革命是经过数年的积累才爆发的,其根源还是腐败的政府和贫富之间的巨大差距。这场革命受到了启蒙运动关于人权方面新思想的鼓励,并受到美国革命的影响和推动。

在18世纪,法国处于各种危机之中。食物短缺、物价飞涨,而政府又濒临破产。为了获得更多的钱财,路易只能在借款和提高国家税收之间选择其一。但首当其冲的是,他需要获得传统议会即"三级会议"的准许和支持,而三级会议已经有175年没有召开过了。

在新召开的三级会议上,来自各个阶级的代表们奋起反抗贵族和神职人员。他们共同宣誓要建立一个新的国民议会,并提出了改革的要求。他们起草了一部新宪法,要求废除旧秩序,将教会的土地国有化,重新组建地方政府。路易十六则派出军队,对三级会议进行审判并予以解散。

↑玛丽·安托瓦内特(1755年~1793年)是路易十六的奥地利籍妻子。人们都认为她态度傲慢,穷奢极欲。

↑马克西米连·罗伯斯庇尔(1758年~1794年)本来从事律师行业。1793年,他成了"雅各宾派"革命集团的领袖人物。他也是公共安全委员会的领导者,并帮助法国抵挡外敌的入侵。1794年,罗伯斯庇尔被控叛国罪,且被处死。

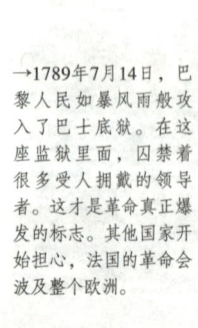

→1789年7月14日,巴黎人民如暴风雨般攻入了巴士底狱。在这座监狱里面,囚禁着很多受人拥戴的领导者。这才是革命真正爆发的标志。其他国家开始担心,法国的革命会波及整个欧洲。

↑路易十六(1754年~1793年)是1774年成为法国国王的。他为人腼腆,特别喜欢狩猎,并希望将自己的国家治理得国泰民安。

巴黎市民听到这个消息的时候,奋起反抗。1789年7月14日,一场暴动席卷了巴士底狱——国王在巴黎的一座监狱。此次暴动标志着一场血腥革命的开始,而革命者提出了口号是:"自由、平等和博爱"。

权力斗争

路易十六开始逃亡,但还是被捕获并被监禁起来。1792年,君主制被

革命之风

废除，而在第二年，路易十六及其妻子玛丽·安托瓦内特接受了审判，并被处死。此时，革命政府与很多其他欧洲国家开战，因为别的国家都害怕革命会波及自己的国家。

如革命中经常会出现的那样，法国境内的混乱局面开始了，一场权力斗争也就此展开。新的革命政府开始围捕保皇党人，或被称为"革命的敌人"。在两大集团即雅各宾派和吉伦特派之间，发生了一场政治斗争，最终雅各宾派获得了胜利。接着，他们支配着一个新的统治机构，即所谓的"公共安全委员会"。这个委员会动员法国军队去抵抗外敌入侵。自1793年9月至1794年7月的"恐怖统治"时期，他们处死了反对他们的任何人。

在恐怖统治时期，大约有18000人被送上了断头台。不久之后，罗伯斯庇尔开始独裁统治。而即使是他自己也并不安全，1794年，他被指控犯有叛国罪，并被处死。

督政府

1795年，一部新的宪法起草完成，督政府组建成立。战争早已爆发，而法国革命的军队已经征服了荷兰和德国南部。

一名年轻的将军拿破仑·波拿巴，接管了军队大权，并入侵了意大利、瑞士以及埃及等地。督政府开始依赖于拿破仑。拿破仑越来越受欢迎，权力也越来越大。1799年，他废除了督政府并接过了控制权。

大事年表

1788年	"三级会议"召开
1789年	国民会议召开，攻占巴士底狱
1789年	《人权宣言》发表
1791年	新宪法和立法会议面世
1792年	革命战争爆发，法兰西共和国建立
1793年~1794年	恐怖统治时期
1794年	罗伯斯庇尔独裁时期。荷兰入侵法国
1795年~1799年	督政府统治法国
1796年	拿破仑成为军队的总指挥官
1799年	拿破仑开始执掌大权

↑在恐怖统治时期，所谓的"无裤党人"（因为他们不穿长到膝盖的短裤而获此称号）负责在街道上维持公众秩序。很多人因为憎恨这些无裤党人而被夺去了生命。

↓底层阶级的成员庆祝恐怖统治的结束，他们在一棵有玫瑰花饰的树周围跳起了舞。玫瑰花饰的颜色，正好是法国国旗上的颜色。

恐怖统治

在路易十六于1793年被处死之后，公共安全委员会开始打击并处决任何反对革命的嫌疑犯。一个专门的法庭也建立了起来，那些"革命的敌人"被带到这里审判，不过通常是草草了事。贵族、保皇派、牧师及其他任何被怀疑的人，都被送上了断头台。在罗伯斯庇尔铲除掉公共安全委员会中的对手之后，他开始了短时期的独裁统治，一直到1794年7月，他自己也被送上了断头台。恐怖时期就这样结束了。

拿破仑战争 1797年~1815年

恢复法国革命之后统治秩序的同时，拿破仑也企图改变整个欧洲的局势。但是英国极力反对他，拿破仑最后流亡海外。

↑1799年，早已成为一名英雄的拿破仑使用武力接管了政府。虽然很多人不同意，但是法国毕竟处于混乱无序状态之中，而拿破仑也顺利成为法国的"第一执政者"。

↑在这幅绘制于1803年的卡通画中，拿破仑被描述成一个横跨整个渺小地球的巨人，而相对渺小的约翰·布尔（代表英国）则使尽全力跟他拼命。

拿破仑出生于科西嘉岛，是一名意大利律师的第二个儿子。在还是个年轻小伙的时候，他便加入了法国军队。他的英勇果敢和敏捷思维，使他迅速晋升。在26岁的时候，拿破仑当上了将军。他领导过很多次成功的军事活动，并于1797年占领了意大利北部。督政府担心他过于强大，而且过于受人拥戴。他们让他入侵英国。拿破仑建议先侵略埃及，打破英国通往印度的贸易线路。拿破仑后来真的入侵埃及，但是他的计划泡了汤，因为纳尔逊于1798年击败了他的舰队。

1799年，拿破仑回到了法国，并获得了控制权。他解散了政府，并任命三名官员来统治国家，且称其为"三执政官"。拿破仑册封自己为第一执政官，并在接下来的15年中统治着法国。1804年，他给自己加冕，登上王位。

拿破仑引入了很多长久性的改革，并实施了新的法律制度，还有一种更完善的教育制度、一个经过重组的政府以及一个全新的国家银行。

他是一名英明的将军，用兵神速，并会使用全新的战斗策略。他还拥有一支非常庞大的军队，因为罗伯斯庇

↑拿破仑想要建立一个基于技术，而不是基于贵族血统的新社会。为了鼓励人们努力奋斗，他在1802年专门给那些为国家做出卓越贡献的人创立了"荣誉军团励章"奖。荣誉军团的成员，可以获得一枚励章，并可以获得一笔养老抚恤金。

马伦哥战役

马伦哥战役是拿破仑多次成功军事活动中的一个，它发生在1800年，是法国与在意大利的奥地利人之间的对决。拿破仑是一位英明的领导者，他用演讲激励着他的军队，"在第一线进行指挥"且使用非常意外的策略。他对军事有着现代化的认识，并开始使用加农炮和庞大军队，而且还会智取对手。

尔早就施行了一种新的征兵制度，即所有成年男性都必须强制入伍从军。1799年，军队的人数是75万，而在1803年至1815年，又有200万人加入了法国部队。拿破仑就是利用这样一支规模庞大的兵力去挑衅和征服欧洲。

拿破仑战争

1805年，拿破仑在奥斯德立兹地区击败了奥地利人和俄国人；1806年，在耶拿地区击败了普鲁士军队；此外，1807年，俄国人在弗里德兰面临着第二次的溃败。拿破仑为法国创造了新的联盟共和国，并由他自己亲自统治。他也制定了在欧洲范围内适用的法律和政府形式，并将其称为"大陆法系"。

1805年，在特拉法尔加地区，英国获得了一次关键性海上战役的胜利。虽然英国的海军上将霍雷肖·纳尔逊（1758年~1805年）不幸身亡，但是他的胜利挽救了英国，使其免受法国的侵略。1808年，拿破仑入侵西班牙，开始了半岛战争。在此期间，英国开始支持西班牙和葡萄牙。

英国派出军队前往西班牙，并由威灵顿公爵来领导。威灵顿先后在萨拉曼卡（1812年）和维多利亚（1813年）获得了胜利，将法国人赶出了西班牙。

1812年，拿破仑对俄国发动了灾难性的入侵，并导致50万名法国人死于战场或饥寒交迫。1813年，拿破仑在莱比锡被一支欧洲联盟军击溃，而当时对方的领军人物是普鲁士将军冯·布吕歇尔。最后，在1814年，法国遭到入侵，而拿破仑则被放逐国外。他脱逃了出来，但最后还是于1815年在比利时的滑铁卢战役中，被威灵顿和冯·布吕歇尔击败了。1821年，他在南大西洋圣赫勒拿岛含恨而终。

→拿破仑认为俄国人已经与英国人结盟，所以他对俄国发动侵略。当他的军队到达莫斯科的时候，俄国人早已经将莫斯科焚毁。最终，寒冷的冬季给拿破仑造成了严重损失。拿破仑带着50多万名战士进入俄国，却只带1万人返回法国。

↑威灵顿公爵阿瑟·韦尔斯利（1769年~1862年）在西班牙与拿破仑的军队交锋。在那里，他花了4年的时间将法国人赶出去。威灵顿在拿破仑战争之后被选入维也纳会议。身为一名民族英雄的他，于1828年成为英国的首相。

大事年表

1796年~1797年	拿破仑入侵意大利
1798年	埃及的军事运动
1799年	拿破仑接管了法国政府
1804年	拿破仑给自己加冕为国王
1805年	奥斯德立兹战役打响
1805年	特拉法尔加战役打响，英国获得海战的胜利
1807年	在提尔西特与俄国人和普鲁士人举行和平会谈
1812年	讨伐俄国的军事行动
1813年	拿破仑在莱比锡战役中失利
1813年	维多利亚战役
1814年	法国遭到侵略，拿破仑逃亡到厄尔巴岛
1815年	拿破仑的最后一次战役——滑铁卢之战

←滑铁卢战役发生在1815年的比利时，交战双方势均力敌。这是拿破仑的最后一次战役，他与英国的威灵顿以及普鲁士的冯·布吕歇尔作殊死搏斗。

美国：西进运动 1776年~1845年

在独立之后，"羽翼未满"的美利坚合众国便开始进入快速发展时期。新来的移民向西扩散，并将美洲土著居民从他们的土地上驱逐出去。

在19世纪早期，美利坚合众国依然规模很小，而且在很大程度上依然受到欧洲政治的影响。在拿破仑战争期间，英国控制了各个海域，并遏制了拿破仑所属欧洲与美国之间的多数海上交通航线。这反而帮助了美国，因为拿破仑无法再继续保护法国人的路易斯安那州。由于法国人依然控制着密西西比河流域的贸易活动，因此美国人便与他们商谈。拿破仑决定以1500万美元的价格将路易斯安那州卖掉。在"路易斯安纳购地"事件之后，美国的疆域有原来的两倍之多。

↑梅里韦瑟·刘易斯（1774年~1809年）受总统杰斐逊之命，去探索西部地区。

↑威廉·克拉克（1770年~1838年）与刘易斯一同前往，并于1805年抵达俄勒冈州的西部海岸线地带。

↑丹尼尔·布思（1734年~1820年）被一群肖尼印第安人俘获。为了试探他的勇气，他被迫在两排凶残战士中间玩起了"夹道鞭笞"的致命游戏。

1812年战争

英国人对欧洲的封锁，也给美国贸易带来了灾难性的影响。1812年，美国向英国宣战。美国人试图入侵加拿大，但是没有成功。他们在五大湖的海上战役中险胜，而英国人则焚毁了美国的新首都华盛顿特区。由于为战争所累，双方都没有什么新的大动静。1814年，他们签订了一份条约，将双方各自占领的领地都归还给对方。英国人的封锁进一步升级，拿破仑战争也马上结束，而美国也终于可以恢复其贸易和经济。

移民和殖民者

在1776年美国独立之后，殖民者们如潮水般涌向美利坚合众国。他们来自欧洲的各个角落，并在这块"自由土地"中寻找了一种全新的生活。1803年，美国人口是400万左右，而在1861年，却增加到了3100万。最早到达的那些人定居在东北部各州，但是随着人口数量的增加，他们迁移到更南或更西的地方。

美国就像一个新的帝国，疆域辽阔、资源丰富。骤然之间，被称为"落后农村"的先前东部殖民地，变成了现在的"新边疆"。到1820年时，

→刘易斯和克拉克的探险之旅始于1804年的圣路易，并在达科他地区度过了寒冷的冬季。他们于1805年穿越岩石山群，来到了俄勒冈地区。萨拉加维亚是肖松尼族的一个女子部落。她们与探险队一同旅行，并协助他们与其他美洲土著居民进行交流和沟通。

这些"边疆"已经越过了密西西比河流域。但是，对美洲土著居民来说，美国的扩展意味着新的困境，而殖民者的繁荣和自由都以他们的贫困和被限制为代价。

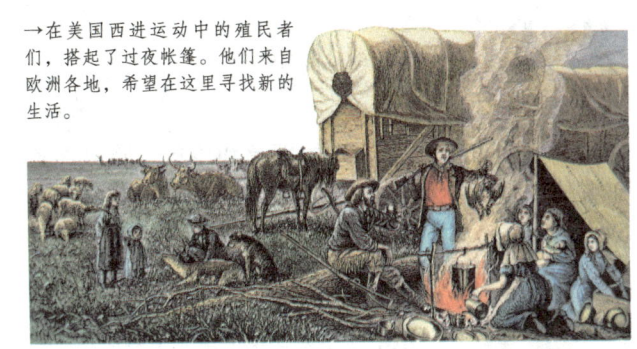

→在美国西进运动中的殖民者们，搭起了过夜帐篷。他们来自欧洲各地，希望在这里寻找新的生活。

"血泪之路"

1787年，美国土著居民得到这样一个承诺，他们所有的传统土地只有在他们的许可之下才会变成白人的殖民地。4年之后，华盛顿总统改变了这一政策。于是乎，各地的土著部落都被迫离开家园。

18世纪60年代，特拉华族人早已被驱逐出去。在19世纪30年代，米诺尔人也从佛罗里达州被驱逐出去，而还有5万名切诺基族人从乔治亚州被驱逐出去。大约有40万名美国土著居民被迫向西移民，其中很多都死在这条"血泪之路"上。1803年的"路易斯安那购地"事件，使美国的面积成倍增加，而士兵和殖民者开始跨越密西西比河流域。很多美国土著居民被迫在俄克拉荷马州定居下来。到1820年时，他们即使在密西西比河流域的东面也不受欢迎了。虽然俄克拉荷马州于19世纪30年代被官方宣布为一个所谓的"印第安人领地"，但是自1854年开始，这块土地的面积也被大幅削减。

新移民的足迹四处可见，比如从巴尔的摩的坎伯兰路开始，一直到圣路易斯。诸如刘易斯和克拉克等探索家，都一直向西推进到太平洋地区，为殖民者们开拓了新的领地。军队建立了很多自我保护的堡垒，而政府也通过了新的法律来支持他们的土地主张。向西推进的一场大规模运动已经揭开序幕，并在这些移民者的推动之下进行着，此外还有商业活动和政府政策的协助。

美国经济开始增长，而这也有利于东部日益繁荣起来的城镇——工业和贸易中心都在那里。东部地区是美国的主心骨。一个新的州，只要拥有6万人就可以加入美联邦。到1821年的时候，美联邦已经有23个州了。

大事年表

1783年　英国从13州殖民地撤退
1803年　从法国手中购得路易斯安那州
1806年　刘易斯和克拉克抵达太平洋
1812年~1814年　抵抗英国的1812年战争
1819年　西班牙将佛罗里达州给了美国
1820年　殖民者的"边疆"已经抵达密西西比河流域
1830年　《印第安人迁移法》使印第安人被合法逐出
1830年　领袖黑鹰领导了一场反对殖民者的战争
1838年~1839年　切诺基族人通往俄克拉荷马州的"血泪之路"
1845年　美国吞并了德克萨斯州

↑安德鲁·杰克逊（1767年~1845年）是1829年至1837年的美国总统。他曾经参加过1812年的战争，并于1818年入侵过佛罗里达州，还参加了那里反对米诺尔族人的一场战争。他支持在西部地区扩展边疆的政策，并鼓励和支持殖民者去反对美国土著居民。

伊利湖战役

伊利湖战役发生于1813年9月，交战双方是英国军队和实力稍弱的美国海军。美国人获得了胜利，并俘获了六艘英国舰船。他们的指挥官奥利弗·佩里（1785年~1819年），在他自己的船沉掉之后，跳上了另一艘美国舰船。接着他宣布："我们已经遭遇上敌人，他们必将是我们的手下败将。"

艺术 1708年~1835年

18世纪日益发展起来的贸易和旅行,将欧洲置于各种新的影响力之中。这种趋势形成的时候,恰逢欧洲达到文化发展的鼎盛时期。

就实力和创新力而言,当时的欧洲人无疑处于世界的主宰地位。欧洲思想和标准开始进入其他文化之中,而欧洲风格的赚钱模式和贸易路线,都影响着遥远的地域。但是,这种贸易也将异域的新鲜影响力带进了欧洲地区。

新的产品,比如非洲的雕刻品、中国及印度的棉花制品,都进口到此。思想、知识和灵感等,都从远东地区涌入,而年轻的美国文化也是世界舞台上的一支新的生力军。

现代的全球化艺术和思想,都逐渐扎根,并混合到一起。英国的陶瓷开始呈现中国风格,而纺织设计则接受了印度的样式。但是,依然有很多人并没有受到这一变化的影响,他们并没有被日益增长、逐渐蔓延开来的欧洲现代化波及。

18世纪见证了各种艺术的巨大成就。在中国,玉石雕刻展示了极为高超的技术。在日本,木版雕刻变得更加先进,俳句也越来越流行。

↑简·奥斯汀(1775年~1817年)是一名英国传教士的女儿。她撰写过六部小说,专门对她所处时代的社会及风俗习惯进行评论。她最著名的小说有《傲慢与偏见》和《艾玛》,至今依然受人追捧。

↑一年四季的美丽图案,修饰着这个18世纪精美的德国产装饰徽章,显示了对于大自然的一种浪漫主义情趣,这在当时随处可见。与此类似的圆形小徽章,被称为"小圆盾"。

←很多年以来,欧洲人都在尝试复制中国陶瓷工人使用的那种技术。这件人物作品,是于1765年在德累斯顿附近的梅森工厂制作的。

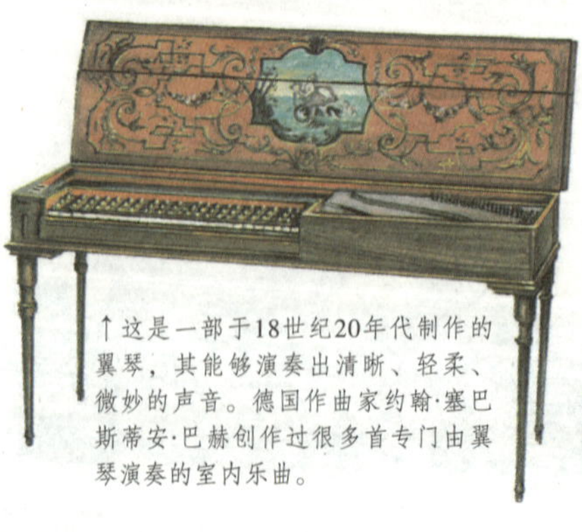

↙音乐天才沃尔夫冈·阿玛多伊斯·莫扎特(1756年~1791年),在6岁的时候就因为专门为奥地利女大公玛丽娅·特蕾莎演奏,而变得远近闻名。

↑这是一部于18世纪20年代制作的翼琴,其能够演奏出清晰、轻柔、微妙的声音。德国作曲家约翰·塞巴斯蒂安·巴赫创作过很多首专门由翼琴演奏的室内乐曲。

革命之风

←《神奈川巨浪》是一幅著名的日本彩色木版印刷画作品，其作者是葛饰北斋（1760年~1849年），创作时间是1831年。

欧洲文化

富有的上层阶级建造了极为奢华的宅邸和歌剧院，并给艺术家大量金钱去创作肖像画、风景和事件的记录文献。在城市中，小册子、咖啡馆及街道生活等，都在酝酿一种新的流行文化；而在工厂中，大规模生产的新产品改变了日常用品的设计和用途，并使其能够进入越来越多的平民老百姓家庭。社会在改变，人们的品位也不例外。

在欧洲，作曲家汉德尔、贝多芬、海顿以及舒伯特等，都谱写了光辉灿烂的交响乐作品。康斯特布尔、安格尔、戈雅以及其他画家，都是当时的著名艺术家。小说家、评论家、记者以及出版者，都开始尝试新的写作风格。新古典主义的诗歌追求高雅的品位，而浪漫主义则选择大胆的情绪化风格。在剧场中，芭蕾舞逐渐演化出来，而歌剧则吸引了不同族群的热心观众，他们渴望的是现实主义的情节和人物角色。

↑这个18世纪的中国玉石雕刻笔筒，是在清朝制作完成的。其用途是装各种毛笔，而毛笔是在写书法时使用的。

↑这个18世纪的日本坠子饰物，展现了那个时期日本雕刻师巨细靡遗、巧夺天工的技艺。

→这幅绘画作品的创作者是法国人雅克·路易·达维特，其展示的是当时的"网球场宣誓"事件。这是一次重大事件，是1789年法国革命的导火索。在短短100年之后，重要的历史事件已经改用照片来记录了。

□世界历史百科全书

建筑 1708年~1835年

1800年，是世界建筑事业的一道分水岭。传统的建筑风格让位于更加现代的高楼大厦。这是人们运用最新技术建造起来的新建筑。

↑1784年，英国政府开始征收"窗户税"。为了省钱，很多人特别是有钱人，都把自己家原先的窗户堵了起来。

在世界范围内，迄今为止的很多文化，都回归到自身的传统，并给建筑物做出诠释。即使在欧洲和北美洲地区，建筑的创新，似乎只是对早期风格的一种临摹，比如古希腊、古罗马的建筑风格；或者说只是对殖民地异域风格的另一种抄袭，特别是印度的建筑风格。两大主要影响因素，当时在欧洲的建筑业刮起了旋风。首先，乡村庄园和城镇高楼大厦的兴建和崛起，使带有大窗户的宏伟建筑物成为当时的潮流。其次，新工业的影响，使大型工厂和城市大兴土木。欧洲和美国的城市在规模上都有增长，这也酝酿了新型建筑风格的成长，比

↑布赖顿皇家亭阁的外观，是在1818年彻底重建的。其建筑师是当时非常时尚的英国名家约翰·纳什（1752年~1835年）。这是为当时的摄政王子即未来的乔治四世而建的献礼之作。建筑设计基于印度建筑风格，但同时也添加了很多乔治自己的奢华思想元素。

↑英国气势恢宏的巴斯城，就位于布里斯托尔殖民港口附近。巴斯城是在殖民地和奴隶贸易的利润中抽取资金建造的。其中的巴斯皇家新月楼，是拥有30多间房子的连栋房屋，其是在18世纪后期建造的，由小约翰·伍德设计规划。

↓在非洲南部，祖鲁族人居住在棚屋之中，棚屋围绕着一个居于中心位置的牛圈或牛栏搭建。这些棚屋都由木头柱子建成，覆盖着一层草席或稻草。主人会居住在其中一间，其他房屋则用来贮藏谷物。

革命之风

↓俄国殖民者向西伯利亚广袤的土地推进。农舍是由从森林中砍伐下来的木头建成的,既廉价又方便,还体现出传统的简朴风格。这些建筑还会被装饰上当地的设计风格。类似的建筑方法,也被那些进入美国西部的早期殖民者采用,他们在那里搭建起小木屋。

如英国的佐治亚风格和美利坚合众国的帕拉第奥建筑风格。

尝试新工业技术的冲动,促使建筑师去设计新型的建筑物,并使用新型的原材料。1779年,生铁首次被用来建造一座英国塞文河上的桥梁。这股倾向于使用新材料的潮流,在19世纪维多利亚时期绽放光芒。

在世界传统设计领域,就地取材依然十分流行。在多数情况下,建筑风格都是实用的、基础的、传统的。但是,殖民地官员、商人以及种植园所有者们,也会建造起宏伟的房屋,这样就能向每一个人显示出他们的财富和地位。

↓在美国南部,种植园所有者中的多数都是有钱欧洲人的后代子孙。他们建造起令人赞叹的古希腊风格宅邸。这可以强调他们在社会中的优越性,而在那个社会中,多数人都只是黑人奴隶而已。

↓1779年,世界上第一座铸铁桥梁在英国煤溪谷的塞文河建造起来。建造者们所使用的建筑方法,与他们在木质建筑中运用的方法相同,因为他们当时并不知道铸铁的性能究竟如何。

275

□世界历史百科全书

科技 1708年~1835年

在欧洲，科技领域实现了跨时代的大突破。新的机器和工序带来了人们生活的根本性变化。

在此期间，科技领域发展迅速，尤其是在欧洲。在理论和实践两方面，科技都取得了飞跃。18世纪，数学家、科学家和哲学家都在研究和探索"世界如何运行"，并取得最许多成果，而工程师和发明家则开发出许多可以投入使用的新机器和新工序。

新理论激发着新发明，而新技术又鼓励着理论家的新发现。到1800年，这些革命性的变化不仅影响了工业、运输、交通领域，也影响了千家万户的普通生活。

某些发明，只是让大规模生产变得更加便利，比如纺织机器和铸造厂等，开始生产大量的布匹和金属产品，既快速、又廉价。但是另一些发明则带来了完全不同的新机遇，比如蓄电池、蒸汽船和火车头等的发明。还有一些发明可能要花上数十年的时间，才能给世界带来重大的影响。但是，他们的创作力以及他们表现出的纯粹

↑作家兼社会女性主义者玛丽·维特雷·蒙塔古（1689年~1762年）最早尝试用接种疫苗的方式来预防天花。这种方法最早的发明者是奥斯曼人。

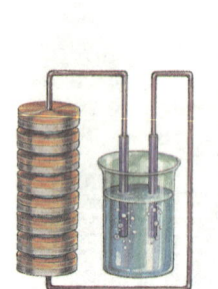

↑1799年，亚历桑德罗·伏特（1745年~1827年）设计了第一个蓄电池，即"伏特堆"。

↓1795年，公制被引入到法国地区。其用"公升"来测量液体，用"克"与"千克"来测量重量，并用"米"来测量长度，而且以数字"10"作为标准刻度制。拿破仑将这种制度引入他所征服的各个欧洲国家。

↑1735年，约翰·哈里逊（1693年~1776年）因为发明航海天文钟（即船钟）而获得了英国政府颁发的一枚奖章。这部精密天文钟的发明，意味着航海船员可以测量出他们在海上的位置。

想象力、试验和冒险精神，都标志着一个现代化、全球化以及技术化经济时代的到来，我们今天就生活在这样一个时代当中。

↓克劳德·夏普（1763年~1805年）设计了一种传送信息的新系统，并使用了旗语和传送塔。法国人在1850年以前一直使用这种夏普系统。

革命之风

→诸如此类的明轮蒸汽船，可以用来在美国境内的密西西比河上运载货物。

大事年表

1752年 本杰明·弗兰克里在一次闪电实验中发现了电
1769年 詹姆斯·瓦特发明了蒸汽机引擎
1796年 第一次天花疫苗接种
1799年 伏特发明蓄电池
1803年 燃气灯被引进，道尔顿发明了化学元素表
1804年 特里维西克发明了蒸汽机火车头
1807年 富尔顿的蒸汽船抛锚起航
1831年 法拉第发明了发电机

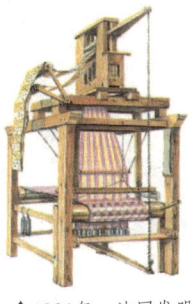

↑1815年，汉弗莱·戴维（1778年~1829年）设计了一盏安全灯，可以在矿井中使用。这盏灯可以警示矿工们哪里有沼气，而沼气是一种易爆性气体。这盏灯的发明，挽救了很多人的生命。

↑1801年，法国发明家约瑟夫·玛丽·杰卡德（1752年~1834年）设计了第一台自动织机，其使用穿孔卡片来控制图样设计。这是一种早期的计算器程序。

↑1831年，英国科学家麦克尔·法拉第（1791年~1867年）发明了第一部发电机。它可以发出一股稳定的微弱电流。

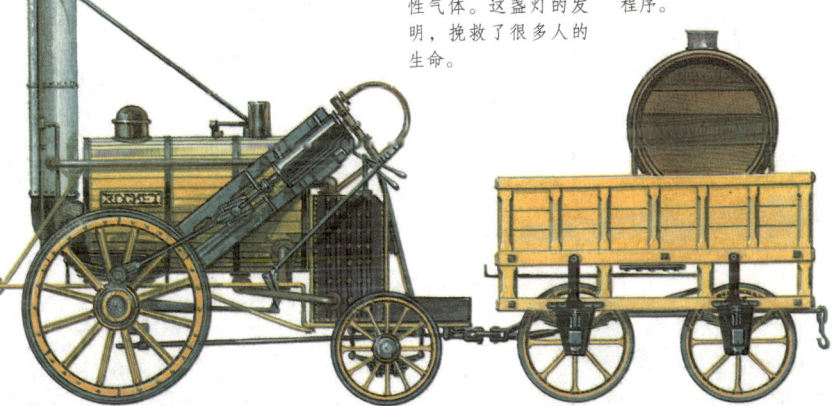

←乔治·斯蒂芬孙（1781年~1848年）设计了"火箭号"，并于1829年赢得了一场最快火车头的竞速比赛。这场比赛在利物浦和曼彻斯特的铁路上举行。而这条铁路是世界上第一条全蒸汽式的公用铁轨。

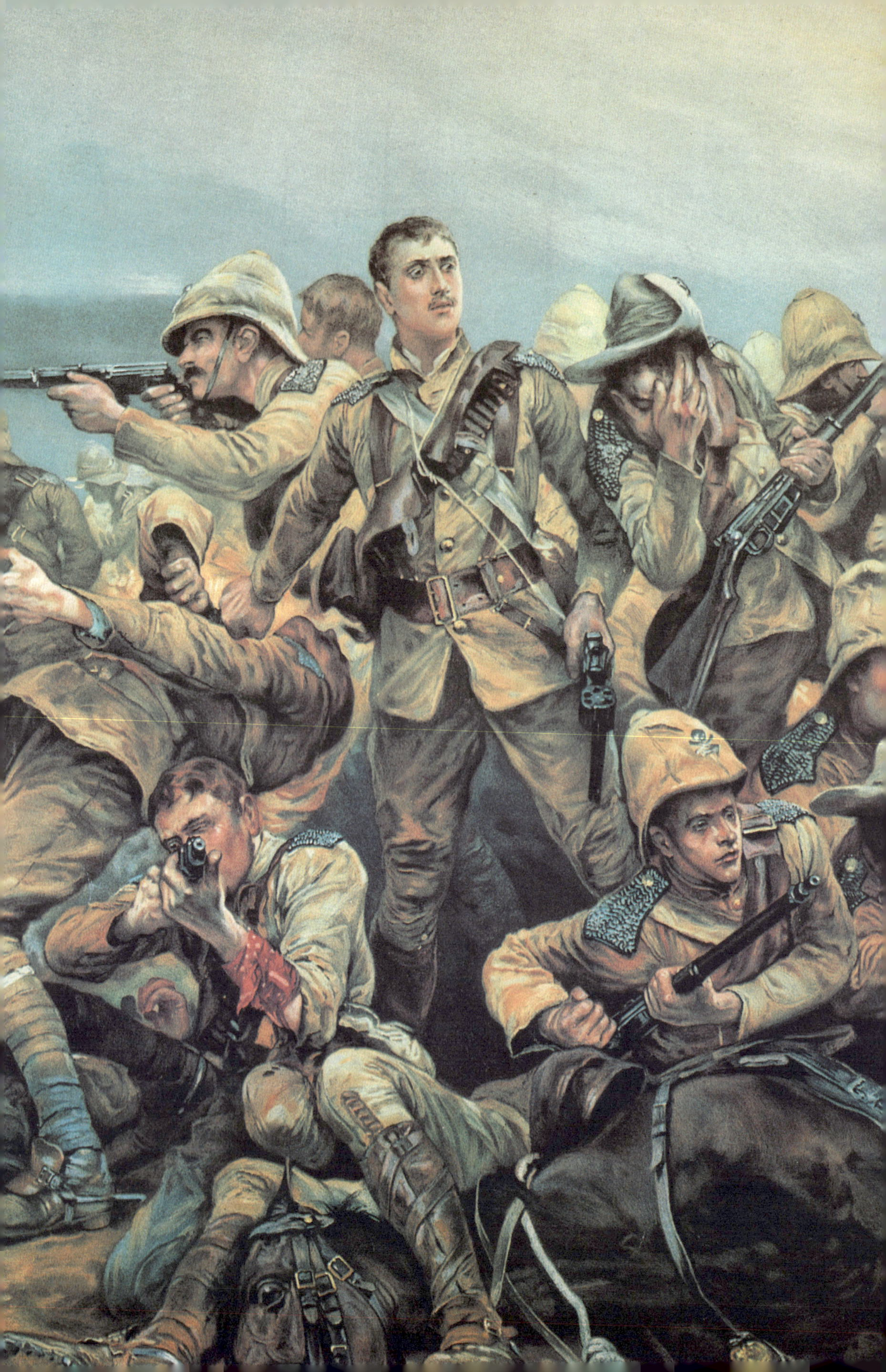

统一和殖民
1836年~1913年

在这段历史中,世界版图发生了极大的变化。
新的国家开始形成,其中一些实现了统一。
非洲被殖民者们瓜分了,而中国也遭到列强的瓜分。
欧洲掀起了更大的革命浪潮。
美国、加拿大和俄国依然占领着他们在最远边疆地区的领土。
铁路、电报线以及蒸汽船等,都使整个世界突然变小。
新兴的城市,比如纽约、布宜诺斯艾利斯、约翰内斯堡、孟买以及上海等,
都成为这一全新世界秩序中的中心地。

↑铁路的到来,使北美洲得以进一步发展和升拓,但是也带来了第一次全国性的罢工。罢工事件在铁路沿线蔓延开来,跨越两大洋地区,将那些为了更高工资而战的工友团结在一起。

←在南非的第二次波尔战争期间,布尔人(即荷兰殖民者)终于在1902年被英国人彻底击败。

□世界历史百科全书

世界概览 1836年~1913年

在北美洲,殖民者向西前行,并将美国和加拿大接管的土地予以殖民化。但是,这些新领土的开拓给那些土著居民带来了很大的困难,而他们的生活方式也遭到威胁。

在非洲,欧洲探索者和传教士们开始去探索位于中心位置的土地。在一种探索非洲资源的欲望引导下,欧洲力量很快在整个大陆地区建立了殖民地。欧洲贸易国家的力量,逐渐在那里成长起来。

在亚洲,欧洲人还控制了印度、缅甸以及东南亚地区,并开始与中国和日本开展了贸易活动。欧洲对其他大陆的扩张,并不能停止内部纷争的爆发。很多战争都是在那些想要获得更多权力和土地的国家或帝国之间展开的。

北美洲

美国逐渐强大起来。其疆域已经扩展到西部的德克萨斯州和加利福尼亚州,而"蛮荒西部"也开始被铁路敲开了大门,殖民者和士兵涌入这里。对美国土著居民而言,他们付出了巨大的代价,他们要么被无辜杀害、要么被驱赶到与世隔绝的小块保留地。虽然他们尝试过振兴,但是他们的文化已经奄奄一息。在19世纪60年代,美国内战爆发,其结果之一便是奴隶制度在美国的废除。紧接着,东部及中西部的城市也开始日渐强大起来,并且变得更加工业化。加拿大实现了统一,也实施向西推进的计划,并成为大英帝国范围内一个繁荣昌盛的独立领地。到1900年时,北美洲已经处于富庶和强盛之中。其金融财团、公司企业以及军队等,都帮助美国在20世纪后期取得世界的主宰权。

北美洲

拉丁美洲

拉丁美洲的发展速度要比北美洲缓慢一些。其中部分原因,是独裁政府和占统治地位的地主阶级的掣肘。在19世纪20年代的独立战争之后,第二轮的社会巨变开始在19世纪60年代至80年代刮起了旋风,南美洲国家之间开始了相互的斗争。接下来发生的是因铁路铺设所带来的如潮水般的快速发展,人口开始增长,日益增加的财富也从出口贸易中获取。但是原先的西班牙人方式依然继续存在着,并以铁血政府的形式出现。

拉丁美洲

统一和殖民

欧洲

这是属于欧洲的新世纪。欧洲接连不断的战事几乎都告一段落，而其军队都开赴海外，去别的地方拓展新的帝国领地。工业城市日渐庞大，到处都交织着铁路和电报线。政客、工业家以及中产阶级等，都获得越来越大的权利。新生的工人阶级组织了不少次工人运动，并在1905年的时候，在俄国领导了第一次工人革命，虽然其最终没有成功。工程、科学、思想、艺术以及世界探索等领域，都获得了极大的成就。欧洲现在已经统治了世界，并在全世界范围内投资，因此也越来越富有。但是，对一些人来说这依然是困难时期。大饥荒、罢工运动、经济低迷以及大规模移民等，都在此期间出现过。这些困难最终都导致了另一项社会发明，即专门为穷人们设计的福利制度。

亚洲

19世纪中期，中国和日本都处于麻烦时期。外国商人强行涌入他们的领地，而在中国境内还爆发了大规模的各种起义。奉行"闭关锁国"政策的中国清朝政府，最终于1911年结束了统治。日本接受了现代化。在印度，英国人的统治无处不在。不过，其初也曾受到一次印度兵变的挑战。西方世界现在已经主宰着东方诸国，很多亚洲人变成了种植园或亚洲殖民城市里的廉价劳动力。铁路、传教士、士兵和商人们，敲开了亚洲国家的大门。但是，亚洲人传统文化中的多数都被保存了下来，这要比世界上其他地区的文化群体更胜一筹。

中东地区

奥斯曼人继续着漫长的衰弱时期，波斯人不得不出于自卫而与英国人交战。中东地区似乎变成了一潭死水，其受到传统统治的束缚，并且错过了很多次改革的大好时机。但是，幸运的是，这里也逃过了沦为殖民地的命运。

非洲

最早到这里的是探险家，接着是商人、传教士、殖民地统治者和政府官员。在19世纪80年代，欧洲将整个非洲包围起来，并全盘接手。淘金热潮使南非地区富庶起来，但是由白人统治着。奴隶贸易此时已经结束，但是整个非洲依然受到欧洲人的剥削和统治。

大洋洲

英国殖民者占领了澳大利亚的多数地区，并在人口数量上超过了那里的土著人。澳大利亚和新西兰这两个国家，成为食品、羊毛和黄金的出口国。

□世界历史百科全书

工业革命 1836年~1913年

"工业革命"这个名词指的是这样一个历史时期：英国境内发生了极大的社会变化，人们开始在工厂中使用蒸汽动力来生产商品。

↑很多童工在矿井和工厂中打工，但是到1900年，这种行为开始被禁止了。

↑英国发明家伊桑巴德·金德姆·布鲁内尔（1806年~1859年）建造了很多铁路、桥梁、隧道、高架桥、火车站、港口以及世界上最大的轮船。

在18世纪，很多英国人是在家里，而且通常都是以手工形式来制造商品。还有很多农民，通过种植庄稼来养活一家老小。到19世纪中期，所有这些都发生了急剧的变化。很多英国人居住在城镇里面，并在大工厂上班，此外还出现了商店、铁路和其他业务领域等，专门为工业中心居民服务的行业。领导世界的英国发明家们，继续开发出具有革命意义的新机器，并用其来执行传统任务，比如纺纱或织布，而且其速度要比手工快。机器也被用来制造钢铁产品，这些产品反过来又可以制造出更多的机器、武器和工具等。

带来这些变化的是如下四大因素：煤矿开采、人工运河系统、资本（钱）和廉价劳动力。煤炭可以用来冶炼钢铁，也可以给蒸汽机提供动力，这样就可以使新机器的运行成为可能。驳船将原材料和成品通过人工运河运输到其他地方。从英国殖民地那里获得

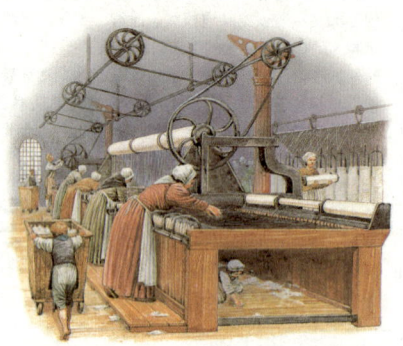

↑诸如纺织厂之类的工厂，往往更需要技术，而不是力气。就这种技术活而言，妇女跟男同胞干得一样好，很多单身女性还通过为自己赚取工钱来获得经济上的独立。

的利润，给商人提供了可以去继续投资的钱财。收入微薄的农场工人涌入城镇，去获得工资高一点的工作。

商业繁荣

新挖掘开采的煤矿，为蒸汽机提供煤炭燃料，并为铁制品提供焦炭原料。到19世纪中期的时候，英国的运河及铁路系统将所有大型工业城市都连接起来了。新机器使商品生产速度加快，而且价格更加便宜。工厂和矿藏的所有者获得了巨大的利润，其中一些被他们花在了更多的机器投资上，

→新的工厂在人工运河和铁路附近建造起来，这样就可以解决原材料运输的问题，而制成品也可以被运出去。一排排的连体农舍被建造起来，让工人们住在里面。

282

统一和殖民

从而也带来了更多的工作机会。投资者将一笔笔小额的钱存进了银行，而累积起来的大笔数额又被借贷给了那些工业家。这一发展起来的资本主义制度，给工厂、办公室以及房屋的建设筹措了必要的资金。

但是对很多工人们来说，工厂和矿井中的生活是十分艰苦的，而且充满各种危险。男人、妇女以及儿童等，每天都要工作13个小时甚至更多，而换来的往往是极低的工资。在新的安全法律出台实施之前，很多工人因为不安全的机器而丧命或者受伤。城镇的发展速度很快，但没有统一的规划，因此很多地方根本就没有排水设施或干净的饮用水。如霍乱（在脏水中传播）等疾病，开始流行起来，并害死了数以千计的人。

法律还算及时的出台了，并将工时缩短，还禁止非法使用童工。在起初被禁止过的工会，发起了争取更高工资和更好工作条件的各项运动。

↑铁路的到来开拓了北美洲，但是也导致了第一次全国性的罢工运动，即1877年大罢工。当铁路工人听到他们的工资被削减的时候，他们的抗议队伍拦截了来往的火车。最后，军队介入了这次事件。

大事年表

1837年 维多利亚女王登上英国王位
1838年 布鲁内尔建造了蒸汽船，即"大西方"号
1842年 詹姆斯·内史密斯发明了第一个汽锤
19世纪50年代 英国工业城市被铁路和人工运河连接起来
1851年 "大博览会"在水晶宫隆重举行
1868年 第一个劳工联合会在曼彻斯特成立
1870年 苏伊士运河竣工，使通往印度的航行更加便利
1893年 独立的劳工党建立
1900年 美国和德国共同接管了英国的钢材生产

←1842年，詹姆斯·内史密斯（1808年~1890年）发明了汽锤，专门为新的蒸汽船制造零配件。其工作的动力来自于一个双动模式的蒸汽引擎。

↓钢材制造业向前迈出的一大步，是由亨利·贝西默（1818年~1898年）实现的。在"贝西默转炉"中，炽热的气体通过熔铁吹了进去，并将熔铁转换成钢材。钢材更加结实强硬，而且要比铁更加有用。在贝西默于1856年发明转炉之前，钢材制造成本高昂。

283

□ 世界历史百科全书

德克萨斯和墨西哥　1835年~1848年

在1821年摆脱西班牙获得独立不久之后，墨西哥便处于与其邻居德克萨斯的土地所有权冲突斗争之中。这一土地冲突直接导致了战争的爆发。

↑萨姆·休斯顿（1793年~1863年）曾两度被选举为德克萨斯共和国的总统。1859年，他成为该州的总督。

↑当时的一幅卡通漫画展示了墨西哥人的阿兹特克标志，一只傲慢的雄鹰在一根仙人掌上稍作栖息。19世纪中期，在美利坚合众国逐渐吞并北方地区之后，墨西哥的土地开始大幅度的缩减。

→戴维·克罗凯特（1786年~1836年）是阿拉莫的守护者之一，阿拉莫是圣安东尼奥的一个战略要地。1836年，186个人在这里死守了11个日日夜夜，并抵抗住了圣安纳将军率领的5000名墨西哥精兵强将。只有两名妇女和两名儿童在围攻战中幸存下来。其他被杀的英雄有吉姆·鲍伊和威廉·特拉维斯。在最后关头，他们冒着枪林弹雨冲了出去，并不得不把枪当作棍棒使用。

在墨西哥获得独立的时候，其边境范围延伸到更北的地区，并覆盖现在美国境内的很多地方。很多美国居民在德克萨斯地区定居下来，但当时其属于墨西哥。1835年，德克萨斯宣布独立。德克萨斯人委任萨姆·休斯顿作为他们的军事指挥官。他占领了圣安东尼奥。他的对手墨西哥将军圣安纳，紧接着领导了一支庞大的墨西哥军队进入德克萨斯。圣安纳在圣安东尼奥的中心战略要地阿拉莫设下了围攻战略，并将该镇重新夺回。戴维·克罗凯特是阿拉莫地区的战略防守成员之一，其构筑了另一道要塞。该要塞成为德克萨斯抵抗墨西哥人战争的一个象征性标志。

在1836年的圣杰森托战役中，圣安纳被休斯顿的军队击败。然后，德克萨斯成为独立地区，并成为众所周知的"孤星共和国"。在独立数年以后，德克萨斯地区的人们投票决定加入美利坚合众国。1845年，德克萨斯成为美国的第28个州。

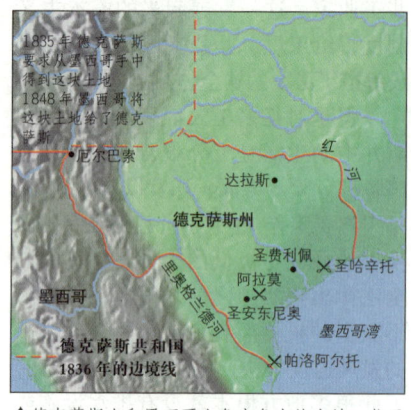

↑德克萨斯人和墨西哥人争来争去的土地，位于格兰德河与红河之间。一份于1848年签订的协议，将很多块宽广的土地给了美国。

战争与和平

总统波尔克（1795年~1849年）派遣军队前往格兰德河，并侵入了墨西哥人的领地。墨西哥人奋起反抗，美墨战争终于爆发了。1847年，美国军队占领了墨西哥城，而墨西哥人也终于缴械投降。1848年签订的《瓜达卢佩·伊达尔哥条约》，给了美国更多的新土地，其中包括现代的加利福尼亚州、内华达州、犹他州、亚利桑那州以及新墨西哥部分土地，此外当然还有德克萨斯州。

南非 1814年~1910年

19世纪的南非，出现了大规模权力和领土的战争。英国人、布尔人以及祖鲁人之间，展开了激烈的角逐。

非洲南部的开普殖民地在1836年置于英国人的统治之下。荷兰殖民者，即有名的布尔人，不喜欢英国的统治，便离开开普殖民地，开始了"大迁徙"运动。他们向北前行，来到人们现在所知道的夸祖鲁纳塔尔和"自由州"的地界，还将居住在那里的非洲人击败。1843年，英国人占领了布尔人新成立的纳塔尔共和国，但是在19世纪50年代早期的时候，他们却让德兰士瓦省和南非橘自由州独立。布尔人和祖鲁人之间的战斗依然继续存在，这都是在赛席瓦犹领导之下发生的。一场三角关系的斗争发生了，英国人与祖鲁人对着干，而他们两者又与布尔人对着干。

1879年，祖鲁人在伊山得瓦纳地区击败了英国人，但是在后来的洛克滩保卫战中输给了对方。祖鲁人组织成"武士军团"，并进行了英勇的战斗，一直到他们最后被击溃。

1880年，英国人企图占领德兰士瓦省，因此第一次布尔人战争就这样爆发了。布尔人击败了英国人，而德兰士瓦省也保持了独立。

塞西尔·罗兹

当时，开普殖民地的首相是塞西尔·罗兹。他想要在非洲建立一个大英帝国，从开普一直延伸到埃及的开罗。罗兹策划了"詹姆森突袭"事件，其本来是准备将德兰士瓦省的布尔人征服的。但是这次突袭失败了。1899年，第二次布尔人战争再度爆发。虽然布尔人赢得了初期的数次战役，比如斯皮恩山战役，但是他们还是在1902年被英国军队击溃。

1902年，《弗里尼欣条约》终于签订，布尔共和国成为大英帝国领土中的一部分，其换来的是一个自治政府的承诺。1907年，这个承诺终于被兑现，他们加入了纳塔尔和开普殖民地，并将其作为1910年成立的南非联邦的建国省区。

↑ 1890年至1895年，塞西尔·罗兹（1853年~1902年）担任开普殖民地的首相职务。他曾企图将英国统治下的整个非洲统一起来。

↑ 赛席瓦犹（1826年~1884年）是祖鲁人的一名国王，其统治期间是1873年至1879年。他曾带领族人在祖鲁战役中抗击英国军队。

↑ 虽然只有简单武器作为装备，比如长矛和圆头棒，但是祖鲁人经常获胜，并给他们的对手造成严重的损失和创伤。

← 在布尔人的历史上，"大迁徙"是一起非常重大的事件。一群布尔人将他们的所有财物都装到四轮马车上，离开开普殖民地，浩浩荡荡向北前行，来到非洲人居住的各个地区。

鸦片战争 1830年~1864年

欧洲人向中国输入了大量鸦片，严重损害了中国百姓的身心健康和经济利益。

↑一名鸦片吸食者的妻子当众将她丈夫的烟斗彻底销毁。

数个世纪以来，中国人几乎与世界上的其他国家或地区没有接触和往来。很多欧洲商人极度渴望能够与中国进行贸易活动，特别是在珍贵的中国丝绸和瓷器方面，因为这些东西在欧洲非常流行。中国政府只允许在一个港口城市即广州开展这些贸易活动。为了绕开这道障碍，外国商人开始将毒品鸦片走私到这个国家，这样中国人便不得不用他们最为珍贵的物品来换取这些毒品。中国政府尝试过改变这个局势，并于1839年由政府官员出面，即让钦差大臣林则徐下令，搜查英国人的库房。在那里，他们查获并焚毁了两万箱鸦片。

作为报复，英国派出战舰来威胁中国人，并包围了广州港口。第一次鸦片战争（1839年~1842年）就这样爆发了，交战双方便是中国和英国。

↑这艘英国商船于1834年航行在林登港口。这些船运载着大量鸦片，英国商人要用其来换取中国的珍贵物品。

《南京条约》

战争出现了一边倒的情况，因为英国人有着更强的火力部队。他们对广州进行了轰炸，并从中国人手中夺走了香港。第一次鸦片战争之后，英国人强迫中国人签订了《南京条约》，并以此来打开中国的港口，英国人可以自由进入。中国还要向英国人做出赔偿，并被迫将香港岛割让给英国。

英国人对中国人如此强硬的手段，在很大程度上要取决于当时的英国外事秘书，即第三代帕尔姆斯顿子爵亨利·坦普尔。一直以来，他都时刻准备用武力进行被他视为英国在海外利益的保卫战。在这次战争以及后来的不平等条约中，中国人被迫向欧洲人的各种要求屈服。中国人越来越担心的是，对外贸易意味着整个国家都要置于外国力量的左右之下。

↓1842年，香港岛被英国侵占。不久之后，它变成了一个贸易中心。1860年，九龙半岛也加入其中；1898年，英国人获得了新界，并约定租借期为99年。

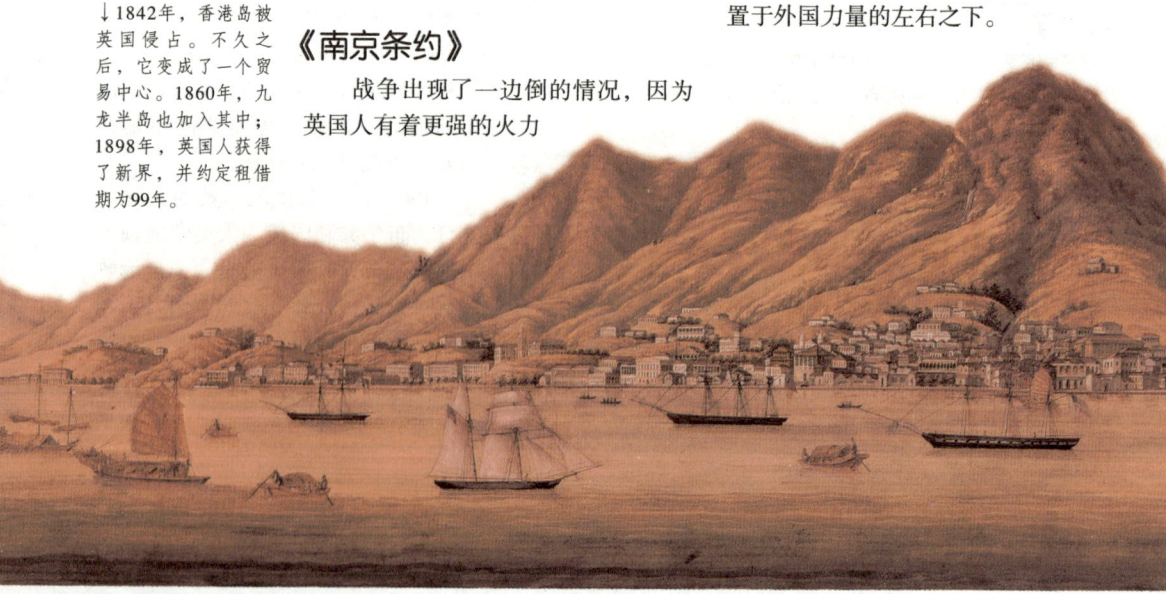

统一和殖民

社会动荡

英国人于19世纪50年代再度挑起麻烦,并导致了第二次鸦片战争(1856年~1860年)的爆发。这次战争的最终结果还是英国人获胜,并且催生了另一个条约的签订。1858年,《天津条约》签订。根据该条约,中国人被迫开放了更多的港口城市。其他国家,比如法国和美国,签订了更多诸如此类的不平等条约,并获得了很多特权,从而加强了西方世界在中国的影响力。早已迫不及待的商人和传教士涌入此地。

在同一时期,中国正处于逐渐衰落的过程中。统治中国的清政府,面临着由那些饥荒农民发起的各种起义活动。太平天国运动(1851年~1864年)就是其中之一,其参与者要求将土地均分到普通老百姓的手中。外国力量帮助政府镇压了农民起义,因为他们希望清政府继续存续下去,这样才能履行之前签订的条约。

大事年表

1839年	林则徐虎门销烟
1839年	第一次鸦片战争爆发
1842年	中国签订了《南京条约》
1844年	中美签订了《望厦条约》
1851年	太平天国运动揭开序幕
1856年	第二次鸦片战争爆发
1858年	中国签订了《天津条约》
1898年	英国获得新界的99年租借期

↑在鸦片战争期间,英国庞大的强势海军,不费吹灰之力便摧毁了中国的舢板船。

↓太平天国运动(1851年~1864年)被中外联合势力统治了。这些外国人希望清朝的统治继续下去。

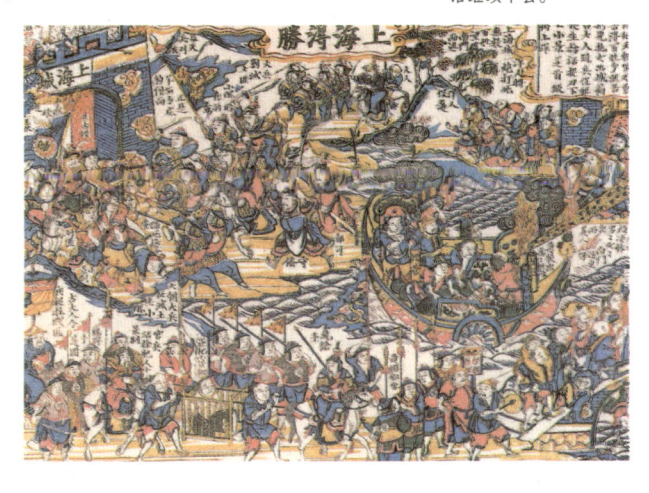

1848：革命之年

1848 年，起义和抗议游行等活动，在欧洲的很多地方蔓延着。这些运动都展示了共同的一点，那就是人们对那些统治者非常不满。

这些运动中的多数幕后原因，都与点燃法国革命之火的根源无异。其中一个主要原因就是，全欧洲很多国家的人们，都开始感觉到他们自身要比所谓的"国家"更重要，因此他们应该在自己的政府中有一席之地。作为对起义造反和暴力示威活动的回应，统治者们试图恢复旧有的社会制度，但是 1848 年的事件向世人昭示：变革势不可当。

1848 年革命的一个有利因素，就是民族主义的崛起。口中说着同样语言的人们，希望形成他们自己的独立民族国家。民族主义在意大利和德国两地尤其强烈和明显，这两个国家被分裂成很多小国家，还有就是奥地利帝国的部分地区。其他运动的领导者，则是为了得到更廉价的食物，或者关于土地法律中的变革，这样工人阶级就可以获得土地了。

人民宪章运动

在一些国家，人民提出要拥有投票权。这是英国人民宪章运动的各项改革要求之一。1838 年 5 月，《人民宪章》首度出版发行。据说，请愿书上一共有 120 万人的集体签名，并于 1839 年 6 月被转交给议会过目。到

↑ 上图是在狱中的朱塞佩·马志尼（1805 年~1872 年）。他是一名不知疲倦的民主斗士，他的志愿是意大利的统一。

↑ 欧洲的革命自 1815 年便逐渐酝酿起来。1848 年，多数欧洲国家经历了各种造反和起义。该地图展示了一些起义重要的爆发地点。

→ 1948 年 2 月，巴黎革命军提出"面包或者死亡"的口号，并席卷了巴黎的政府大楼。他们推翻了路易-菲利普的政权，并宣布由路易·拿破仑担任"王子总统"的共和国建立。

→ 在英国，最新的和最大的宪章运动于 1848 年爆发。《人民宪章》要求进行政治改革，包括人人都有权参与投票的权利。一大群人在伦敦聚集起来，但是这次会议在没有发生暴力的情况下结束了。

1848年2月的时候,也就是在法国革命之后,最后一次请愿活动再次被发起。在其结束的时候,据说总共有300万人的名字在上面写着。1848年4月10日,一大群人穿越了整个伦敦地区,来到了英国国会大厦递交请愿书。这次请愿再次被当局拒绝,人民宪章运动变成了毫无效力的一次活动。

新进的变化早已使造反起义一触即发。很多人都识字,而报纸告诉他们其他国家正在发生的一切。已经没有几个警察了,因此政府不得不动用军队来镇压这些"聚众闹事者"。1848年的多数起义活动以失败告终,但是在接下来的几年里,民族主义观念越来越深入人心,而很多政府都开始知道,民主改革在不久之后肯定是必要的。

欧洲的革命

在法国,第二共和国由路易·拿破仑建立。路易·拿破仑是拿破仑·波拿巴的侄子,其担任的职务称号是"王子总统"。在意大利的各个独立小国之中,起义也迅速蔓延开来,但是都在该年年末被镇压了。奥地利首相梅特涅王子辞职了,而费迪南德皇帝也退位让贤给弗朗兹·约瑟夫。

发生起义活动的地区还有,柏林、维也纳、布拉格、布达佩斯、加泰罗尼亚、瓦拉几亚、波兰和英国等地。在德国,国民会议在法兰克福地区召开;在荷兰,一部新的宪法被引入。

在比利时,由卡尔·马克思和弗里德里希·恩格斯撰写的《共产党宣言》公开出版了。在欧洲的其他地方,军队和农民依然效忠于他们的君主。

在普鲁士和意大利地区的造反被镇压了,不过还是带来了一些改革。

←1848年3月,在维也纳和其他城市的起义,导致了奥地利首相梅特涅王子的辞职。1848年12月,皇帝费迪南德也退位让贤给弗朗兹·约瑟夫。

←德国的法兰克福也见证了巷战和造反起义。后来,人们最终成功推动了他们国家领导制度的一项改革。

新西兰　1792年~1907年

毛利人曾经是新西兰将近1000年来唯一的居住者。突然之间，他们发现自己已经身处一场领土争夺之中。

↑ 捕鲸人是新西兰以及其他周边太平洋群岛的最早欧洲殖民者。

最早居住在新西兰地区的是毛利人，他们在9世纪早期的时候便在这里定居下来。他们是乘坐自己的航海独木舟，从其他太平洋岛屿来到这里的。他们中的多数在海岸线以及北岛的河流流域定居下来，但是其中少数人在南岛建立起一些居民区。自18世纪末期开始，虽然遭到了毛利人的强烈反对，越来越多的殖民地和贸易驿站被那些传教士和捕鲸人建立起来。到19世纪30年代，欧洲殖民者在新西兰北岛的激增，带来了各种问题。殖民者需要更多的土地来放牧绵羊，而另一方面，当地人即毛利人除了捕鱼和狩猎之外，也种植庄稼，所以他们对贸易持欢迎的态度。

毛利人的民间有这样一种说法，新西兰的北岛是由毛利人的英雄毛伊创建的。他们认为，所有土地都应交

↓ 在欧洲人到来之前，毛利人没有任何外来敌人。不同的部落族群之间，也经常会展开战争。这些部落通常居住在具备防御工事的村落之中，比如图中这个村落，其俯瞰着边上的罗托鲁瓦湖。

↑ 寇·塔瓦基是毛利人图卡诺部落的首领。根据毛利人的民间传说，新西兰的北岛是由毛利人的英雄毛伊创建的。

付给他们的下一代，所以贩卖土地的行为是不符合他们传统的。这也就是为什么他们不愿意将土地卖给欧洲殖民者。

英国人的统治

到19世纪30年代，毛利人的数量因为欧洲人无意之间携带过来的各种疾病而开始削减。殖民者和毛利人双方都希望英国能够颁布行之有效的法律，所以他们向英国求助。

1840年，英国政府的一名代表和毛利人的50名首领共同签订了一份《怀唐伊条约》。该条约写明，如果毛利人将新西兰的控制权交给大英帝国，并接受维多利亚女王作为他们的最高统治者，那么英国就会保护所有毛利人的土地所有权。根据这份协议，新西兰成为澳大利亚新南威尔士的一块附属领土。欧洲人继续占领毛利人的土地。很多人认为他们是将其合法购买过来的。但是，因为存在着两个版本的条约，所以毛利人认为他们只是给了英国人"统治权"，而非领土权。在1845年至1848年，也曾出现数次毛利人的暴力起义活动。

↓"摩鼻子"礼仪，在毛利人妇女中间流行着，她们来自于新西兰北岛西部海岸线的塔然纳吉地区。远处的伊格蒙特山顶峰（海拔2517米），清晰可见。

毛利人的战争

1860年，战争在毛利人和殖民主义者之间打响了。虽然毛利人进行了勇敢的战斗，但是他们依然被迫撤退到山地中去。1871年，和平终于实现。1907年，新西兰成为大英帝国的一处主宰领地。新西兰开始繁荣起来，而毛利人的人口数量也重新开始增长了。

↓毛利人起义主要发生在1845年~1848年，以及1860年~1870年。在此之后，殖民者做出了让步，持久的和平时期就此实现。

大事年表

18世纪90年代 最早的欧洲殖民者来到新西兰
1839年 新西兰公司在伦敦建立
1840年 《怀唐伊条约》由英国人和毛利人共同签订
1841年 新西兰从皇家殖民地脱离出来
1845年 毛利人爆发了第一次严重的社会动荡事件
1860年 全面战争开始爆发
1871年 永久性的和平开始实现
1882年 最早的冷冻轮船使肉类出口成为可能
1907年 新西兰沦为大英帝国的一块领地

↑毛利人部落族群之间经常会发生战争。毛利战士将自己的脸装饰上精美的文身，这样就可以在战斗中相互辨认身份。

□世界历史百科全书

克里米亚战争　1853年~1856年

在此历史期间，少数牵涉欧洲国家的战争之一，就发生在克里米亚半岛。它是旧的奥斯曼帝国为了争夺领土而展开的一场斗争。

↑毫无还手之力的土耳其被俄国人残酷无情地玩弄于股掌；在克里米亚战争中，俄国通常被视为入侵者。

克里米亚战争，原本是一场俄国人和土耳其人的冲突。俄国人感觉到，土耳其人没有妥善处理好他们在巴尔干半岛领土的宗教问题，还有就是进入巴勒斯坦圣殿的问题。此外，俄国人也希望他们的战舰能够经由博斯普鲁斯海峡和达达尼尔海峡、穿越黑海海域。土耳其和俄国之间的协商破裂，而土耳其则在法国人的怂恿之下，向俄国人宣战。在1853年，俄国赢得了在黑海锡诺普的海上战役。英国和法国关心的是，俄国是否想扩张到处于没落之中的奥斯曼帝国。他们同样也派出了舰队，进入黑海去保护土耳其的海岸线，并很快成为土耳其的盟军。

俄国也曾经与法国有过争端，主要是在商业和宗教敌对关系的问题

↑在战争期间，多数战斗都是在克里米亚半岛进行的。该半岛从俄国向南延伸，一直抵达黑海海面。

轻骑兵旅冲锋

在1854年10月25日进行的巴拉克拉瓦战役中，英国的轻骑兵旅受命向一个敌对阵地发起冲锋。战斗由英国一方获胜，但是因为他们军官判断的失误，轻骑兵旅总共673名中的250人在这次战事中丧生或受伤。指挥官们本来以为，他们只是在向一个独立的敌军前哨阵地发起冲锋，结果实际上他们是向一个有着加强防御的军事重地发起冲锋。

↑1860年，弗洛伦斯·南丁格尔（1820年~1910年）在伦敦建立了第一所护士培训学校。这是她本人及其他参加过克里米亚战争医护服务的护士们，在亲眼看见那些恐怖画面之后的一种最为直接的回应。大约有4600名英国士兵在战斗中丧生，还有另外17000名战士死于疾病。

统一和殖民

上。土耳其人迫切想除掉俄国在巴尔干半岛摩尔达维亚和瓦拉几亚的强大影响力。

联盟国

1854年3月末，由于迫切想制止俄国人的扩张计划，英国加入法国一方并向俄国宣战。他们还得到了皮德蒙特－萨丁尼亚的帮助，此外还有来自奥地利的政治上的支持。联盟军在阿尔玛河地区进行了一场血战，并在10月的时候，开始布阵围攻塞瓦斯托波尔镇。俄国人想要解救围攻的企图，导致了巴拉克拉瓦战役的爆发，并出现了"轻骑兵旅冲锋"事件中的惨烈场面。在此之后的11月份，因克尔曼战役接着也打响了。这三场重大战事，都以联盟军的胜利而告终。虽然他们在某种程度上重新夺回了塞瓦斯托波尔，但是无法占领码头前沿的地区。一直到1855年9月，塞瓦斯托波尔才最后被攻陷。俄国人被牵制住了，因为铁路运输的缺乏，使他们的物资供应和增援部队无法及时赶到。1856年3月30日，战争在《巴黎和约》的签订下宣告结束。

在克里米亚战争中，人们第一次通过由电报发回来的照片和报道，来了解最新的战况。或许其中最具影响力的新闻媒体人就是《泰晤士报》的W.H.拉塞尔，他是第一位被冠以"战地记者"的新闻记者。

↑发生在1854年9月的阿尔玛河战役，是战争中最早的遭遇战之一。联盟军的兵力明显要比俄国的部队更胜一筹。

↑1854年10月，皇家海军对塞瓦斯托波尔进行了轰炸。但是，这并不足以使其重新占领整个城镇。一直到1855年9月，该镇才终于被攻陷。

大事年表

1853年5月　俄国人占领了摩尔达维亚和瓦拉几亚
1053年10月　土耳其向俄国宣战
1854年3月　法国和英国向俄国宣战
1854年9月　阿尔玛河战役联盟军获胜
1854年10月　塞瓦斯托波尔围攻战开始。巴拉克拉瓦战役爆发，"轻骑兵旅冲锋"的故事也发生了
1854年11月　俄国人在因克尔曼战役中遭到重创
1855年9月　塞瓦斯托波尔沦陷
1856年2月　休战开始
1856年3月　《巴黎和约》签订

↓1854年11月，"步枪旅"参加到因克尔曼战役之中。联盟军取得了胜利，但也有很多的死伤，而且霍乱和霜冻使其比俄国部队遭到更大程度的伤亡。

日本 1853年~1913年

在德川家族的统治之下，日本已经在200多年里关闭了与外国人的接触之门。在19世纪早期，日本开始受到西方的影响。

在17世纪上半叶，日本的统治者做出决定，与西方世界的接触必须终止。他们害怕基督教传教士会将欧洲的军队也带过来，并进而入侵日本。因此，他们禁止一切外国人进入日本境内，也禁止日本国民离开自己的国土。结果，西方世界的人们便无法欣赏到日本这段时期的伟大艺术成就，一直到19世纪中后期的时候情况才有所改变。1853年，美国第十三任总统米勒德·菲尔莫尔派出了四艘战舰，并由海军准将马修·佩里担任指挥官。这次从美国至日本的历史性航行，旨在打开日本的对外贸易。

这些战舰在京都湾抛锚停泊。美国海军力量的威胁，使佩里说服日本人恢复了与西方世界的贸易接触。日本人对马修·佩里的蒸汽船，还有其他展示出来的机器设备叹为观止。两国在一年之后的1854年，签订了一份《神奈川条约》。在该条约中，日本人同意开放两个港口进行对美贸易活动。

不久之后，类似的条约也与英国、荷兰以及俄国等签订。德川幕府遭到其政治对手的批判，被指责签订了这些不平等条约，并且被抨击未能解决其他问题。

皇帝的恢复

日本人已经对几乎与世隔绝的日子感到厌倦，而这是德川家族长期以来强行实施闭关策略的结果。最后在

↑在1868年之后，明治政府提高了教育标准，因此到1914年，日本已经排在世界上教育素质最高的国家行列之中。

↑海军准将马修·佩里（1794年~1858年）最知名的事情，就是打开了日本与美国及世界上其他国家的贸易之门。1853年，他率领四艘战舰航行到日本，并与日本签订了《神奈川条约》。

→这幅日本木版印画展示的，是19世纪晚期日本横滨港口的场景。在《神奈川条约》签订之后，日本人同意打开港口与美国及数个欧洲国家通商。

↑海军准将马修舰队的黑色轮船，是日本人第一次见到的蒸汽轮船。他们认识到，根本无法击败这些轮船舰队。

统一和殖民

1868年，德川家族被推翻了，而皇帝睦仁被恢复为日本的统治者（即明治天皇复位）。当时，日本已经向西方打开了大门，而日本人也向现代化迈进。

虽然日本人想要继续保持他们自己的传统，但是他们也热衷于学习西方工业国家的新事物。他们对自己的政府及学校进行了变革与改制。教育上的提高意味着，到1914年，日本人已经处于世界上教育水平最高的国民行列之中。他们进口机器、引进新的工业，比如棉花制造业等。很多日本人开始接受欧洲的各种时尚。与此同时，外国人逐渐学会尊敬日本的成功和文化事业。

在工业化的过程中，日本人开始扩展国家领土。他们企图占领朝鲜，而这导致了1894年与中国战争的爆发。1904年至1905年，日本也因为这个问题与俄国交战，并最终于1910年吞并了朝鲜。这帮助日本成为所在区域中最强大的国家。到1913年，日本已经成为最具重要意义的工业化力量。它是亚洲地区第一个能够获得如此进步的国家。

↑俄国士兵在奉天战役之后四散逃窜，而日本人则在1905年3月的这场战役之后取得了关键性的胜利。这次代价惨重的战败，严重打击了俄国人继续战斗的欲望。

↓1905年5月，在海军上将东乡的领导之下，日本舰队以摧枯拉朽之势击败俄国舰队。这导致了《朴次茅斯和约》的签订，并使日本获得了朝鲜的控制权。

□世界历史百科全书

美国内战 1861年~1865年

在19世纪中期，美国是一个处于分裂中的国家，而其中最大的分裂便是南北的对峙。

↑1863年，尤利塞斯.S.格兰特（1822年~1885年）将军被任命为北方联盟军的指挥官。他是一名坚强、果断的战士。

↑在美国内战爆发的时候，罗伯特.E.李（1807年~1870年）正在美国军队中服役。他主动请辞，并在刚开始的时候进行口头上建议，然后索性接过了南部邦联部队的指挥权。

在美利坚合众国，北方几乎垄断了所有的贸易、工业、铁路和城市，而南方则是一片农场，特别是棉花和烟草的种植园，并且主要依赖于奴隶劳动力。但是，奴隶制在北方是被禁止的。

这种分裂局面，导致了在为美国西部新增各州及领土起草法律时出现各种争吵。反对奴隶制的北方竞选者认为，奴隶制应该被全面禁止。《堪萨斯－内布拉斯加法案》（1854年）给了美国的新州区选择的权利。

1860年，亚伯拉罕·林肯（1809年~1865年）被选举为美国的总统。他属于共和党人，而共和党反对奴隶制。很多南方州区拒绝处于这样一个政府的统治之下，由杰弗逊·戴维斯（1808年~1889年）领导的政府，于1860年12月宣布，他们将脱离联邦，并形成"美国南部邦联"。美利坚合众国政府也做出声明，他们（指南部人）无权做出这样的选择。

南方各州却认为，他们有权制定

↑北方联邦士兵穿着美国军队中的蓝色制服。而南部邦联士兵则通常穿灰色的军服。

盖茨堡战役

盖茨堡战役（1863年7月1日至3日）是美国内战中的转折点事件。此次战役是美国领土上发生过的最为血腥的一次战斗，但是乔治·米德率领的联邦军队在其中赢得了极为重要的胜利，其阻止了邦联军队在罗伯特.E.李领导下的一次大举进攻。在这次转折点之后，南方取胜的机会便开始下降了。

统一和殖民

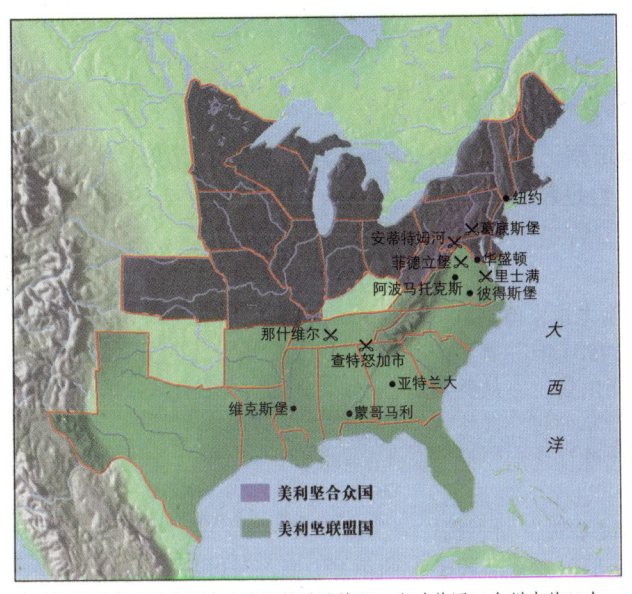

↑这幅地图展示了美国在内战开始时的情况。当时美国34个州中的11个，组成了南部邦联。多数战役都是在东部及东南部地区打响的。

↑1864年5月，弗吉尼亚的斯波茨法尼亚战役打响。这次战役是联邦军在内战之后所取得的数次胜利之一。总共算下来，交战双方在战斗中一共牺牲了60万名战士。

→在美国内战期间，南部邦联拒绝使用美国的星条旗，而改用他们自己的旗帜。

属于自己的法律，并不受联邦政府的任何干涉。他们需要奴隶劳动力去为他们的种植园干活儿，并十分确信，一旦奴隶们被释放，那么南方的经济将彻底瓦解。

对峙中的南北

由23个州组成的北方（美联邦），要比南方有更多的人口、钱财和工业。而北方也控制着海军，并构筑了一道海军防线，使南方无法获得海外的帮助或物资供应。南方的11个州的优势在于拥有数位英明的将军和大无畏的战斗精神。内战于1861年4月12日爆发，当时南方的军队在南卡罗来纳州向萨姆特堡开火。南部邦联在战争初期取得了不少的胜仗。

1861年，南方赢得了数次战役的胜利，包括弗雷德里克斯堡战役和钱斯勒斯维尔战役等，但是交战的转折点出现在1863年7月。当时，北方赢得了盖茨堡战役的胜利。联邦军队在乔治·米德将军的指挥下，阻止了邦联军队在罗伯特.E.李领导下的一次进攻。超过21000名邦联士兵和22000名联邦士兵在战斗中丧生或者受伤。

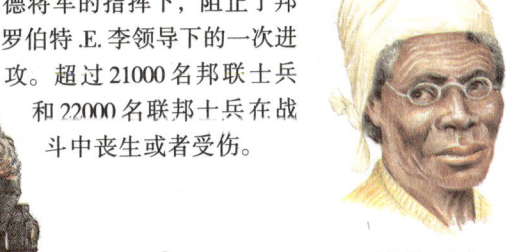

↑哈莉特·塔布曼（1820年~1913年）是一名成功脱逃的奴隶。他进行了数次旅行，穿越了整个南方疆域，并帮助奴隶们脱逃。

←有史以来第一次，铁路在战事中起到了关键性的作用。其将部队、弹药等快捷地运送到极为遥远的战场前线。

297

美国内战结束 1865年

1865年，美国宪法第十三条修正案，彻底废除了奴隶制度。国家重新实现了统一，但是新的问题依然出现了。

虽然李的战略非常老道，但是格兰特将军依然在1964年占领了南方首都里奇蒙德。谢尔曼将军从乔治亚及其他南部州区行军而过，最终占领了亚特兰大。在此胜仗之后，他又发起了一次"向海岸进军"的运动，并在此期间摧毁了很多城镇和农场。由于人力、钱财、武器以及食品的匮乏，李将军在1865年4月9日缴械投降，并结束了美国内战。60多万士兵在此期间丧生，其中很多都是因伤寒病而去世。五天之后，亚伯拉罕·林肯在华盛顿地区被暗杀身亡。

美国内战解决了两大问题。第一，确定了美利坚合众国是一个统一国家，任何一个州都无权从中脱离出去。第二，将南部州区的奴隶制度予以废除。在美国内战之后，关于如何"重建"南方的争论再次掀起。各种主意都被提了出来，包括开启学校、建设铁路等。亚伯拉罕·林肯的继任者安德鲁·约翰逊（1808年~1875年）是一名民主党人，他想要为美国黑人赢得更好的待遇，共和党人则要施行更为苛刻的政策，而共和党在最后获得胜利。

南方的美国人对"重建计划"中

↑1865年4月9日，李将军在弗吉尼亚阿波马托克斯郡的郡府所在地，向格兰特正式投降。他的部下在人数上处于劣势，并且疲惫不堪、饥肠辘辘。

的很多方面都予以抵制。很多曾经为联盟军而战的获释奴隶，都因希望在南方获得更多自由而重新回到那里的家园。但是，"三K"党及其他种族主义组织，则于1866年开始了一系列的暗杀和恐怖袭击运动，他们的目标是阻止美国黑人获得公民权利。南方部队开始撤退，"重建计划"宣告结束，而民主党人接管了南方的统治权。

↑在投降仪式上，李将军的佩剑并没有按照以往的惯例交给格兰特。相反，他依然自己保留着。

↑亚伯拉罕·林肯（1809年~1865年）是美利坚合众国的第16任总统。很多人觉得，他是所有美国总统里面最伟大的一个。"诚实的亚伯"（林肯绰号，译者注）最出名的，就是他的诚实如一，还有就是他的激辩能力。

盖茨堡演说

1863年11月，总统亚伯拉罕·林肯受邀前往盖茨堡的一个全国性仪式献词，给"说上两句"就行。结果，他的演讲持续了两分多钟，而且至今都被视为一段千古名说。亚伯拉罕·林肯将战争的核心问题予以精辟的总结。

统一和殖民

加拿大　1763年~1913年

1763年的和平条款使加拿大处于英国的统治之下。1791年,《英国宪法法案》将加拿大分为英语区和法语区两大区域。

↑路易·约瑟夫·帕派尼奥（1786年~1871年）是一名法裔加拿大人的政客。是他领导了为改革和平等权而提出的法国人说法语的运动。

↑威廉·里昂·麦肯齐（1795年~1861年）是一名加拿大改革派的成员。他希望加拿大能够在英国人的统治中获得更多的自由。1837年，他在上加拿大领导了一场起义运动。

加拿大人对英国统治的反对之声，在19世纪30年代日渐强烈。1837年，同时在上、下加拿大地区的起义终于爆发，领导者分别是威廉·里昂·麦肯齐和路易·约瑟夫·帕派尼奥。起义者想要的是自治政府，虽然他们拥有一些支持者，但是在殖民地多数具影响力的人并不赞同他们的做法。于是，不久之后起义者便被英国军队击溃。英国政府派遣贵族达拉谟前往加拿大调查运动的发起原因。他在调查报告中声称，上、下加拿大应该统一起来，并应该获得处理他们自身事务的控制权。

1840年的《联合法案》将两大殖民地统一了起来，并成为加拿大省。但是，许多加拿大人依然觉得，改革进行得并不彻底。在某种程度上，这是因为加拿大人关心的是，美利坚合众国可能会在加拿大微弱的时候大举入侵。

1867年，《英属北美条约》通过，

↓1867年的英属北美条约将新斯科舍、新不伦瑞克、安大略（之前属上加拿大）以及魁北克（下加拿大）等各省统一在一起，成为加拿大自治领的领土。

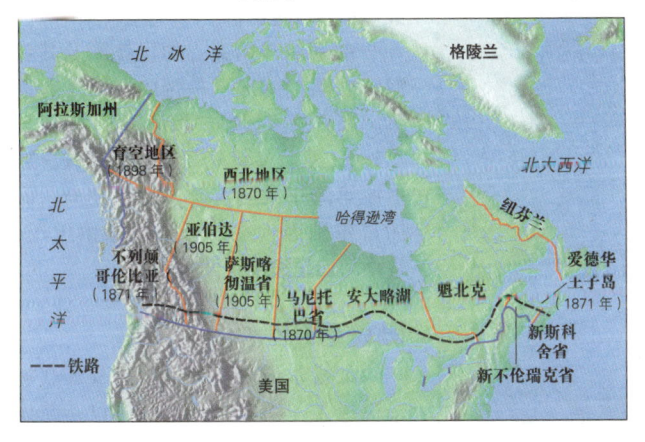

↑温尼伯是毛皮交易的中心地，在1870年的时候其依然是一个小镇。就在那一年，这个殖民地成了马尼托巴省的首府所在地。

加拿大终于成为一个自治政府。该条约将四个加拿大人的省区转变成英联邦的一个自治领。魁北克的法属加拿大则获得了平等权的承诺，而法语和英语同时成为正式的官方语言。

西部地区

位于西部的广袤土地，都属于哈德森湾公司，其后来也成了加拿大的部分。西北部的领土，也在1870年加入了加拿大自治领，而育空则在接下来的1898年加入。育空是1896年著名淘金热时的采金地，当时曾吸引数万名探矿者一路披荆斩棘，越过落基山而来。而淘金者所希望的，就是暴富梦想的实现。加拿大太平洋铁路于1885年竣工，将整个国家连到了一块。与美国铁路不同的是，其形成了自圣劳伦斯河至太平洋的连续性轨道。

↓加拿大太平洋铁路，于1885年竣工。其将东、西海岸线连接到一起，并将行程从原来的五个月缩减至五天。

意大利 1833年~1878年

意大利是在如下两人的帮助下孕育而生的,即贵族卡米洛·加富尔伯爵和平民朱塞佩·加里波第。

在19世纪早期,意大利由很多小国家组成。除了皮德蒙特-萨丁尼亚王国和罗马帝国是由罗马教皇来统治的之外,其他小国都处于外国的统治之下。19世纪30年代,一场名叫"复兴运动"的独立运动掀起。1848年,反对外国统治的革命终于在很多意大利城市和小国爆发,但是很快都被逐一镇压了。1849年,维克托·艾曼努尔二世登上皮德蒙特-萨丁尼亚王国的王位,这个位于北部的国家将灵作为首都。维克托·艾曼努尔二世是一位颇受欢迎的人,或许是因为他经常对神职人员的权利进行限制,而神职人员在南方并没有那么的受人尊敬。他被冠以一个受人拥戴的大名,"骑士国王"。

↑ 维克托·艾曼努尔二世(1820年~1878年)是皮德蒙特-萨丁尼亚王国颇受人拥戴的国王。他最终还成了整个意大利的国王。

↓ 皮德蒙特-萨丁尼亚王国率先于1859年至1860年期间实现了统一意大利的事业。

↑ 1848年的威尼斯起义,是意大利爆发的起义之一。由于饥饿和疾病造成的身体严重虚弱,迫使威尼斯人于1849年8月放弃起义。

有手段的政客

卡米洛·加富尔伯爵是一名有着自由主义思想的贵族,他于1852年成为皮德蒙特-萨丁尼亚王国的首相大臣。1858年,他与法国结成联盟,并于1859年与法国一道击败了奥地利人。奥地利被迫将伦巴第让给了法国,而后者却又将其交给了皮德蒙特-萨丁尼亚王国,并换取了萨沃耶和尼斯地区。然后,多数意大利北部地区加入了皮德蒙特-萨丁尼亚王国。

1860年,起义在意大利南部爆发。这一次,是在"两西西里"王国的部分地区。朱塞佩·加里波第领导了其中的一次起义,并攻陷了整个王国。他的部队就是知名的"红衫军"。他们虔诚地追随着他们兼具浪漫主义和爱国主义情操的领袖。在短短三个月的时间之内,红衫军便攻克了整个西西里。

加富尔开始关心加里波第及其看似无法阻挡的部下是否向罗马发起进军。加富尔入侵了"教皇国"(但罗马除外),然后又将其军队向南推进。加里波第的军队则占领了那不勒斯,而加富尔则因为在罗马附近谨慎逡巡,最终与加里波第正面相遇。

协议与统一

加富尔伯爵与加里波第及其红衫军达成了一项非常详细的协议,并让

统一和殖民

←朱塞佩·加里波第（1807年~1882年）是一名爱国者，他在意大利与外国统治展开了斗争。率领着红衫军的他，于1860年征服了两西西里王国，而后者也成了意大利的一部分。

↑卡米洛·加富尔伯爵（1810年~1861年）是一名政客，他所制订的很多计划，都是朝着意大利的统一而迈进的。他也会很好地利用朱塞佩·加里波第的天生才能，从而帮助自己实现计划。

意大利北部王国接管了西西里、那不勒斯和教皇国各地。

1861年2月，第一个国民会议在都灵召开，而在一个月之后，维克托·艾曼努尔二世便被宣布成为整个意大利的国王。

两个较小的地方并没有被包括进来。威尼斯依然是奥地利帝国的一部分，而罗马则由罗马教皇统治着，但是由法国继续占领。在奥地利于奥普战争（1866年）失利之后，威尼斯被划给了意大利。在罗马，教皇庇护九世根本不愿意屈服。

1870年的普法战争，迫使法国将其在罗马的卫成部队撤了出来，去执行其他任务。而意大利军队则立即接管了罗马。接着，罗马城变成了意大利的首都。教皇庇护九世依然不愿意和谈，并将自己视为梵蒂冈的罪囚，直到于1878年去世。罗马人民心向统一，也正因为这个因素，皮德蒙特–萨丁尼亚王国的统治机构在一个完全统一的国家实现了统治权。

大事年表

19世纪30年代　马志尼发起了"青年意大利党"的运动
1848年　革命在欧洲境内频繁爆发
1849年　维克托·艾曼努尔二世成为皮德蒙特–萨丁尼亚王国的国王
1852年　加富尔成为皮德蒙特–萨丁尼亚王国的首相大臣
1859年　皮德蒙特–萨丁尼亚王国和法国击败了奥地利人
1860年　加里波第的军队征服了西西里
1861年　意大利第一次国民议会召开
1870年　罗马加入了意大利

↓1860年，维克托·艾曼努尔二世与加里波第之间的会晤，在那不勒斯东北部的提亚诺地区举行。最终，其带来了意大利的大统一。

德国 1848年~1871年

在19世纪下半叶,法国的军事力量被一个日耳曼国家即普鲁士超过,一个强大的新德国出现了。

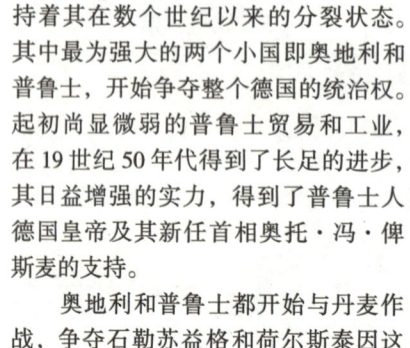

在1848年革命失败之后,由40多个小国组成的德国联邦,依然保持着其在数个世纪以来的分裂状态。其中最为强大的两个小国即奥地利和普鲁士,开始争夺整个德国的统治权。起初尚显微弱的普鲁士贸易和工业,在19世纪50年代得到了长足的进步,其日益增强的实力,得到了普鲁士人德国皇帝及其新任首相奥托·冯·俾斯麦的支持。

奥地利和普鲁士都开始与丹麦作战,争夺石勒苏益格和荷尔斯泰因这两块领地的控制权。虽然这块领地都属于丹麦的皇家家族,但是很多德国人居住在那里。丹麦被击败,这两块领地开始处于德国人的控制之下。但是奥地利和普鲁士在不久之后就吵翻了,因为其在如何管理这两个地方的问题上存在分歧。

谁来领导德国

1866年,俾斯麦将德国联邦分裂开来,而奥地利也向普鲁士宣战,并且对胜利自信满满。但是,他们并没有对普鲁士人军队的技能和兵力做出充分的估量。普鲁士军队以迅雷不及掩耳之势席卷了整个奥地利国土,而奥地利哈布斯堡帝国的力量被永久性地削弱了,在1866年7月3日,奥地利人在萨多瓦战役中遭遇惨败。接着,俾斯麦开始创建了"北日耳曼联邦"国家,而普鲁士也成为其中最为强大的成员国之一。

《布拉格和约》是俾斯麦老道外交策略和政治才能的一个成功案例。他知道,轻视奥地利人的做法是非常危

↑普鲁士首相奥托·冯·俾斯麦(1815年~1898年)的外交技巧,使普鲁士的敌人起了内讧。

↑拿破仑三世(1808年~1873年)于1852年成为法国的皇帝。普法战争期间,他在色当战役中被擒获,并于1871年被放逐流亡。

→1870年9月,正值普法战争期间,普鲁士军队开始围攻巴黎。普鲁士人并没有对该座城市发动全面进攻,而只是将其包围起来,并在那里守候着。城中的穷人开始忍饥挨饿,而富人们则只能"屈尊"去吃来自杜乐丽动物园的动物的肉。

统一和殖民

色当战役

1870年9月1日至2日，在法国东北部发生的色当战役打响，这是一场交战双方（即普鲁士和法国）实力悬殊的战斗。法国部队在人数上被普鲁士超过很多，刚好是1对2的比例。虽然法国军务大臣勒伯夫早已宣称法国方面的准备是非常充分的，但是当战斗开始的时候，他才发现并不是所有法国步兵都是人手一枪地在那里战斗。由于被包围而无法突破，所以拿破仑三世及其85000名士兵最终只得缴械投降了。

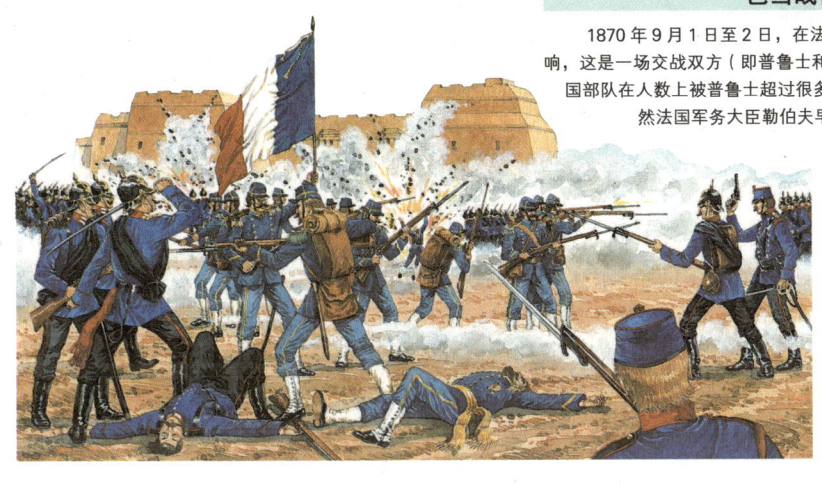

险的，而他想要的是一个盟友，不是另一个敌人。相应地，哈布斯堡帝国只是失去了两块领地而已，而这并不是他们特别热衷去拥有的地方；此外，还有一个威尼斯。但是，普鲁士依然在德国其他地区获得了巨大的收益。

普法战争

法国统治者拿破仑三世，是一个失道寡助、听信谗言的领导者。不过他也感觉到普鲁士日益强盛的势头，于是便要求德国将他们的一些领地予以移交，从而使普鲁士人的获利被均衡化。俾斯麦根本无视这项要求，而拿破仑三世的威胁只起到了这样的作用，即那些之前不太情愿的日耳曼小国，现在都躲在了普鲁士的背后。

俾斯麦还是激怒了法国人，因为他篡改了普鲁士国王和法国大使之间的一次谈话报告内容，从而使其看上去似乎是对法国的一种侮辱。1870年，当"埃姆斯密电"文件被公之于世之后，法国皇帝拿破仑三世暴跳如雷，并直接宣战。在普法战争中，普鲁士于1871年击败了法国，并接管了阿尔萨斯和洛林等地。剩余的其他日耳曼小国也于1871年加入进来。接着，俾斯麦便组建了德意志第二帝国，并任命普鲁士的国王威廉一世作为第二帝国的皇帝。

↑由普鲁士主宰着的北日耳曼联盟，于1867年组建形成。这是一个小国联盟，其中的成员国继续保留着原来的政府，但是军队和外交政策则是由联邦政府来决策的。

大事年表

1852年　拿破仑三世成为法国皇帝
1862年　俾斯麦成为普鲁士的首相
1864年　丹麦试图接管石勒苏益格－荷尔斯泰因地区
1866年　石勒苏益格－荷尔斯泰因被普鲁士接管
1867年　北日耳曼联盟建立
1870年　法普战争爆发
1870年　法国在色当战役中溃败，拿破仑三世被擒获
1870年　普鲁士围攻巴黎的战斗打响
1871年　《法兰克福和约》的签订宣告普法战争结束
1871年　德意志第二帝国在凡尔赛宣布成立

→这幅漫画展示的，是俾斯麦和德国皇帝威廉把拿破仑三世当猪来骑的场景，他们于1871年顺利攻入巴黎。

争夺非洲 1880年~1912年

在巨大财富和技术优势的支撑下，欧洲主要力量开始征服世界上的多数地区，并将这些领土宣布为自己的殖民地。

在19世纪即将来临之际，欧洲诸列强开始停止了它们之间在欧洲境内的领土和贸易纠纷。随着在奥托·冯·俾斯麦政治控制下德国新生力军的出现，所有欧洲国家都将魔爪伸向境外，去寻获新的经济利益。敌对的欧洲国家，现在都急匆匆地去开拓他们各自在非洲的殖民地。这个过程便是有名的"争夺非洲"。

英国和法国无疑是这场争夺战的领导者，但是德国、比利时和意大利也紧随其后。在英国和法国就西非殖民地问题上，引发过无数次荷枪实弹的冲突。在那里，英国在更早之前就非常幸运地控制了相对少数的沿海城镇和港口，到19世纪末，英国已经占领了现在加纳和尼日利亚的全境，并有效控制了塞拉利昂和冈比亚地区。

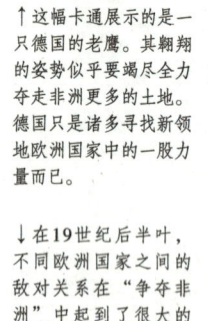

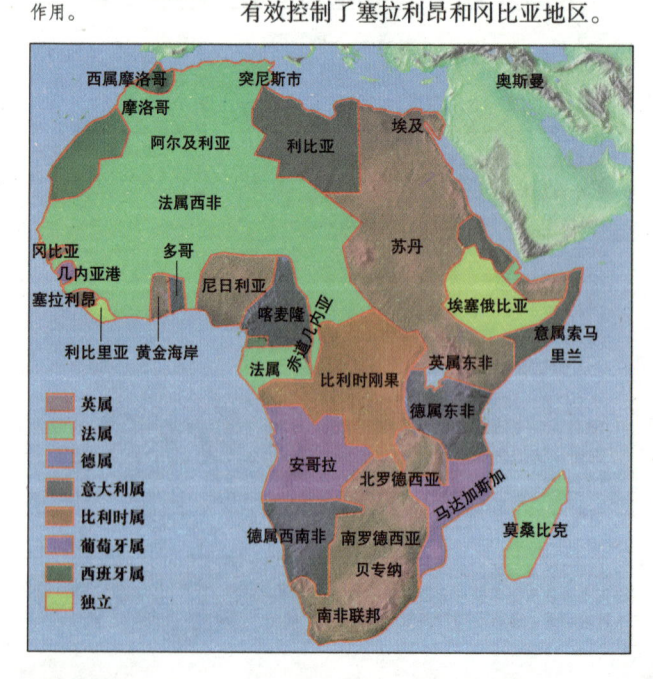

↑这幅卡通展示的是一只德国的老鹰。其翱翔的姿势似乎要竭尽全力夺走非洲更多的土地。德国只是诸多寻找新领地欧洲国家中的一股力量而已。

↓在19世纪后半叶，不同欧洲国家之间的敌对关系在"争夺非洲"中起到了很大的作用。

↑大卫·李文斯顿博士在搜寻尼罗河源流尽头的过程中失踪。他曾经与名记者H.M.史丹利于1871年在坦噶尼喀湖，进行了一次历史性的会晤。

苏伊士运河

于1869年开通的苏伊士运河，将英国和印度之间的海上航程，从原来的三个月缩短至三个星期。当时的埃及总督处于财政困难之中，而英国便于1875年购买了其中一半的投资股份。

英国和法国之间的关系，就在英国人于1882年占领埃及之后进一步恶化了。英国人要保护他们自身的利益，当时正逢一场当地发起的起义要奋起反抗欧洲人。1885年，戈登将军及很多英国士兵被杀，当时的苏丹领导者马赫迪接管了白尼罗河沿岸的喀土穆。意大利人入侵了厄立特里亚（如今埃塞俄比亚的部分地区），而比利时的国王利奥波德则接管了刚果地区。

不断扩张

1884年，争夺非洲之战在柏林的一次会议过程中变成了一个正式的活

↑欧洲人用枪支来换取黄金和象牙，而这些枪支给非洲带来的是破坏性的恶果。

统一和殖民

动。互相竞争的欧洲国家，像切蛋糕一样瓜分了非洲。只有利比里亚和埃塞俄比亚继续保持着独立，因为他们击退了意大利人的侵略。欧洲人在划定新的疆界线时，根本无暇顾及不同非洲国家之间的区别。欧洲人给非洲带来了全新的政府形式，但是只有极少数非洲人可以行使投票权。在殖民地中获得的利益被弄回了欧洲，而欧洲殖民者则经常会抢占最好的良田。

大事年表

- 1869年 苏伊士运河开始运输
- 1875年 英国购买了苏伊士运河的股份
- 1876年 比利时的利奥波德二世接管了刚果
- 1002年 英国占领了埃及，并"保护"了苏伊士运河
- 1884年 欧洲国家在柏林集会，商讨如何分配非洲领地
- 1885年 马赫迪围攻了喀土穆地区
- 1898年 英国在乌姆杜尔曼击败了马赫迪的部队
- 1893年 法国占领了西非地区马里的廷巴克图
- 1899年 英国和埃及共同统治着苏丹
- 1912年 非洲人国民大会（简称"ANC"）在南非成立

↑法国征服西非地区马里的标志性事件，是于1893年在廷巴克图升起了法国国旗。他们在尼罗河流域的继续推进，遭到了当地人即曼丁哥人的奋起反抗。

↖由法国人费迪南德·莱塞普建造的苏伊士运河，大大缩短了从英国到印度的航程。1875年，在迪斯雷利统治之下英国听到了埃及总督面临破产的传闻，因此他们便购买了他在苏伊士运河中高达400万英镑的股份。

□世界历史百科全书

东南亚　1800年~1913年

19世纪晚期，统治着东南亚地区的有荷兰人、法国人和英国人。他们从当地人种植的庄稼中获利，从而暴富起来。

东南亚的殖民者是一群欧洲人，他们在东南亚建立了很多种植园，并由当地人充当劳力。法国的印度支那殖民地包括柬埔寨、老挝和越南。在19世纪，法国逐渐征服了这些地区，虽然遭到了当地人的抵抗。在安南，咸宜国王于1888年发动了一场游击战争。

自17世纪20年代以来，荷兰人已在印度尼西亚开始了殖民历史。他们早就接管了印度尼西亚的贸易，并从1830年开始，还接管了那里的农业。乡下的农民被迫种植荷兰人想要的庄稼作物，特别是咖啡和靛青（可以从这种植物身上提取一种蓝色染料）。

到1900年的时候，一场民族主义运动在印度尼西亚内部酝酿起来。印度尼西亚人竭尽全力去提高教育，并重新获取在商业和贸易方面的某些控制权。

↑在马来半岛，英国统治着苏丹王下属的所有地区。这幅以树的生长为主题的精美壁画，来自沙捞越的一个家庭。沙捞越是现在马来西亚的一部分。

↑这艘英国东印度公司的商船，就是有名的"东印度人号"。

↑这是19世纪晚期在锡兰科伦坡地区的橡胶包装实景。橡胶树是被英国人引入东南亚的。

面临着18世纪末期缅甸人的扩张，英国人将缅甸殖民化，并在19世纪征服了马来半岛，因为英国人想保住在印度的利益，而这被他们认为是整个帝国最具价值的所在。

在1824年至1885年，缅甸人发动了一系列殊死血战来抵抗英国人的统治。但英国还是于1886年控制了

↓在英国人所属的庞大印度庄园里面，茶叶是重要的商品作物之一。

统一和殖民

整个缅甸，并将其并入印度，成为印度的一个省。一直到1937年，缅甸才从印度脱离出来，重新获得了一些独立权。

在马来半岛，局势相对比较平稳，因为英国人在整个苏丹地区都树立了统治权。在19世纪早期，英国的东印度公司建立了很多贸易驿站。1826年，新加坡、马六甲以及槟榔屿等，被统一起来，并形成了"英属海峡殖民地"。

英国人的影响力

此后，英国继续控制着马来半岛的其他小国，并于1896年组建了马来联邦，而其首都就在吉隆坡。

橡胶的需求在19世纪开始快速增长，但是南美洲是当时唯一的货源地。橡胶种子在巴西被采集起来，然后运送到伦敦的基尤植物园，并在那里培育起来。1877年，两千株橡胶幼苗被运送出去，并传播到各个国家，如锡兰、马来西亚和印度尼西亚等。在这些国家，橡胶树开始枝繁叶茂起来。

到19世纪80年代，英国的工程师、勘测员以及建筑师等，开始在东南亚地区兴建铁路、公路、桥梁、工厂以及政府大楼等。

英国也终于找到提高技术的办法，并将其应用于庞大锡金属矿及其他贵重金属矿的开采。在19世纪末的时候，很多人继续生活并工作于东南亚地区，其中有商人、士兵、工程师、外交官以及政府官员等。

大事年表

1813年 东印度公司贸易垄断地位结束
1819年 东印度公司的托马斯·莱佛士创建了新加坡这个自由港口
1824年 英国和荷兰的利益冲突通过和约解决了
1859年 法国海军部队占领了西贡的堡垒
1867年 新加坡和"海峡殖民地"成为英国直辖殖民地
1877年 伦敦的基尤植物园（即英国皇家植物园，又名邱园，译者注）开始用来自巴西的种子种植橡胶树
1884年~1885年 中法战争爆发
1885年 在《中法新约》中，中国承认了法国人对安南和东京（越南北部一地区的旧称，译者注）地区的统治权
1886年 英国吞并了缅甸地区
1887年 印度支那联盟由越南、柬埔寨和老挝等国组成
1898年 美国从西班牙人手中夺走了菲律宾

←印度尼西亚的王子和荷兰的殖民者们，在岛屿商品作物的种植中攫取高额利益。而对印度尼西亚的普通老百姓而言，这种生活方式意味着困难和窘境。

↓在19世纪，法国人逐渐征服了印度支那地区。1859年2月17日，他们的军队占领了安南西贡地区的堡垒。1862年，法国人与当地的领导者屠多（音译）签订了条约。

大英帝国 1815年~1913年

在19世纪，英国大肆扩张。英国殖民统治了很多土地，其比历史上任何国家都要庞大。

↑在威廉四世于1837年去世之后，英国的王位被传承给他的侄女维多利亚，当时的维多利亚才刚刚18岁。到维多利亚于1901年去世为止，她的统治一直持续了63年，她是英国历史上统治时间最长的人。

↑来自大英帝国所属各国的士兵，经常被用来确保英国力量及影响力的不断存续和扩张。

在维多利亚女王统治时期，英国达到鼎盛时期，其疆域及殖民地包括了世界上1/4的土地。自1815年拿破仑战争结束之后起，英国获得了许多新殖民地，以至于整个帝国已经延伸到全世界的各个角落。英国之所以能够控制这个庞大的帝国，靠的是其对海域及世界贸易线路的控制权。在整个19世纪，英国的海军力量简直不可战胜。

英国被称为"日不落帝国"。在加勒比海、非洲、亚洲、大洋洲以及太平洋的殖民地，都要受到来自伦敦的统治，并置于英国君主制的领导下。全球战略性的港口，比如直布罗陀、新加坡以及亚丁等，都落入了英国人的手中；而至关重要的贸易线路，如通往印度的开普线路或者通往东南亚香料和橡胶种植园的苏伊士运河（经由埃及），也都由英国人控制着。

原材料

帝国给英国本土提供了原材料，而这些是制造业所必需的。英国还需要其他殖民地产品，比如丝绸、香料、橡胶、棉花、茶叶、咖啡和蔗糖等，而这也导致英国逐渐接管了很多国家。印度是英国最重视的一个殖民地。1850年，印度依然处于英国东印度公司的统治之下。在1857年的一次运动之后，印度被置于英国政府的直接统治之下，而其政策也开始更加小心谨慎。英国官员将当地事务的控制权交给了地方上的王子们。

巩固与合并

1883年，英国征服了埃及，从而攫取了苏伊士运河以及通往印度地区线路的利益。在埃及南部的一次起义之后，英国于1898年进入苏丹地区。那次起义的领导者名叫"马赫迪"。英国人开始在整个帝国范围内建立起贸

↓1870年至1913年，英国进一步扩张，并占领了非洲及东南亚地区的领土，从而也给很多英国人提供了就业机会。在其鼎盛时期，日不落帝国包括了世界上将近1/4的领土和人口。

统一和殖民

易联系，并在每一个港口任命一位代表。他们对当地生产进行了安排，以便于出口；对当地市场也做了重新安排，以有利于英国的进口。英国海军保护着他们的利益，并确保了安全的海上航行线路。

英国的影响力扩张到南美洲的大陆殖民地，并拥有不少贸易前哨的地区。自1876年以来，维多利亚女王便担任起印度的女皇。她是一名对外政策的热衷支持者，即追求殖民扩张和帝国地位的提升。更多英国人移民到帝国的其他国家，这些地方也被授予了更多的自治权。

帝国的终结

在19世纪末，一些殖民地开始摆脱英国的统治。1867年，加拿大获得了自治权，而在1901年，澳大利亚也获得了独立。两个国家都成了英联邦的自治领地，虽然其依然属于英国。与大英帝国关系的逐渐疏远，反映出这样一个事实，即英国已经不再是世界上的领先工业国家。德国和美国早已取代了它的地位，而法国和俄国紧随其后。

↑ 这幅19世纪的卡通画展示的是大英帝国的殖民地不断使帝国这头狮子忧心忡忡。

大事年表

1824年 英国在澳大利亚的布里斯班建立了一个罪犯流放地
1829年 英国宣布西部澳大利亚归其所属
1837年 维多利亚成为英国的女王
1850年 《澳大利亚殖民地政府法案》给澳大利亚有限的独立自主权
1852年 新西兰被承认是一个宪法国家
1857年 反对英国统治的印度兵变发生了
1867年 《英属北美法案》承认了加拿大的自治权
1875年 英国购买了控制苏伊士运河的利益股份
1876年 维多利亚女王成为印度的女皇
1884年 英国吞并了新几内亚的东南部地区
1890年 桑给巴尔岛成为英属保护国
1901年 新南威尔士、昆士兰、维多利亚、南部澳大利亚、西部澳大利亚以及塔斯马尼亚等地，都成为澳大利亚联邦的领土
1901年 维多利亚女王逝世
1907年 新西兰自治领成立

↑ 1850年，英国政府通过了《澳大利亚殖民地政府法案》，该法案给了澳大利亚有限的独立自主权。1901年，新南威尔士、昆士兰、维多利亚、南澳大利亚、西澳大利亚以及塔斯马尼亚等殖民地，都成为澳大利亚联邦的领土。

↓ 1897年，维多利亚庆祝她执政六十周年。其中的贵宾包括印度王子、非洲首领、太平洋群岛岛主以及亚洲代表等。

美国：平原战争 1849年~1913年

美国中西部的平原，广袤宽阔、无边无际。在19世纪初期，这些地方变成了争夺土地所有权的战场。

↑波尼族印第安人是"平原国家"中的一员。他们主要靠狩猎美洲野牛为生。

↑乔治·卡斯特（1839年~1876年）将军是在小巨角战役中不幸丧生的。

↑"坐着的公牛"（1831年~1890年）是一名达科他（印第安人苏人部落）药师和战争领袖。

很多美洲土著居民居住在美国西部的大平原之上，这片广袤的土地，东起密西西比河流域，西至落基山脉，北自加拿大，南到德克萨斯。一直到17世纪，很多平原部落的族人都是农民。他们种植玉米、大豆以及其他食物，但是他们也会步行去狩猎美洲野牛，并会使用弓箭作为工具。他们在平原上的生活方式，在17世纪发生了变化，因为西班牙人将马匹引进来了。

有了马匹之后，这些美洲土著居民可以轻易地追逐美洲野牛。这些野牛不但提供了可以吃的肉，而且它们的骨头还可以做成工具和武器，此外野牛皮能做成"提披"和简陋衣服。其中一些规模较大的美洲土著部落族群，成了有名的"平原国家"。早期的白人殖民者，曾经迫使其中一些部落族群离开他们在密西西比河流域东面的老家，向西迁移。

殖民者向西迁移

政府鼓励人们向西迁移。根据1862年颁发的《宅地法》，每个家庭都可以用一笔很少的费用获得65公顷的土地，但是他们在五年之内不得将这块土地卖掉。而那些通过钻井或植树来改善地貌的人，则可以得到更多的土地。该法律鼓励农民迁移到大平原地区，并在那里定居下来。

政府也鼓励铁路的修建，因为其可以将人们运载到未被开发的地区。由于铁路建设用地的审批十分大方，所以很多铁路的建设仅仅是为了获得那些土地。到1869年，太平洋联合铁路已经建成，并将美国的东西海岸线

↑美洲土著居民以捕猎美洲野牛为生。很多美洲野牛被杀害，然后提供给那些为铁路铺轨的工人食用。

向西去啊！

在美国内战之后，密西西比河流域与落基山脉之间的土地，被认为是一块布满平原和山脉的蛮荒之地。政府鼓励拓荒者向西移民。殖民者一起乘上安全的马车队向西旅行，穿越平原、河流以及山脉。一趟旅行可能要花上8个月的时间。

统一和殖民

连接到一起。

生存之战

铁路线的启动运行,在不久之后便彻底改变了美国的面貌,它将更多的殖民者带到了美洲土著居民原本居住的传统领地,两种截然不同的社会形态开始产生冲突与分歧。在当地美洲土著首领与殖民者签订土地协议的时候,双方在理解上也完全不一样。殖民者私有财产的概念,绝对不是像那些美洲土著居民理解的那样,他们以为可以继续使用这些土地来进行狩猎活动。一场生死存亡之战揭开了序幕。很多美洲土著居民购买了枪支,并对殖民者的住宅,还有马车队、铁路以及骑兵部队发起了袭击。

自1866年开始,一系列战斗打响了。美国总统拉瑟福德·伯查德·海斯在1877年的时候这样说道:"我们印第安战争中的很多,如果不是大多数,在起因方面都是被违背的诺言和不公平的待遇。"美洲野牛是平原国家赖以生存的食物来源,如果将其杀干净,那么就等于将那些美洲土著居民置于死地。1860年,美洲野牛的数量是1500万头,而到了1885年时,只剩下2000头了。平原国家的幸存者们不得不进入那些保留地,但是那里往往土地贫瘠,而他们只能在那里种植庄稼。

美洲土著居民已经习惯了狩猎生活,因此他们并不想过上农耕的生活。他们并没有被允许成为美国公民,所以只有很少的公民权利。与美国士兵的残酷战斗,导致了数千个美洲土著部落族群的灭绝。1890年,最后一场战役在南达科他州的伤膝谷打响。在战斗中,美国士兵杀死了200多名印第安苏人。不久之后,整个部落族群被迁移到保留地,而美洲土著居民的生活方式也永久性宣告结束了。

↑内华达州的弗吉尼亚城一直到1859年才出现,当时在其附近地区发现了黄金和白银。到1876年,它已经是一个大城镇了,但是人们在黄金和白银被淘完之后纷纷离开。

↑1848年,加利福尼亚州发现了黄金,一场淘金热开始。而到1855年为止,旧金山已经从原来的800人迅速增长到5万人。

↑实现财富梦想的机遇,将各个种族的人们都吸引到了美国的金矿区。从19世纪50年代到70年代,数以千计的中国人不远万里来到加利福尼亚,充当淘金的劳动力。

←19世纪30年代,契卡索人部落被迫搬迁到一个位于俄克拉荷马州的保留地,并被告知:只要草还生长、水还在流,那些土地都是他们的。但是,中部和西部地区是人烟罕至的地方,并被白人殖民者一直监视着。1906年,契卡索人奋起反抗,阻止他们的土地被夺走,但是被美国骑兵部队给镇压了。

311

澳大利亚 1788年~1913年

澳大利亚的土著居民，即大洋洲土著，生活方式面临着日益严重的威胁，因为白人殖民者得寸进尺地蚕食他们的每一寸领土。

↑大洋洲土著的生活方式，建立在部落领土和风俗习惯的基础之上。虽然白人殖民者的散播破坏了其中很多部分，但是他们依然保持着非常强烈的文化特征。

在19世纪，澳大利亚的新国家被创建起来。超过17.4万名罪犯从英国出发，被运送到澳大利亚（主要是悉尼地区）。将罪犯运送到殖民地的行为，在伊丽莎白一世统治期间便已开始。其是在放逐惩罚基础上的一种延伸，一直到1868年才宣告结束。

对很多罪犯来说，英国给他们留下的只有痛苦的回忆，因此很多人在释放之后继续留守在澳大利亚。早期的殖民地是在海岸线附近建立起来的，但是探险者们逐渐去开拓内陆地区。在他们之后的，是那些寻找适于放牧草场的拓荒者，这样就可以寻找羊群足以生生不息的土地。

随着羊毛工业的崛起，对于土地的需求也逐渐增加。很多人把羊群放牧到官方殖民地的边界之外，并因此而得名，唤作"擅自占住者"。不过，他们在后来获得了放牧的权利。这些早期农牧者逐渐扩散到内陆地区，将他们经过的土地一并占领，并与大洋洲土著发生了摩擦和冲突。

↑这些殖民地在1890年之前，就被授予了自治政府的权利。新南威尔士最早包括整个澳大利亚东部，但是最终被解体了。

土著人

澳大利亚的最早居住者，即大洋洲土著，是在5万年前从东南亚地区来到澳大利亚的。他们当时以游牧为生，用长矛和飞镖狩猎，乘独木舟进行捕鱼，此外还采摘果实和蔬菜。他们没有文字，只是靠口耳相传和歌曲传颂的形式将有价值的知识传承下来。

当英国人在澳大利亚定居下来的时候，大洋洲土著文化受到了威胁，而他们的土地也被"擅自占住者"接管了。在18世纪晚期，有30万名大

↑罗伯特·奥哈拉·伯克（1820年~1861年）及威廉·维尔斯（1834年~1861年）是最早穿越澳大利亚的白人。他们的探险旅行队总共有18个人，于1860年开始，自墨尔本开始旅行，一直到达卡奔塔利亚湾。他们在归途中经受了极为惨烈的饥饿和身体劳累，最后只有一个人幸存下来。

↓在到达澳大利亚之后，移民们最初被安排居住在大型木屋建筑之中。图中这座木屋可以容纳70多人。

统一和殖民

洋洲土著人。但其中很多被殖民者杀害，或者被驱逐出他们的土地之外，人口数量随之骤减到45000名以下。

19世纪70年代，范迪门地（后来被重新取名为塔斯马尼亚岛）的大洋洲土著人几乎被彻底消灭、无一幸免。其中一些人是因为欧洲疾病而死于非命，而剩下的多数都是被白人殖民者残酷杀害的。

淘金热

1851年，很多人涌入澳大利亚，因为他们听说，在新南威尔士和维多利亚地区发现了金矿。这个事件变成了有名的大洋洲"淘金热"。维多利亚的首都墨尔本，瞬间变成了一座富庶的城市，而澳大利亚的人口也似乎在一夜之间翻了一倍。1854年，"尤利卡军营监牢起义"中的淘金矿工奋起反抗殖民者的殖民统治者，并给改革和自治政府增加了压力。

动荡局面的恶化

"擅自占住者"的殖民地也带来了很多问题，因为移民者和获释罪犯都要求这些土地应该被改造成小片耕地。很多人没有获得土地，因此他们都反对当时业已存在的"擅自占住者"。与此同时，民族主义的情绪开始日益高涨。19世纪90年代，英国早已承认了所属殖民地白治政府的权利，而殖民地的领导者们也开始认识到，必须采取某种联盟的形式才行。

澳大利亚的殖民地中没有一个愿意放弃他们各自的独立权，因此在

↑1851年，来自很多国家的数千人来到澳大利亚，因为他们听说在新南威尔士和维多利亚地区发现了金矿。

1890年的时候，也就是在激烈的争议之后，各殖民地终于同意通过某种联盟的形式统一起来。1901年的第一天，澳大利亚联邦宣告成立，而堪培拉则被选为联邦的首府。

大事年表

1797年	牧羊业开始进入澳大利亚
1836年	阿德莱德城建立
1851年	淘金热出现在新南威尔士
1854年	淘金矿工在尤利卡军营监牢爆发起义
1855年	范迪门地重新改名为塔斯马尼亚岛
1860年	伯克和维尔斯开始穿越整个澳大利亚
1868年	英国不再向澳大利亚输送罪犯
1880年	内德·凯利被擒获，并被处于绞刑
1901年	澳大利亚联邦宣布成立

↑内德·凯利（1855年~1880年）及其帮派是一群丛林逃犯，他们在整个国家范围内四处游荡，并到处拦路抢劫、洗劫银行。凯利经常穿戴着自制的盔甲。1880年，凯利被处以绞刑。

牧羊业

1797年，牧羊业被引入澳大利亚，开始成为这个国家的主要农业活动。由于土地往往不够肥沃，所以白人殖民者必须找到大片草原才能让羊群吃饱并保持健康。这意味着，需要从大洋洲土著人手中夺取更多的土地。

313

巴尔干战争　1821年~1913年

位于欧洲东南角的巴尔干半岛，长期以来一直是一个纷乱不断的地区。随着奥斯曼帝国的衰落，他们开始期盼独立。

↑彼得一世（1844年~1921年）于1903年被选举为塞尔维亚国王。1916年，他被流放到希腊，但是他在1918年重新返回，并被宣布为塞尔维亚人、克罗地亚人以及斯洛文尼亚人的国王。

奥斯曼帝国继续衰弱，位于欧洲南部的巴尔干半岛国家，开始渴望独立，并开始感觉到民族主义的强烈激情。他们受到俄国和奥匈帝国的怨恨，因为这两者不希望其他国家在那里发展起影响力。

英国和德国之所以支持奥匈帝国，是因为他们希望阻止俄国进入地中海或黑海的任何无冰港口。希腊是最早揭竿而起的国家，并早在1829年的时候便宣布独立。1878年，塞尔维亚、蒙特内哥罗以及罗马尼亚等，也开始纷纷独立，而保加利亚则获得了自治政府的权利。1908年，奥匈帝国占领了奥斯曼帝国在波斯尼亚和黑塞哥维那地区的领土，阿尔巴尼亚和马其顿王国依然处于奥斯曼人的控制之下。当意大利于1912年袭击土耳其人掌控的的黎波里（即利比亚）时，凸显了土耳其在军事上是多么的软弱无力。《乌契和约》将的黎波里划给了意大利。

第一次巴尔干战争

1912年3月，塞尔维亚和保加利亚签订了一份秘密条约，并联合两国兵力突袭土耳其，然后瓜分奥斯曼帝国的领土。包括塞尔维亚、保加利亚、希腊以及蒙特内格罗的巴尔干同盟，于10月份形成，并在10月末的时候与土耳其展开了全面的战争。

第一次巴尔干战争结束于1913年，其标志是《伦敦和约》的签订。在此之后，世界上其他国家都认识到，土耳其人是如此的不堪一击。从很多方面来看，第一次巴尔干战争只是起到了增加巴尔干半岛国家之间敌对关

→1912年，奥斯曼土耳其人被巴尔干同盟军击败，因为他们还在忙着应付与意大利人在北非地区的战事。"青年土耳其党人"运动也在与旧有的统治政权进行斗争。

统一和殖民

大事年表

- 1829年 希腊宣布独立
- 1878年 蒙特内格罗、塞尔维亚和罗马尼亚宣布独立
- 1903年 彼得一世当选为塞尔维亚国王
- 1908年 奥匈帝国占领了波斯尼亚和黑塞哥维那（即波黑）
- 1908年 保加利亚宣布独立
- 1908年 费迪南德一世成为保加利亚的国王
- 1912年 巴尔干同盟形成，参加者有保加利亚、塞尔维亚、希腊和蒙特内格罗等
- 1912年 第一次巴尔干战争打响
- 1912年 意土战争在《乌契和约》签订之后宣告结束
- 1913年 第二次巴尔干战争爆发

系的作用。塞尔维亚和希腊获得了在马其顿王国的土地，而保加利亚则将其领土范围扩张到爱琴海。

第二次巴尔干战争

1912年12月，阿尔巴尼亚宣布独立。奥匈帝国支持阿尔巴尼亚的独立，因为它希望阻止塞尔维亚向亚得里亚海沿岸地区进一步扩张。和平解决方式反而带来了胜利者之间的分歧。保加利亚早已获得了比塞尔维亚更多的土地，而后者却想要马其顿王国的更多土地。

1913年6月，第二次巴尔干战争爆发，保加利亚同时向塞尔维亚和希腊宣战。罗马尼亚和土耳其加入了反对保加利亚的行列。保加利亚人被包围起来，并在实力上稍逊一筹。在8月，《布加勒斯特和约》签订。马其顿王国被希腊和塞尔维亚瓜分殆尽，向罗马尼亚则获得了保加利亚的一些地区。这次和解极大增加了塞尔维亚的疆域。奥托·冯·俾斯麦早在这两次巴尔干战争之前便预言，下一次重大的欧洲战争会因为"在巴尔干半岛的某些蠢事"而爆发，他被证明是英明而正确的。

↑在第二次巴尔干战争期间（1913年6月~1913年8月），保加利亚军队轰炸了土耳其人的阿德里亚诺波利斯镇（即现在的埃迪尔内省）。

↑1912年11月，在第一次巴尔干战争期间，保加利亚军队从土耳其军队手中夺取了基尔克·基利斯。与保加利亚人结成同盟军的，有希腊、塞尔维亚和蒙特内格罗。

↓这是一幅当时的漫画，展示了巴尔干半岛国家被欧洲视为一个麻烦源不断的煮水壶。

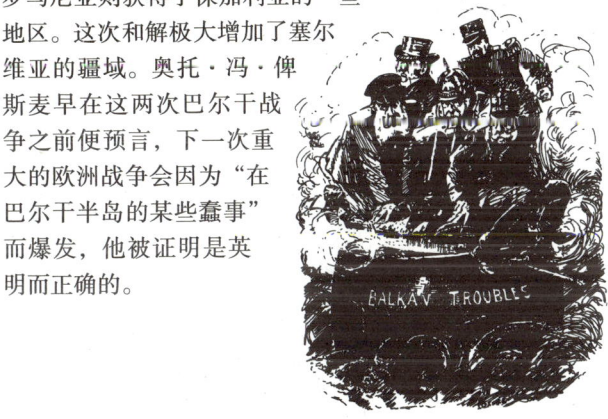

315

□世界历史百科全书

艺术　1836年~1913年

所有艺术领域，1836年至1913年充满着新变化和新尝试。尤其是绘画和音乐，得到了很大的发展，并日渐繁荣起来。

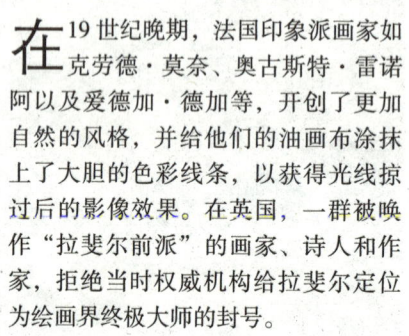

在19世纪晚期，法国印象派画家如克劳德·莫奈、奥古斯特·雷诺阿以及爱德加·德加等，开创了更加自然的风格，并给他们的油画布涂抹上了大胆的色彩线条，以获得光线掠过后的影像效果。在英国，一群被唤作"拉斐尔前派"的画家、诗人和作家，拒绝当时权威机构给拉斐尔定位为绘画界终极大师的封号。

在欧洲的文学方面，越来越多的小说面世，而其读者的数量也与日俱增。浪漫主义的冒险故事在很多小说家手中被撰写出来，其中就有瓦尔特·司各特的《艾凡赫》和儒勒·凡尔纳的《海底两万里》。城市中穷困潦倒者的悲惨生活，被查尔斯·狄更斯用极为细腻的手法描述了出来，如其小说作品《雾都孤儿》就属此例。威廉·撒克里通过《浮华新世界》这部小说，唤起了中、上阶级对农村和城镇生活的深刻印象；而伊丽莎白·盖斯凯尔则通过其书作，如《南与北》，描述了新兴制造业城市中的生活面貌。

瓦格纳开创了一种新形式的大歌剧，而俄国芭蕾舞则改变了人们原本对舞蹈的旧印象。贝多芬极富戏剧性和表达力的音乐，打开了通往浪漫时期的康庄大道。该新时期的作曲家有舒伯特、门德尔松、舒曼、肖邦、柏辽兹、威尔地、勃拉姆斯以及柴可夫斯基，他们创作了很多充满激情和戏剧性的作品。

戏剧艺术变得越来越现实主义，此类作品的创作者有易卜生、契诃夫和乔治·伯纳德·肖等。1877年，在

↑这是一盏由路易·康佛·蒂凡尼（1848年~1933年）设计的灯具。他的作品展现出新艺术主义的风格，其大约是从1890年开始流行起来的。

↑马克·吐温，是美国作家塞缪尔·朗赫恩·克列门斯（1835年~1910年）的笔名。马克·吐温是一名幽默作家，其代表作有《汤姆·索亚历险记》。

→这是摘自查尔斯·狄更斯作品《大卫·科波菲尔》中的一幅场景画。狄更斯的作品用戏谑的方式向读者介绍了社会问题，而且给予读者启发。

↑这幅银板照相（早期照相术）作品来自于1885年。三年之后，乔治·伊斯门的柯达箱式照相机，让每一个人都可以拍照。

↑朱塞佩·威尔第（1813年~1901年）是意大利最伟大的歌剧作者之一。他的作品包括《弄臣》《游唱诗人》和《茶花女》。

统一和殖民

↑《但丁之梦》这幅作品，是由但丁·加百利·罗塞蒂（1828年~1882年）本人创作的。但丁是一名英国诗人和画家，他曾帮助"拉斐尔前派"的创建。

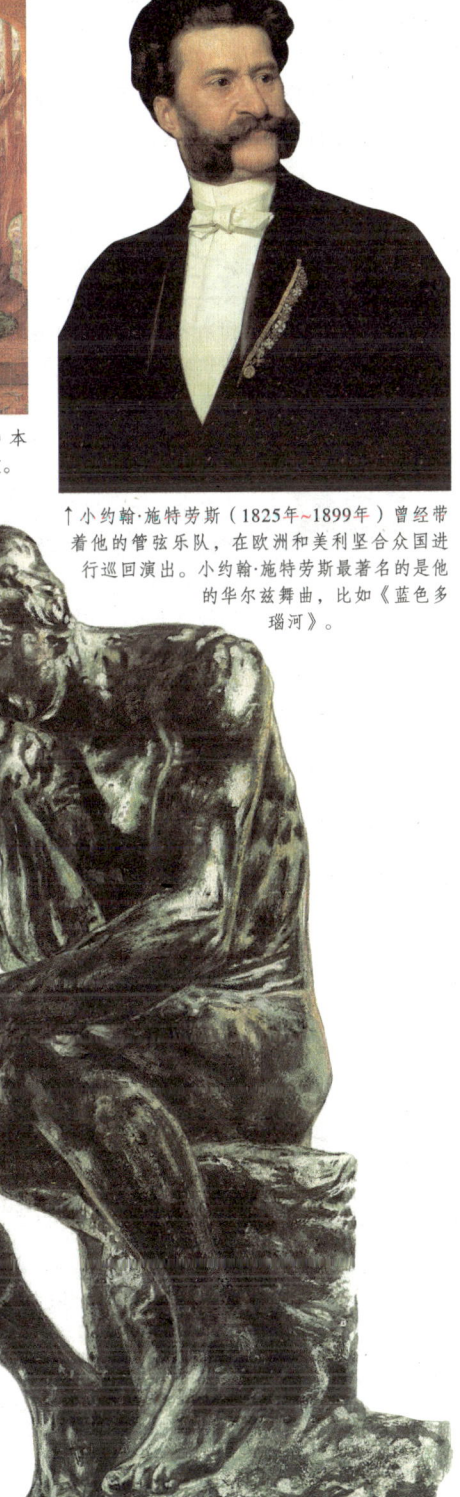

↑小约翰·施特劳斯（1825年~1899年）曾经带着他的管弦乐队，在欧洲和美利坚合众国进行巡回演出。小约翰·施特劳斯最著名的是他的华尔兹舞曲，比如《蓝色多瑙河》。

英国出生的美国摄影师爱德沃德·迈布里奇发明了最早的动画序列效果，而到20世纪早期，一种全新形式的表演艺术开始出现：电影！位于加利福尼亚州的好莱坞，在不久之后成为电影制造业的中心地。

→这件铜像雕刻作品《思想者》，是由奥古斯特·罗丹（1840年~1917年）创作的。1904年，该作品前往法国进行展览。罗丹的雕塑极富表现力，并传达出情绪的张力。

↓克劳德·莫奈（1840年~1926年）是印象派画家的领袖人物。他经常在外野地进行创作，并绘出很多山水风景画，还有中层社会大众生活的面貌。

317

□世界历史百科全书

建筑 1836年~1913年

19世纪晚期和20世纪早期的建筑作品，都反映出一种新的自由表达风格，还有一种利用现代技术的意愿趋势。

↓位于纽约港的自由女神像，是法国于1884年赠送给美国的一件礼物，以纪念美国独立100周年。它是由铜板制成的，牢牢固定在一个铁质框架体之上，设计者是古斯塔夫·埃菲尔。从神像的脚部到顶端火把的垂直距离达93.5米，而其重量则达到254吨。在钢筋骨架里面有步行阶梯和一架电梯，可以在火把位置的阳台上进行观光。

任何建筑物所采用的建筑风格，都会依赖于如下几个因素。第一，建造者可资利用的建筑材料。第二，该建筑物被建造起来的目的。同等重要的还有另一个因素，那就是建筑师及其委托人的想象能力。19世纪欧洲和北美洲建筑物的主要特色，便是一种利用过去各种伟大风格的意愿，其包括从古希腊以来一直到18世纪的各种建筑风格。有的时候，你可以在同一栋建筑物中看到截然不同的建筑风格。

在19世纪后期，一种全新的建筑风格开始发展起来。其主要基于钢材的应用，钢材可以形成一栋建筑物的"骨骼"或框架结构。由于墙体不必去支持自身的重量，所以建筑物可以被建造得更高一些。钢材结构的摩天大楼，最早出现在美国，并且是在1852年电梯被艾利莎·奥的斯发明出来之后。1884年，威廉·勒巴隆·詹尼在芝加哥建造了世界上第一座摩天大楼。当时的10层高建筑，早已不能跟今天的真正摩天大楼相比，但是其使用的金属框架则开创了一个新的潮流。

↑埃菲尔铁塔，是以其设计者古斯塔夫·埃菲尔（1832年~1923年）的名字来命名的，是专门为1889年巴黎世博会而建造的。该铁塔有300米高，其主体结构是由钢铁建成，并且是用250万个铆钉拼接起来的。

随着乡镇和城市变得越来越人口密集化，另一个至关重要的课题就是，淡水供应和污水处理这两方面的服务必须得跟得上才行。新的自来水总管在城市底层被铺设起来，而当铸铁管开始出现的时候，建造排水系统的工程便变得十分简易了。随着工程方面知识的提高，横跨更大距离的桥梁建造也成为可能。

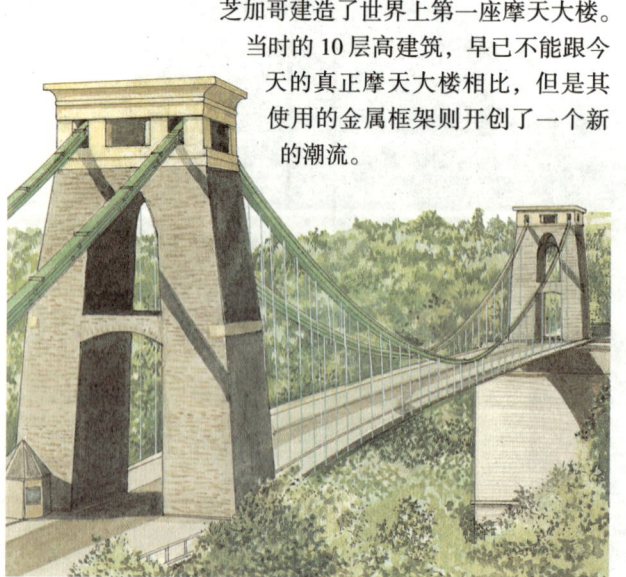

←伊桑巴德·金德姆·布鲁内尔设计了横跨英国艾芳河的克利夫顿桥，其完工的时间是1864年。桥上的路面是由缆索支撑起来的，高高悬挂在河面之上。

318

统一和殖民

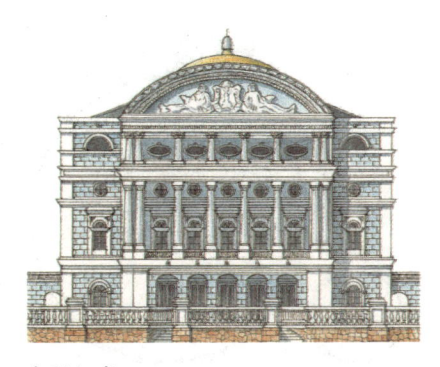

←在19世纪，歌剧变得十分流行，很多豪华的歌剧院纷纷建造起来。这座歌剧院位于巴西浓密丛林中的马瑙斯地区，这座小镇曾经有过短暂的富庶时期，这要归功于当时本地橡胶工业的高额利润。

新技术

19世纪后期的建筑物，开始利用工程师们的最新发现以及随处可用的钢铁。通过钢材框架的应用不仅摩天大楼变成可能，而且其他建筑物也不在话下。300多米高的巴黎埃菲尔铁塔，就是在1889年专门为巴黎世博会的大型展览而建的；还有纽约港口的自由女神像，是法国赠送给美国的礼物，也是一种友谊的象征和见证。

铁路时代给建筑师和建造者们带来了很多新的机遇。象征着新工业时代财富的火车站，在全世界的各大城市中纷纷建起。这些宏伟壮阔的大建筑物，将过去时代的旧风格和新技术时代的钢材原料结合到了一起。

钢筋混凝土在20世纪早期的应用，还带来了建筑业的一次重大变革。建筑物设计开始变得简约，并不再对装饰效果考虑太多。这种"现代"风格在第一次世界大战结束之后，得到了明显的发展。

→这座十层的钢筋框架，就是位于芝加哥的"家庭保险大楼"。1871年，在一场大火焚毁了该座城市中多数建筑之后，建筑用地的价格立马飙升起来。如果建筑物能够建设得更高一些，就可以节省一部分土地费用。

↓1866年，孟买总站首度开放，其建筑混合了欧洲哥特式风格和文艺复兴时期的风格，但是其圆屋顶的结构则是印度风格。

→在19世纪的欧洲和美国，日渐兴旺的中层社会阶级都开始居住在雄伟壮丽的住宅里面，住宅就矗立在有着林荫街道的宁静街区。

□世界历史百科全书

科技 1836年~1913年

技术领域的进步，以不断增长的步伐在继续着。在通讯和运输领域的重大发展，势必会给世界带来永久性的变化。

↑电话是于1875年由亚历山大·格拉汉姆·贝尔发明的。1877年，第一个公共电话交换机在美国的匹兹堡开通。

↑1838年，银板照相法的相机开始出现。1888年，乔治·伊斯门制造了一台胶卷相机，即柯达箱式照相机。

↑1891年，一个名叫惠特康·贾德森的美国人发明了拉链锁。最早的拉链锁略显笨拙，而且从表面来看，好像是钩和眼儿之间的重复替代。

工业的继续发展，带来了新的发明、新的产品以及生产各种全新类型商品的工厂。在1850年，煤炭和蒸汽引擎仍然给机械提供着动力，但是到20世纪早期，电力和石油便开始将其取而代之了。1859年，爱德温.L.德瑞克在美国宾夕法尼亚州石油溪的地下22米浅表层，发现了大量的石油储藏。石油可以给内燃机引擎提供燃料。大量石油的发现反过来又导致了第一部机动汽车的发明。

1887年，德国工程师哥特利普·戴姆勒发明了高速内燃机引擎。这种新引擎明显比之前一直使用的蒸汽引擎更有效率。在美国，法兰克和查尔斯·杜里埃于1892年生产了他们的第一辆车，而亨利·福特也于1893年制造了他的第一辆试验用车。石油产品在新兴化学工业中也扮演着相当重要的角色。它们使大量产品的原材料发展起来，比如塑料、清洁剂、化学肥料、颜料、燃料、尼龙、人工橡胶以及炸药等。

↑第一辆自行车骑起来非常不舒服，而且也十分危险。19世纪70年代，詹姆斯·斯达利发明了大小轮自行车。这辆自行车不但车胎是硬的，而且也没有刹车系统。

1877年，苏格兰发明家亚历山大·格拉汉姆·贝尔发明了电话，并在匹兹堡开通了第一个公共交换机。同年，多产的美国发明家托马斯·阿尔瓦·爱迪生制造了第一台留声机。

←1908年，亨利·福特（1863年~1947年）开始大规模生产汽车，其模样就像这台福特T型车。当时已经开始采用装配线程序了。到1914年，福特工厂已经实现了每90分钟生产一辆汽车的效率。在19年中，大约有1500万辆福特T型车被销售出去。

统一和殖民

←在美国内战期间，热气球被用来侦察地形。其中一名侦察员是一位名叫齐柏林的德国退役军官。他就是飞艇的发明者，因此很多飞艇都用他的名字来命名，直接叫"齐柏林飞艇"。飞艇要比热气球更实用，因为它们可以在自身动力系统的作用下飞行。

这台机器可以记录下声音，并可以在一个带有金箔涂层的滚筒里面将声音重新播放。

　　1879年，爱迪生公开展示了电灯泡；1882年，由爱迪生设计并亲自安装的世界上第一个大规模电力站，在纽约城彻底建成。1891年，用来制造动画效果的活动电影放映机，也被爱迪生发明出来了。1913年，爱迪生将他的留声机和活动电影放映机同步运行，制造出最早的有声电影效果。

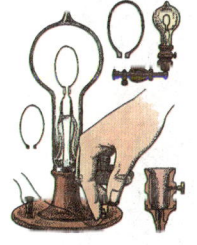

↑托马斯·爱迪生发明了电灯泡。1880年，他的发明第一次被一艘蒸汽船用来照明。

↑怀特兄弟利用滑翔机来测试他们的实验，以便控制好飞机的飞行。1903年12月17日，他们实现了人类的第一次动力飞行，地点就在美国北卡罗来纳州的基蒂霍克。

大事年表

1837年　萨缪尔·摩尔斯发明了莫尔斯电码
1856年　贝西默转炉被发明出来了
1859年　第一口石油井在宾夕法尼亚州被钻探出来
1867年　诺贝尔发明了炸药
1868年　法国人乔治·莱克兰谢发明了干电池
1869年　门捷列夫设计了元素周期表
1875年　第一个电话由贝尔亲自打出
1877年　尼克劳斯·奥托申请了四冲程发动机的专利
1877年　第一个公共电话交换机出现
1882年　第一座水力发电站利用水来发电
1885年　第一台机动汽车在德国建造完成
1887年　登禄普发明了气胎
1896年　马可尼发明了第一台无线电设备
1903年　怀特兄弟完成了第一次人工驾驶的动力飞行
1909年　利奥·贝克兰德发明了第一种塑料，即酚醛塑料

↑这是一台早期的无线电广播，当时名叫"收音机"，它有着几个玻璃电真空管。没有人知道无线电波的存在，一直到德国科学家海因里希·赫兹（1857~1894年）发现了它。赫兹在1888年证实了无线电波的存在，并在他的实验室里面完成了发送和接收无线电波的程序。

↑科学家们认为，所有事物都是由原子组成的。1911年，欧内斯特·卢瑟福在发现了原子核之后提供了具体的证据。

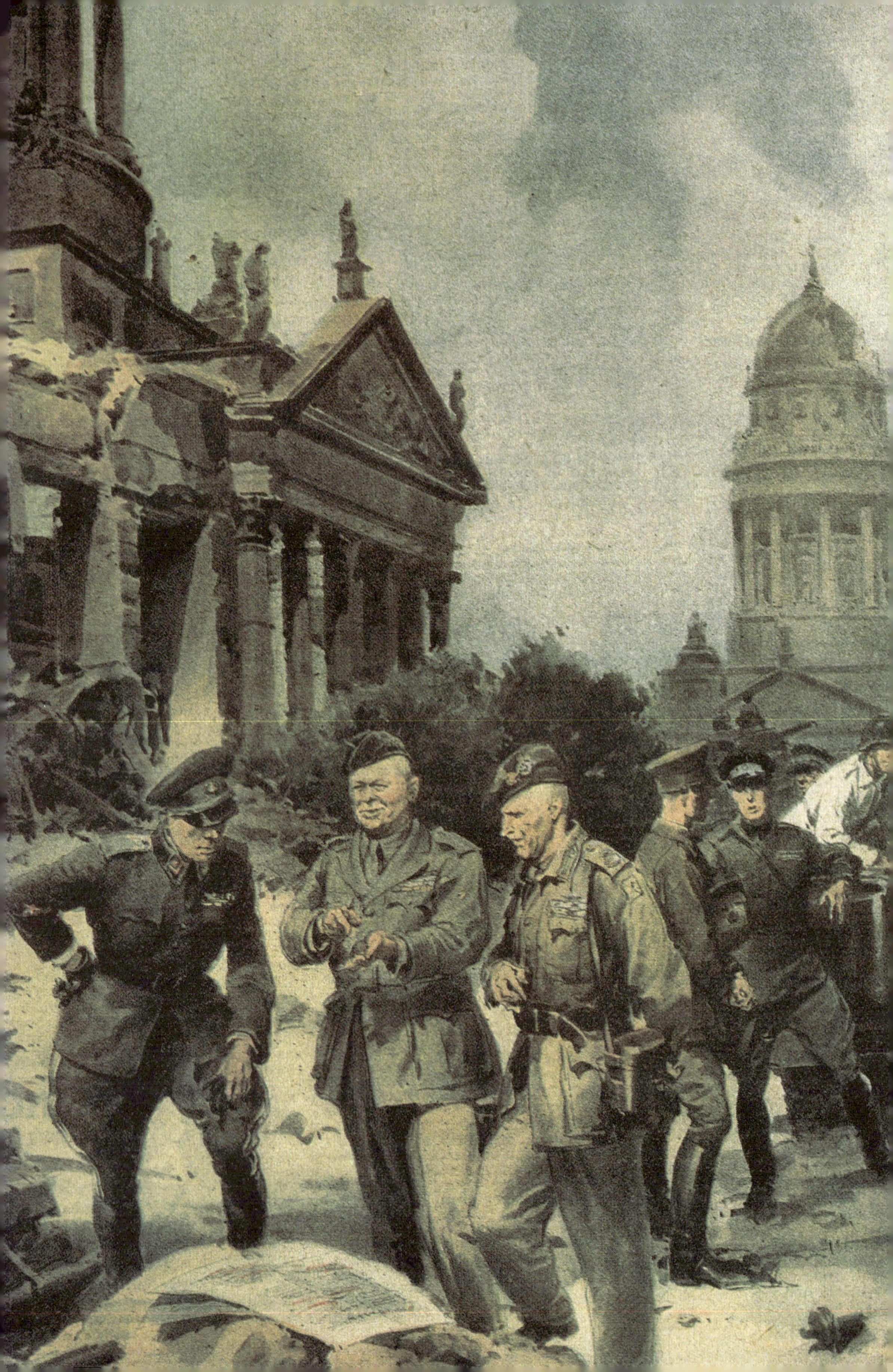

战乱中的世界

1914年~1949年

在1914年至1949年这几十年间，
整个世界经历了一段快速、剧烈及痛苦的嬗变。
在"以战止战"的第一次世界大战之后，
跟着是一场世界性的大规模流感病灾害。
1917年的俄国革命，使其成为世界上第一个社会主义国家。
接下来是大萧条，这是资本主义的一次崩溃，
同时也导致了全世界范围内的失业狂潮。
接着，第二次世界大战又爆发。
这些都意味着，欧洲的世界霸主地位，
已经被美国和苏联取代了。

↑第一次世界大战，第一次见证了空战的广泛开展。这些早期的飞机是用来侦察敌军位置和投掷炸弹的。

←在纳粹德国于1945年被击败之后，来自获胜方的朱可夫元帅（苏联）、艾森豪威尔（美国）以及陆军元帅蒙哥马利（英国），在柏林的废墟中聚集到一起。

世界概览   1914年~1949年

几乎整个世界都被第一次世界大战、大萧条时期以及第二次世界大战影响到了。在北美洲，美国曾在一战中采取一种保持中立的政策，但是在二战期间还是加入了盟军一方。在南美洲，右翼政府开始在阿根廷和巴西执掌大权。

在欧洲，内战在爱尔兰、西班牙和希腊各地爆发。在中东地区，奥斯曼帝国在第一次世界大战之后覆灭，而以色列则于1948年建国，并成为犹太人的祖国。

意大利试图在非洲建立起一个帝国的计划落空。很多国家开始为独立而战。印度从英国人那里获得了独立，但是被分割出去一部分领土并形成了巴基斯坦。日本的扩张是第二次世界大战爆发的原因之一，并且连太平洋这次也成了一个战区。一颗原子弹，最后终结了这场战争。

北美洲

美国起初为远离欧洲事务而庆幸，但还是被卷入了第一次世界大战，并在此过程中发现自己的力量。美国西部此时已经实现了现代化，而美国也成为一支强大的工业力量，并有着日益增长的庞大人口。这里成为很多新发明的发源地，包括大规模生产的汽车、好莱坞电影以及其他新技术。但是，1929年的华尔街股市大崩盘，导致了美国金融市场的土崩瓦解，接着受到牵连的是全球的贸易和经济发展。在美国，大萧条带来了更多的穷困和更大的绝望。但是其受到了罗斯福新政的挽救，该政府使出浑身解数来制订恢复经济的计划。这一政策开始奏效，并给了美国之梦新的生命。但是紧接着，日本和德国开始了在亚洲和欧洲的战争。美国一直保持中立态度，一直到日本轰炸了美国统治着的夏威夷。到二战临近结束的时候，美国已经成为世界上的一支超级力量，而其未来的对手则是苏联。

拉丁美洲

20世纪30年代，革命在巴西和阿根廷发生，而巴拉圭和玻利维亚之间的战争也终于爆发。巴西、智利和阿根廷，在后来都变成了现代化工业经济实体，并得到了相对的经济繁荣。南美洲的经济在大萧条袭击全世界的时候也面临崩溃，而且其恢复的速度很慢。南美洲最终并没有参与第二次世界大战，但是受到美国的影响和干涉。

战乱中的世界

欧洲

哈布斯堡王朝和奥斯曼帝国的衰落，使很多新兴国家浮出水面。爱尔兰获得了独立，而波兰也重新成为一个独立的国家。俄国革命使苏联转变成一支强大力量，并在斯大林的统治下实现了大规模工业化和农业的集体主义改造。在第一次世界大战中失利的德国，重新强盛起来，并在第二次世界大战中占领了欧洲的很多地方。受大萧条影响，欧洲简直不堪一击，并且开始渴望和平，所以满足了纳粹的各种需要。经过这些困难时期之后的欧洲，也踏上了领先地位的道路，推进了各种改革的开创，包括社会福利制度、社会保险制度以及教育机制等。

亚洲

在1911年的辛亥革命之后，中国人的生活并没有得到改善。1937年，日本人大举入侵中国。在第二次世界大战前，日本早已变成了一个军事大国和工业大国。其在战争期间的侵略性扩张，最终被两颗原子弹和美国的参战而拦住了去路。印度避开了战争，但是印度人早已无法容忍英国的统治。1947年，印度和巴基斯坦分裂，并获得了各自的独立。印度尼西亚和菲律宾也获得了独立。

中东地区

在奥斯曼帝国衰落之后，中东地区被分裂成数个不同国家，并受到英国人和法国人的统治。石油的发现，使伊拉克、伊朗、科威特和阿拉伯在经济上显得举足轻重。英国人和法国人的统治，在第二次世界大战结束后宣告终结，阿拉伯国家纷纷获得独立，犹太人国家以色列也在它们的缝隙之间形成了。

非洲

在殖民统治之下，非洲国家迅速实现了现代化。南非变成了一个受白人统治的强大国家。除北非之外，第二次世界大战并没有在很大程度上影响到这片大陆。

大洋洲

澳大利亚和新西兰发展成更加富庶的国家，并开始出口农产品和金属矿。奥克兰、悉尼和墨尔本，也加入世界级城市的行列。在"二战"结束后，很多欧洲移民搬迁到这里。波利尼西亚则饱受战争之苦，其群岛被卷入了现代世界的狂潮。

325

□世界历史百科全书

第一次世界大战的开始　1914年

1914年，奥匈帝国继承人弗朗茨·费迪南大公在萨拉热窝被刺杀。此次事件引发了一场人类历史上最为血腥的冲突战争。

由于嫉妒英国的贸易和殖民地，早已拥有世界上规模最庞大军队的德国，建造起一支海军部队。威廉二世的野心，是获得海外的更多殖民地，而他咄咄逼人的外交政策也使其他欧洲国家开始担心起来。在1914年之前的数年间，英国和德国展开竞争，看谁能够建造更大、更好的海军战舰。欧洲国家之间在贸易、殖民地以及军事力量上的敌对关系酝酿已久，而欧洲各国也逐渐形成了防卫联盟群体。

↑这是第一次世界大战开始时的英国征兵海报，其中的特写是当时的军务大臣基钦纳勋爵。

↑在威廉二世（1859年~1941年）的统治下，德国建造了一支足以与英国相抗衡的海军战舰部队。

结成联盟

其中最主要的联盟是"三国同盟"，包括德国、意大利和奥匈帝国。在这个同盟中，对其中任何一个国家的军事攻击，都意味着将遭到其同盟国家的反击与防卫。这一同盟的建立，旨在阻止俄国在巴尔干半岛有任何侵略性的举动。另一个联盟即"三国协约"，包括英国、法国和俄国。它并不是一个军事联盟，但是其成员国也同意共同抵抗来自德国的任何形式侵略。

↑1914年6月28日，一名叫"加夫里若·普林西普"的塞尔维亚人，在萨拉热窝枪杀了奥匈帝国的继承人弗朗茨·费迪南大公。第一次世界大战就此打响。

战争如何开始

1914年6月28日，一名叫"加夫里若·普林西普"的塞尔维亚人，在萨拉热窝枪杀了奥匈帝国的继承人弗朗茨·费迪南大公及其妻子。战争就这样揭开了序幕。此次事件导致了奥地利于7月28日向塞尔维亚宣战。俄国沙皇尼古拉斯二世，则动员他的部队去协助塞尔维亚对奥地利的防卫战。作为报复，德国也于8月1日向俄国宣战。俄国军队在坦能堡以及马祖里湖战役中被德国人击败。在南方地区，奥匈帝国军队则于9月被俄国人击败。

两个前线的战争

德国一直以来都害怕打一场两个前线的战争，所以其实施"施里芬计划"。该军事计划是由施里芬将军草拟的，目标是在六周内击败法国，这样德国就可以将兵力集中起来对付俄国。

8月3日，德国向俄国的同盟军法国宣战。在德军进入中立国比利时

←1914年，欧洲被划分成两个阵营。英国、法国和俄国组成了协约国，他们联合起来与同盟国对抗，同盟国则包括德国、意大利和奥匈帝国及其盟国。战斗同时在东西两条战线上打响。

境内突袭来自北方的法军时，遭到了比利时人的坚强抗击。这减缓了他们军事推进的步伐，并给在霞飞将军领导下的法国部队以充分的时间来重新组织兵力。

德国入侵法国

接着，英国根据《伦敦条约》（1839年）做出行动上的回应。根据《伦敦条约》，他们达成的协议是要保护比利时的中立。就是基于这个立场，英国才于8月4日向德国宣战。英国军队奔赴比利时防卫前线，并派遣了一支由10万名军人组成的"英国远征军"去协助法国拖慢德国在蒙斯和沙勒罗瓦地区的推进速度。

但是，在面对德国坚决的军事推进时，霞飞将军竟然临阵退缩，退守到马恩河的后方。在这里，法国军队于9月8日迫使德国人停止了前进的步伐。接着，双方都选择了防守位置，并在三个月之内，挖掘出一条长长的战壕，一直从海峡延伸到瑞士边境线。

在战争期间，英国、法国和俄国组成了有名的"协约国"。而德国、意大利、奥匈帝国及其盟国则组成了有名的"同盟国"。双方展开了军备竞争，制造出更多的武器，包括毒气弹。他们认为，一旦使用这些武器就可以缩短战争的周期。但这次战争持续了四年之久，并且是人类历史上最为血腥的一次战争。据估计，战争的直接代价是400亿英镑，而死伤的人数共约3000万人。

大事年表

6月28日 弗朗茨·费迪南大公在萨拉热窝被刺杀
7月28日 奥地利向塞尔维亚宣战。俄国动员其军队去保护塞尔维亚
8月1日 德国向俄国宣战
8月3日 德国向法国宣战
8月4日 德国入侵比利时，英国向德国宣战
9月8日 德国的推进止步于马恩河

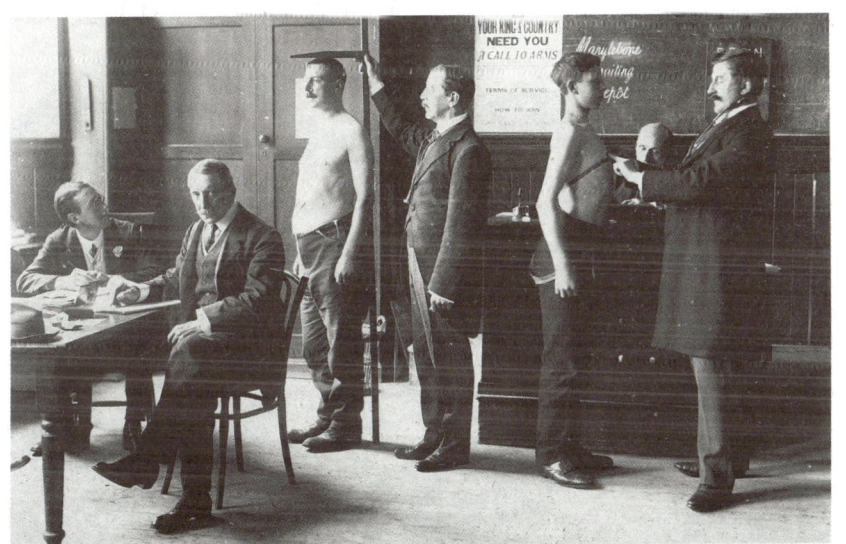

↓1914年8月，由于爱国主义的触动，并受到国家号召志愿者保卫国家的激励，来自欧洲各个年龄层的数百万人，加入到抗击共同敌人的战斗中。

←1914年，英国是唯一一个没有庞大军队储备的国家。志愿者们如泉涌般奔向军队招募处。

↑法国军队的艰难任务就是，要守护住遭到敌人攻击的数百千米边境线。

↑1914年，德国军队是世界上最庞大、最精锐的部队。

↑1914年，英国的军队规模最小，但是都是由精兵强将组建而成的。

□世界历史百科全书

第一次世界大战 1914年~1917年

在西部战线的一系列恶战之中，数百万人因为争夺数千米的阵地而牺牲。不久之后，这场战争便进入相持不下的僵局。

↑毒气面罩是在第一次世界大战时最早应用，其可以保护部队免受敌军的毒气攻击。

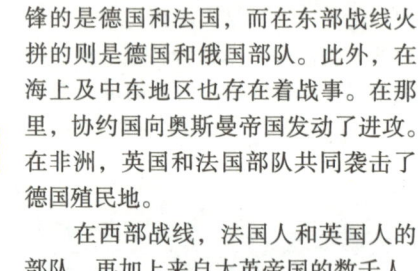

↑在怀特兄弟首次飞行的短短12年之后，飞行器已经被应用到战争中去了。虽然对空中的控制并不是一战胜负的决定性因素，但是这次战争推动了飞行技术的巨大突破与进步。

→1914年9月，德国向巴黎地区推进的步伐，因为资金短缺而停滞下来。当时的协约国并没有牢牢守住马恩河这条战线，法国政府逃离到波尔多地区。协约国的战线终于被防守住了，并发起了大反击，比如第一次马恩河战役便被认为是决定性战役中的一场。

在第一次世界大战期间，战斗同时在数个地区打响。在西部战线交锋的是德国和法国，而在东部战线火拼的则是德国和俄国部队。此外，在海上及中东地区也存在着战事。在那里，协约国向奥斯曼帝国发动了进攻。在非洲，英国和法国部队共同袭击了德国殖民地。

在西部战线，法国人和英国人的部队，再加上来自大英帝国的数千人，自1914年9月起便占领了一段如网状的战壕。面对着他们的是数百米之外的"无主之地"，即被德国人占领着的另一个战壕群。数百万人在西部战线的战役中丧生，其中包括叶普斯战役、凡尔登战役和索姆河战役等。其中最为惨烈的，是1917年的帕斯尚尔战役。这次战役是在瓢泼大雨中进行的，部队士兵不得不淌着即将过腰的泥泞路面跋涉前进。在102天内，协约国只推进了8千米，却付出了40万人的生命作为代价。

↑西部战线横穿过比利时境内，还有法国的东北部地区。在1914年至1918年期间，数百万士兵在西部战线的战役中丧生。

在四年里，西部战线从任何方向来看都没有发生超过32千米的前移。带刺的铁丝网、机关枪以及炮兵防卫等，都使任何形式的进攻归于徒劳。于1916年首次投入使用的坦克，终于突破了带刺铁丝网或机关枪的封锁，但是没有取得更大的进展。飞机的空中打击才更有成效，并可以用来侦察敌情、瞄准目标和投掷炸弹。自波罗的海一直绵延到黑海区域的东部战线，也有着数条战壕线，因此俄国人不得

328

战乱中的世界

✓沿着西部战线发生的战斗，都是在那些有着带刺铁丝网和机关枪守卫的战壕中打响的。那里的条件令人触目惊心，有的是过膝的泥泞土地、不断的机关枪扫射、狙击和突然袭击。于1916年发生在法国的索姆河战役和凡尔登战役，造成了200多万人的死伤。

↑由两名英国科学家发明的最早坦克，在1916年的索姆河战役中首度登场。装配有机关枪的这些坦克，着实让德国士兵不寒而栗。但是，由于其存在着太多的机械障碍，因此尚不能完全发挥作用。

不于1914年做出了撤退的决定。

海上战争

在第一次世界大战中，只发生过两次重大的海上战役。第一次发生在1914年，当时一支德国舰队在马尔维纳斯群岛附近被英国皇家海军击溃。第二次发生在1916年，这次海战名叫"日德兰大海战"。当时的交战双方德国和英国都宣称自己获得了胜利。但是，德国舰队再也没有离开过自己的基尔港，一直到战争结束。

名叫"U艇"的德国潜水艇，对英国和法国的海运区域发动了攻击。U艇击沉了数百艘协约国的船只，几乎就要让英国跪地求饶了。当豪萨通尼克号于1917年被击沉之后，美国便向德国宣战了。

←日德兰大海战，是第一次世界大战中重大海战之一。虽然德国舰队遭受无法承受的损失，但是英国和德国都宣布自己获得了胜利。在此战役之后的1916年5月31日，德国公海舰队趁着天黑逃离，并退回到基尔港口。就在那里，他们一直待到战争结束。

加利波利战役的惨剧

1915年，协约国部队轰炸了守卫着达达尼尔海峡的土耳其堡垒。接着，协约国部队，包括来自澳大利亚和新西兰的澳新军团，在加利波利登陆并企图占领可以俯瞰狭窄海峡的战略位置。但是由于指挥上的不当，协约国错误低估了土耳其部队的兵力。单单澳大利亚人方面便遭受了重创，其中8587名战士阵亡，而另有19367人受伤。

土耳其士兵

澳大利亚士兵

329

俄国 1917年~1924年

在一个既腐败又无能政府的数年统治之后,俄国人民终于奋起反抗沙皇及其智囊团,并于1917年顺利夺权。

↑1917年,沙皇尼古拉斯二世(1868年~1918年)被迫退出王位。然后,他和他的家人被囚禁起来。

↑格利高里·拉思普金(1871年~1916年)是沙皇尼古拉斯二世夫妇智能团成员之一。尼古拉斯夫妇认为他是一名圣人,但是他遭到俄国人民的痛恨。

在1904年俄国被日本打败之后,俄国全境内爆发了此起彼伏的工人罢工和起义。新任沙皇尼古拉斯二世发布了一份声明,做出了公民权利的承诺,并建立了一个名叫"杜马"的国民政府。但杜马并没有履行其原有的承诺。选举被非法操纵,而改革派也因此被排除出了政府。政府的反对者悉数被逮捕,其中的领导者则被迫逃亡。但是,俄国人民却以为,沙皇并没有与老百姓接触的机会,他的智囊团才是腐败的根源。在和平时期并没有什么作为的政府,在第一次世界大战期间的表现更加让人大失所望。要被派遣到战场上去战斗的士兵们,也开始怀疑起来,他们究竟应否效忠于现在的这个国家政府。

食物和能源都十分短缺,很多在城市中的人也陷入了饥荒的折磨。经

↑在1917年的彼得格勒起义期间,很多士兵拒绝接受命令,并将红旗挂在他们的刺刀上,作为支持起义的标志。

济处于濒临崩溃的边缘。1917年3月,武装起义在首都圣彼得堡爆发,该城市曾经在一战开始的时候被改名为"彼得格勒"。起义往往都是通过军队来镇压的,但是这次军队拒绝接受驱散群众的命令。在军队加入起义中之后,沙皇退出了王位,而其智囊团也请辞离去。一个临时政府建立起来,而其领导者是乔治·列沃夫王子。

布尔什维克人获得权力

当时的政府发现自己已无法继续战斗下去。亚历山大·克伦斯基接过列沃夫王子的位子,成为新任首相大臣。在三月革命之后,布尔什维克党

→1917年11月6日,武装起来的工人和在布尔什维克领导下的士兵和船员们,向位于彼得格勒的冬宫发起了进攻。虽然冬宫是沙皇政府的总部大楼,但是并没有坚固的防御工事,很快便被攻下。

战乱中的世界

↑ 弗拉基米尔·列宁（1870年~1924年）。

依然决定要夺取权力。在四月份，他们的领导者弗拉基米尔·列宁，从流亡德国的途中返回。

在彼得格勒的布尔什维克人希望俄国变成一个共产主义国家。在与政府激烈斗争之后，布尔什维克人在列宁的领导下，终于在1917年获得了权力。1918年3月，新政府签订了《布列斯特-立陶夫斯克条约》，并与德国实现了和平关系。新政府将首都从彼得格勒迁移到莫斯科，并瓦解了大型庄园，将耕地分配给农民。工厂的控制权交给了工人阶级，银行被划归国家控制，而教会的财产则被没收。

"白俄"（即反共产主义者）反对这些举措。1918年，俄国内战爆发。1922年，白俄被布尔什维克人的红军击溃。在同一年中，国家的名字也变为"苏维埃社会主义联邦共和国"，简称"苏联"（USSR）。列宁一直领导着苏联，一直到他于1924年去世。列宁之后，斯大林获得了统治权，直到1953年去世。

↑ 约瑟夫·斯大林（1879年~1953年）。

→ 当约瑟夫·斯大林于1924年成为苏联领导人的时候，他采取了"大清洗"的肃反政策，数百万人在这场运动中被逮捕或杀害。他让农民离开他们的土地，这样就可以重新组建农业，使其转变为更大型的国有机制。

□世界历史百科全书

第一次世界大战的结束 1918年~1923年

摆脱了俄国牵制的德国,于1918年向西部前线发起了突然袭击。新到的美国军队帮助制止了这次攻击,而德国则开始请和。

时值1917年,美国军队在欧洲战场的出现,意味着协约国可以在西部前线发起新一轮的进攻。1918年,俄国从战争中撤离,因此德国士兵不需要继续待在东部前线了。到1918年为止,有超过350万的德国士兵投入西部前线的战斗。在同年3月份,他们突破了西部战线的战壕,并开始向巴黎进军。法国在七八月份发起了反击,而英国的坦克部队则突破了德国人在亚眠的防线。随着美国部队涌入法国境内,德国人开始退守。

到10月份的时候,战斗已经接近德国边境,一道海上的封锁线导致了德国境内一场饥荒的开始。11月11日凌晨,德国签订了一份休战协定。恺撒·威廉二世退位。在当天的11点钟,第一次世界大战宣告结束。差不多有1000万人在战斗中丧生,而且另

↑第一次世界大战将所有人都卷入其中。妇女们忙着生产军备武器,并在男同胞开赴战场的时候确保工业生产继续进行。

↑在第一次世界大战中,比利时和法国东北部的很多地区被彻底摧毁。很多城市,比如位于比利时西北部的叶普斯,变成了一片废墟。

↓德国潜水艇或U艇,通过在水下发射鱼雷来攻击水面的船只。1917年,它们在袭击协约国船只的战斗中发挥了极大作用,从而使英国差点儿被击溃。

↓1917年1月31日,德国人向全世界宣布,他们将发动不受任何限制的潜水艇战争。这使美国舰船受到极大威胁。2月份,U艇击沉了一艘美国舰船,而这也导致了美国总统威尔逊于1917年4月向德国宣战。美国军队在欧洲的登陆,使1918年战争的天平发生了反向倾斜。当时的德国正在向西部前线发起最后一场大规模的进攻。

有2000万人受伤。其中多数是年轻人，而他们的丧失改变了数个国家的社会结构。结果，妇女开始获得更多的平等权和自由权，这是战争之前所没有的。在很多地方，妇女们甚至获得了投票的权利。

《凡尔赛和约》

第一次世界大战结束后，战胜的协约国集团于1919年1月至6月在巴黎召开国际和会。参加国共有27个，最高委员会决定一切重大问题，最高委员会由美、英、法、意四国政府首脑组成。

会上签订了《凡尔赛和约》，这是第一次世界大战战胜国掠夺战败国的条约。德国领土被限制，且要支付巨额赔偿款。德国经济开始崩溃，恶性通货膨胀开始。其他国家也深受其害，因为他们要将在战争期间所借的款额悉数偿还。这便带来了政治和经济上的剧变。

在德国、奥匈帝国、俄国以及奥斯曼（土耳其）帝国瓦解之后，进一步的冲突也随之发生，原因是欧洲境内国际边境线的重新划分问题。

国际联盟

第一次世界大战后建立的国际组织，简称国联，其于1920年1月成立，总部设在日内瓦。成立时会员国有44个，后来增到60多个。美国本是其主要倡议者，但因争夺领导权失败而未参加。由于战后人民反战情绪高涨，国联盟约规定了要裁减军备、制裁侵略，但这些规定根本不能实现。国联自成立之日起即为英法所操纵，实质是帝国主义国家推行侵略政策、重新瓜分殖民地的工具。1946年4月，国际联盟宣告解散。

↑ 于1919年6月28日签订的《凡尔赛和约》，决定了德国的命运，因为其包含了一项声明，即德国的统治者是战争爆发的唯一罪魁祸首。

恶性通货膨胀

德国工业在战争中被彻底摧毁，而整个国家也无法赔付协约国在《凡尔赛条约》中所要求的战争赔偿款。德国人将《凡尔赛条约》视为一个不给德国任何辩护机会的极不公平条约。其中一个结果就是，德国经济在20世纪20年代受到恶性通货膨胀的侵袭。恶性通货膨胀是一种非常快速的通货膨胀，其足以导致货币价值快速下降。

← 在1919年的巴黎和会之后，德国将占领的土地归还给了法国和比利时。哈布斯堡君主国宣告结束，而波兰、捷克斯洛伐克、匈牙利以及南斯拉夫等都成为新的国家。

→ 由于恶性通货膨胀的存在，这张在1920年发行于德国的百万面值纸币，实际上根本一文不值。

法西斯主义的出现 1922年~1939年

在20世纪30年代，所谓的"法西斯主义"政治信仰，开始在欧洲的很多国家大行其道。对很多人来说，法西斯所提供的，是一条摆脱经济衰落的出路。

在第一次世界大战之后，法西斯主义的思想获得了不少的拥护和支持。20世纪20年代，第一个法西斯主义政府开始在意大利出现。法西斯的原文"fascism"源自于另一个词"fasces"，是"绑有斧头的束棒"的意思，在古罗马是一种权力的象征。法西斯主义的思想基础是，一个国家只有通过纪律化的严厉行动和坚决的意愿，才能获得成功。

法西斯主义者所信奉的是，只要能达到一个值得的目标，采取任何行动都是可以被接受的。学校、宗教、新闻、艺术以及科学等，都必须服从国家的需要。军事力量和秘密警察组织是支持法西斯主义政府的后盾。法西斯主义者认为，他们自身的种族，要比其他任何种族都优秀。他们反对共产主义，支持并鼓励民族自豪感和种族主义（对其他种族的歧视）。在德国，这种种族仇恨被直接转嫁到犹太人和吉普赛人身上。

意大利和贝尼托·墨索里尼

在意大利，法西斯党由贝尼托·墨索里尼于1919年创建。当时的经济大萧条和共产主义所造成的"威胁"，反倒帮助其扶摇直上、夺取大权。墨索里尼的追随者们被正式称为"战斗法西斯"，还有另一个绰号叫"黑衫军"，因为他们的制服都是黑色。1922年，墨索里尼利用当时的动荡局面和一次大罢工上台，获得了权力。他一跃而为意大利的首相，并在1928年至1929年期间强制推行一党统治。

为了对1896年的一次羞辱性败仗做出报复，墨索里尼的军队在1935年至1936年入侵埃塞俄比亚。接着，还在那里草签了一份与德国的轴心协定。1939年5月，墨索里尼及德国法西斯独裁者阿道夫·希特勒，共同达成了一份名叫"钢铁条约"的军事协议。墨索里尼的领导导致了意大利在第二次世界大战中的失利，于是他在1943年被免职，并被国王维克托·艾曼努

↑1922年，贝尼托·墨索里尼（1883年~1945年）成为意大利的法西斯主义独裁者。

→1935年10月，在罗马的一次凯旋游行期间，年轻的意大利法西斯主义者们在墨索里尼面前齐刷刷地走过。

战乱中的世界

尔囚禁起来。后来，他被德国士兵释放了，并在国家的北方地区建立起法西斯统治。1945年4月，他再度被擒获，并被意大利游击队处死。

德国和阿道夫·希特勒

《凡尔赛和约》中的条款，对德国而言过于残酷无情，而20世纪30年代早期的经济倒退又见证了这个国家的大规模失业狂潮。希特勒许下承诺，要结束失业和贫穷，并将德国建设成一个伟大的国家，以洗在"一战"中所蒙受之耻。在政治动荡和暴乱中，总统兴登堡于1933年1月任命希特勒为总理。身为纳粹党"元首"的希特勒，镇压了一切反对派，并下令屠杀了数以百万计的犹太人、吉卜赛人和其他种族人群。1939年，他将德国卷入了第二次世界大战。

法西斯的传播

在西班牙，军队领导者米戈尔·普里莫·德·里韦腊将军于1923年执掌大权，并一直统治到1930年。1933年，他的儿子何塞·安东尼奥·普里莫·德·里韦腊组建了法西斯主义的长枪党。

在西班牙内战期间（1936年~1939年），长枪党人支持弗朗西斯科的民族主义部队。在法西斯德国和意大利的支持下，弗朗哥于1939年夺取了大权。他以独裁者的身份进行统治，并一直到他于1975年去世。

在第二次世界大战爆发前的数年期间，法西斯主义也在葡萄牙、奥地利、巴尔干半岛国家以及南美洲等地区赢得了支持与拥护。二十世纪四五十年代期间，胡安·裴隆携同他的妻子伊娃共同统治了阿根廷。安东尼奥·萨拉查是葡萄牙在1932年至1968年期间的独裁者。在英国，前内阁大臣奥斯瓦尔德·莫斯利于1931年建立了法西斯主义新党，当时的英国正处于经济大萧条和大规模失业潮期间。

↑奥斯瓦尔德·莫斯利爵士（1896年~1980年）于1931年从拉姆齐·麦克唐纳的劳工党政府中请辞，并组建了英国法西斯联盟。其追随者极力煽动民族情绪，特别是在伦敦的东区。

↑这幅反法西斯主义的海报，是由西班牙加泰罗尼亚的社会主义党在当时发行的。

↑何塞·安东尼奥·普里莫·德·里韦腊（1903年~1936年）于1933年组织了长枪党民族主义运动。

↑阿道夫·希特勒从无名小卒，冒升为国家社会主义德国工人党的创建者。在1933年的政治动乱期间，他被任命为首相大臣。

↑1935年，墨索里尼派遣他的军队入侵埃塞俄比亚。1936年，意大利部队在巴多格里奥将军的率领下顺利攻入首都亚的斯亚贝巴。这次入侵行动导致了全世界的公开抗议，意大利因此从国际联盟中退了出来。

大事年表

1919年	意大利法西斯党由墨索里尼创建
1922年	墨索里尼成为意大利的首相
1923年	普里莫·德·里韦腊执掌西班牙的大权
1928年	墨索里尼成为意大利的独裁者
1933年	何塞·安东尼奥·普里莫·德·里韦腊组建了西班牙长枪党。希特勒被任命为德国的总理
1936年	意大利部队入侵埃塞俄比亚
1939年	弗朗哥成为西班牙的独裁者，第二次世界大战爆发

335

两次世界大战期间的美国 1919年~1941年

在第一次世界大战之后,美国回归到原来的独立主义。在20世纪20年代经济的急速发展之后,是30年代的经济大萧条。

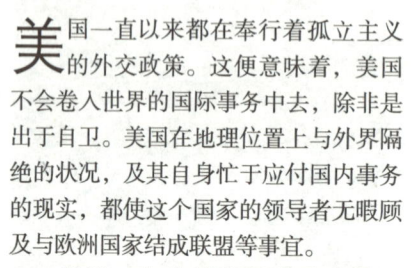

美国一直以来都在奉行着孤立主义的外交政策。这便意味着,美国不会卷入世界的国际事务中去,除非是出于自卫。美国在地理位置上与外界隔绝的状况,及其自身忙于应付国内事务的现实,都使这个国家的领导者无暇顾及与欧洲国家结成联盟等事宜。

当第一次世界大战在欧洲爆发的时候,多数美国人都想保持中立。在1914年至1917年期间,总统伍德罗·威尔逊一直在尝试着与那些交战中的欧洲国家斡旋,从而使美国不受战争的影响。只有在1917年的时候,美国才加入第一次世界大战中去。

在一战过后,孤立主义的渴望变得更加强烈。1919年,美国的参议院进行投票,结果是不参与新成立的国际联盟。到20世纪20年代早期,美国经济正从之前的内战后经济萧条期中缓过劲儿来,而工业生产也开始有了增长。

1920年,沃伦·哈丁被选为总统,他的承诺是"恢复常态"。这便意味着,依然不参与复杂的国际关系,并颁布了在全国施行的法律和条例,对酒精的禁止也包括在内。这便是有名的"禁酒令"时期。

↑沃伦·哈丁(1865年~1923年)是于1920年被选为美国第29任总统的。他的健康形象在后来遭到破坏,因为他的几位内阁大臣卷入了一次石油丑闻。1923年,沃伦·哈丁逝世。

↑自1925年以来,阿尔·卡彭(1899年~1947年)曾经领导过芝加哥南方黑帮,并主宰着该座城市的黑社会和非法卖私酒及其他非法勾当。1931年,阿尔·卡彭最终因为避税行为而被关入大牢。

→1927年,查尔斯·林德伯格(1902年~1974年)第一次实现了横越大西洋的单人不间断飞行任务。

↑在芝加哥,黑帮之间相互恶斗,目的是控制被称为"地下酒吧"的非法酒吧。这幅画面描绘了一个名叫"迪林杰"的黑帮分子在芝加哥被谋杀的场景,时间是1934年。

禁酒令与黑帮

在第一次世界大战之前,基督教妇女禁酒联合会及其他禁酒组织都在为禁酒令而努力奋斗着。他们认为,酒精是一种危险的药物,足以摧毁家庭生活,并导致犯罪的发生。他们的努力导致美国宪法于1920年增加了第18条修正案。该修正案在美国境内全面禁止了酒精饮料的生产、销售和运输。很多人以为这样会减少犯罪率,但结果恰恰相反。黑帮组织开始建立非法的酒吧,即所谓的"地下酒吧"。在那里,他们非法贩卖私酒,即非法的酒精饮料。相互竞争的黑帮之间,展开了公开的火拼。这变成了司空见惯的现象,而执法机关的腐败也在同时蔓延开来。在认识到禁酒令本身并不能达到目的之后,第21条宪法修正案被通过,并于1933年终结了之前的禁酒令。

经济繁荣与萧条

在一战结束之后，美国从世界舞台上隐退出去，并继续保持孤立主义的外交政策到20世纪30年代，甚至对移民都设置各种限制条件。在20世纪20年代的经济繁荣时期中，美国成为第一个数百万国民开上汽车的国家，并可以听着收音机、欣赏电影带来的新鲜刺激。在这段历史时期中，艺术领域取得了伟大的成就，包括好莱坞电影工业的成长和建筑业的许多进步。纽约的地平线上出现了不断的变化，因为总有更高的建筑物被建造起来。但是，"喧嚣的二十年代"（即爵士时代），也在1929年商业和经济的崩溃之后宣告终结。在大规模的失业狂潮面前，富兰克林.D.罗斯福用政府从赋税中获得的钱财，来创造更多的新工作机会。

孤立主义的终结

在1939年欧洲爆发战争之后，罗斯福继续施行着美国的孤立主义政策。但是，这一政策戛然而止，原因就是日本于1941年12月7日袭击了美国位于珍珠港的太平洋舰队。总统罗斯福将12月7日描述成"一个令我们感到羞耻的日子"。在第二天，美国国会向日本宣战，而美国也自此参加到第二次世界大战中去，孤立主义也宣告结束。

↑20世纪30年代，库提·威廉姆斯及其爵士乐队在纽约的黑人住宅区内进行演出。爵士乐大约是于1900年在新奥尔良地区发展起来的。到20世纪20年代，这种音乐被称之为"爵士乐"。到20世纪30年代，芝加哥、圣路易和纽约等地区，都是爵士乐的中心地。

←在纽约，伍尔沃斯大厦是当时世界上最高的大楼，一直到1929年帝国大厦建成。

↑禁酒令期间探员们在纽约港一艘煤炭汽船中检查出3千多包非法酒精饮料。

大事年表

1919年 参议院投票决定，不参加国际联盟

1920年 沃伦·哈丁成为美国的第29任总统。第18条宪法修正案实施，禁酒令时代开始

1925年 阿尔·卡彭成为芝加哥南方黑帮的头目

1929年 华尔街股市崩盘，大萧条时期开始

1931年 黑帮分子阿尔·卡彭因为避税而被送进大牢

1933年 第18条宪法修正案被废止，禁酒令时代终结

1941年 日本袭击珍珠港，美国参加第二次世界大战

↑1929年，装饰艺术时代的章宁大楼，是于两次世界大战期间在纽约建造的典型摩天大楼之一。

经济大萧条 1929年~1939年

在一战结束之后，美国的经济快速增长。但1929年华尔街股市崩盘的事件，却使这种增长戛然而止，并导致了全球范围内的经济大萧条。

↑在20世纪30年代经济大萧条时期，数千个遭到贫困打击的美国家庭离开东部海岸和农村的耕地，去加利福尼亚的西部地区谋生。

↓1936年10月，200名来自英国东北部贾罗地区的人，走上伦敦街头进行一次请愿游行。这使人们开始关注因贾罗船厂关闭而导致的大规模失业。

经济大萧条的发生原因，可以追溯到第一次世界大战刚刚结束的时候。1919年，《凡尔赛和约》迫使德国向协约国支付巨额战争赔款。很多德国人几乎丧失了他们所有的存款，因为德国钱币的价值暴跌。在英国、法国和美国，工业努力向和平时期的贸易调整着。数百万的士兵返回家乡，并开始寻找工作。工会号召工人们向他们的老板进行罢工行动，并反对他们缩减工资的行为。英国历史上的大罢工发生在1926年。食物价格暴跌，以至于很多农民濒临破产，并不得不荒废土地。

在20世纪20年代，美国经济的快速增长部分靠的是伦敦给纽约的几十亿美元战争赔偿贷款，也得到了哈丁总统和柯立芝总统的经济政策的鼓励与扶持。美国股票的价格早已被逼到了远超出实际价值的最高点，这都是那些不计后果的投机者的"杰作"。

↑1929年10月，华尔街股市崩盘事件导致了纽约华尔街的大恐慌。股票价格下跌得如此之快，以至于很多人都在即刻之间倾家荡产。

华尔街股市崩盘

1929年10月，人们开始恐慌起来，并迫不及待地抛售他们手中的股票。在短短一天里，1300万股票在纽约证券交易所被卖出。这就是有名的"华尔街股市崩盘"（以纽约的金融中心命名）的开始，其在不久之后影响到全世界。

很多人倾家荡产。银行和公司关门大吉，失业率开始暴涨不止。到1933年即大萧条最严重的那一年时，单单美国地区就有1200万失业人口。那些依然在上班的人，工资也被减了一半。同时，还有85000家公司倒闭。

美国的局势因为国家农业中心地区的一次旱灾而变得更加万劫不复。很多地方的农田都变成了荒地，并在风中被吹走，这就导致了庄稼作物的歉收。数千农民及其家人被迫离开他们的土地，并在西部海岸开始新的生活。

罗斯福新政

在经济大萧条时期的前两年中，美国政府及其总统胡佛并没有采取多

战乱中的世界

少直接的行动，因为他们认为经济会自然而然地恢复过来。富兰克林.D.罗斯福是于1932年被选为总统的。1933年，他便开始施行新政，从而解决因大萧条而带来的各种问题。罗斯福新政由一系列法律组成，其出台的主要目的是解决最为严重的贫困问题，并给银行提供援助，同时保护人民的储蓄存款。农产品价格得到扶持，最低工资制度被实施，一大批建设项目开始动工并创造了就业机会。新政起到了相当大的作用，而且到1939年的时候，第二次世界大战的爆发给重工业的发展增添了极大的推动力，经济大萧条也因此宣告结束。

全世界的经济萧条

华尔街股市崩盘事件导致了国际贷款制度的土崩瓦解，而该制度本来是为了处理战争赔偿款问题而建立起来的。这直接影响到了欧洲和北美洲。世界上的其他地区也遭受重创，因为他们中的多数贸易和业务，都依赖于对欧洲和北美洲地区的食品和原材料出口。随着这些市场的倒闭，世界各地的很多人失去了原有的工作。结果，动荡局面开始恶化，民族主义也开始在很多国家愈演愈烈。

沙尘碗

由于20世纪30年代的一次长期性旱灾，美国南部大平原地区突然变得十分干燥。一系列恐怖的沙尘暴席卷了该地区，并使其变成了有名的"沙尘碗"。到1933年为止，数亿吨农田表层土被风暴吹走，对土地造成了破坏性的影响。面对这样的农田废墟，数千个遭受贫困打击的家庭被迫离开，去加利福尼亚及其他地区谋求生路。

↑20世纪30年代，在罗斯福新政施行之后，很多失业人口得到了由州政府出资的工程项目的工作机会。在这里，来自"民间资源保护队"的年轻成员们，从俄勒冈州的地面上拔走了幼苗植株，并将它们送到美国森林服务地。

↑1928年，富兰克林.D.罗斯福（1882年~1945年）被选为纽约州的州长。1932年，他被选举为美国总统，并于1933年推行新政与贫困做斗争。

339

□世界历史百科全书

魏玛共和国与希特勒

1919年~1939年

20世纪20年代，阿道夫·希特勒利用德国经济与社会的动乱局面，趁机发展了法西斯主义。1933年，他终于大权在握。

德国于1918年在第一次世界大战中战败之后，恺撒·威廉二世退位让贤，并逃离到荷兰境内。德国成为一个共和国，而其新建政府则在魏玛地区执行统治，柏林不再是首都了。从1919年至1933年，德国成为有名的魏玛共和国。在1919年1月的选举之后，弗里德里希·艾伯特成为首任总统。在他的领导之下，魏玛共和国接受了《凡尔赛和约》中的各项苛刻条款。在1922年至1923年期间，该共和国在数次策反的阴谋中存活了下来，紧接着又面临着财政上的压力，最终还经历了一场政治革命的尝试，其领导者就是一名在此之前根本无人知晓的法西斯主义分子，阿道夫·希特勒。

艾伯特在1925年去世，并由陆军元帅冯·兴登堡继任总统位子，当时的冯·兴登堡已是78岁高龄。1926年，德国加入了国际联盟。但是，20世纪30年代早期的世界性经济大萧条，给德国社会带来了巨大的社会和经济问题。

阿道夫·希特勒上台

下一任总统大选的时间是1932年，当时的德国正处于经济危机之中，还面临着大规模的通货膨胀和高失业率问题。

兴登堡再度被选举为德国总统，而阿道夫·希特勒则在那时成为了国家社会主义德国工人党（纳粹党）的领导者，并且是第二号人物。在由希特勒追随者策动的多次威胁和暴动的活动中，纳粹党赢得了德意志魏玛共和国国民议会中的更多席位，而兴登堡则于1933年1月极不情愿地任命希特勒为首相大臣。

德国国会大厦在2月被焚毁之后，希特勒开始执掌紧急时期的大权，并开始召集新的大选。到1933年4月为止，他已经在德国取得了绝对的权力，

↑1925年，陆军元帅冯·兴登堡（1847年~1934年）成为德意志共和国的总统。在他死后，阿道夫·希特勒成为国家元首。

↑阿道夫·希特勒（1889年~1945年）。在第一次世界大战中，效力于德国军队。1920年，希特勒成为纳粹党的领导者。

↑当希特勒执掌大权的时候，他试图先消灭掉所有的反对派，这包括对新闻、书籍和无线广播强制施行的国家审查权制度。根据这项政策，纳粹们于1933年5月将所谓的"禁书"全部扔进了柏林的一个大火堆中去。

← 德国士兵进入苏台德区之后,又于1938年进入了威尔顿镇。

并建立了一党专制的统治。结果,德国从国际联盟中退了出来。

1934年6月,希特勒将他的很多政敌都残忍杀害。在兴登堡于8月去世之后,希特勒被任命为德意志第三帝国的"元首"。

反犹太主义的兴起

在指责犹太人及其工会是德国各种问题的根源之后,希特勒及其纳粹党人开始对犹太人强加迫害。1935年的《纽伦堡法令》剥夺了犹太人的德国公民权,并禁止他们与非犹太族人通婚。

1938年11月,纳粹暴徒袭击了犹太人的住宅和犹太教会堂,德国全境无一幸免。大约有3万名犹太人被逮捕,纳粹对德国境内犹太人的大规模屠杀揭开了序幕。在接下来的7年时间内,600万犹太人及其他有色人种都被遣送到集中营。

德国的军事扩张

1935年,德国废除了1919年《凡尔赛和约》中关于军备限制的协议。1936年,其部队进入了莱茵河地区。德国与法西斯主义的意大利及日本军国主义领导者结成了联盟,德国军队还卷入西班牙的内战中去,并支持那里的法西斯一方,即在弗朗西斯科·佛朗哥领导下的造反派。

大事年表

1919年 弗里德里希·艾伯特成为德意志共和国的第一任总统

1920年 阿道夫·希特勒成为纳粹党的领导者

1925年 艾伯特去世;兴登堡成为新任总统

1933年 希特勒被任命为德国首相

1934年 兴登堡去世,希特勒成为德国元首。

1936年 德国军队进入莱茵河非军事区。德国与意大利和日本结成联盟

1930年 德国吞并了奥地利和苏台德区

1939年 德国吞并了捷克斯洛伐克,并开始入侵波兰地区。第二次世界大战打响

← 1933年2月27日,德国国会大厦被别有用心的人故意毁。这次事件给阿道夫·希特勒制造了借口,他开始执掌紧急时期的大权,并召集进行新的大选。

341

西班牙内战 1936年~1939年

西班牙内战，是一场两种敌对意识形态即法西斯主义和社会主义之间的战争。法西斯主义占了上风，开始实行独裁统治。

↑1936年，弗朗西斯科·佛朗哥（1892年~1975年）领导了一场反对共和党政府的运动。自1936年开始，一直到他去世的最后一刻，佛朗哥都一直是西班牙的独裁统治者。

在第一次世界大战之前，西班牙派遣其远征军去加强其在北非地区摩洛哥的地位。1921年，西班牙军队被柏柏尔人的领导者阿布杜勒·克里姆击败，一直到1927年，西班牙才最终征服了柏柏尔人。1923年，在摩洛哥的一次军事行动失败，直接导致了法西斯分子在西班牙的军事独裁统治开始，其策划者就是普里莫·德·里韦腊将军。

普里莫·德·里韦腊的统治，一直维持到他于1930年被剥夺执政大权。在接下来的一年中，国王阿方索十三世被迫向大选的要求低头。共和党大获全胜，而君主制则就此被推翻了。新政府在经历过阿斯图里亚斯和加泰罗尼亚地区的两次起义之后依然存续着，一个新的"人民阵线"政府于1936年2月被选举成立。

←在西班牙内战期间，很多不同国家的人民来到这里为他们的政治理想而战。这幅英国海报宣传画，是由当时的画家罗兰特·潘罗斯设计创作的，目的是帮共和党筹集资金。

↑在内战中，不论男女均参加到战斗中去了。这些共和党方面的女民兵，正于1936年在一条巴塞罗那的街道上守卫着一道临时防御工事。苏联及国际纵队等外国志愿者，都来这里帮助共和党进行战斗。

新政府的总统是马努埃尔·阿萨尼亚，而其还包括社会主义工人党和共产主义党的各成员。在他们的支持下，新政府反对罗马天主教会对西班牙事务的横加干涉。但是，天主教会得到了军队和法西斯主义分子的支持。

法西斯主义对阵社会主义

1936年7月17日，在西班牙摩洛哥地区的西班牙军队将领发动了一次军事叛变。得益于弗朗西斯科·佛

→民族主义者得到了意大利及德国法西斯主义政府的支持。这幅由著名战争摄影家罗伯特·卡帕拍摄的照片，展示了1936年9月民族主义民兵与共和党人在科尔多瓦前线激战的场面。

战乱中的世界

朗哥的领导，并在民族主义者或长枪党的支持下，他们入侵了西班牙本土。他们也得到了意大利及德国法西斯主义政府的支持。这次叛变带来了一场痛苦的内战。到1936年末的时候，民族主义者控制了西班牙西部和南部的多数地区。

信仰的战场

得到苏维埃联盟支持的共和党人，占领着北部和东部的城市，包括巴塞罗那、马德里和瓦伦西亚。而民族主义者则于1937年占领了毕尔巴鄂。在民族主义者的支持下，德国的俯冲轰炸机于该年4月27日袭击了格尔尼卡的巴斯克镇，并杀害了数百名无辜平民。这是毫无限制的空中打击被第一次投入针对平民的战斗中去，同时也是现代战争的一个转折点。

在政府军投降之前，大约有75万人在战争中丧失。获胜的民族主义者在1939年1月接管巴塞罗那，并在3月接管了马德里。佛朗哥将军被宣布为"王国元首和国家领袖"。

佛朗哥禁止对长枪党任何形式的反对，并恢复了罗马天主教会的权力，还让西班牙从国际联盟中撤了出来。虽然对希特勒颇有"心有灵犀"之感，但他还是在第二次世界大战中保持了中立。佛朗哥在他于1975年去世之前一直统治着西班牙。在他死后，君主制和民主制均被恢复。

↓现代战争中的一个转折点，便是1937年德国空军对格尔尼卡某镇的平民发起的毫无限制的空中打击事件。这次事件在帕布罗·毕加索的一幅名画中也有所表现。

↑在画面中，佛朗哥将军的军队正与共和党人在马德里的街道上激战，时间是1936年。1939年3月，共和党人占领区马德里的投降，标志着西班牙内战的结束。

日本侵华战争 1931年~1945年

1931年9月18日，日本不宣而战，发动了侵华战争，中国东北三省沦陷。

↑这幅德国卡通画显示了日本对中国的残暴行径。

到1905年为止，日本已侵占了朝鲜和中国台湾。同时，日本还成为该地区最为强大的军事国家。1900年至1925年期间，在外国专家的帮助下，日本的工业得到了快速的发展。而在工业方面的投资，依赖了对农业工人征收的高额重税。但是，主要集中在丝绸生产的工业，在很大程度上要依赖于外国市场。在经济大萧条时期，这些市场都面临崩溃，很多日本工厂的生产被迫中止。面对着日益增长的人口和微弱的政治领导，军队开始着手扩大日本对邻国的影响力。

1931年"九一八事变"后，日本人利用溥仪在东北建立了一个傀儡政

↑为了获得中国东北部满洲里资源丰富的地区，日本于1931年占领了奉天城（沈阳的旧称）。1932年，他们还为自己建立了一个傀儡政府，并由溥仪来充当傀儡。

权。通过这一政权，日本在中国东北实行了14年之久的殖民统治，一直到抗日战争结束。

日本入侵中国

1936年12月12日，国民党将领

→当日本于1933年3月进攻承德的时候，中国的"大刀队"也是承德（热河）的守卫者之一。承德位于北京的东北方向。

战乱中的世界

张学良和杨虎城发动了西安事变。西安事变的和平解决，标志着国共两党再次实现合作。

1937年，"七七事变"爆发，日本发动了全面侵华战争，入侵了天津、北京、上海等城市，并在南京进行了惨无人道的大屠杀，30万中国人遇难。虽然中国人奋起抵抗，但是到1938年时，日本人已经控制了中国东部的多数地区，并在北京和南京同时建立了傀儡政府。蒋介石及其国民党政府被迫迁都重庆。

中日战争一直持续到1945年，日本在第二次世界大战结束时宣告投降。

↑在裕仁天皇（1901年~1989年）的统治下，日本开始对邻近国家实施侵略性的政策。在第二次世界大战之后，日本重新恢复成为一个强大的工业国家。裕仁天皇于1989年的去世，结束了日本历史上最为长久的封建帝王统治。

↑图中所示为李桦所创作的木刻画，表现的是遭受日本入侵的中国人民陷入了深深的痛苦之中。

↑在满洲里被占领之后，日本对中国发起了全面入侵。1937年，装备精良的日本军队袭击了中国东部的很多城市，还屠杀了几十万无辜的平民百姓。在占领北京城之后，他们于1937年8月对上海发动了一次极度凶残的进攻。

↑1937年11月，日本军队袭击了上海，数千名无辜市民遭到屠杀。这幅照片展示了日本人洗劫过后的上海车站，场面恐怖血腥，让人唏嘘不已。

345

德国的扩张 1938年~1939年

为了维持欧洲地区的和平,英国和法国容忍了希特勒的扩张主义政策,并放纵了德国对奥地利和捷克斯洛伐克的吞并。

阿道夫·希特勒的野心之一,便是将德国和奥地利统一起来。这个联盟曾于1919年被《凡尔赛和约》禁止过,因为那时的法国和其他国家觉得这样会使德国过于强大。但是,到20世纪30年代早期,很多德国人和奥地利人都希望他们原来的国家能够实现统一。但是在1934年,在奥地利发动的一次早有预谋的纳粹政变却无果而终。1938年,希特勒与奥地利首相库尔特·冯·许士尼格进行会晤,并提出了新的要求。在动荡局面和德国军队威胁的双重压力之下,许士尼格退位让贤给奥地利纳粹党的领导者阿图尔·冯·赛斯-英夸特。他直接让德国军队占领了奥地利,而德奥联盟(即纳粹德国对奥地利的"吞并")也于1938年3月13日正式宣布成立。

希特勒还想重新收回被《凡尔赛和约》归还给其他国家的欧洲占领地区,其中之一便是捷克斯洛伐克的苏台德区。为了继续保持欧洲地区的和平局势,《慕尼黑协议》于1938年9月签订。该协议将苏台德区拱手送给了德国人。希特勒将这看作是合乎情理的让步行为,他将之称为"绥靖"政策。

但是,对希特勒来说,这是远远不够的。1939年3月,德国军队接管了捷克斯洛伐克地区。

↑在《慕尼黑协议》于1938年9月签订之后,英国首相内维尔·张伯伦对外宣称说:"这是我们时代的和平。"

↑阿图尔·冯·赛斯-英夸特(1892年~1946年)是奥地利纳粹党的领导者,同时也是政府的一名成员。他直接邀请德国人占领自己的国家,并使奥地利成为德意志第三帝国的一部分。

↑1938年,德国军队开进了维也纳。希特勒希望将所有说德语的人统一成一个"更伟大的德国"。

→1939年4月,德国军队进入布拉格。1938年,为了向纳粹党妥协,捷克斯洛伐克被迫将苏台德区归还给德国,但是,这对希特勒来说是远远不够的。1939年3月15日,德国军队入侵了捷克斯洛伐克。

第二次世界大战的开始 1939年

由于英、法等国的绥靖政策，希特勒的自信心和野心日益膨胀起来。但是他对波兰地区的入侵，导致了英国和法国对德国的宣战。

↑温斯顿·丘吉尔（1874年—1965年）于1940年成为英国的首相，并在第二次世界大战期间领导了英国。

三个轴心国国家即德国、意大利和日本，都想要获得更多的领土。在入侵捷克斯洛伐克之后，希特勒还以为他的进一步扩张计划不会遭遇到任何反对他的国际军事行动。为了预防来自东部地区的军事威胁，他于1939年8月与苏联签订了一份互不侵犯协定，即《苏德互不侵犯条约》。

希特勒还是于1939年9月1日入侵了波兰。两天之后，英国和法国向德国宣战。曾经与德国签订过互不侵犯条约的苏联军队，也继而从东面入侵了波兰。波兰被德国和苏联分成了两大部分。1940年4月，德国军队开始入侵丹麦和挪威；同年5月，他们还入侵了比利时、荷兰和法国。

6月，意大利向同盟国宣战。被派往法国的英国军队被迫撤退到敦刻尔克。在那里，几十万名英国士兵被撤回了英国本土。

梅塞施米特式战斗机 ME109型

海上飞机 "喷火"式战斗机

↑在1940年7月至10月，德国空军轰炸了英国的很多城市，并袭击了英国空军（即英国皇家空军）。在此空袭过程中，英国皇家空军摧毁了1755架德国空军战机，自己只损失了915架。到10月31日时，英国已经赢得了不列颠之战的胜利。

↑1939年9月，德国军队在维斯瓦河附近迎头痛击了装备落后的波兰军队。波兰西部的多数地区被纳入德意志第三帝国的囊中，而其中很多人也被转移到德国境内干苦工。

在欧洲多半地区已经处于法西斯控制之下之后，希特勒准备入侵英国，而当时的美国则依然执行孤立主义政策。1940年7月，德国空军对英国的军事目标进行了空袭。

↓1940年5月10日，德国军队入侵了荷兰和比利时。英国军队被派往法国，试图去阻止德国的进一步推进，但是无果而终。他们被迫退守到法国的敦刻尔克港口。在5月29日至6月4日，33.5万名英国和盟军部队战士从敦刻尔克附近的沙滩，安全撤退到英国本土。

□ 世界历史百科全书

西线战争　1939年~1945年

盟军在阿拉曼战役和斯大林格勒战役中取得的胜利成为第二次世界大战的转折点，并最终导致了德国的失败。

↑埃尔文·隆美尔（1891年~1944年）是德国武装部队的领导者。在北非，他的坦克部队展示了比英国过时旧机器更为先进的极大优势。

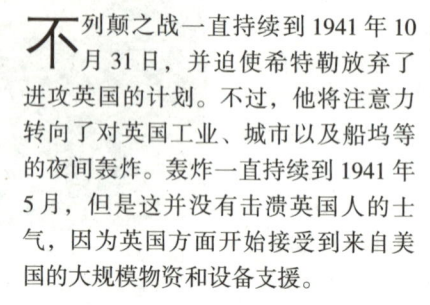

↑伯纳德·蒙哥马利（1887年~1976年）是北非地区和欧洲地区英国军队的领导者。他率领的第八军在阿拉曼战役中获得了胜利，这也是二战中的一个重要转折点。

↑格奥尔基·朱可夫（1896年~1974年）命令苏联红军与德国侵略者展开殊死搏斗。

↑德怀特.D.艾森豪威尔（1890年~1969年）在二战中是盟军最高指挥官。1952年，艾森豪威尔成为美国总统。

不列颠之战一直持续到1941年10月31日，并迫使希特勒放弃了进攻英国的计划。不过，他将注意力转向了对英国工业、城市以及船坞等的夜间轰炸。轰炸一直持续到1941年5月，但是这并没有击溃英国人的士气，因为英国方面开始接受到来自美国的大规模物资和设备支援。

德国人的进军

与此同时，意大利已经入侵了希腊和北非，英国军队则逼退了在北非地区的意大利人。但是到1941年4月，希特勒的部队已经占领了希腊和南斯拉夫，从而对墨索里尼的部队予以协助。德国人将英国人逐出了希腊，并派遣了隆美尔将军率领下的大部队前往北非地区驻守。他的精锐部队成功将英国人逼退回埃及。

1941年6月，由于受到西线军事行动大获全胜的鼓舞，并为了获得更多的石油供应，希特勒的军队向苏联发动了一场大规模的进攻。德国人将苏军队一直驱逐回列宁格勒、莫斯科和基辅等地。但是，在恶劣的苏联冬季中，他们失去了刚刚获得不久的新领地。

↑在不列颠之战的平静时期，英国皇家空军的飞行员在一架"喷火"式战斗机旁边稍事休息。虽然在数量上处于劣势，但是他们拥有更为精良的飞机。英国飞行员阻止了德国空军对英国的狂轰滥炸。

与德国法西斯战斗到底的大潮流

1941年8月，英国首相温斯顿·丘吉尔、美国总统富兰克林.D.罗斯福签订了《大西洋宪章》，该宪章宣布所有人拥有自由权。12月，美国在日本人进攻其珍珠港之后加入了战争。与此同时，盟军部队已经被派往北非地区

↓在斯大林格勒战役期间，一支德国迫击炮连部队为了支援步兵团而开赴前线。1942年11月，苏联人向攻占了城市的德国部队发动了一次突然反击，并迫使他们撤退。

348

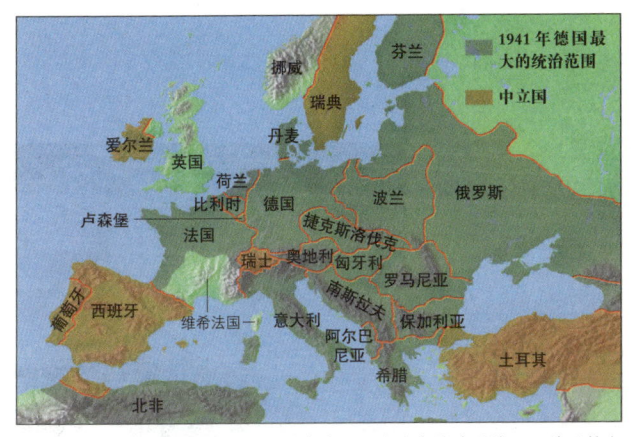

战乱中的世界

↑ 到1941年为止，德国已经征服了除英国之外的多数欧洲地区，并开始向北非扩张。自1940年6月开始，维希法国政府在贝当元帅的领导下，并充当起德国人的走狗。

↑ 1944年，在突袭位于鲁尔地区万讷艾克尔炼油厂的一次日间轰炸任务中，一家英国的哈利法克斯式重型轰炸机在目标上空掠过。

← 当法国于1940年沦陷之后，查尔斯·戴高乐成为自由法国运动的领导者。在1945年至1959年期间，他担任法国总统的职务。

去阻止隆美尔对埃及的进一步行动。

1942年11月，盟军在埃及对抗德国人和意大利人的阿拉曼战役中赢得了关键性的胜利。在东面，苏联人在列宁格勒战役中对德国部队发起了一次反击，并迫使他们做出撤退的决定。这两次盟军的胜利标志着西线战争转折点的到来。

在1942年到1943年整整两年中，德国的U艇袭击了许多将物资和军事设备运往英国的船只。这一军事威胁遭到了海军战舰和空军的自卫还击。1943年，英国和美国开始轰炸德国工业区和各大城市。同年7月，英国和美国军队在西西里岛登陆；9月，他们已经在整个意大利地区登陆。这导致了墨索里尼的倒台，以及意大利最后的投降。

德军的最后战败

在东部前线，苏联军队逐渐将德国人驱赶回他们的老家。1944年6月6日，第二条战线在正式攻击日被开辟出来，当时的盟军在法国的诺曼底顺利登陆。德国人发动了自卫反击战，但是不得不于1945年1月撤退。苏联军队开始向柏林地区进发。

到12月的时候，盟军已经抵达了德国的边境线。到3月时，盟军已经跨过了莱茵河，而苏联人已经抵达柏林核心地。希特勒于4月30日自杀。5月7日，德国终于无条件投降了。

← 在1944年6月6日即正式攻击日当天，盟军部队登陆了诺曼底海岸。1200艘战舰和4100艘登陆艇将132500名战士运送到岸边，而10000架飞机则同时袭击了德国的阵地。正式攻击日的登陆，使盟军部队将德国人从法国境内驱赶出去。

349

□ 世界历史百科全书

太平洋战争　1941年~1945年

日本人对珍珠港的突然袭击，使美国加入第二次世界大战。最初几次胜利之后，日本人逐渐被驱逐回他们的本土。

↑海军上将山本五十六（1884年~1943年）策划了日本对珍珠港的偷袭事件。1943年4月，他前往所罗门群岛视察日本军队，他的飞行线路被窃听日本无线电信号的盟军密码破译者拦截到。在美军战斗机将其飞机击落之后，山本五十六也命丧黄泉。

自1940年9月，日本与德国和意大利达成了联盟，但是一直没有卷入战事。在太平洋地区的战争开始于1941年12月7日，当时日本航空母舰所运载的空军对美国位于夏威夷珍珠港的海军基地发动了一次无缘无故的突然袭击。超过2400名美国士兵和水手在突袭中丧失，另有18艘主要海军战舰被摧毁或遭受重创。日本方面却只造成了不到100人的伤亡。日本军队还在同一天入侵了泰国。在第二天，美国国会向日本宣战。接着，德国和意大利向美国宣战。

1941年12月10日，英国战舰"威尔士王子号"与战列巡洋舰"反击号"，在暹罗湾被日本空军击沉。

↑1941年12月7日，美国战舰"田纳西号"和"西弗吉尼亚号"在日本人的攻击下起火。在此次偷袭中，18艘美国主要船舰被击毁或遭受重创，包括8艘战舰。

↓1944年10月25日，神风突击队的袭击最早是由日本海军发起的，时值莱特湾战役。在战斗期间，大约有300艘盟军舰船遭到神风突击队的猛烈攻击。

日本的神风突击队

日文"かみかぜ"就是"神风"的意思，其借鉴的是发生于1281年的一股如从天而降的大风，将当时的一支蒙古人侵略舰队吹得不见了踪影。在太平洋战争即将结束的时候，有很多日本飞行员都"挺身而出"，自愿为他们的天皇加入敢死队，将他们载满炸药的飞机俯冲直下，直接飞奔盟军的战舰。在冲绳岛自卫反击战中，有超过2900次神风突击队的出击行动。神风突击队用得最多的飞机，就是零式战斗机。

战乱中的世界

由于美国和英国舰队的严重受创，日本人以为他们已经完全控制了太平洋地区。在五个月之内，他们的军队占领了缅甸、中国香港、新加坡、马来半岛、荷属东印度群岛（印度尼西亚）、泰国以及菲律宾等地。他们还入侵了新几内亚，并威胁到澳大利亚的北部海岸线。由于澳大利亚的多半部队和军事设备都在欧洲地区帮助盟军作战，所以它不得不寻求美国人的防卫协助。

日本在海战中的失利

但是，并不是所有美国舰队都在珍珠港偷袭事件中沉没了。三艘航空母舰在偷袭发生时正在海上作业，而美国在不久之后又新增了两艘航母。日本人进一步扩展的行动计划，在1942年的两大海战中被腰斩了。

珊瑚海战役（5月4日~8日），是海军历史上交战双方战舰在战斗过程中互相都看不到对方的第一次战事。参加战斗的是从航空母舰中发射的战斗飞机。虽然并没有分出个胜负，但是这次战斗确实阻止了日本人入侵澳大利亚的计划。6月，日本开始计划入侵面积较小、但具战略位置重要的中途岛和阿留申群岛。首当其冲的是，他们必须消灭掉在中途岛上的美国空军基地。但是，美国早已破解了日本人的无线电密码，对突袭做好了准备。

在中途岛战役中（6月4日~6日），日本海军在美国以航空母舰为基地的空军的打击下遭受重创，最后只得撤退。中途岛之战，是美军方面的一次决定性胜利，同时也是二战的一个转折点。在日本进军受挫之后，重新占领这块地方的任务又开始了。

在接下来的三年时间里，美国重新夺回了吉尔伯特群岛、马绍尔群岛、加罗林群岛以及马里亚纳群岛等。在那里，他们本可以对日本城市和工业区发动轰击的。1944年9月，美国军队重新占领菲律宾，而英国第四军则重新占领缅甸。在激烈的战斗之后，美军方面在1945年年初，便占领了日本的冲绳岛和硫磺岛两地。

大事年表

1941年12月7日 日本突袭了美国位于夏威夷珍珠港的太平洋舰队，美国向日本宣战，日本在暹罗湾击沉了英国的战舰

1942年 日本占领了中国香港、缅甸、泰国、新加坡、马来半岛、荷属东印度群岛以及菲律宾等地，珊瑚海战役、中途岛战役以及瓜达康纳尔岛战役爆发

1944年 莱特湾战役开始，美国军队重新夺回了菲律宾

1945年 美国军队占领了冲绳岛和硫磺岛，美国空军向广岛和长崎投放了两颗原子弹，日本于8月14日投降

↑在中途岛取得胜利之后，美国人于1942年8月占领了瓜达康纳尔岛。在他们胜利之后，新西兰部队于1943年11月登上了瓜达康纳尔岛的海岸。

↓将日本人从缅甸的丛林中驱逐出去，确实是一件不容易的事情。在战争的初期阶段，一支在温盖特将军率领下的小规模军队，即"钦迪特"游击队，在日本战线之后开辟了绵延数公里的战斗区。

351

太平洋重现和平 1945年~1948年

虽然美国军队已经逼到了家门口，但是日本人决定战斗到最后一个人。两颗原子弹的投放，迫使他们缴械投降。

↑1945年9月2日，日本代表们等着签署正式的投降声明，当时道格拉斯·麦克阿瑟将军也在这艘美国战舰"密苏里"号上。

冲绳岛被占领之后，有10万名日本士兵和1.2万名美国士兵在战斗中丧生。在遭受这种重创之后，盟军指挥官担忧，如果入侵日本大陆，死伤人数将会进一步上升。他们知道，日本人会出于防卫的目的而战斗到底。粗略估计，大约有100万盟军士兵会在推进过程中丧生。在美国，罗斯福已经在1944年第三次连任总统。与此同时，美国科学家们也一直在绝密的情况下研究开发一种新的恐怖武器，即原子弹。在1945年4月12日罗斯福去世之后，他的继任者哈里·杜鲁门做出了对日本投放原子弹的重大决定。

轰炸广岛

美国科学家开发的原子弹，一直被当作高度机密，只有两颗原子弹在战争中被使用。1945年8月6日，五吨重的"小男孩"号原子弹被投放到广岛（如下图），执行该任务的是一架名为"埃诺拉·盖伊"的波音B-29超级堡垒轰炸机。三天之后，第二颗原子弹"胖子"，也被另一架名叫"黑啤之星"的超级堡垒轰炸机投放，并摧毁了整个长崎。

日本投降

杜鲁门坚持认为，原子弹的使用不但可以迅速结束战争，而且还可以拯救数百万盟军士兵的生命。

1945年7月末，盟军给日本下达了最后通牒，称如果日本还不投降的话，将彻底摧毁日本。1945年8月6日，由于日本人不愿意投降，一颗原子弹被投放在广岛，这颗原子弹夺去了13万名日本人的生命。三天之后，第二颗原子弹被投放在长崎，并导致了75万人死亡。后来，还有数千人因为受伤或受到辐射而相继死去。这些原子弹的使用最终迫使日本人于8月14日投降。

1945年9月2日，在日本人正式投降之后，第二次世界大战终于结束了。超过200多万名日本人在二战中丧生，日本的100多座城市在轰炸中被摧毁，工业生产早已中止。

↓波音B-29超级堡垒轰炸机，是第二次世界大战中所使用的最大型轰炸机。

联合国 1945年~1948年

第二次世界大战结束之后，获胜的盟军各国将德国分割成四大区域。联合国开始建立，目的是维持国际和平。

↑1945年4月25日，联合国成立。其宗旨是维护国际和平，并解决国际合作之间出现的各种问题。

在雅尔塔会议上，众参会国达成了战后由苏、美、英、法四国分管德国的协议。在这个时候，罗斯福已经去世，而其继任者哈里·杜鲁门担任起新任的美国总统。英国的代表是他们的首相莱门特·艾德礼。德国的一些领土被划分给了波兰和苏联。曾被日本和德国侵略过的国家，重新恢复到之前的状态。但是苏联的影响力随之猛增，因为保加利亚、匈牙利、波兰、罗马尼亚、捷克斯洛伐克、南斯拉夫以及东德都组成了社会主义国家。

↑在1945年2月的雅尔塔会议上，盟军"三巨头"，从左到右分别是丘吉尔、罗斯福和斯大林。

联合国

"联合国"（英文简称"UN"）一词的最早使用，是在1942年盟军各国签订《大西洋宪章》时。在宪章中，他们达成了与轴心国作战的协议，并承诺不会制定其他任何形式的单独和平协议。联合国有一个安全理事会，可以在发生冲突与争端的时候决定采取何种措施。成员国需要提供军队和人员去执行维护和平的任务，并在联合国的组织之下进行。1948年，联合国颁布了《世界人权宣言》，但这是一项不具约束力的协议。

↑于1945年颁布的《波茨坦公告》，将纳粹战犯带到了战争审判庭。在上图中，从左到右依次为前纳粹领导者赫尔曼·戈林、鲁道夫·赫斯以及约阿希姆·冯·里宾特洛甫，他们在等待审判中相互交谈。这三个人都被判有罪。戈林在被处死的数小时之前自杀身亡；赫斯被判无期徒刑，并于1987年死于斯潘达监狱之中。冯·里宾特洛甫于1946年10月16日被绞死。

→为了对美国分裂德国的意图表达不满，苏联1949年6月24日封锁了柏林，中断了西柏林与西部领区之间的水陆交通。美英则对苏占区实行交通和贸易限制，并向西柏林空运物资。

□世界历史百科全书

意大利和巴尔干半岛　1943年~1949年

在第二次世界大战之后，意大利变成了一个共和国国家，希腊则开始遭受三年之久的内战，铁托则成为南斯拉夫共产主义政府的领袖人物。

↑阿尔契德·加斯贝利（1881年~1954年）组建了基督教民主党，并于1945年起担任意大利首相。

↑在第二次世界大战期间，约瑟普·布罗兹·铁托（1892年~1980年）组织了对德国在南斯拉夫占领区的抵抗运动，并于1953年成为南斯拉夫的总统。

↑南斯拉夫的军队外套上，有一个红星和六支火把，后者象征着如下六个共和国：波黑共和国、克罗地亚、马其顿、蒙特内哥罗、塞尔维亚以及斯洛文尼亚。

在意大利于1943年向同盟国投降之后，该国出现了两个政府。在南方，国王维克托·艾曼努尔及其首相大臣巴多格里奥在盟军的支持下进行统治。在北方，德国人将墨索里尼从监狱中救了出来，并建立起一个法西斯主义的意大利国家。这个政府一直持续到1945年。国王及其新任首相阿尔契德·加斯贝利开始统治着整个意大利。1946年5月，国王退位让贤给他的儿子，即后来的翁贝托二世。一个月之后，一次全国性的公民投票决定建立起一个共和国，原来的皇家贵族只得离开意大利。

在德国占领希腊的时候，共产党人建立了一支强而有力的武装部队。在第二次世界大战之后，他们希望希腊变成一个共产主义国家。1946年，一个保皇主义者的政府被选举产生，而国王乔治二世又重新回到了原有的王位。共产党人开始起义，内战就此爆发。在杜鲁门主义的政策之下，美国给那些支持国王的军队大量的支援

↑在二战快要结束的最后几年里，南斯拉夫的女游击队战士在意大利的盟军野营地中进行军事训练。自德国人入侵她们的国土以来，这些姑娘便在南斯拉夫的游击战争中坚强地战斗着。

与协助。战斗一直持续到1949年。

南斯拉夫是在第一次世界大战结束后的塞尔维亚、蒙特内哥罗、克罗地亚、斯洛文尼亚以及波黑共和国等的基础上形成的，并由国王亚历山大一世统治着。在第二次世界大战中，南斯拉夫一直被德国人占领着，而其国王则流亡到伦敦。对德国人的抗击活动，是在塞族游击战士（即塞尔维亚民族主义者）及共产党人游击队的共同组织下展开的。在战争结束后，游击队领导者铁托开始成为共产主义政府的领袖人物。

希腊内战

1946年9月，希腊国王恢复了王位。在此之后，一场内战揭开了序幕。来自美国的大规模军事和经济援助开始涌入，并支持当时的保皇派分子。1947年，共产党人宣布在北方地区建立一个临时政府。内战一直持续到1949年10月16日。在三年内战期间，5万多人在战斗中丧生，另有50多万希腊人变成了无家可归的流浪汉。

战乱中的世界

中国解放战争 1945年~1949年

在日本帝国主义于1945年被击败之后，中国国民党和中国共产党之间的内战又爆发了。1949年，中华人民共和国宣告成立。

↑拖拉机取代耕牛，是生产力的一个进步。

↓中华人民共和国成立之初，食物短缺问题很严重。中国共产党花费很大精力致力于解决这一问题。

西安事变之后，中国国民党领袖蒋介石与共产党进行合作，共同抗击日本人。这次国共合作从1936年一直持续到1945年，并使中国也加入第二次世界大战的盟军阵营。当中国人与日本人激战的时候，英国和美国提供了支援与协助。在日本于1945年被击败之后，国共合作宣告结束。1949年10月1日，中华人民共和国宣告成立。

↑这幅1949年的海报，展示了农民与人民解放军在一起鱼水情深的感人场面。

□世界历史百科全书

艺术 1914年~1949年

传统艺术形式如音乐、绘画以及雕刻等在战前发生的演变，导致了第一次世界大战之后艺术更倾向于现实和表现主义。

第一次世界大战结束之后，新的艺术形式开始出现。一场名为"达尔文主义"的运动在战争期间便开始扎根，而其创始人如让·阿尔普和马塞尔·杜尚等，创作了各种艺术作品对原有的艺术给予震慑或质疑。

所谓的"超现实主义"，便是达尔文主义运动孕育的产物。该时期的超现实主义艺术家，比如西班牙画家萨尔瓦多·达利和比利时画家勒内·马格利特，创作了很多精妙的作品，这些作品似乎是作者因受到梦境影响或在潜意识驱使之下创作的。

第一次世界大战之前，抽象主义艺术便在德国、荷兰和俄国等地出现。在这种艺术形式中，艺术家们通过特定样式的形状与颜色组合来进行创作，而不再是按照写实手法来对物体依样画葫芦。在两次世界大战期间诞生的抽象派创作艺术家，包括俄国人弗拉基米尔·塔特林、荷兰人皮特·蒙德里安以及西班牙人胡安·米罗。英国艺术家亨利·摩尔的作品，也在20世纪30年代变得更加抽象。

↑瓦斯拉夫·尼金斯基（1890年~1950年）是俄国最著名的芭蕾舞蹈演员之一，他最有名的就是独特的飞跃动作。他更为有名的演出之一，便是在《牧神的午后》中扮演的牧神角色。

↑查理·卓别林（1889年~1977年）是无声电影时代中最成功的好莱坞喜剧演员。20世纪20年代，卓别林的声誉达到巅峰时刻，全世界的人都知道他并钟爱他的作品。他在电影作品如《淘金热》，刻画了一个令人喜爱的"小流浪者"角色。

音乐和芭蕾

此时的古典音乐，也正在经历着嬗变演化并进行着不断尝试。在这一时期中，还涌现了许多位著名的作曲家。奥地利人阿诺德·勋伯格开始探索抽象主义手法的音乐艺术。在俄国，伊戈尔·斯特拉文斯基则正忙着给芭

→"喧嚣的二十年代"的特点之一，便是各个年龄层的人们都表现出一种狂野和寻欢作乐精神，实际上是为了忘却战争曾经带来的心理恐惧。20世纪20年代，时事滑稽剧的女孩们排成一排，给柏林市民带来一种逃避主义的娱乐方式。

战乱中的世界

↑立体派主义是一场艺术运动，其中的艺术家将他们的目标物体描绘成一维的、扭曲的。1907年，西班牙画家巴勃罗·毕加索（1881年~1973年）便开始了立体画的创作。我们可以从这张1945年拍摄的照片中看到他的身影。毕加索的第一幅立体画作品《亚维农的少女》，震惊了当时的整个艺术界。

←美国作曲家乔治·格什温（1989年~1937年）出生在纽约的一个俄国人移民家庭。他将爵士乐和蓝调音乐的元素融入自己的独创音乐中去。他最有名的作品之一便是《蓝色狂想曲》（1924年）。

蕾舞创作配乐；在匈牙利，作曲家贝拉·巴托克正受到其国家民间音乐的深厚熏陶。

西方流行音乐在当时由美国主宰着。在这里，黑人艺术家开始扮演起越来越重要的角色，他们的民间音乐遂渐演化成后来众人皆知的爵士乐。到20世纪30年代中期，"摇摆乐"或"大乐队"音乐开始流行起来，而美国的乐队领袖人物如葛伦·米勒等，在全世界都享有极高的知名度。

电影工业

在第一次世界大战之后，电影开始蓬勃发展。到1920年，好莱坞已经成为世界电影的首都城市。一次重大的突破发生在1927年，当时出现了第一部配音长片电影，该作品名叫《爵士歌王》。在短短三年之内，所有美国电影都有了声音，而电影院里面的观众也与日俱增。更进一步的发展出现在20世纪30年代末，彩色电影面世。

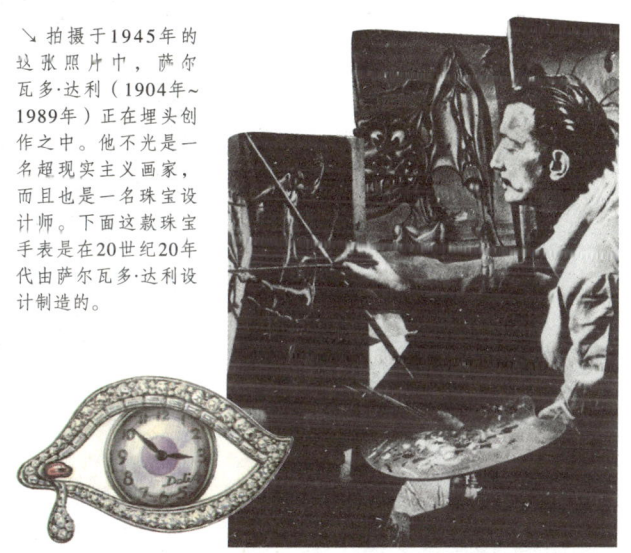

↓朱迪·嘉兰（1922年~1969年）因为在电影《绿野仙踪》（1939年）中饰演桃乐丝，而享誉全世界。这部由好莱坞米高梅工作室制作完成的电影，是最早的彩色电影作品之一。

↘拍摄于1945年的这张照片中，萨尔瓦多·达利（1904年~1989年）正在埋头创作之中。他不光是一名超现实主义画家，而且也是一名珠宝设计师。下面这款珠宝手表是在20世纪20年代由萨尔瓦多·达利设计制造的。

357

建筑 1914年~1949年

在第一次世界大战结束之后，欧洲和美国在建筑设计和建造方面的新发展，开始成为一种所谓的"国际风格"。

自1914年始，现代建筑的不同风格开始在西方世界逐渐发展起来。"新艺术主义"风格有着流线型的线条和造型，取自大自然的各种形状。另有建筑师开始设计更多功能、更具现代风格的建筑物，并使用钢材、玻璃和钢筋混凝土等材料。这就是所谓的"国际风格"。

↑ 鲍豪斯建筑艺术和设计学院，创立于1919年，其创始人是沃尔特·格罗佩斯。1925年，该学院从魏玛共和国搬迁到位于德绍的这栋建筑。其当时的工作人员包括世界级的画匠，比如保罗·克利和瓦西里·康定斯基等。

↑ 摩尔人风格对西班牙建筑的影响，在古巴哈瓦那的这座巴卡第建筑的尖塔中可窥一斑。这座有着赤陶设计的建筑物，是1931年建造完成的。

欧洲的新发展

更现代化、多功能化设计的新潮流，是在欧洲和美国的建筑师带领下形成的。在欧洲，荷兰的德·斯太尔、德国的密斯·凡德罗以及法国的勒·柯布西耶等，都有着各自独特的艺术风格。特别是勒·柯布西耶，用从未使用过的钢筋混凝土作为新的建筑材料。在德国，一种新的鲍豪斯建筑学派于1919年成立，其创建者是建筑师沃尔特·格罗佩斯。

美式风格

在美国，弗兰克·劳埃德·莱特开始设计能与自然风景和谐融洽到一起的建筑物。他的风格深刻影响着第一次世界大战之前的欧洲建筑师们。在20世纪30年代期间，他还与欧洲其他建筑师如密斯·凡德罗等合作，当时的密斯·凡德罗正在逃避来自自

↑ 以新艺术主义风格建筑的爱因斯坦塔，位于德国的波茨坦。其是在第一次世界大战之后，由埃里希·门德尔松设计的。这里是爱因斯坦的工作室，相对论就是在这里接受了测试。

↑ 建筑师勒·柯布西耶出生在瑞士，但是后来在法国工作。位于柏林的这栋公寓，是他在20世纪30年代使用钢筋混凝土来建造房屋的一个见证。

战乱中的世界

己祖国的迫害。大城市中空间上的有限性，导致了摩天大厦的建造。高达102层的纽约帝国大厦，于1931年完工，是当时世界上最高的建筑。

"二战"及"后二战"时期

第二次世界大战的爆发，使欧洲的建筑发展戛然而止。但是在南美洲地区，特别是巴西，"国际风格"及勒·柯布西耶的作品，逐渐影响着当地的建筑设计。

到1945年，在欧洲的主要城市，有4000多万座房屋需要被建造起来，以替代在战争中被摧毁的那些废墟。新房屋的快速建造，成为一个首要的任务。在很多乡镇和城市的贫民区清除计划，导致了很多旧房中最糟糕的那一批，被现代混凝土和钢筋结构的公寓街区所取代。

↑在此期间，最伟大的美国建筑师便是弗兰克·劳埃德·莱特。他是建筑师路易斯·沙利文的学生，而后者发明了钢筋框架的建筑结构。这座位于加利福尼亚州洛杉矶的大楼，是由莱特设计完成的，其与周边的自然风景融为一体。

↑位于纽约的克莱斯勒大厦，是由建筑师威廉·范阿伦设计的，并于1930年完工。其是装饰艺术风格的一个典范，该风格影响着1925年至1939年的建筑设计。

↙位于加利福尼亚州旧金山地区的金门大桥（悬挂吊桥），是于1937年完工的。其主体部分长2737米。

359

科技 1914年~1949年

两次世界大战期间，科学家们研发出很多大规模杀伤性武器。但是，他们的工作也带来了很多可以用来实现和平的新发现。

第一次世界大战见证了化学战争的厉害，坦克也在战场上首次露面。飞机主要用来执行侦察、空战以及轰炸等任务。到第二次世界大战的时候，科学家们已经研制出更为精密复杂的武器。飞机可以更快速地飞行，并能携带更多炸弹。

1940年，雷达系统被开发出来，专门用来确定远距离目标的位置，比如敌军飞机等。1934年，物理学家恩利克·费米发现，核裂变的连锁反应可以在使用铀元素之后实现。这导致了1941年曼哈顿计划的出炉，美国科学家因此在洛斯阿拉莫斯研发出原子弹。原子物理学的发展，也带来了时间测量更多精确方法的发现。

以和平为宗旨的科学

20世纪30年代，塑料和合成纤维的发展意味着，很多消费品和服装都可以在人们普遍可以接受的价位进行大规模生产。在计算机的发展方面，也取得了重大的进步。早期计算机的体积大得跟房子一样，非常少的数据运算就要耗费掉大量的电力。1948年，晶体管在美国的贝尔电话公司被研发出来了。这带来了电子业的一场革命，并导致了更小型、更强大计算机的面世。

很多在以前曾经使数以千计人丧生的疾病，现在终于找到了新的医学治

↑在第一次世界大战之后，新发明的各种机器使日常家务变得更加轻松便利。1914年，第一台电动洗衣机终于面世了。

↑约翰·罗杰·贝尔德（1888年~1946年）发明了最早的电视机。1926年，他第一次将活动物体的画面传输出去。不久之后，他的设备便被俄罗斯裔美国科学家弗拉迪米尔·斯福罗戈（1889年~1982年）的新发明取代。世界上第一个公共电视服务，是1936年由英国BBC（即英国广播公司）提供的。

↑在1948年晶体管收音机发明之前，无线电广播设备使用的是电子管，并被制造成抛光木质大橱柜的造型，比如这台生产于1928年的"哥伦比亚"牌无线电设备。晶体管的面世，使所有形式电子产品的体积都得以缩小。

↑费迪南德·保时捷（1875年~1951年）希望能够生产出普通人都可以买得起的汽车。大众牌汽车的生产计划最早在1934年提上日程。其第一次投入大规模生产是在1938年。

←这架英国汉德利佩季HP42 "汉尼拔"是从一架军用轰炸机改装而来。20世纪30年代间，这架飞机被应用于皇家航空公司自英国飞往埃及、南非和印度等地的航行线路。

战乱中的世界

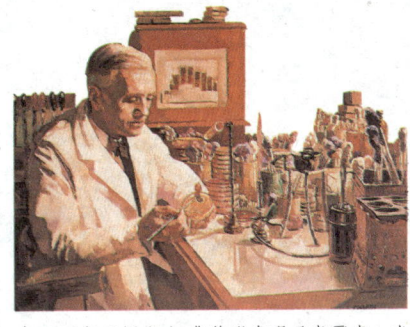

↑1928年亚历山大·弗莱明发现了青霉素。当时，他突然注意到，他实验室的一块壤土杀死了周边的所有细菌。到20世纪40年代，青霉素得到稳定的操控，并用于医学治疗。

疗与预防手段。作为两次世界大战的一个结果，伤病的治疗领域获得了很多医学进步。和平时期的医学进步包括1921年在糖尿病治疗中胰岛素的发现，及1928年第一种抗生素的应用。1937年，第一个血库在美国建立，血浆的第一次应用则是在1940年。

↑1943年，第一台完全电子化的计算机终于在英国布莱切利园被研制出来。被称为"巨人"的这台计算机，成功破解了德国恩尼格玛密电码机发送的最高机密信息。

↗阿尔伯特·爱因斯坦于1921年获得了诺贝尔物理学奖。虽然他希望自己的发明能够被用于实现和平的事业，但是也导致了原子弹的制造。

↑最早的尼龙产品是在1939年进入市场的。这是20世纪40年代美国的一则尼龙时尚袜广告。

20世纪30年代，大规模生产技术的引进，意味着汽车业可以以人们普遍可以接受的价格进行销售。军用飞机被重新设计，并进入民用领域。到20世纪30年代，航空公司的常规线路可以将乘客运送到世界的多数地区。

大事年表

1915年 声呐系统被研发出来，其可以探测到水下潜水艇的具体位置
1919年 欧内斯特·卢瑟福将原子进一步分化
1922年 卡介（肺结核）疫苗开始在法国使用
1926年 第一个使用液态燃料的火箭在美国成功发射
1928年 青霉素被亚历山大·弗莱明发现
1937年 法兰克·惠特尔首次设计了喷气发动机
1938年 拉兹罗·比罗发明了圆珠笔
1939年 第一双尼龙袜在美国销售
1940年 雷达系统被开发出来
1941年 美国科学家研发了原子弹
1944年 英国和德国第一次将喷气式战斗机投入战斗中去
1948年 发明了原子钟

→原子弹爆炸之后，蘑菇云会马上升起来。1945年8月，美国在日本的广岛和长崎投放了原子弹。这迫使日本举手投降。

361

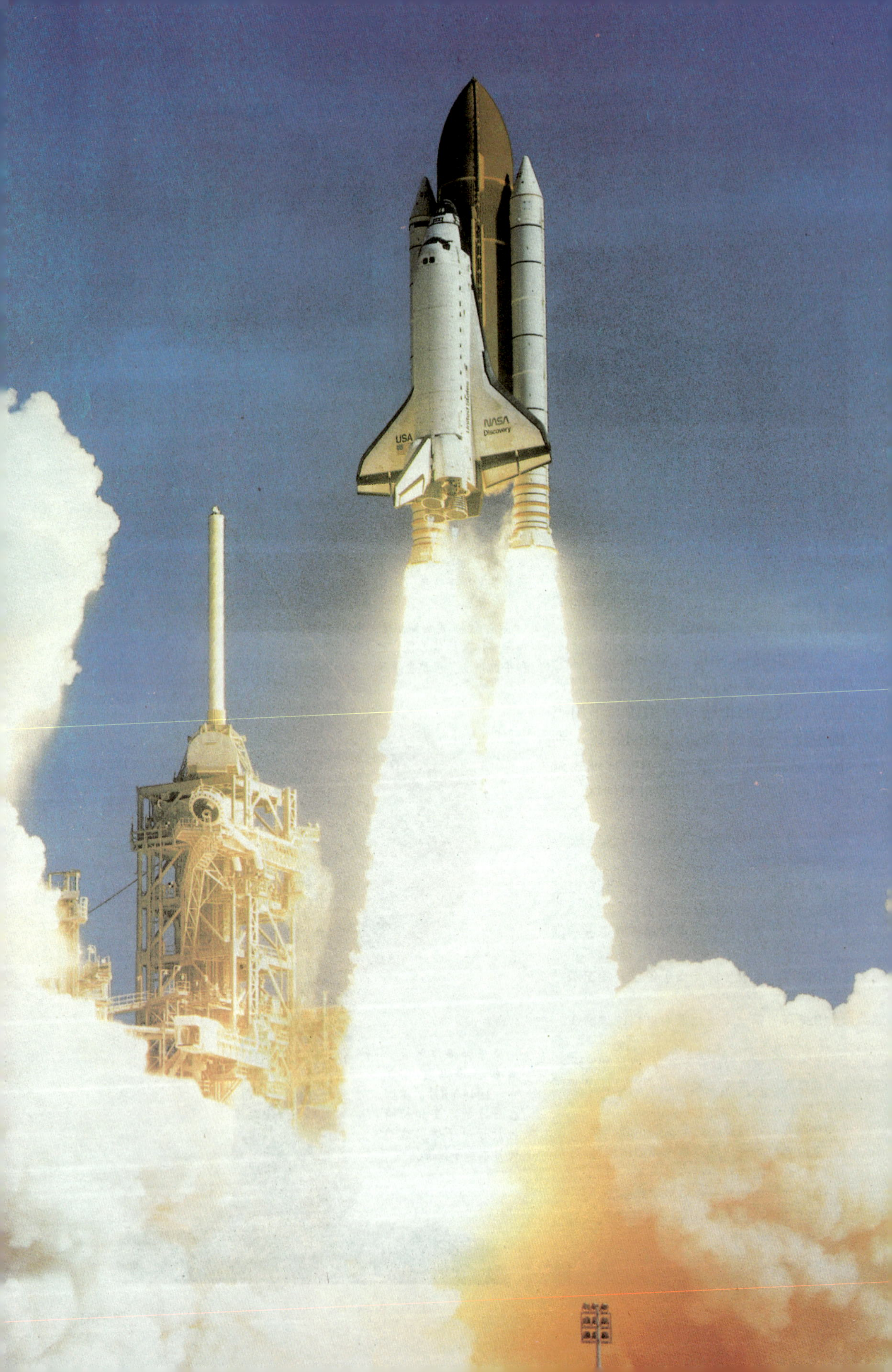
USA
NASA
Discovery

和平与发展
1950年至今

自1950年以后，都属于当代世界。
其中有些事件就在我们身边发生，
或者我们在电视或互联网上能看到相关的报道。
在这些年间，社会、技术及环境有很多变化，
并且都非常重大。
除历史学家之外，
政治家及决策者也发现了数个重大的历史潮流，
这些大潮流趋势将会继续改变我们的世界。
比如，科技的进步、环境污染、日益增长的人口数量、
逐渐变化的家庭结构、贫富之间越来越大的差距。

↑20世纪90年代，来自英国和美国的航空母舰。

←1995年7月，航天飞机"发现者"号在肯尼迪太空基地中心点火起飞，并开始了其第21次宇宙探索飞行。

世界概览 1950 年至今

第二次世界大战后，以美国为首的资本主义国家和以苏联为首的社会主义国家，形成了除武力外的对峙局面。1947 年 3 月，杜鲁门主义的出台，标志着冷战的开始，1991 年苏联的解体，导致了冷战的结束。

在西欧，欧盟开始鼓励经济发展，并为政治统一做出不懈努力。在非洲，很多国家实现了独立，但是面临着严重的经济问题，此外还有干旱和饥荒等自然灾害。在东南亚地区，技术和工业都得以发展。

北美洲

20 世纪下半叶，是美国发展的鼎盛时期，其在物质和文化两大层面都处于领导地位。美国的西部海岸线如东部海岸线一样，成为电影和航空工业的中心地，并孕育了很多颇具远瞻性的思想。美国在核武器竞赛方面处于领导地位，而在太空竞赛中则与苏联齐头并进、平分秋色。20 世纪 50 年代，经济繁荣开始呈现，不过这也带来了 60 年代的各种问题，比如公民权利和社会问题等。20 世纪 70 年代，美国文化在音乐、电影、发明及新思想等方面均达到如日中天的地步。不过，其也受到了越南战争和政府腐败丑闻的动摇。美国在复杂的世界局势中扮演起"世界警察"的角色。其国际外交政策导致了一些群体的敌对情绪，而美国也日渐成为恐怖主义分子的攻击目标。2001 年 9 月 11 日，针对美国的恐怖袭击事件发生。

拉丁美洲

到 20 世纪 70 年代，拉丁美洲的右翼独裁者与左翼革命派之间爆发了一场战争。贫困、政权和游击队之战，成为其中的主要问题。随着该大陆地区的日渐富庶，这些压力得到缓解。热带雨林的破坏、政府腐败、人权问题以及毒品贸易等，则成为新的社会问题。很多国家的内战开始平息，比如秘鲁和尼加拉瓜等国。20 世纪 90 年代，已经实现工业化的拉丁美洲，开始在全球事务中起着越来越重要的作用。

和平与发展

欧洲

在经过第二次世界大战的蹂躏和冷战的阴影之后，欧洲在20世纪50年代至70年代实现了复苏，并开始通过联盟进入一段长期的合作进程。欧洲开始尝试"社会市场"的经济模式，并施行广泛的福利及社会体制。到20世纪90年代，这种体制开始成为一种负担。虽然危机四伏，如1956年的匈牙利起义，但是欧洲依然保持着和平。最伟大的历史突破当属冷战的终结，其使德国得以重新统一，即东德和西德之间的矛盾终于冰雪消融。不过，发生在20世纪90年代南斯拉夫内战也起到过阻碍历史进程的作用。环境和社会问题也变得举足轻重，特别是1986年俄罗斯的核灾难发生之后。欧盟开始成为所在地区居主宰地位的经济体和政治组织，其成员国日渐扩张并发行了通用的货币——欧元。

亚洲

新中国成立，而中国也再度进入了世界的市场经济大环境。日本成为亚洲经济和技术的发电厂，并推动着亚洲自20世纪70年代以来的快速经济发展。虽然与巴基斯坦冲突不断，但是印度也在20世纪70年代实现了现代化进程。殖民列强的撤退、越南战争、儒家文化价值观的崛起、苏联在中亚地区的没落以及世界经济的全球化等，都对亚洲产生了极大的影响。

中东地区

富得流"油"的中东地区，在这段时期中经历了暴富和极端痛苦的双重历史。由不同世界大国挑起的战争和内政干涉事件，早已是司空见惯的事情了。

非洲

在迎来20世纪60年代的新曙光之后，很多国家都实现了独立，但是面对着一大堆问题，比如战争、腐败、饥荒、社会危机以及艾滋病病毒等。外国干涉和过度开发的现象，随处可见。在南非，在饱受种族隔离制度之苦后的改革终于在1990年开始实施，并带来了一个多民族社会的新希望。津巴布韦及其他国家则依然处于政治和经济的动荡之中。

大洋洲

澳大利亚和新西兰都成为先进的国家，不过其必须要适应与亚洲日渐加强的密切联系。澳大利亚成为世界上最富庶的国家之一。波利尼西亚变成了一个旅游胜地。

□世界历史百科全书

冷战 1945年~1989年

在第二次世界大战结束之后，东西方之间的紧张关系和核武器舆论，几乎将整个世界又带到一场第三次世界大战的危险边缘。

↑这是一幅1962年的卡通画，时值古巴导弹危机。其展示的是两个超级大国领导人在玩掰手腕的斗力游戏。在左边的苏联领导人赫鲁晓夫（1894年~1971年），面对着美国总统约翰.F.肯尼迪（1917年~1963年）。他们两位都坐在自己制造的核武器上面。

在第二次世界大战中，苏联和美国曾经作为盟军成员国联起手来对付日本和德国，但是在1945年，这两个"超级大国"开始进行各项竞争，冷战开始。

1949年4月4日，美、加、英、法、比、荷、卢、丹、挪、冰、葡、意12国外长，在华盛顿的国务院会议大厅举行北大西洋公约组织签字仪式。1949年8月24日，"北约"正式成立。北约的建立，使美国有了一个向西欧扩张和遏制苏联的工具。它标志着美国的全球战略计划基本完成。

北约组织使苏联感到自身面临着严重的威胁。1955年5月14日，苏联与东欧七国在波兰华沙签订了《友好互助合作条约》，称为《华沙条约》，简称《华约》。

柏林：一座分裂的城市

1945年，美国、法国和英国掌管了西德，而苏联则控制了东德。在东德境内的首都柏林，也被进一步分割。1948年，苏联人将通往西柏林的所有通道全部关闭，一直到1949年5月。1961年，东德在城市的中心位置建造了柏林墙，这道柏林墙横穿过电车轨道和大马路，并开辟出一个两边都被称为"无人区"的特殊地带。

↑20世纪60年代期间，由于核战争严重威胁的存在，很多美国人开始在自家后院中建造起辐射尘庇护所。

古巴导弹危机

虽然美国和苏联从未进行过任何实际的战争，但是他们都处于蓄势待发的状态。1962年10月，整个世界都

↓于1961年建造的柏林墙将柏林分为东、西两大部分，其最终还是于1989年11月倒塌。

↓到1949年，很多欧洲国家已经加入各自的阵营中。华沙条约组织国家支持苏联，而北约的成员国则支持美国。

366

和平与发展

屏住了呼吸，因为美国总统约翰.F.肯尼迪收到了空军发回的照片，而这些照片显示苏联人正在古巴地区建立导弹发射基地。在那里，核导弹可以直接到达并摧毁很多美国城市。当年10月22日，总统下令对古巴实施海上军事封锁。美国也制定了大举入侵古巴的预备计划，整个世界不得不提起精神来面对一场核战争。最后在10月28日，苏联领导人赫鲁晓夫终于做出妥协，并同意转移那些导弹且摧毁古巴的发射基地。这场危机终于和平化解。

冷战的结束

20世纪80年代，美国总统罗纳德·里根和苏联领导人戈尔巴乔夫之间的友好关系，促进了冷战紧张关系的缓解。到1987年，他们双方都同意废除中程核导弹。1989年，戈尔巴乔夫允许东欧地区的共产主义国家自由选举民主政府。1991年，苏联解体并形成15个共和国国家。冷战终于宣告结束。1999年3月12日，匈牙利、波兰和捷克共和国加入北约。他们的联合仪式，是于美国独立日在密苏里州哈里.S.杜鲁门纪念图书馆中隆重举行的。

←弗朗西斯·加里·鲍尔斯是一名美国U-2侦察机的飞行员，其在1960年飞越苏联领空的时候被击落下来。后来他被释放，并换取了被监禁的苏联间谍组织头脑人物鲁道夫·阿贝尔。

↓1968年8月，捷克学生竭力阻止苏联坦克进入布拉格。苏联当时害怕的是，华沙条约组织成员国的单独行动会削弱其力量，因此开始进驻当时的捷克斯洛伐克。

↓1983年，核裁军运动（简称"CND"）支持者们的游行队伍穿过伦敦地区，他们反对在英国领土上部署"巡航者"与"三叉戟"核导弹。

↗在冷战期间，很多自发的人民团体组织，比如和平保卫联盟等，开始形成并努力去影响政府，并阻止核武器的扩散。

367

□世界历史百科全书

太空探索 1957年至今

太空探索开始于 1957 年，当时的苏联首度发射了"史普尼克"号人造地球卫星。2001 年，第一位太空游客买单去尝试太空往返旅行。

第二次世界大战期间的技术发展，让科学家们认识到，总有一天人们会在太空里旅行。美国和苏联之间的敌对关系，带来了一场太空竞赛。双方都感觉到，成为第一个太空国家将极大提升他们的声誉。他们也希望，太空科学能够帮助他们发展出更新、更强大的武器。

1957 年，当苏联人成功将一颗人造卫星发射到环地球轨道的时候，其成为最早的"太空第一人"国家。不久之后，双方开始在太空科学方面投入极大的时间和财力。1961 年，苏联人获得了另一个"太空第一人"的成果，尤里·加加林成为进入太空的第一人。两个大国所取得的其他重大成果包括，发送到月球和金星的探测器、更先进的有人驾驶太空飞行、太空漫步以及通信卫星的成功发射等。

太空飞行的"阿波罗"计划，使美国实现了人类登月的梦想。在 1969 年 7 月至 1972 年 12 月期间，美国成功实施了其中六个太空任务，而最后三个包括"月球漫游车"的投入使用。

↑ "史普尼克1号"人造地球卫星，是于1957年10月4日由苏联成功发射的。这一人造卫星主要用于广播科学数据。其沿着地球轨道绕行了六个月之久。

↑ 苏联宇航员尤里·加加林正处于太空飞船"东方1号"的船舱内。1961年4月12日，他成为绕地球轨道飞行的太空第一人。

↑ 在"阿波罗"飞行计划的预备阶段，美国"双子星"计划也开始施行，主要教会宇航员如何应付太空旅行。1966年11月，巴兹·奥尔德林在地球的"天上"进行了三次太空漫步。

人类登月

1961 年，美国总统约翰.F.肯尼迪声称，他的科学家将于 1970 年将一名宇航员发送到月球。实际上，第一个人类登月事件发生在 1969 年 7 月 20 日，由美国的"阿波罗11号"完成。登月成员包括，第一个在月球上留下脚印的尼尔·阿姆斯特朗、第二个在月球上漫步的埃德温·巴兹·奥尔德林以及在驾驶舱和服务舱内保持月球轨道飞行的迈克尔·柯林斯。阿姆斯特朗将自己的月球漫步描述为"这是个人的一小步，却是人类的一大步"。

← 1969年7月16日，"阿波罗11号"在佛罗里达州的卡纳维拉尔角发射，并在四天之后第一次实现了人类登月的梦想。

和平与发展

冷战的结束，导致两个超级大国大幅削减他们的太空计划。但是在1993年，他们达成协议决定共同开发一个多国平台的空间站，即国际空间站。1998年，国际空间站的部分结构被发送到地球环行轨道。2000年，国际空间站接受了第一批居住成员。

航天飞机

美国国家航空航天局（简称"NASA"），开发了一个可重复使用的太空飞行器即"航天飞机"。其可以像火箭一样起飞，并像飞机一样飞回地球。1981年，第一架航天飞机的发射标志着太空探索新阶段的到来。自那时开始，航天飞机经常将位于地球轨道太空飞船和太空站的人或物进行来回运送。2003年，美国航天飞机舰队的计划，在"哥伦比亚号"于返回地球途中爆炸之后搁浅。但是，其在2005年重新启动，该计划中的"发现者号"航天飞机，成功实现了与国际空间站的外层空间对接。

探索深层太空

除冥王星之外，无人驾驶太空探测器已经或飞经或登陆在太阳系中的每一个行星。苏联的太空探测器丁1975年登陆金星，并发回了很多照片。1977年，美国启动了两个"航行者"号计划，使宇宙飞船在太阳系里面畅游。在消失于更深远太空尽头之前，它们将有关于木星、土星、天王星和海王星颇有价值的数据和照片传送回来。

于1990年发射的哈勃太空望远镜，使科学家可以制造出数十亿光年之外物体的图像，并提供关于宇宙的各种信息。2004年，美国探测器"勇气"号和"机遇"号登陆火星，并将这一红色行星的图片发送回地球。它们还研究了火星上的土壤和岩石构成。

↑这是一幅火星上布满灰尘、岩石点缀的表面照片，是于1975年由美国"海盗号"两个登陆车之一拍摄到的。

←苏联"和平"号空间站于1986年投入使用。其计划要在轨道上长久停留，从而使复杂的科学实验能够在空间站上完成。2001年，在环绕地球长达15年之后，"和平"号正式退役。

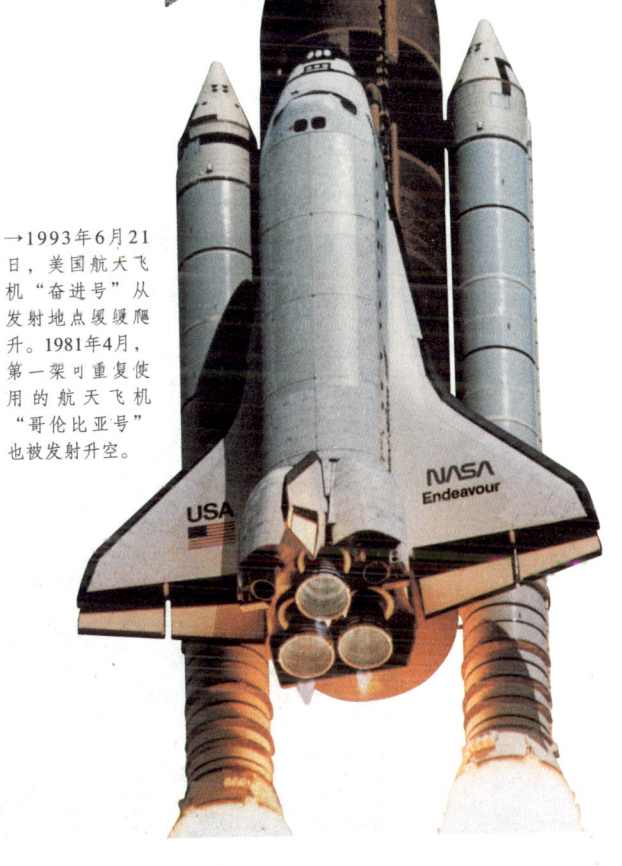

→1993年6月21日，美国航天飞机"奋进号"从发射地点缓缓爬升。1981年4月，第一架可重复使用的航天飞机"哥伦比亚号"也被发射升空。

369

世界经济 1950年至今

自1950年开始,世界上的工业化国家已经提高了他们的生活标准,但是很多贫困的国家依然看不到改善的希望,或者只有一丝丝微弱的曙光。

↑这是欧盟(前身是欧洲经济共同体)的旗帜。截至2007年,欧盟由来自欧洲各地27个成员国组成。

第二次世界大战结束之后,美国及西欧的很多国家都在享受着经济的快速发展。在战争之后,艰苦卓绝的重建工作逐渐完成了,特别是在欧洲地区。就业率达到饱和,而人们所得到的工资报酬与他们需要购买的物价相比,有了稳定的上升。

1973年,这一经济繁荣的景象,在原油价格开始飙升的时候戛然而止了。石油输出国家组织(简称"OPEC")于1960年组建,并努力为其成员国的石油产品在世界市场上获得最好的价格。欧佩克成员国包括很多中东地区的阿拉伯国家,以及委内瑞拉、阿尔及利亚、印度尼西亚、尼日利亚和加蓬等国。

在1973年至1974年,欧佩克将石油价格提升了四倍,而这也导致了

↑经合组织(英文简称"OECD",即经济合作与发展组织)的组建,是为了保护弱小国家,使其免受强大市场冲击力的影响,并对其经济发展做出援助。

一场世界性的能源危机。贫穷国家在石油价格上升过程中遭受严重的打击。到1981年为止,石油价格几乎已经增长了20倍之多,贫穷国家的经济不得不在西方世界国家的贷款之下苟延残喘着。在发达国家,能源危机带来了通货膨胀,因为石油价格的上涨是以商品价格随之上升的形式出现的,而在商品出口量下降的所有地方都会伴随着失业率的上升。

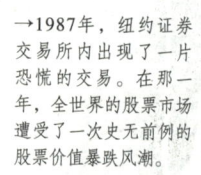

→1987年,纽约证券交易所内出现了一片恐慌的交易。在那一年,全世界的股票市场遭受了一次史无前例的股票价值暴跌风潮。

和平与发展

共同市场

在全世界范围内，邻近国家有着共同的经济利益，它们也已经共同加入并形成了强大的国际组织。一些国际组织还建立了经济共同体，"共同市场"就是其中之一。在这些市场体系中，成员国以更为有利的价格进行商品买卖。它们同意互相保护的机制，这样就可以保持与外界的竞争力。

在亚洲地区，出现了亚太经济合作组织（简称"APEC"）和东南亚国家联盟（简称"ASEAN"）。北美自由贸易协议（简称"NAFTA"），最早是由美国和加拿大组成的，现在已经将墨西哥也纳入其中。七国集团或者"G-7"组织，是由很多主要国家组成的，主要是召开对世界经济局势做出评估的会议。欧盟（简称"EU"）是20世纪50年代欧洲经济共同体（简称"EEC"）的后继组织。欧盟由欧洲境内的27个成员国组成，并形成了一个极具重要性的世界贸易区块。很多欧盟成员国都使用单一的货币形式，即欧元。

虽然富强的西方国家在过去给贫困国家提供援助，但是他们依然不太情愿将他们的财富或经验中最具实质性的部分与他国共享。

↑据估计，到2004年，世界上的石油储备量达到12930亿桶。其中有7000亿桶来自中东地区。

↑2002年1月，欧盟的12个成员国开始接受通用货币"欧元"。

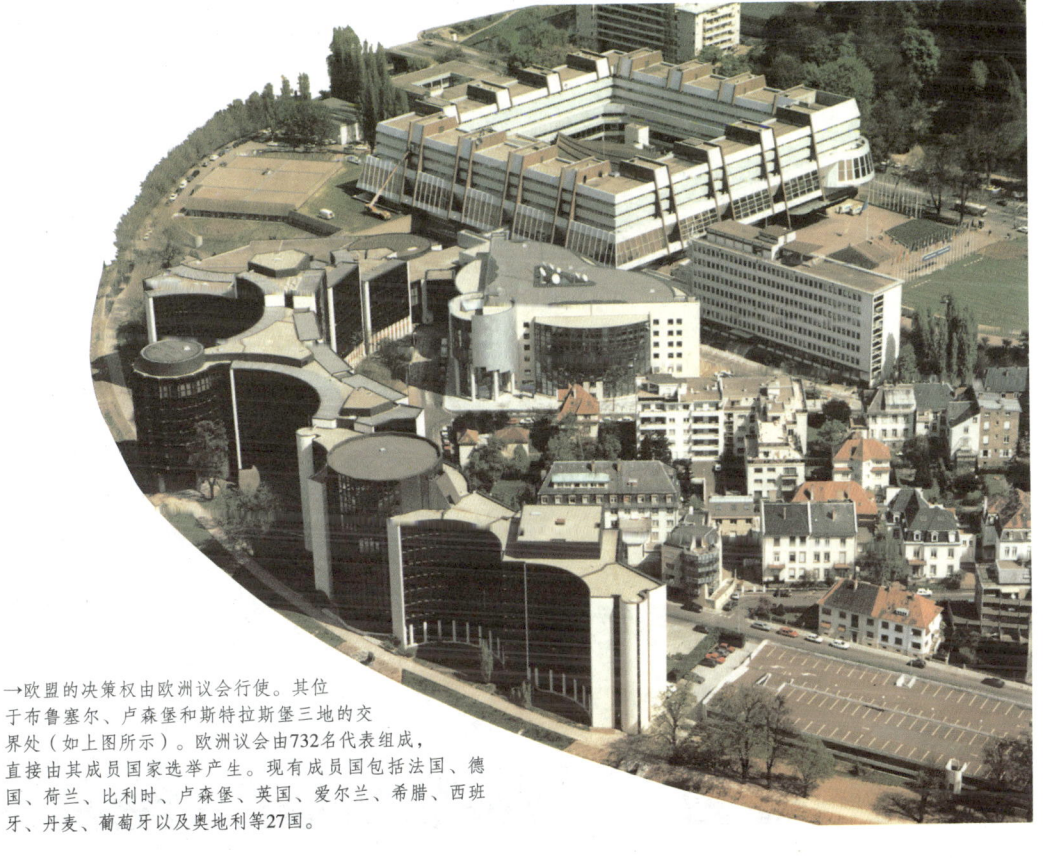

→欧盟的决策权由欧洲议会行使。其位于布鲁塞尔、卢森堡和斯特拉斯堡三地的交界处（如上图所示）。欧洲议会由732名代表组成，直接由其成员国家选举产生。现有成员国包括法国、德国、荷兰、比利时、卢森堡、英国、爱尔兰、希腊、西班牙、丹麦、葡萄牙以及奥地利等27国。

371

公民权 1950年至今

公民权，是生活在特定国家领域内人民的基本自由和权利。这项权利由法律和惯例来确保，其给予每个人接受公平待遇的权利。

↑在20世纪60年代早期，美国南方的很多州区开始经营不同人种的酒吧。这部出租车只供有色人种使用。其他形式的大众运输系统，也实施类似的种族隔离制度。

在西方，公民权的概念可以追溯到古希腊和古罗马哲学家的著述，还有犹太教和基督教的宗教思想。在一些国家，公民权直接被写入宪法并受到保护。在美国及其他民主国家，比如英国，这些权利由法律和惯例组成，并在数百年来已成传统。

公民权利意味着，每个人都必须得到公平、公正的待遇，而不论其在性别、宗教信仰或宗族起源上的差别如何。他们应该享有自由表达的权利，即可以通过言语或媒体来表达他们所坚信的思想。他们也享有组织政党的权利，并接受公平的审判，还可以在选举中享有投票权。

↑于20世纪50年代进行过改革的"三K"党，对美国境内的黑人和少数民族进行骚扰。

马丁·路德·金

马丁·路德·金（1929年~1968年）是浸信会教派的牧师，同时也是二十世纪五六十年代美国民权运动的领袖人物。1963年8月28日，他在华盛顿地区领导了一场示威游行，并在那里发表了一段非常有名的演说词。在演说的开头他这样说道："我有一个梦想……"他的梦想是关于未来的，他希望他的国家能够实现自由的理想，以及在此基础之上的公民自由权。1968年4月4日，他被詹姆斯·厄尔·雷枪杀身亡。自1983年之后，1月的第三个礼拜一被指定为全联邦的法定节假日，以纪念他的卓著功勋。

很多权利都是在长期而痛苦的斗争之后好不容易赢得的。在二十世纪五六十年代，马丁·路德·金在美国领导了一场公民权运动，并为美国黑人赢得了平等权。

公民权的滥用

在南非，纳尔逊·曼德拉于1962年被送入监狱，因为他反对种族隔离制度。来自全世界各地的很多政府和人民，通过举行游行示威、联合抵制南方货物以及停止所有运动联系等方式，来发起终止种族隔离制度的运动。1989年，F.W.德克勒克成为总统，他开始废除种族隔离制度。1990年，曼德拉被释放，刚好是种族隔离被废除之后的第二年。1994年，曼德拉被选举为南非的第一任黑人总统。

1976年，阿根廷被一个军政府接管。他们镇压了反对派，并逮捕了数千人，还在未经审判的条件下将他们关入了监狱。估计有2万至3万人自此之后再也没有出现过，而他们也被其所属家庭称为"消失的亲人"。在1973年至1990年期间，在智利皮诺切特将军领导下的军政府，也实施过类似的暴行。

捍卫公民权

国际组织，比如联合国和欧洲人权法庭，都肩负起捍卫公民权的重担。其他组织，如国际特赦组织等，代表那些遭到迫害的人发起运动。但是，一些政府依然继续践踏着公民权。

↑二十世纪七八十年代，智利处于军政府的统治之下。

←20世纪80年代，在南方的约翰内斯堡城内，很多有色人种被搬离到贫民窟和破旧不堪的乡镇中去。

←当第一批欧洲殖民者于18~19世纪来到澳大利亚的时候，大洋洲土著居民被驱赶出他们的传统狩猎场地。其中很多死于由欧洲人带过来的疾病。

373

新兴国家 1950年至今

经受了数个世纪的殖民统治之后,很多国家终于获得了独立。不过,其获得独立的方式多种多样。

在第二次世界大战结束后,很多受欧洲统治殖民国家的领导者们,都感觉到来自本国人民的压力,因为他们都要求实现摆脱那些外国"主人"的独立权。殖民统治的日子,很快就走到了尽头。在二十世纪五六十年代,非洲和东南亚地区的很多人为他们的独立而奋起抗争。他们坚信,他们有权拥有并控制属于自己的国家。这些独立运动中的多数是在那些颇富勇气和远见的英雄儿女的领导下进行的。

↑1957年,加纳(旧称黄金海岸)获得了独立。在首都阿克拉举行的仪式上,肯特公爵夫人代表英国女王出席。

↑1786年,英国获得了马来半岛的控制权。1963年9月,马来半岛、新加坡、沙捞越以及沙巴等地,一同创造了独立的马来联邦。新加坡在两年之后脱离了联邦。

随便划分的边境线

在非洲,当欧洲列强逐渐撤离的时候,无数内战爆发了。战争由很多原因引起,但最常见的原因便是领土和边境问题。欧洲殖民先前划分边境线时,很少考虑已存部落的疆域问题。当欧洲人撤离后,这一问题便突显出来。

生存之战

现在,几乎所有殖民地都获得了独立。其中一些与殖民国家依然保持着联系,英联邦的成员国就属此例。其他一些形成了新的联盟,比如非洲统一组织(简称"OAU")。但是,世界贸易依然在欧美和日本的控制之下,

→1960年,英国全面承认尼日利亚的独立。自此之后,作为非洲最大国家及大型石油生产国之一的尼日利亚,开始饱受内战的煎熬,此外还有经济问题和军事统治等限制性问题的困扰。

和平与发展

当然是通过那些跨国公司来实现的。新兴国家很难不落入与这些国家的债务关系之中，因为其根本没有财政控制权。

东欧

20世纪90年代，东欧剧变，苏联解体。在捷克斯洛伐克，自由选举自1946年以来第一次于1990年举行。1993年初，捷克斯洛伐克这个国家不再存在，取而代之的是捷克共和国与斯洛伐克国家。

在1991年至1992年间，南斯拉夫被分裂成斯洛文尼亚、波黑共和国、马其顿及克罗地亚等宣布独立的国家。在接下来的内战过程中，数千人被杀或变得无家可归沦为难民。2003年，塞尔维亚和黑山正式取代了南斯拉夫，成为地图上新的国家。

↓在第一次世界大战结束之后，波斯尼亚和黑塞哥维那成为南斯拉夫国家的一部分。1980年，在总统铁托去世之后，民族主义的情感日渐增强。这两个地方于1992年宣布的独立，违背了塞尔维亚人的愿望，因此一场痛苦的内战终于爆发了。数千人失去了生命，而其他人则流离失所，变成了难民。

↑位于里海东部海岸线的土库曼斯坦，于1925年成为苏联的一个共和国成员。在苏联于1991年解体之后，这个国家宣布独立，并加入了独联体（简称"CIS"）。独联体是由前苏联15个共和国成员中的12个组成的。

↑在苏联于1991年解体之后，乌兹别克斯坦宣布独立，并加入了独联体。1992年，食物短缺导致了乌兹别克斯坦国内局势的动荡，首都塔什干发生了暴乱。

375

□世界历史百科全书

科学革命   1950年至今

20世纪后半叶，科技领域飞速发展。计算机时代的到来，彻底改变了人们的日常生活。

科学家和商业人士可以将这个时期早期的各种发现进一步发展，并将其投入实际的应用中去。商业界和工业界开始认识到，如果和大学及其他研究机构进行合作，那么就可以获得巨额的经济利益，而很多重要的研究工作都是通过这两者之间的合作关系来实现的。

↑自激光于20世纪60年代发明之后，被应用于极为广泛的领域之中，包括眼科手术、建筑工程、绘图及武器导航系统等。

电子产品

最具突破性的发明之一，便是硅片的面世，这种微小的元件终于实现了低成本的大规模生产。硅片取代了原来体积庞大、容易破损的老设备，并使体积更小、功能更强的电子机械的制造成为可能。安装在单个晶片上面的复杂电路即微处理器，开始广泛应用于电子设备中去，从计算机到太空火箭、从机器人到电话设备。20世纪后半叶，硅片影响了大多数人的日常生活。

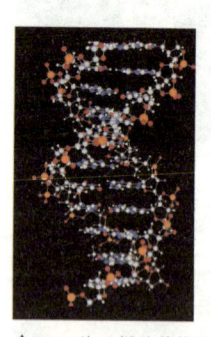

↑DNA的双螺旋结构（两条互相缠绕的基因线）是1953年弗朗西斯·克里克和詹姆斯·沃森发现的。这个结构携带着生命的蓝图。该发现还帮助科学家进一步理解很多疾病的诱因。

↑硅片微处理器是1971年在美国开发的。其带来了一场技术革命。这些硅片"印刻"了极为微小的电路板，使计算机能够处理和存储信息。

计算机时代

电子业的发展，也催生了通信领域内的一场革命。影印机和传真机的发明都意味着，办公室工作人员可以处理数量庞大的信息，并且要比以前更加快速。他们还可以与世界上其他办公室实现更为快捷的通信。随着电子通信在全世界范围的传播，信息量也变得越来越庞大。到20世纪末，任何拥有一台个人电脑或电话线的人，都可以与世界上其他人马上实现联络。

在工业领域，电子产品也带来了一场新的工业革命。到20世纪90年代，极大范围工业的多数制造工序都是由计算机来控制的。装配线上的重复性工作，都由我们所知的机器人来实现操作。库存控制、销售以及管理系统，也开始处于计算机技术的控制之下。

医学的突破

于20世纪90年代最早发明的激光，开始应用在外科手术来清除掉被感染的组织，并可以实施精确的眼科手术。

→到1990年时，很多重复性工作，比如汽车的生产装配线，都开始由计算机控制的机器人来执行。这意味着，工业生产变得更加有效，但是其也造成了人类劳动力的过剩。

和平与发展

20世纪50年代，英国和美国的科学家发现了DNA的结构，而DNA是生命细胞的基本组成结构。这带来了新药物基因工程的生产，其可以帮助治愈各种严重疾病。DNA的发现意味着，总有一天其可以治愈很多家族遗传的基因疾病。

同时，基因工程还意味着，能够抵抗疾病的新型或改进动植物物种，可以在实验室中顺利培育。这种技术已经帮助很多贫困国家的人们获得更多的食物。但是，也有其他更多的担忧，即转基因（简称"GM"）食物可能会影响到人类的健康。所有转基因食物都必须接受全面彻底的测试。

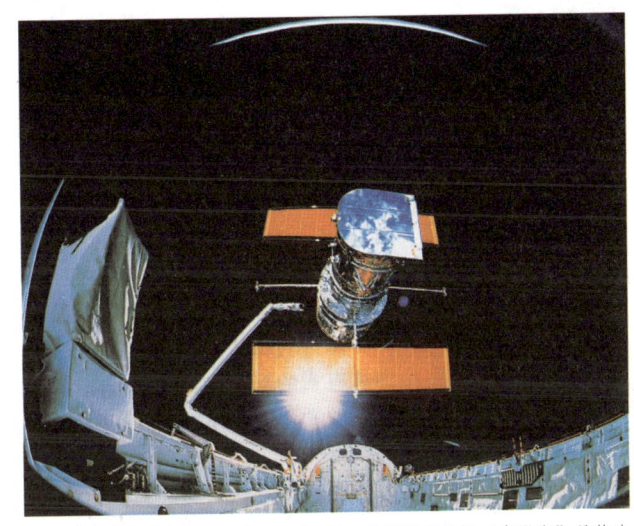

↑1990年4月，美国航天飞机"发现者"号将哈勃望远镜发射到地球轨道。其使科学家们能够获得太空中数十亿光年之外物体的影像。

←第一个通信卫星是于1960年发射的。1964年，地球同步卫星的引入，意味着在地球上任何地方都可以实现即时的信息联络。

万维网

万维网即"WWW"，是1990年发明的。其可以使网络用户实现快捷的"网上冲浪"。只需用鼠标在屏幕热点信息上轻轻一点，用户就可以跳转到由字词和图画组成的信息页面。每一个这样的页面，都有着各自的热点，从而又导向更多的网络页面。

↓搜索引擎极大加速了寻找网页和特定信息的速度。

↓人们能够观看到美国国家航空航天局航天任务最新的现场视频节选。

↑很多商品和服务可以通过互联网来预订和支付货款。

↗人们可以使用电子邮件将信息和图片发送到世界另一端的其他用户，并且仅仅需要几分钟。

↑关于展览、电影、动物园、马戏团以及其他形式的娱乐信息，可以在互联网上找到。

377

□世界历史百科全书

处理器的力量 1950年至今

20世纪后半叶，科技领域飞速发展。计算机时代的到来，彻底改变了人们的日常生活。

电脑的出现可以追溯到5000年前，生活在亚洲的人们开始用算盘做计算。算盘的结构非常简单，但是一位训练有素的算盘高手可以以非常快的速度做复杂的计算。在17世纪，法国数学家帕斯卡用齿轮和刻度盘制作了加法计算机器。

第一台真正的计算机是一台"分析机"，由英国人查尔斯·巴比奇和诗人拜伦的女儿艾达·洛芙莱斯于19世纪30年代设计。这种机器用卡片打孔的方式控制活塞杆和齿轮的运动，以做出复杂的运算。

以后的100年里，人们用打卡控制活塞杆和齿轮的方法制造了更快和更灵巧的运算机器。不过这些都仅仅是加法运算的机器，而不能做出我们期待计算机所能做的复杂运算，并且

↑微型处理器是将成千上万小晶体管连在电路上，然后把它们放在一个小的硅片上而制成的。一个芯片的最大部分不是线路板，而是它两边的齿槽。

机械装置的体积和噪声都很大。1944年，霍华德·艾肯和IBM制造了一个运用打卡技术的基础计算机，长达15米以上，且计算能力还不敌今天的小计算器。计算机继续向前发展，电子技术取代了机械。电子技术是许多现代技术的核心，从CD机到火箭控制系统。科学家们用电子传输信息，在每个电子设备中有许多小的电子线路，它们不停地开关以指挥电子设备工作。与墙上的电灯开关不同的是，电子开关是自动工作的。

→晶体管是由贝尔实验室的3位科学家于1948年发明的，他们是约翰·巴丁、威廉·肖克利和沃尔特·布莱登。

和平与发展

第一个电子设备叫电子管，是1904年发明的。它看起来像是一个电灯泡，主要用于收音机和电视机。1939年，美国物理学家约翰·阿塔纳索夫在爱荷华大学制作了一个电子管的计算机。不久之后，在第二次世界大战之间，一位叫艾伦·图灵的英国数学家发明了一个巨大的电子管计算机，起名为巨人，以破译德国的"谜团"密码。图灵还发明了电子计算的许多基本规则。电子管被用于20世纪50年代的第一批投入市场的计算机，叫作第一代计算机。然而，电子管太大了，并且工作起来很烫，总是出问题。

重大的突破来自于用晶体管代替电子管。晶体管同电子管一样，都是转换器，但是晶体管是用特殊的半导体材料例如硅和锗制成的。晶体管用这些材料插入导体制成，这样体积就小了很多，并且功能更强了。

有了晶体管，计算机就进入了20世纪50年代的第二代和20世纪60年代的第三代，但是它们依然体积庞大并且很昂贵。1958年，美国人杰克·基尔比将两个晶体管的连接处放在了一个10毫米长的晶体硅中，做成了世界上第一个集成电路，即微芯片。

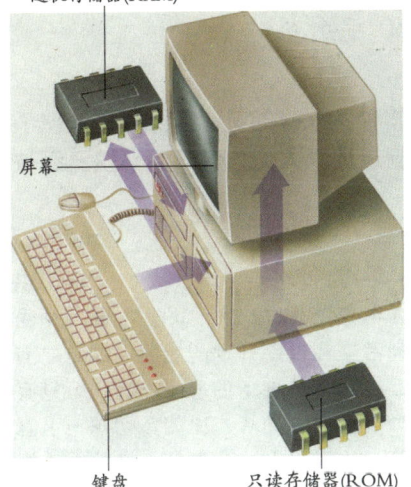

很快，微芯片变得越来越小，而电子集成线路却变得越来越复杂了，并且科学家还找到了将许多集成线路压缩在一张集成线路板上的方法。现在，从简单的电子鼓，到数百万晶体管同时运转的高速复杂的微型处理器，微芯片的应用非常广泛。

有了集成电路板，计算机的体积就可以缩小了，不过散热还是一个有待解决的问题。第一台基于微型处理器的电脑是1974年由英特尔制造的，由此将计算机带入了第四代和第五代。从那以后，计算机开始了性能和速度的高速发展。今天的计算机是如此的小巧和便宜，以至于许多国家的一般家庭都用上了高速运转的计算机。

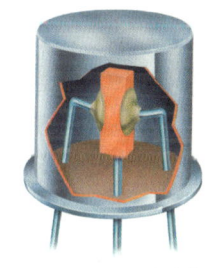

晶体管

20世纪40年代，电视机和其他电子装置用的都是电子管。这是一种体积庞大、不易散热的外表像灯泡一样的装置，用于调节电流。约翰·巴丁和他的同事们发明了一种可以代替电子管的更小的、由半导体物质组成的固体块，在此基础上发展起来的集成电路和芯片是我们现代电子技术的基础。

随机存储器(RAM)

屏幕

键盘　只读存储器(ROM)

←在一台电脑里有许多集成线路块。一些是电脑的记忆线路块，叫只读存储器，是由集成电路组成的。电脑还有随机存储器，它们用于随时记下新的资料数据。数据也可以记在可移动的硬盘上。

每一台电脑的中心是中央处理器（CPU），它执行只读存储器的指令，处理数据，并把这些已经处理过的数据发送给随机存储器中正确的地方。

↑现代意义上的计算机出现于晶体管产生的1948年。现代的微型处理器包含了连在一个小硅片上的成千上万的晶体管，这些晶体管是同步工作的，如同一个单个的晶体管一样。

↑我们对电脑的键盘和与电视屏幕相类似的屏幕是如此熟悉，以至于我们认为它们是理所当然存在的。不过平面电视屏幕已经发展得很薄，可以把它挂在墙上了，所以有一天声控体系的发展也会使键盘变得多余。

379

□世界历史百科全书

环境　1950年至今

与地球上其他物种不一样的是，人类有摧毁整个世界的能力。一直到最近，人们才认识到环境已经被严重破坏了。

↑1989年3月24日，一艘长达300多米的油轮埃克森·瓦尔迪兹号，在阿拉斯加州威廉王子海湾触礁搁浅。在接下来的两天里，这艘油轮泄漏出35000多吨有毒的石油。这次泄漏给野生动植物带来了毁灭性的打击。

在20世纪后半叶，人们开始认识到，地球处于危险边缘，并受到污染和过度开发的威胁，这是之前无视和贪婪种下的恶果。起初，只有少数自然主义者，比如雷切尔·卡森等，敢于说出这个事实。她的书《沉默的春天》，在20世纪50年代出版发行，并给人们带来了强烈反思。其展示了因杀虫剂所造成的伤害是如何快速蔓延开来的，并导致美国于1973年开始禁用"DDT"（即二氯二苯三氯乙烷）杀虫剂，其他国家也开始纷纷效仿。接着，环保组织，比如"地球之友"和"绿色和平"组织等，开始发起环保运动。逐渐让人清楚意识到环境已经遭受到严重的破坏。

世界上很多地区的海洋，存在过度捕捞的现象。在很多情况下，科学家认为，如果要使海洋中的生物恢复到原来的水平，那么捕捞作业至少要在5年至10年期间完全停止。汽车尾气和工厂排出的烟雾废气，与云层混合在一起形成了酸雨，从而杀死各种植物。世界上的大型城市，比如加

↑1991年，被迫撤退的伊拉克部队在撤离科威特的时候，将数百口油井点燃，这给沙漠地区带来灾难性污染。彻底清除的善后工作，整整花了一年的时间。

利福尼亚州的洛杉矶，空气质量恶化，以至于一层烟雾笼罩着整个城市。持续暴露在这种烟雾之下的话，能够导致各种严重的呼吸问题，甚至威胁生命。

保护环境

20世纪70年代，在南极洲考察的科学家发现，他们头顶上的臭氧层变得越来越稀薄。臭氧层是地球上所有生物的重要保护层，其阻挡住了太阳对人体有害的大多紫外线辐射。在不久之后，人们开始知道原来这个保护隔离层正在遭受严重的破坏，原因就是所谓的"氟氯化碳"（CFC）化学元素的过多释放，而氟氯化碳主要用于制冷设备和气溶胶。现在，其在很多国家遭到禁止。

20世纪80年代，一些政府通过各

↓诸如一些城市，空气污染十分严重。其罪魁祸首便是车辆和工业生产。

和平与发展

种法律来保护环境，但是一些科学家依然担心，这些保护地球的努力依然是杯水车薪、为时晚矣。改变正在缓慢地发生着作用，因为在一开始人们并没有意识到地球真的处于危险边缘。科学家们搜集了更多新的信息，并进一步证实了这种威胁是客观存在的。绿色（无污染）产品开始出现，但是这些产品有点儿昂贵，而且生产的利润也是相当微薄。

在各种环境灾难发生之后，比如美国和苏联的核反应堆泄漏事故、意大利和印度的化学工厂爆炸事件以及海上石油意外溢出等，人们才开始认识到，原来新的科技也可以造成致命

↓风力发电机建于室外的开阔地带，风力通过这些设备被用来制造电力。

↑南美洲大片广袤的热带雨林正被逐渐摧毁，因为当地农民要牧养家畜牲口。

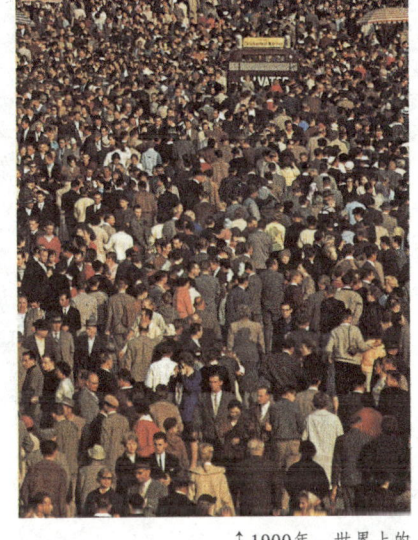

的恶果。

公众舆论逐渐迫使很多政府开始采取行动，并逐渐减少环境污染。法律依次通过，以达到保护环境和鼓励节约、重复使用自然资源的目的。

可再生能源

世界上多数能源都是通过煤炭、石油以及天然气的燃烧来获取的。这些燃料属于所谓的"化石燃料"或"矿物燃料"，而地球上这些燃料的储量是有限的。很多国家都在开发可再生能源的技术，这些技术将使用来自于活动水流、太阳光以及风力的能源。这些无污染的能源，是不会耗竭的。

↑1900年，世界上的人口是10亿左右。到2003年，这个数字已经上升到63亿。到2015年，将会有70亿人共同生活在这个拥挤的地球上。

↓太阳能发电机利用来自于太阳光的能量，提供一种清洁、无污染的能源。

381